Peter Berresford Ellis
Die Druiden

Peter Berresford Ellis

DIE DRUIDEN

Von der Weisheit der Kelten

Aus dem Englischen von
Heinz Tophinke und Ursula Wulfekamp

Bechtermünz

Die Originalausgabe erschien unter dem Titel
The Druids bei Constable & Company Ltd. in London

Genehmigte Lizenzausgabe
für Weltbild Verlag GmbH, Augsburg 2000

Aus dem Englischen von Heinz Tophinke und
Ursula Wulfekamp
Umschlaggestaltung: Studio Höpfner-Thoma, München
Gesamtherstellung: Clausen & Bosse, Leck
Printed in Germany
ISBN 3-8289-0756-3

Inhalt

Ich bin der Wind, der über die See bläst;
ich bin die Woge des Ozeans;
ich bin das Murmeln der Nebelschwaden;
ich bin der Stier der Sieben Kämpfe;
ich bin der Geier auf dem Felsen;
ich bin ein Strahl der Sonne;
ich bin die schönste aller Blumen;
ich bin ein wilder Eber an Heldenmut;
ich bin ein Salm im Teich;
ich bin ein See in der Ebene;
ich bin das Können des Handwerkers;
ich bin die gelehrte Wissenschaft;
ich bin die kampfbereite Speerspitze;
ich bin der Gott, der in den Menschen das Feuer des Geistes entflammt.
Wer erleuchtet die Versammlung auf dem Berge, wenn nicht ich?
Wer sagt die Zeiten des Mondes an, wenn nicht ich?
Wer zeigt den Ruheort der Sonne, wenn nicht ich?
Wer ruft die Rinder aus dem Hause Tethras?
Auf wen sehen Tethras Rinder lächelnd hernieder?
Wer ist der Gott, der Entzücken hervorruft –
– das Entzücken der Schlacht wie die Winde des Wandels?

Das Lied von Amairgen
Leabhar Gabhála

Einleitung

Wer waren die Druiden?

Wäre dieses Buch eine akademische Dissertation, würde ich wahrscheinlich als Untertitel »Eine einführende Erörterung« wählen. Der französische Anthropologe Claude Lévi-Strauss sagte einmal: »Es gibt keine endgültigen Wahrheiten. Der wissenschaftliche Geist sucht nicht so sehr nach den richtigen Antworten; er stellt vielmehr die richtigen Fragen.« Und nirgendwo ist es notwendiger, die richtigen Fragen zu stellen als bei dem Versuch, die Wahrheit über die Druiden zu entdecken. Die Wahrheit ist nämlich die: Was der eine für die Wahrheit über die Druiden hält, ist für den anderen nicht mehr als ein Phantasieprodukt. Seit dem sechzehnten Jahrhundert wurden die Druiden und alles, was sie verkörperten, glaubten und lehrten, auf vielerlei Weise verklärt – und verkannt. Das grundlegende Problem besteht darin, daß weder ein Druide noch ein Mensch der Gegenwart je die für unser heutiges Verständnis notwendigen gesicherten Informationen niederschrieb. Um auf Antworten zu stoßen, bleibt uns also nichts übrig, als mit viel Fleiß die zahlreichen Quellen zu studieren. Das Resultat unserer Suche wird, wie Lévi-Strauss nahelegt, davon abhängen, welche Fragen wir stellen.

Obwohl die Druiden verschiedentlich in griechischen und lateinischen Schriften erwähnt werden, und trotz ihrer in der heimischen keltischen Literatur aufgezeichneten Traditionen, sind wir nach wie vor weit davon entfernt, umfassend über sie unterrichtet zu sein.

Es trifft zwar zu, daß wir über einige anerkennenswerte griechische Quellen verfügen; der Großteil der »klassischen« Berichte besteht jedoch aus der antikeltischen Propaganda des römischen Imperiums. Unter den Gelehrten herrschte indes die Tendenz vor, diese Quellen als nicht anzuzweifelnde Tatsachen zu akzeptieren. Und zu der Zeit, als die Kelten selbst begannen, ihr Wissen schriftlich zu fixieren, waren sie bereits Christen geworden, weshalb die Druiden dann auch in diesen Dokumenten voreingenommen und negativ dargestellt wurden. Die »Altertumsforscher« des siebzehnten und achtzehnten Jahrhunderts wiederum romantisierten die Druiden bis zur Unkenntlichkeit und verklärten die Rolle, die sie innerhalb der keltischen Gesellschaft einnahmen.

Auch heutzutage wären die meisten Menschen bei der Frage, was einen Druiden ausmacht, nicht um eine Antwort verlegen. In der Tat ist den Druiden in der Folklore Westeuropas und ihrer neuweltlichen Ableger ein ziemlich einzigartiger Rang zugewiesen worden. Sie fesselten die Vorstellungskraft der vergangenen Jahrhunderte wie keine andere Gruppe vor ihnen und üben auch auf heutige esoterische Kreise noch eine nicht zu unterschätzende Wirkung aus. Die keltische Gelehrte Nora Chadwick meint dazu: »Die Faszination des Themas ist ungebrochen.« Abgesehen von der vagen Anerkennung der Tatsache, daß die Druiden die intellektuelle Klasse der damaligen keltischen Welt repräsentierten, werden sie für gewöhnlich als religiöse Mystiker und Priester verschiedenster Art betrachtet.

Viele von uns haben in der Schule gelernt, daß die Römer die Druiden für absonderliche, barbarische Priester hielten, die ihren Göttern schreckliche Menschenopfer darbrachten, aus deren Eingeweiden sie die Zukunft zu lesen suchten. Anderen Zeugnissen zufolge waren sie einfach nur patriarchalische Mystiker, die meist mit wallenden Bärten und weißen Roben dargestellt wurden, die Natur, insbesondere Bäume, verehrten und sich zur Zeit der Sonnenwende in Steinkreisen zu ihren Riten versammelten. Manche betrachteten die Druiden auch als mächtige Zauberer und Wahrsager, andere wiederum lediglich als Barden und Propheten. Und wer wäre nicht sofort bereit, den berühmten Merlin des Sagenkreises um König Artus für den archetypischen Druiden zu halten? Für viele Kinder unserer Tage hingegen ist ein Druide zweifellos nur Miraculix aus *Asterix der Gallier* von Goscinny und Uderzo, der aus einem mystischen Kessel Zaubertränke verabreicht.

Diejenigen, die sich mit der keltischen Mythologie und den frühen Sagen aus Irland und Wales vertraut gemacht haben, kennen die Druiden als ein mächtiges und wesentliches Element der damaligen Gesellschaft. Nach dem Sieg des Christentums wurden sie jedoch mehr oder weniger auf den Status von Wahrsagern und Zauberern reduziert.

Wieder andere werden die Druiden mit dem Wiederaufleben des walisischen, bretonischen und kornischen *Gorseddau* und der Romantik des ausklingenden achtzehnten Jahrhunderts in Zusammenhang bringen. Der in seine Robe gehüllte Erzdruide von Wales ist in Großbritannien heute eine bekannte Gestalt – nicht zuletzt dank der Berichterstattung der Medien über die englischen und walisischen Gorsedd-Zeremonien, vor allem im Rahmen des National Eisteddfod.

Insbesondere in England werden Druiden mit ernst dreinblickenden, in weiße Roben gehüllten Gestalten assoziiert, die noch immer zur Sonnenwende mystische Zeremonien in Steinkreisen abhalten, etwa in Stonehenge oder gar auf dem Parliament Hill oder Tower Hill mitten in London. In der Tat gibt es noch heute Gruppen des Ancient Order of Druids, der im Jahre 1781 von einigen Enthusiasten in London gegründet wurde. Sir Winston Churchill wurde 1908 in die Albion-Loge des Ordens aufgenommen. Diese Versammlungen haben natürlich weder mit der alten noch mit der heutigen keltischen Kultur etwas zu tun; die »mystischen«, an die Sonne und heidnische Gottheiten gerichteten Zaubersprüche dieser Druiden werden auf englisch gesungen.

Die Druiden wurden auch von der »New Age«-Bewegung vereinnahmt. Einem bereits in mehreren Auflagen erschienenen Buch, *The Mind of the Druid* von Dr. E. Graham Howe, ist ein Vorwort von David Loxley vorangestellt, der sich als »Chief Druid of the Druid Order«, Oberster Druide des Druidenordens, ausgibt. Auch dieses Werk hat absolut nichts mit keltischer Kultur zu tun, aber leider sind für die neue Welle esoterischen und alternativen religiösen Gedankenguts auch die Druiden durchaus kommerziell akzeptabel. Jede noch so unausgegorene Philosophie wird heute mit ziemlicher Sicherheit enthusiastische, wenn auch etwas leichtgläubige Anhänger um sich scharen, wenn sie sich mit dem Mäntelchen »Druide« oder »keltisch« schmückt.

Die erste Frage lautet also: Wessen Bild von den Druiden ist das richtige? Die simple Antwort darauf kommt der Logik aus *Alice im Wunderland* ziemlich nahe – jeder hat unrecht, aber jeder hat einen kleinen Teil der Realität erkannt, also hat jeder recht und alle bekommen einen Preis!

Man fühlt sich angesichts dieser Situation an die Geschichte von den Blinden erinnert, die nur mit Hilfe des Tastsinns einen Elefanten beschreiben sollen: Der eine fühlt an ein Bein und behauptet, der Elefant sei wie ein Baum; der nächste betastet den Rüssel und meint, der Elefant sei einer Schlange ähnlich; der dritte gerät an ein Ohr und kommt zu dem Schluß, der Elefant sei ein großes geflügeltes Tier und so weiter. Genau wie dem Elefanten ist es während der letzten dreihundert Jahre den Druiden ergangen: Auf der Basis höchst unvollständigen Wissens wurden Definitionen erstellt, doch niemand scheint sich um ein vollständiges Bild der Druiden bemüht zu haben, das verläßlich vermitteln könnte, wer sie waren und weshalb sie uns bis heute so beschäftigen.

Dieses Werk ist ein Versuch, die Druiden einem breiten Publikum bekannt zu machen. Es zeigt eingangs ihre Rolle in der alten keltischen Gesellschaft auf und befaßt sich mit der Frage, was wir von ihren Lehren wissen und wie sie ihre Kenntnisse ohne Zuhilfenahme einer Schrift weitergaben. Auf diese mündliche Tradition stützten sich die Druiden nicht etwa deshalb, weil sie des Schreibens unkundig waren; vielmehr war diese Form der Wissensvermittlung durch ein religiöses Gebot vorgeschrieben, um zu verhindern, daß ihre Kenntnisse in falsche Hände gelangen konnten. Aus diesem Grunde dauerte es auch zwischen zwölf und zwanzig Jahre, bis ein Druide den höchsten Wissensstand erreicht hatte.

Das Verbot der Druiden, ihr Wissen und ihre Philosophie niederzuschreiben, stellt für moderne Gelehrte ein großes Hindernis dar bei dem Versuch, sie genau zu verstehen; erschwerend kommt noch die Tatsache hinzu, daß wiederholt keltische Bücher und Manuskripte von Eroberern zerstört wurden. Es wird sogar behauptet, daß die Griechen, als sie zum erstenmal von Kelten Kenntnis erhielten, diese *Keltoi* nannten. Mit diesem Begriff, der »die Versteckten« bedeutet, bezeichneten sich die Kelten selbst. Manche Linguisten betrachten den Wortstamm »Celt« als sinnverwandt mit dem Altirischen *ceilid,* das im modernen Irisch *ceilt* heißt – verstecken oder verheimlichen. Auch das Wort *kilt*, das um 1730 aus dem schottischen Gälisch ins Englische Eingang fand und den typischen kurzen Rock der keltischen Männertracht bezeichnet, stammt möglicherweise von dieser Wurzel ab. Andere Meinungen gehen allerdings dahin, daß *kilt* aus den skandinavischen Sprachen abgeleitet wurde, wo *kilte* »schürzen« oder »hochstecken« bedeutet. Diese Herleitung erscheint mir jedoch allzu offensichtlich.

Die Druiden waren keine einfachen barbarischen Priester oder Priesterinnen. Tatsächlich weist nichts in den Quellen auf eine Priesterschaft bei den Kelten hin, und keiner der klassischen Schriftsteller bezeichnet die Druiden als Priester oder *sacerdotes.* Das bedeutet jedoch wiederum nicht, daß einige Druiden nicht religiöse Funktionen ausübten. Wie viele andere Forscher in neuerer Zeit würde auch ich vorschlagen, die Druiden als eine gesellschaftliche Gruppe oder Kaste zu betrachten, die der der indischen Brahmanen vergleichbar ist. Sie stellten die Schicht der Intellektuellen, die Klasse der Gebildeten in der Hindu-Gesellschaft dar und wurden als die höchste Kaste betrachtet. Darüber hinaus hatten sie zwar priesterliche Funktionen, waren aber nicht nur Priester. Dasselbe galt für die Druiden; auch sie bildeten die Kaste der gelehrten Berufe. Diese vereinigte in sich nicht nur alle Träger religiöser Funktionen, sondern auch Philosophen, Richter, Lehrer, Historiker, Dichter, Musiker, Ärzte, Astronomen, Propheten und politische Berater. Ein Druide konnte manchmal auch König oder Stammesführer sein, wie etwa Divitiacus vom Stamm der Aeduer, aber nicht alle Könige waren notwendigerweise auch Druiden.

Wie ich bereits angedeutet habe, sind unsere frühesten und umfassendsten Quellen die Werke griechischer und römischer Schriftsteller. Es handelt sich also um Autoren, denen die keltische Kultur fremd war und die ihr gegenüber oft extrem feindselig eingestellt waren. Bezeichnenderweise behandeln die griechischen Quellen die Druiden im allgemeinen mit größerem Respekt, vor allem die Autoren der Alexandrinischen Schule, wohingegen die lateinischen Quellen durchweg eine äußerst negative Haltung einnehmen. Doch wie ich schon sagte, wurden diese Werke im allgemeinen selbst von solchen Gelehrten fraglos akzeptiert, die für gewöhnlich eher quellenkritisch arbeiteten. Zum Vergleich möge man sich vorstellen, welch ein seltsames, von Vorurteilen verzerrtes Bild wir etwa von den Ureinwohnern Amerikas hätten, wenn man die Berichte weißer amerikanischer Siedler des neunzehnten Jahrhunderts über Kultur und Geschichte der Indianer einfach für bare Münze genommen hätte.

Oder man male sich folgendes Szenario aus: Eine Armee erobert und zerstört ein fremdes Volk; der Kommandant des Heeres schreibt ein Buch über Sitten und Bräuche ebendieser Menschen, das von den nachfolgenden Generationen als absolut vorurteilsfrei betrachtet wird. Trotz der Absurdität dieses Gedankens sollen wir die Berichte Julius Caesars über die Kelten und die Druiden als reine Wahrheit akzeptieren. Hätte General Lord Chelmsford nach seiner Eroberung von Zululand im Jahre 1879 ein Buch über Kultur und Weltanschauung der Zulu vorgelegt, so wäre man einer solchen Darstellung wohl kaum ausschließlich mit Gutgläubigkeit begegnet. Viele wollen uns jedoch glauben machen, große Zeitspannen würden historischen Quellen zu einer nicht zu hinterfragenden Exaktheit verhelfen. So können wir zwar ohne weiteres akzeptieren, daß Chelmsfords Bericht sehr wahrscheinlich mit Vorurteilen befrachtet gewesen wäre, doch Julius Caesars Kommentare zur keltischen Kultur und den Druiden sind angeblich über jeden Zweifel erhaben. Damit soll nicht gesagt sein, Caesars Darstellung sei so ungenau, daß man sie verwerfen sollte; einige seiner Beobachtungen lassen sich anhand ursprünglicher keltischer Quellen tatsächlich bestätigen. Vielmehr sollten wir einfach alles hinterfragen, insbesondere aber Quellen, deren Urheber der keltischen Kultur ablehnend gegenüberstanden. Die kulturbedingten Vorurteile der griechischen und römischen Autoren bei ihrer Berichterstattung über ein Volk, das sie im allgemeinen als barbarisch und minderwertig einstuften, dürfen nicht außer acht gelassen werden.

Als das Christentum an die Stelle der vorchristlichen keltischen Religion trat und das Verbot der Druiden, die eigene Geschichte und Weltanschauung schriftlich zu fixieren, aufgehoben wurde, brachten die Kelten eine reiche Literatur hervor. Irisch wurde sogar zur dritten Schriftsprache Europas. In frühen irischen und walisischen Quellen finden sich zahlreiche Hinweise auf die Druiden, von denen manche auch Informationen aus griechischen und römischen Berichten bestätigen.

Ein eingehendes Studium der Quellen ergibt, daß die verbreitete Annahme, die Römer hätten die Druiden wegen deren entsetzlichen priesterlichen Praktiken weitgehend zu unterdrücken versucht, lediglich eine Vermutung ist, die sich zu einem akzeptierten historischen Mythos entwickelte. Zwar gibt es Hinweise für Versuche der Römer, die Kaste der Druiden abzuschaffen, doch, so argumentiert Nora Chadwick, diese Bemühungen seien nicht so umfassend gewesen, wie spätere Historiker glauben machen wollten. Mit Sicherheit jedoch lagen solchen Versuchen keinerlei Skrupel von seiten der Römer hinsichtlich der religiösen Praktiken der Kelten zugrunde. Als intellektuelle Klasse, als die Initiatoren des gallischen und britannischen kulturellen und nationalen Widerstands gegen die römische Herrschaft, war es unvermeidlich, daß Rom versuchen würde, die Druiden zu unterdrücken. Es ist eine traditionelle imperialistische Maxime, daß ein Eroberer als erstes jene Klasse eines Volkes stürzen oder abschaffen muß, die seine Ziele am ehesten gefährden kann – das heißt, die Intellektuellen.

In seinem Buch *La Femme Celte* (1972; dt. *Die Keltische Frau*, Goldmann) begründet Professor Jean Markale den Versuch der Römer, die Druiden zu unterdrücken, folgendermaßen:

Als Rom sein Reich über das ganze Mittelmeer und Teile Westeuropas ausdehnte, wurde sorgsam darauf geachtet, alles zu eliminieren, was die sozio-politische Organisation des Imperiums beeinträchtigen konnte. Das zeigt sich sehr deutlich in den keltischen Ländern: die Römer verfolgten die Druiden, bis sie nach Gallien und später nach Britannien verschwanden. Die Druiden stellten für den römischen Staat eine absolute Bedrohung dar, weil ihre Wissenschaft und Philosophie der römischen Orthodoxie in gefährlicher Weise widersprach. Die Römer waren materialistisch, die Druiden spirituell. Für die Römer war der Staat eine monolithische Struktur, die sich über bewußt hierarchisch organisierte Territorien erstreckte. Für die Druiden stellte er eine auf freier Übereinkunft beruhende moralische Ordnung mit einem rein mythischen zentralen Grundgedanken dar. Das römische Recht basierte auf privatem Grundbesitz, wobei die Eigentumsrechte ausschließlich in den Händen der Familienoberhäupter lagen, während für die Druiden Eigentum immer etwas Kollektives war. Die Römer betrachteten Frauen lediglich als Gebärmaschinen und Lustobjekte, die Druiden bezogen sie in ihr politisches und religiöses Leben mit ein. Daraus läßt sich ermessen, wie sehr das subversive Gedankengut der Kelten die römische Ordnung bedrohte, obwohl dies nie offen ausgedrückt wurde. Der Eifer, den die Römer bei ihrer Abschaffung der gallischen und britischen Eliten an den Tag legten, wird immer wieder bestaunt; dabei läßt man jedoch die Tatsache außer acht, daß es sich hier für die römische Gesellschaft um eine Frage von Leben und Tod handelte.

Plinius der Ältere (23/24 bis 79) scheint als erster nach den Gründen für den Niedergang der Druiden zu fragen, und er zögert dabei nicht, ihn der römischen Unterdrückung anzulasten. Doch kann man seine Behauptung, diese sei auf die Empörung der Römer über eine Religion zurückzuführen, die mit Menschenopfern in Zusammenhang gebracht wurde, nicht wirklich ernst nehmen, da in Rom selbst ja Massenopferungen gang und gäbe waren. Namhafte Persönlichkeiten der von Rom unterworfenen Länder wurden in Ketten an die Streitwagen der Generäle gefesselt, denen sie unterlegen waren, und durch die Straßen geschleift; anschließend wurden sie im Tullianum am Fuß des Kapitols rituell stranguliert, um den römischen Kriegsgott Mars gnädig zu stimmen.

Auch Vercingetorix, der berühmte Anführer des keltischen Aufstands gegen Caesar in Gallien, kam hier zu Tode. Es fällt schwer zu glauben, daß die Römer, vor allem zu Zeiten von Kaisern wie Caligula und Nero, mit Entsetzen auf Menschenopfer reagiert haben sollen. Sie selbst aber versuchten natürlich durchaus glaubhaft zu machen, daß sie über solche Praktiken aufgebracht waren. Eigenartig ist in diesem Zusammenhang nur, daß keinerlei britannisch-keltische Literatur oder Traditionen auf Menschenopfer als religiöse Riten hinweisen.

Als Augustus den Druiden die römische Staatsbürgerschaft aberkannte, indem er seinen Untertanen verbot, druidische Riten auszuüben; als Tiberius die Druiden mit einem Dekret des römischen Senats ächtete; und als Claudius im Jahre 54 n. Chr. versuchte, sie »vollkommen zu vernichten«, geschah dies, wie ich glaube, nicht aufgrund »unmenschlicher Praktiken«, sondern weil die Druiden als intellektuelle Klasse ausgelöscht werden sollten – als eine Klasse, die eine nationale Erhebung gegen Rom nicht nur hätte organisieren können, sondern dies auch tatsächlich versucht hat.

Ferner gehe ich davon aus, daß die Druiden in römisch besetzten keltischen Ländern nicht völlig unterdrückt wurden, wie allgemein angenommen wird. Ebensowenig würde ich Nora Chadwicks Aussage zustimmen, daß die Druiden allmählich dem »Überstülpen einer höheren Kultur auf eine niedrigere« zum Opfer fielen. Beispielsweise behauptet Frau Chadwick, daß die Druiden in entlegene Wälder vertrieben wurden, wo sie schließlich den Tod fanden, als die Bewohner von Bibracte (Mont-Beuvray), der Hauptstadt der Aeduer in Gallien, in die neue römische Stadt Augustodunum (Autun) umgesiedelt wurden und die Römer die Druidenschule durch eine Universität ersetzten. Ich bin im Gegenteil davon überzeugt, daß die Druiden blieben und sich allmählich an die neue Kultur anpaßten.

Der große gallische Gelehrte Decimus Magnus Ausonius (um 310 bis um 393) liefert uns hierzu einige faszinierende Belege. Er war der Sohn eines Arztes aus Burdigala (Bordeaux), wo er dreißig Jahre lang lehrte, bis er zum Lehrer Gratians berufen wurde, des Sohnes von Kaiser Valentinian I. Als Gratian seinem Vater auf den Thron folgte, wurde Ausonius Präfekt von Gallien und schließlich, im Jahre 379, Konsul. Nominell war er Christ, doch scheint er diesem Glauben nicht sehr verbunden gewesen zu sein. So verfaßte er einen Diskurs über die Eigenschaften der Zahl *Drei,* die in engem Zusammenhang mit druidischen Lehren steht. Ausonius entstammte einer gebildeten keltischen Familie, die vor dem römischen Verbot der Druidenkaste angehört hätte.

Ausonius selbst erklärt, daß auch sein Zeitgenosse Delphidius, der für seine Eloquenz berühmt und wahrscheinlich einer von Ausonius' Lehrern war, aus einer Druidenfamilie stammte. Delphidius' Vater war Attius Patera, ein bekannter Rhetoriker, dessen Vater wiederum, Phoebicius, ein *aedituus* oder »Tempelwächter« des keltischen Gottes Belenus in Bordeaux gewesen war, bis er sich überreden ließ, Lehrer an der dortigen lateinischen Universität zu werden.

Ausonius' Großvater mütterlicherseits wurde von Victricius (um 330 bis um 407), dem römischen Bischof von Rouen, zusammen mit den beiden dortigen Häuptlingen nach Tabellae (Dax) am Fluß Adour verbannt, weil er an einem Aufstand der Aeduer teilgenommen hatte. In seinem Werk *Parentalia* erzählt er außerdem, daß der Vater seiner Mutter heimlich Astrologie praktizierte, und deutet seine Herkunft aus einer Druidenfamilie an. Victricius seinerseits war ein ehemaliger römischer Soldat, der während seiner Stationierung in Gallien zum christlichen Glauben konvertierte. Er bekämpfte unerbittlich den »Pelagianismus«, von dem Rom behauptete, er sei ein Versuch, die Gedanken des Druidentums wiederzubeleben. Und was am interessantesten war – Ausonius hatte eine Tante namens Dryadia, was »Druidin« bedeutet.

Im Laufe der Zeit nahmen die Druiden das sich verbreitende Christentum und die damit verbundene neue Kultur vollständig an. Manche wurden sogar Priester der neuen Religion, doch als gesellschaftliche Klasse wirkten sie fort, wie es ihre Vorfahren seit mehr als tausend Jahren getan hatten. Ein interessanter Hinweis findet sich in einem Werk mit dem Titel *Life of Columcille*: Als der irische Missionar Columcille auf Iona ankam, traf er auf zwei Druiden, die Bischöfe waren und behaupteten, sie hätten den christlichen Glauben bereits auf der Insel eingeführt. Columcille glaubte nicht, daß die beiden ordnungsgemäß zu Priestern geweiht worden waren, und befahl ihnen, die Insel zu verlassen, was sie auch taten. Viele der keltischen frühchristlichen Heiligen wurden als »Druiden« bezeichnet. In der frühesten uns bekannten und erhaltenen Biographie eines britischen keltischen Heiligen, *A Life of Samson,* die um das Ende des sechsten Jahrhunderts verfaßt wurde, heißt es, Samsons Lehrer, der berühmte Illtyd (um 425 bis 505), entstammte »einem sehr weisen Druidengeschlecht«. In der Biographie des britannisch-keltischen Heiligen Beuno aus dem siebten Jahrhundert (sie ist uns in einem Manuskript aus dem Jahr 1346 überliefert) wird uns mitgeteilt, die letzten Worte des Heiligen auf seinem Sterbebett seien gewesen, er habe die Heilige Dreifaltigkeit, die Heiligen *und die Druiden* gesehen. Beuno war der Vater der heiligen Gwenfrewi, besser bekannt als Winifred von Gwytherin aus Denbigh [in Wales].

Pelagius, der große keltische christliche Theologe des ausgehenden vierten und frühen fünften Jahrhunderts, den Victricius so sehr bekämpfte, wurde schließlich nach seinem Streit mit dem heiligen Augustinus, dem Bischof von Hippo Regius, zum Ketzer erklärt. Man beschuldigte ihn des Versuchs, das Gedankengut der Druiden bezüglich der Natur und des freien Willens wiederbeleben zu wollen. Pelagius glaubte an die menschliche Willensfreiheit, während Augustinus die Prädestination verfocht. In den darauffolgenden Jahrhunderten waren von päpstlicher Seite immer wieder Klagen darüber zu hören, wie gut sich der Pelagianismus in der keltischen Kirche behaupten konnte. Das überrascht jedoch kaum, wenn man bedenkt, daß eine derartige Philosophie einer Mentalität entsprach, die in druidisch geprägten Kulturen seit Jahrhunderten von einer Generation an die nächste weitergereicht wurde. Nennius, ein walisischer Historiker des neunten Jahrhunderts, sagt, als der keltische König Vortigern von Germanus von Auxerre (um 378 bis 448) wegen seines Festhaltens an der Lehre des Pelagius exkommuniziert wurde, habe er zwölf Druiden gebeten, ihn bei seinen Beratungen zu unterstützen. Wir werden uns mit dem Pelagianismus noch eingehender bei der Diskussion der Druiden als Philosophen befassen.

Der Vater der heiligen Brigit von Kildare war ein Druide namens Dubhthach; er wird oft fälschlicherweise mit Dubhthach Maccu Lugir in Zusammenhang gebracht, der den heiligen Patrick im irischen Recht unterrichtete. Bezeichnenderweise sind uns aus Irland keine christlichen Märtyrer überliefert, und auch bei den andern keltischen Völkern sind solche kaum bekannt. Die wenigen Martyrien, die in Britannien stattfanden, etwa das des heiligen Albanus um das Jahr 287, sind auf Gegensätze innerhalb der römischen Besatzer zurückzuführen und nicht auf Auseinandersetzungen mit der keltischen Bevölkerung. In kirchlichen Aufzeichnungen aus Irland findet sich ein Kommentar über die umfangreichen Ländereien, die konvertierte Druiden der Kirche überschrieben. Und Adomnáns Werk *Life of St. Columba* läßt den sicheren Schluß zu, daß die Druiden zur gleichen Gesellschaftsschicht gehörten wie die führenden Männer des keltischen Christentums.

Das Aufkommen des Christentums in Irland führte nicht zur Abschaffung, sondern lediglich zu einer Veränderung des Druidentums. In seinem polemischen Werk *Renewing the Irish Church: Towards an Irish Liberation Theology* (1993) schreibt Father Joe McVeigh:

> Die ersten christlichen Missionare in Irland versuchten nicht, den Glauben und die Traditionen der keltischen Druiden vollständig auszumerzen. Statt dessen absorbierte die neue Religion die heiligen Hügel und die unzähligen heiligen Quellen und gab ihnen christliche Namen (Schätzungen zufolge gab es in Irland nahezu 3000 heilige Quellen; einige – etwa Doon Well in Donegal – werden nach wie vor verehrt). Diese im Volk verwurzelte, von der institutionellen, hierarchischen Kirche losgelöste, unabhängige Frömmigkeit war von Anfang an ein wesentliches Merkmal des irischen Christentums.

Meiner Überzeugung nach fand diese Transformation des Druidentums auch in anderen keltischen Gesellschaften statt.

Für Caesars Behauptung, bei den Kelten würden »die einfachen Menschen beinahe die Stellung von Sklaven einnehmen«, und Rechte besäßen allein die Druiden und Angehörigen der Kriegerklasse, läßt sich keinerlei Unterstützung finden. Kein anderer Beobachter geht in seinen Aussagen derart weit, und auch die keltischen Quellen geben keinen Hinweis auf eine solche Situation; sie bezeugen vielmehr das Gegenteil. Wir begegnen hier also einmal mehr der kriegerischen Propaganda des Eroberers, der sein Tun zu verteidigen sucht: Wenn ein Volk von seinen eigenen Herrschern wie Sklaven behandelt wird, dann ist eine Eroberung gerechtfertigt.

Auch nach der Christianisierung wurden Druiden vom irischen Recht anerkannt. Das irische Zivilrecht wurde erstmalig im Jahre 438 als *Senchas Mór* kodifiziert; das Strafrecht, im *Book of Acaill* festgehalten, entstand etwas später. Die Druiden werden in diesen Kodices nach wie vor erwähnt, was darauf schließen läßt, daß sie nicht unterdrückt wurden und daß sie auch nicht mit dem Beginn des Christentums verschwanden. In der Tat wurde den Druiden ein bestimmter Platz in der Gesellschaft eingeräumt, obwohl das *Bretha Crólige* ihnen, was religiöse Praktiken anbelangte, denselben gesellschaftlichen Rang zuwies wie einem *cáinte* (Satiriker*), oder *díberg* (Bandit) und ihre religiösen Funktionen auf die von Zauberern oder Propheten reduziert wurden. Das irische Wort *Druidecht* nahm allmählich sogar die Bedeutung von Zauberei, Magie oder Nekromantie an, während das walisische *Derwydd* die Bedeutung »Prophet« entwickelte. Die Vorstellung von der Funktion eines Druiden veränderte sich durch die Christianisierung also bereits innerhalb der keltischen Gesellschaft.

Nach dem alten irischen Gesetz standen Krankenpflege einschließlich Heilbehandlungen, Versorgung und nahrhaftem Essen allen Bedürftigen frei zur Verfügung. Ein Druide hatte »einen Anspruch auf Krankenpflege *(othrus)* nur auf der Ebene eines *bóaire* (wörtlich ein Kuhhäuptling beziehungsweise ein rangniederer Richter), *unabhängig von seinem Rang, seinen Privilegien oder anderen Rechten«*. Daraus geht ganz offensichtlich hervor, daß Druiden nach wie vor hochstehende Personen waren. Da sowohl das irische Zivil- als auch das Strafrecht in ihrer vollständigsten Lehre im *Leabhar na hUidre* (Buch der dunkelfarbigen Kuh) des späten elften oder frühen zwölften Jahrhunderts bis in unsere Zeit überdauerten, könnte man anführen, daß es bis zu dieser Epoche keine die Druiden betreffenden Gesetzesänderungen gegeben hat. Dafür können zwei mögliche Gründe angeführt werden: erstens, daß die Druiden nach wie vor existierten und eine klar umrissene, wenn auch beschränkte Rolle innerhalb der irischen Gesellschaft einnahmen; zweitens, daß sie verschwunden waren und deshalb kein Grund für eine Gesetzesänderung mehr bestand. Als Vergleich könnte man hier erwähnen, daß die mittelalterlichen Hexereiverbote des englischen Rechtssystems erst im Jahre 1951 aufgehoben wurden.

Ich habe versucht, dieses Buch auch für eine allgemeine Leserschaft verständlich zu machen. In den Anfangskapiteln stelle ich die keltische Welt und ihre Ursprünge vor. Als nächstes befasse ich mich mit der Quellenlage zu den Druiden; zum einen aus der

---

* Vgl. hierzu J. Markale, *Die Druiden* [Goldmann 11474], S. 258, Anm. 2: »Der Begriff wird hier nicht in seiner heutigen Bedeutung verwendet, sondern bezeichnet eine höchst wirkungsvolle ›Verfluchung‹, die den Betroffenen nicht nur der gesellschaftlichen Ächtung, sondern auch der Rache der Götter und den unterirdischen dämonischen Kräften aussetzt.« Vgl. Kap. I/3 dieses Buches: ›Druiden und Gesellschaft‹ [A.d.Ü.].

Sicht der Griechen und Römer, zum andern aus der Sicht der Kelten selbst, wenngleich es sich hier um christianisierte Kelten handelt. Der Leser wird bemerken, daß ich mich hier besonders auf irische Quellen stütze. Der Grund dafür ist ein wertvoller Fundus an irischem Material, das sich eng an die ursprünglichen, vorchristlichen Quellen anlehnt.

Natürlich gab es Druiden männlichen und weiblichen Geschlechts, und deshalb werde ich mich auch mit einigen berühmten Druidinnen beschäftigen.

Wie sah das Glaubenssystem der Druiden aus, und was waren ihre Rituale? Das Wissen, das wir von den antiken und den keltischen Quellen sowie archäologischen Befunden erhalten haben, wird zusammen mit einer Untersuchung der kontroversen Frage nach Menschenopfern der Druiden präsentiert.

Wiederum gestützt auf antike und keltische Quellen werde ich sodann der Weisheit und den Kenntnissen der Druiden nachgehen, und zwar speziell auf jenen Gebieten, für die sie nach Aussage antiker Schriften besonders gerühmt wurden – nämlich als Philosophen, Juristen, Historiker, Ärzte, Seher, Astrologen und Magier.

Zum Schluß werde ich die Frage stellen, weshalb die Druiden ein »Revival« erfuhren und auch in unserer Zeit wieder eine nicht zu unterschätzende Rolle spielen.

Wie ich eingangs sagte, ist dieses Buch lediglich der bescheidene Versuch einer einführenden Erörterung über Realität und Legende der Druiden. Schon Nora Chadwick vertrat die Meinung, es könne keinen Zweifel daran geben, daß die Druiden den stärksten spirituellen Einfluß in aufklärerischer und kulturschaffender Hinsicht auf das prähistorische Europa hatten. Doch bei dem Versuch, die historische Wirklichkeit der Druiden zu rekonstruieren, entstanden allerlei Mythen von weißbärtigen Weisen und Sonnwendriten in vorkeltischen Megalithanlagen, aus denen sich die wildesten Theorien und Spekulationen, poetische Romantizismen, mystische Träumereien und sogar regelrechte literarische Fälschungen entwickelten.

Falls dieses Werk die Realität dessen, was die Druiden einst waren, dem Leser auch nur ein wenig näherbringen kann, hat es seinen Zweck erreicht.

I
Die Welt der Kelten

Nora Chadwick hat darauf hingewiesen, daß »die Druiden neben den Griechen und Römern die intellektuell am höchsten entwickelte Klasse innerhalb der Völker des alten Europa waren«. Welchem Typus von Gesellschaft, welcher Welt gehörten sie an? Und was für ein Volk repräsentierten sie?

Die Kelten sind das erste Volk Europas nördlich der Alpen, über das es geschichtliche Aufzeichnungen gibt. Zu der Zeit, als die ersten uns erhaltenen antiken Erwähnungen der Druiden niedergeschrieben wurden, hatten sich die Kelten von Irland und Britannien im Westen bis zu den Hochebenen der heutigen Türkei im Osten ausgebreitet, und vom heutigen Belgien im Norden besiedelten sie die Iberische Halbinsel im Süden bis nach Gades (Cadiz). Auch südlich der Alpen, in Norditalien, hatten sie sich etabliert; dort bildete in etwa der Apennin die Südgrenze. Die frühesten Erwähnungen der Kelten als Volk erschienen in griechischen Quellen des sechsten und fünften Jahrhunderts v. Chr., fast vier Jahrhunderte vor den ersten Bezugnahmen auf die Druiden.

Die Kelten bildeten eine Gruppe, die sich linguistisch aus der hypothetischen indoeuropäischen Ursprache ableiten läßt, von der alle europäischen Sprachen mit Ausnahme des Finnischen, Estnischen, Ungarischen und Baskischen abstammen. Die Verwandtschaft der indoeuropäischen Sprachen läßt sich am leichtesten anhand der Zahlwörter aufzeigen. Die englischen Wörter *one, two, three* stehen in Zusammenhang mit dem Irischen *aon, dó, tri,* dem Walisischen *un, dau, tri,* dem Griechischen *énas, duo, treis,* dem Lateinischen *unus, duo, tres* oder dem Russischen *odin, dva, tri.* Keine Verwandtschaft besteht jedoch zwischen diesen Zahlwörtern und dem Baskischen *bat, bi, hirur* oder dem Finnischen *yksi, kaksi, kolme.* Solche Vergleiche von Zahlwörtern sollen demonstrieren, daß zu einer bestimmten historischen Epoche alle Völker Europas (mit Ausnahme der vier obengenannten) sowie Mesopotamiens und Nordindiens von einer gemeinsamen Sprachgruppe ausgingen. In grauer Vorzeit soll eine indoeuropäische Sprache existiert haben, doch kann eine solche nicht zufriedenstellend beschrieben und auch nicht mit Sicherheit einer spezifischen Periode zugeordnet werden. Die meisten Gelehrten ziehen als Zeitraum allerdings das dritte Jahrtausend v. Chr. und als geographischen Ursprung die Steppen Südrußlands in Betracht. Mit Sicherheit wußte man um die Mitte des ersten Jahrtausends v. Chr. nichts mehr von einer gemeinsamen Wurzel der Griechen und der Nordinder. Die Annahme einer indoeuropäischen Sprache ist für das Studium der Kelten jedoch von zentraler Bedeutung. Diese Hypothese ist notwendig zur Erklärung der außergewöhnlichen Parallelen und Ähnlichkeiten zwischen der keltischen und indischen Kultur in den Bereichen Sprache, Recht, Religion und Mythologie, Musik und des Kastensystems.

Man muß bedenken, daß die keltischen Völker ausschließlich aufgrund ihrer Sprache und ihrer Kulturen identifiziert wurden, wobei die Sprache natürlich die höchste Form kulturellen Ausdrucks darstellt. Bezüglich der indoeuropäischen Ursprache wurde die Hypothese formuliert, daß einst, vielleicht vor Beginn des ersten vorchristlichen Jahrtausends, ein »Allgemeines Keltisch« existierte, das sich in zwei unterschiedliche Dialekte aufteilte. Henri Hubert vertritt die Ansicht, daß das Goidelische oder Gälische die älteste Form des Keltischen ist; es war von den Britischen Inseln bis zur Iberischen Halbinsel verbreitet. Gelehrte wie Eoin MacNeill, Julius Pokorny, Sir John Rhŷs und Heinrich Wagner meinten, diese »frühen Kelten« seien eine kleine arische (*aryas*, adelig), militärisch organisierte Gesellschaft gewesen, die aus den Steppen Rußlands nach Europa vordrang, die dort ansässige bäuerliche, nicht-indoeuropäische Bevölkerung unterwarf und dieser ihre Kultur und Sprache aufzwang. Diese Theorie findet allerdings keine allgemeine Zustimmung. Gelehrte wie etwa Myles Dillon vertreten andere Ansichten, mit denen wir uns später befassen werden.

Allgemein akzeptiert ist jedoch, daß das Goidelische die früheste Form des Keltischen war. Die kontinentalen Kelten entwickelten daraus eine Variante, die als Brythonisch bezeichnet wird; sie vereinfachten die Fallendungen, gaben das Neutrum und den Dualis auf und führten dafür bei den Anlauten und der Aspiration Differenzierungen ein. Diese brythonische Form breitete sich später nach Britannien aus und ersetzte dort das ältere Goidelische. Auch auf dem Kontinent blieb sie erhalten, und wir kennen sie heute als das Gälische, von dem in jüngster Zeit einige Texte und Inschriften gefunden wurden. Der auffälligste Unterschied zwischen den beiden Sprachformen ist die Ersetzung des Q durch P in der brythonischen Gruppe, weshalb die Gelehrten vom Q-Keltischen und P-Keltischen sprechen. Der Laut *qu (kw)* im Goidelischen wurde durch *p* ersetzt. Ein einleuchtendes Beispiel dafür ist das Wort ma*c* (Sohn) im Goidelischen, das im Brythonischen zu ma*p* wird, oder etwa *c*eann (Goidelisch für Kopf), das sich zum Brythonischen *p*en verändert. Die bis heute überlebenden Formen der alten keltischen Sprachen sind das (Alt-)Irische, das Manx der Insel Man und das schottische Gälisch oder Goidelisch sowie das Walisische, Kornische und Bretonische.

Die frühesten Textbelege des kontinentalen Keltisch stammen von Grabinschriften des dritten und zweiten Jahrhunderts v. Chr., einigen längeren Texten, die kürzlich in Südfrankreich und Nordspanien entdeckt wurden, sowie dem berühmten Coligny-Kalender. Zu diesen Textbelegen kommen Ortsnamen, Personennamen und einzelne Wörter hinzu, die von namhaften griechischen und römischen Autoritäten erwähnt werden. Die Inselkelten Irlands entwickelten die sogenannte Ogham-Schrift. Sie hat hauptsächlich in Form von Inschriften überlebt, von denen die meisten, nämlich 369, vom fünften und sechsten Jahrhundert datieren. Zu dieser Zeit etablierte sich das Christentum endgültig in Irland; das religiöse Verbot, Wissen schriftlich zu fixieren, wurde aufgehoben, die Iren übernahmen das lateinische Alphabet und entwickelten in der Folge die drittälteste Literatur Europas. Professor Máirtin ó Murchú stellt fest, daß »in der alten Sprache Irlands mehr frühe ausführliche Aufzeichnungen überlebten als in jedem anderen Teil der keltischen Welt«. Aus diesem Grunde nehmen wir bei der Betrachtung von Kommentaren nicht-keltischen Ursprungs über die Kelten immer wieder Irland als Maßstab.

Als erste berichteten Hekataios von Milet (um 500 bis 476 v. Chr.) und Herodot von Halikarnassos (um 490 bis 425 v. Chr.) von der Existenz der *»Keltoi«*. Als »Herkunftsgebiet« dieses Volkes gaben sie die Oberläufe von Donau, Rhein und Rhône an, eine Aussage, die von der Archäologie gestützt wird. Man kann mit einiger Gewißheit davon ausgehen, daß griechische Händler und Kolonisatoren erstmals auf ihren Reisen ins westliche Mittelmeergebiet auf Kelten trafen. Die große Ära der griechischen Kolonisation lag zwischen der Mitte des achten bis Mitte des sechsten Jahrhunderts. Um 600 v. Chr. gründeten Siedler aus Phokaia, einer Stadt der griechischen Ionier in Kleinasien, eine Kolonie namens

Massilia (Marseille) im Keltengebiet des südlichen Galliens, östlich der Rhône. Der Überlieferung zufolge hatten die Phönizier etwa zur gleichen Zeit auf der Iberischen Halbinsel Handelskolonien errichtet, als die Kelten vom Norden aus dorthin einwanderten, nämlich um den Beginn des ersten Jahrtausends v. Chr. Aber es waren die Griechen, die als erste Berichte über keltische Siedlungen in Iberien verfaßten, nachdem sie im siebten und sechsten Jahrhundert die dortigen Küstengebiete kolonisiert hatten. Und es waren die Griechen aus Phokaia, die ihre Siedlungen an der Küste des heutigen Spanien errichteten.

Zu dieser Zeit hatte sich die Kultur der Kelten bereits seit drei bis vier Jahrhunderten weiterentwickelt. Sie hatten die Kunst des Eisenschmiedens erlernt und besaßen damit erstklassige Waffen. Mit ihren äußerst funktionstüchtigen Äxten, Sichelmessern und anderen Werkzeugen waren die Kelten in der Lage, durch zuvor undurchdringliche Wälder im Norden Europas Straßen anzulegen. Auch wurden sie durch die neuen eisernen Geräte mobiler und ihr Ackerbau wesentlich ertragreicher; und schließlich verliehen ihnen die neuen Schwerter und Speere für einen gewissen Zeitraum auch militärische Überlegenheit über die meisten ihrer Nachbarn.

Mit dieser »neuen Technologie« konnten sie sich im Lauf des sechsten Jahrhunderts v. Chr. in sämtliche Richtungen ausbreiten. Im fünften Jahrhundert waren sie in Norditalien, wo sie erstmals auf Etrusker und Römer stießen. Sie siedelten in der Poebene mit dem Apennin als Südgrenze, drangen südlich aber bis nach Ancona vor. Um das Jahr 474 v. Chr. besiegten sie die Etrusker in der Nähe des Flusses Tessin, und damit hatten sie das norditalienische Tiefland vollständig in ihrer Hand.

Unter ihrem Führer Brennus (der Name könnte auch ein Titel sein – noch im heutigen Walisisch bedeutet *brenin* König) fügten die Kelten den Etruskern eine weitere Niederlage bei, und als die Römer letzteren zu Hilfe kommen wollten, wurden um 390/387 auch sie geschlagen. Nach diesem Sieg an der Allia belagerte das keltische Heer Rom und nahm die Stadt ein. Um die Kelten zum Rückzug zu bewegen, mußten die Römer eine große Summe Lösegeld bezahlen.

Auch nach Osten drangen die Kelten vor. 366 v. Chr. spielten keltische Söldner eine entscheidende Rolle für Sparta in dessen Krieg gegen Theben. Große Gruppen von Kelten folgten der Donau flußabwärts, erreichten die Karpaten und errichteten entlang ihrer Route überall Siedlungen. Bald waren sie in Makedonien angelangt; Alexander der Große reiste nach Norden und traf sich 335/334 mit den keltischen Führern an der Donau, um mit ihnen einen Friedensvertrag auszuhandeln. Doch mit dem Tode Alexanders betrachteten die keltischen Fürsten diesen Vertrag als nichtig. Im Jahre 298 eroberten sie unter Cambaules Thrakien und ließen sich dort nieder. Im folgenden Jahr besiegte eine dieser Armeen unter Bolgios die Makedonier und tötete im Verlauf der Schlacht Ptolemäus Ceraunos, Alexanders Nachfolger und der General, den er am meisten geschätzt hatte. Ein anderes keltisches Heer zog unter Führung von Brennus und Acichorios bis zur griechischen Halbinsel und besiegte in den Thermopylen eine von mehreren griechischen Stadtstaaten zusammengestellte Armee, die von Callippus von Athen befehligt wurde. Die Kelten plünderten den Tempel der Pythia in Delphi, den Sitz des berühmten Orakels und der Priesterin des Apollo.

Aus unerklärlichen Gründen beendeten sie dann ihren Eroberungszug. Ihr Anführer Brennus beging Selbstmord, und die vereinigten keltischen Heere lösten sich auf. Ein Teil zog sich mit einigen der in Delphi erbeuteten Schätze in keltisches Territorium zurück; die delphischen Schätze wurden später von den Römern in der Nähe von Toulouse gefunden. Ein zweites Keltenheer wurde von dem neuen makedonischen König Antigonos Gonatas besiegt. Mehr als 20 000 keltische Krieger und ihre Familien wurden dazu überredet, nach Kleinasien (in die heutige Türkei) zu ziehen, um Nikomedes von Bithynien gegen Antiochus von Syrien zu unterstützen.

Sie erhielten im Inneren Kleinasiens Land zugesprochen, gründeten den Staat Galatien und wurden das erste keltische Volk, das durch Paulus von Tarsus christianisiert wurde; an sie ist sein berühmter Galater-Brief gerichtet. Mit Hilfe später nachziehender keltischer Stämme konnten sie ihr Siedlungsgebiet noch festigen.

Weitere viertausend keltische Krieger und ihre Familien wurden in Griechenland von Pharao Ptolemäus II. rekrutiert und folgten seinem Ruf nach Ägypten. Andere Gruppen dienten verschiedenen Königen als Söldner, unter anderem in Karthago, Syrakus und sogar in Syrien.

Die Tapferkeit der Kelten in der Schlacht war in der antiken Welt sprichwörtlich. Aristoteles behauptete, sie würden nichts fürchten, »weder Erdbeben noch Sturmwogen«. Die Schriftsteller der Antike berichten ausführlich über die Kampftaktiken der Kelten; sie taten sich vor allem als berittene Krieger hervor, und ihre überlegenen eisernen Waffen scheinen ihnen in der mediterranen Welt fast eine Führungsposition eingebracht zu haben. Die Griechen überlieferten uns mehrere frühe keltische Begriffe, zum Beispiel das Wort *trimarcisia* für Taktiken der Reiterei oder *marca* für Pferd. Die Römer adaptierten keltische Waffen und übernahmen sogar die entsprechenden keltischen Begriffe ins Lateinische. *Lanciae* war nach Auskunft von Diodorus Siculus die Bezeichnung der Kelten für ihre Speere mit Eisenspitzen (wovon sich unser Wort »Lanze« ableitet); das weitverbreitete, *gladius* genannte römische Kurzschwert war nach dem keltischen *clad* benannt, das wir auch in *claymore (claidheamh mór),* dem schottischen Breitschwert, wiederfinden.

Polybius war einer der Autoren des Alterums, die fälschlicherweise von einem keltischen Stamm der Gaesatae berichten, dessen Krieger nackt kämpfen würden. Tatsächlich waren die Gaesatae kein Stamm, sondern Berufskrieger; ihre Bezeichnung ist von dem Wort *gae,* Speer, abgeleitet (also »Speerträger«). Wie andere indoeuropäische oder arische Gesellschaften hatten auch die Kelten eine Klasse oder Kaste von Kriegern mit eigenen Ritualen, die sich gegen Bezahlung in den Dienst jedes Kriegsherrn stellten. Man könnte sie mit den Samurai vergleichen, der militärischen Kaste Japans, die erst während der Meiji-Periode zu Beginn unseres Jahrhunderts abgeschafft wurde. Im traditionellen Indien hatte diese keltische Kriegerkaste ihre Parallele in den Ksatriyas, der Kaste unterhalb der Brahmanen. Wie manche Gruppen der Ksatriyas kämpften auch die Gaesatae nackt, weil sie glaubten, ihr Karma könne sich dann am besten entfalten, ihre Kühnheit würde wachsen und im Falle des Todes würde ihre Inkarnation in der Anderswelt beschleunigt.

In der irischen Mythologie und jenem Bereich, der als »Pseudo-Historie« bezeichnet wird, existiert noch heute eine solche militärische Kaste mit Horden von Berufskriegern. Eine der bekanntesten sind die Craobh Ruadh, die Krieger vom Roten Zweig in Ulster. Viele Gelehrte glauben, die Kopisten hätten das Wort *ruadh* mit *rígh* verwechselt, was bedeuten würde, daß es ursprünglich vom »Königlichen Zweig« hieß. Auch die Fianna, Krieger, die die Hochkönige bewachten und aus dem Clan Bascna und dem Clan Morna kamen, erscheinen als eine militärische Kaste; *fianna* ist das moderne irische Wort für Soldaten. Connacht besaß die Gamhanrhide als militärische Elite, während Munster die Degad von Cú Roi sowie die Naisc Niadh der Eoghanacht-Könige von Cashel hatte; letztere waren Krieger des Goldenen Kragens oder Torques, was im Lauf der Zeit zu einer Ehrenbezeigung wurde, die von den Königen von Cashel und ihren Nachfahren, den MacCarthy Mór, verliehen wurde. Nachdem die MacCarthys 1690 nach der Schlacht an der Boyne ins Exil geflohen waren, vergaben sie diese Auszeichnung in Anerkennung der ihnen geleisteten Dienste zweieinhalb Jahrhunderte lang von Frankreich aus, wo sie als Ducs de Clancarthy und Comte MacCarthy Reagh de Toulouse lebten. Und als die MacCarthy Mór 1926 wieder ins unabhängige Irland zurückkehrten, wurde das Niadh Nask – diesen Namen hatte die Würdigung während der Zeit des Exils bekommen – weiterhin verliehen; sie existiert noch heute und ist damit einer der ältesten Ehrenkodexe in Europa.

Als die Kelten den Schriftstellern der Antike bekannt wurden und in die überlieferte Geschichte eingingen, hatten sich bei ihnen, wie auch bei anderen indoeuropäischen Gesellschaften, vier Hauptklassen entwickelt: die Gebildeten, die Krieger, die Erzeuger von Waren und die dienende oder manuell arbeitende Klasse. Diese Klassen waren vergleichbar mit den Brahmanen, Ksatriyas, Vaishyas und Shudras im alten Indien. Zur Zeit der Kodifizierung des irischen Rechtssystems hatten sich fünf Klassen herausgebildet: die verschiedenen Formen von Königen oder Stammesführern; die Gebildeten oder höheren Berufsstände; die Beamten und Richter; die Clansmen, die das Land bestellten und zu Kriegszeiten Soldatendienste leisteten; und jene, die ihre bürgerlichen Rechte verwirkt hatten, weshalb sie fälschlicherweise manchmal als Sklaven bezeichnet wurden. Diese letzte Gruppe bestand aus Verbrechern, die ihre Strafe abbüßten, Kriegsgefangenen und Geiseln.

Auf der italienischen Halbinsel bekämpften sich Römer und Kelten nach wie vor, und nachdem die Kelten die römischen Armeen wieder einmal geschlagen hatten, bedrohten sie Rom erneut. Da die Römer die Errichtung eines Reiches anstrebten, zu dem alle Völker der Halbinsel gehören sollten, taten sich die Kelten mit den Feinden Roms zusammen. Im Jahre 300 v. Chr. schlossen sie ein Bündnis mit ihren ehemaligen Gegnern, den Etruskern, und danach mit den Samniten, mit denen sie 298 und 284 noch einmal Siege über Rom erkämpften. Als Pyrrhus von

Epirus in Süditalien landete, um zu verhindern, daß die griechischen Kolonien unter Roms Herrschaft gerieten, vereinigten die Kelten ihre Verbände mit seinen Truppen und verhalfen ihm im Jahre 279 bei Asculum zu seinem berühmten Sieg über die Römer; am Ende unterlag Pyrrhus aber doch. Sofort danach begannen die Römer eine Offensive gegen die Kelten in Norditalien, eroberten 237 das Gebiet der keltischen Senonen von Picenum mit der Hauptstadt Senigallia (Sena Gallica) und begannen mit seiner Kolonisierung.

Auch in anderen Regionen gerieten die Kelten unter Druck. Attalos I. von Pergamon hatte die Galater besiegt und ihre Oberherrschaft abgeschüttelt. In Iberien eroberte Karthago keltiberische Gebiete und errichtete ein neues Reich, und die Kelten Norditaliens mußten sich im transalpinen Gallien neue Bündnisgenossen suchen. 225 v. Chr. besiegte eine keltische Armee noch einmal die Römer, doch kurz darauf brachten diese den norditalienischen Kelten bei Telamon ein schwere Niederlage bei. Rom war nun auch stark genug, ins cisalpine Gallien vorzudringen und es zu verwüsten. Die Römer lehnten die keltischen Verhandlungsangebote ab und zerstörten in drei Feldzügen systematisch die keltischen Siedlungen in Norditalien.

221/218 v. Chr., als Hannibal von Karthago begann, Pläne für einen Krieg gegen Rom auszuarbeiten, schlossen sich die Kelten Iberiens und des transalpinen und cisalpinen Gallien seinem Heer an. Ohne ihre Hilfe hätte er seine überwiegend aus Kelten bestehende Armee nicht von Iberien durch das südliche Gallien und über die Alpen ins cisalpine keltische Territorium führen können. Bei seiner Ankunft in Norditalien verbündeten sich zehntausend dort seßhafte Kelten mit ihm; sie spielten eine wichtige Rolle bei seinem Feldzug gegen Rom 218 bis 207.

Nach dem Sieg über Hannibal führte Rom die systematische Eroberung und Kolonisierung des cisalpinen Gallien fort. Viele Schriftsteller, die heute der lateinischen Literatur zugerechnet werden, waren in Wirklichkeit romanisierte Kelten aus dieser Region. Der Feldzug gegen das cisalpine Gallien dauerte über zwanzig Jahre. Als sich der Stammesführer der norditalienischen Bojer den Römern ergab, ließ ein römischer Konsul ihn und seine ganze Familie aus purem Vergnügen ermorden. Um 178/173 hatten die Römer ihre Politik der Kolonisation bereits begonnen, doch eine keltische Sprache und keltische Traditionen überdauerten in diesem Gebiet bis in die Kaiserzeit. Im Jahre 82 v. Chr. wurde das cisalpine Gallien römische Provinz.

197 v. Chr. hatte Rom mit der Eroberung des karthagischen Reiches in Iberien und seiner keltischen Verbündeten begonnen. Der Krieg gegen die Kelten in Spanien dauerte über hundert Jahre, er endete erst, als diese sich schließlich der *Pax Romana* unterwarfen und die römische Kultur übernahmen. Auch viele der lateinischen Autoren aus Iberien waren eigentlich Kelten.

Nach der Unterwerfung der Kelten in Norditalien und Iberien nahmen die Römer den Schutz der griechischen Kolonie Massilia (Marseille) zum Vorwand, Armeen nach Südgallien zu senden und dieses Gebiet zu besetzen. Sie gaben ihm den Namen Gallia Narbonensis oder bezeichneten es einfach als »die Provinz«, was im Französischen bis heute als »Provence« überlebt.

In Ägypten werden Kelten letztmalig 186/185 v. Chr. erwähnt. Zu dieser Zeit war Galatien ein bedeutender Staat, doch 74 v. Chr. verbündete sich sein Herrscher Deiotarus mit Rom gegen einige der Galatien umgebenden griechischen Staaten. Deiotarus' Freundschaft und Bündnis mit Pompeius und später Marcus Antonius erwies sich als politische Fehlkalkulation; er stand im römischen Bürgerkrieg auf der Seite der Verlierer. Nach seinem Tod im Jahre 25 v. Chr. marschierten römische Armeen in Galatien ein, und es wurde zu einer offiziellen römischen Provinz erklärt. 74 n. Chr. wurde es mit Kappadokien zu einer Provinz vereinigt, 106 aber wieder abgetrennt. Bis zum achten Jahrhundert blieb es eine eigenständige Provinz. Im vierten Jahrhundert berichtete der heilige Hieronymus, daß dort noch immer Keltisch gesprochen würde, wenngleich viele der Gebildeten überdies auch Griechisch beherrschten.

Im ersten Jahrhundert v. Chr. waren die keltischen Siedlungen und der Einfluß der Kelten in Thrakien donauaufwärts geschoben worden und aus den Regionen Illyrien, Pannonien und Noricum verschwunden. Unter dem Druck germanischer Stämme aus dem Nordosten wurden die Kelten nach Westen über den Rhein gedrängt – den großen Fluß, dessen keltischer Name »das Meer« bedeutete.

Nur das eigentliche Gallien sowie die Britischen Inseln und Irland blieben unabhängiges keltisches Territorium. Überall sonst waren die Kelten Opfer entweder der gnadenlosen militärischen Übermacht Roms oder germanischer Stämme geworden.

Es war unvermeidbar, daß die Römer, als ihr Imperium seinen Zenit erreicht hatte, ihre militärische Macht dem letzten noch unabhängigen Siedlungsgebiet der Kelten zuwenden würden. Ihr Vorwand dafür kam im Jahre 58 v. Chr. Einige Jahre zuvor hatte Burebista von Dakien im Osten Europas einen Annexionskrieg gegen die Kelten geführt, die böhmischen Bojer besiegt und mehr als 32 000 von ihnen gezwungen, ihr Land zu verlassen und sich den keltischen Helvetiern in der heutigen Region von Österreich und der Schweiz anzuschließen. Unter ihrem Führer Orgetorix und dessen Schwiegersohn Dumnorix, einem Bruder des Fürsten und Druiden Divitiacus vom Stamm der Aeduer, formten die Helvetier eine keltische Allianz und flohen vor den Überfällen germanischer und slawischer Stämme nach Westen.

Julius Caesar, der die Befehlsgewalt über Gallia Cisalpina und Gallia Narbonensis innehatte, ergriff die Gelegenheit, in Gallien einzugreifen, und behauptete, der Zug der Helvetier würde den Frieden in Gallien stören. Die römischen Politiker benutzten diese Behauptung als Vorwand dazu, ganz Gallien zu erobern. Zwischen 58 und 55 v. Chr. besiegten Caesars Armeen die meisten gallischen Stammesführer. Die Römer waren so erfolgreich, daß Caesar im Jahre 55 mit einem Heer eine Invasion an der Südküste Englands unternehmen und die keltischen Cantii (der Stamm, der Kent zu seinem Namen verhalf) besiegen konnte. Im Jahr darauf unternahm er nach der Niederwerfung eines Aufstands der Treverer in Gallien und der Ermordung Dumnorix' – der den Aufstand angeführt hatte – eine zweite Expedition nach Britannien. In deren Verlauf erkämpfte er die formale Unterwerfung mehrerer bedeutender südenglischer Stammesfürsten.

Doch Ambiorix begann in Gallien einen neuen Aufstand, dessen Führung auf den berühmten Vercingetorix überging. Auch einige britische Kelten schlossen sich ihm bei diesem »Unabhängigkeitskrieg« an. Doch im Jahre 51 v. Chr. eroberten die römischen Truppen in einem ihrer blutigsten Feldzüge dieses letzte unabhängige keltische Territorium im Gallien, das Gebiet um die Festung der Aquitanier von Uxellodunum. Trotzdem war Gallien nicht vollständig »befriedet«; im Abstand von wenigen Jahren erhoben sich seine Bewohner in erfolglosen Versuchen, ihre Unabhängigkeit zurückzugewinnen. Eine große Revolte fand im Jahre 69 n. Chr. statt; Tacitus berichtete, die Druiden hätten dabei eine führende Rolle eingenommen und den Fall von Rom prophezeit.

Doch Rom war nun stark genug, eine gründlich vorbereitete Invasion Britanniens, einem der letzten beiden völlig unabhängigen keltischen Länder, zu unternehmen. Südengland war durch Handel zu Reichtum gekommen. Der König des Landes, Cunobelinus, war zwischen 40 und 43 n. Chr. gestorben; sein Sohn Caractacus (Caradoc) trat seine Nachfolge an. Die Römer nutzten Cunobelinus' Tod als Gelegenheit zur Invasion, doch sie brauchten neun Jahre, um Caractacus zu bezwingen. Es sollte ihnen auch nie gelingen, Britannien vollständig zu erobern. Die Unterwerfung des nördlichen Teils gaben sie schließlich auf und bauten statt dessen den berühmten Hadrianswall an der Nordgrenze ihres Reichs. Während der etwa 360 Jahre dauernden Herrschaft Roms über den Süden Britanniens kam es immer wieder zu Aufständen, vor allem bei den Briganten Nordenglands.

Es verblieb nur ein einziges bedeutendes keltisches Gebiet, das nicht von Rom besetzt war – die Insel Irland. Im Jahre 82 n. Chr. empfing Agricola, der römische Statthalter in Britannien, einige verärgerte irische Stammesfürsten in seinem britannischen Hauptquartier. Sie forderten militärische Unterstützung für ihre Streitigkeiten in Irland, und Agricola dachte sofort daran, eine Invasion der Insel zu unternehmen. Sein Vorhaben ließ sich jedoch wegen des fortgesetzten Unfriedens im Norden seiner Provinz nicht realisieren.

In den letzten Tagen des römischen Imperiums, als das Christentum zur Staatsreligion geworden war, hatte christliches Gedankengut bereits einen großen Teil der heidnisch-keltischen Religion verdrängt. Nur Irland und der Norden Britanniens blieben noch bis etwa zum fünften Jahrhundert im großen und ganzen heidnisch. Gallien und das südliche Britannien waren schon frühzeitig christlich geworden.

Als sich die Römer aus Britannien zurückzogen, wurde das Land zwar noch einmal keltisch, doch war die keltische Welt insgesamt beträchtlich kleiner geworden. In Norditalien und Iberien war sie fast ganz verschwunden, im gesamten Donautal endgültig ausgelöscht. Sogar die Galater, die noch im vierten nachchristlichen Jahrhundert Keltisch sprachen, wurden allmählich verdrängt; bis zum neunten Jahrhundert waren sie ganz verschwunden. Gallien selbst war zweisprachig; Sidonius Apolliarius berichtet, erst gegen Ende des fünften Jahrhunderts hätten »die führenden Familien Galliens« versucht, »die Relikte der keltischen Sprache abzuschütteln«.

Neue Eroberer bedrohten nun die Reste der keltischen Welt. Jüten, Angeln und Sachsen begannen, den Süden Britanniens – des späteren Englands – heimzusuchen und zu besiedeln und rieben zusehends große Teile der keltischen Bevölkerung auf. Die Überlebenden wanderten ab, entweder nach Westen und Norden, nach Irland oder auf das europäische Festland. Nur in Wales, Schottland und Cornwall haben die britannischen Kelten bis in unsere Zeit überlebt. Viele flohen auch nach Nordspanien, andere nach Armorica (das zu »Kleinbritannien« – zur Bretagne – wurde, wo ihre Nachfahren bis heute Keltisch sprechen). Gleichzeitig drangen die Franken, germanische Verwandte der Angeln und Sachsen, nach Gallien ein und vermischten sich mit den gallischen Kelten. Das moderne Französisch weist noch immer einen starken keltischen Einfluß auf.

Die keltischen Völker hatten auch später noch unter Eroberungen und Assimilationsversuchen von seiten der Engländer und Franzosen zu leiden. Heute sind sie auf die Inseln und Halbinseln Nordwesteuropas zurückgedrängt; dort bilden sie eine Bevölkerung von sechzehn Millionen Menschen, von denen aber nur zweieinhalb Millionen noch eine keltische Sprache sprechen. Sie sind die tapferen Überlebenden der ehemals dominierenden Kultur Nordeuropas, die sich auf ihrem Höhepunkt über den gesamten Kontinent erstreckte.

Wir erwähnten bereits das keltische Kastensystem, das sich in seinen Anfängen nicht von den Sozialsystemen anderer indoeuropäischer Völker unterschied und Parallelen zum alten Indien aufweist.

Die alte keltische Zivilisation wurde vor allem von den Römern und Griechen als eine Gesellschaft wilder Krieger geschildert, die stolz, unwissend und ungebildet waren, das Leben leicht nahmen, kindlichen Vergnügungen frönten und sich häufig betranken. Oft wurden sie auch als »edle Wilde« dargestellt. Diese Vorstellungen hegen wir zum Teil auch heute noch, doch sie haben nichts mit der Wirklichkeit zu tun. Von der anfänglichen Urnenfelderkultur entwickelten sich die Kelten hauptsächlich zu einem Volk von Bauern und Hirten mit gut durchstrukturierten Stammesgesellschaften. Sie waren keine Nomaden, wie manche behaupteten, aber sobald sie – zu Beginn der Hallstattzeit im achten Jahrhundert v. Chr. – neben ihren Fähigkeiten der Metallbearbeitung noch gelernt hatten, Eisen zu schmieden, gewannen sie an Mobilität, und überschüssige Bevölkerungsteile konnten ohne Angst vor Feinden in viele Richtungen abwandern. Diese Mobilität unterschied sie in keiner Weise von den frühgriechischen Kolonisatoren oder den späteren Römern, Germanen und Slawen. Tatsächlich wurden sowohl in Griechenland als auch in Italien die jungen Leute ab zwanzig Jahren oft zur Auswanderung gezwungen, wenn eine Bevölkerung zu groß wurde, um anderswo eine neue Gemeinschaft zu gründen. Titus Livius (59 v. bis 17 n. Chr.) zog das *ver sacrum,* den »heiligen Frühling« der lateinischen Völker, als Erklärung für die frühe keltische Einwanderung nach Norditalien heran.

Eine der herausragenden Fähigkeiten der Kelten war der Straßenbau. Früher wurde ihr diesbezügliches Können häufig angezweifelt, doch in letzter Zeit haben archäologische Forschungen die Existenz gut angelegter Keltenstraßen bestätigt. Der Mythos von den Römerstraßen wird damit auf seinen rechtmäßigen Platz verwiesen, und die Wissenschaft akzeptiert zunehmend die Tatsache, daß viele lateinische Begriffe für das Transportwesen aus dem Keltischen übernommen wurden. Ich habe in meinem Buch *The Celtic Empire* gezeigt, daß der Beweis dafür allen, die ihn sehen wollten, schon immer offenkundig war, und zwar vor allem in den Schriften Caesars.

Die Archäologie hat auch den Wohlstand frühkeltischer bäuerlicher Gemeinschaften demonstriert sowie den hohen Stand ihrer Fertigkeiten in den Bereichen Kunst, Töpferei, Schmuckherstellung, Emaillierung und Metallbearbeitung deutlich gemacht. Alle diese Fähigkeiten wurden in der antiken mediterranen Welt hochgeschätzt. Während des ersten vorchristlichen Jahrhunderts, vor Caesars versuchter Invasion Britanniens, waren britannische Wollwaren in Rom sehr begehrt, vor allem wollene Umhänge *(sagi).* Das zeigt, wieviel Propaganda Caesar in seine Beschreibung dieses Landes einfließen ließ – behauptete er doch, den Kelten sei die Kunst des Webens unbekannt.

Zum Bauen benutzten die Kelten in der Regel die Materialien, die sie jeweils vorfanden. Das war meist Holz; an manchen Orten bauten sie aber auch mit Stein und bewiesen dabei großes architektonisches Wissen und Können. Vor allem in England gibt es noch Ruinen vieler Steinbauten aus dem vierten bis zweiten Jahrhundert v. Chr., wie ich in *A Guide to early Celtic Remains in Britain* aufgezeigt habe. Eines dieser Bauwerke ist noch heute rund dreizehn Meter hoch; es hat Türstürze über den Eingängen und sich verjüngende Wände, die bis zu fünf Meter dick sind, sowie Zimmer, Galerien und Treppen.

Sicherlich war die keltische Gesellschaft tribalistisch strukturiert, aber auch darin unterscheidet sie sich in keiner Weise von anderen sozialen Organisationen früher Indoeuropäer. Die Größe der Stämme variierte beträchtlich. Die Helvetier, deren Name in der Schweiz überlebt hat, zählten zu Beginn ihrer Migration 390 000 Menschen. Die mündlich überlieferten keltischen Rechtssysteme waren sehr fortschrittlich und zeigen faszinierende Parallelen zum indischen Recht – ein weiterer Hinweis auf den gemeinsamen indoeuropäischen Ursprung. Ein einzigartiges Merkmal des keltischen Rechts habe ich bereits erwähnt, nämlich die freie medizinische Versorgung und die Einrichtung von Krankenhäusern. Unter diesem Rechtssystem, das man als einen ursprünglichen, wenngleich hochentwickelten Kommunismus – oder auch einen Gemeinschaftsgeist – beschreiben kann, gab es weder absoluten Privatbesitz noch das alleinige Erbrecht des Erstgeborenen. Alle Beamten der keltischen Gesellschaft wurden gewählt, wenn auch oft von denselben Familiengruppen. Sogar Caesar bemerkt, daß der »Oberste Druide« von Gallien von seinesgleichen gewählt wurde.

Die erklärte Absicht dieses Buches ist es natürlich, sich mit den Druiden zu befassen, und damit zwangsläufig auch mit dem intellektuellen Leben der alten Kelten. Wir werden deshalb später auf einzelne Aspekte der keltischen sozialen Organisationen zurückkommen. An dieser Stelle genügt es festzustellen, daß die Kelten keine primitiven, ungebildeten Wilden oder barbarische Stämme waren, die nolens volens in einer ruchlosen und blutigen Orgie Europa durchwanderten, wie so manche Schriftsteller uns im Laufe der Jahrhunderte glauben machen wollten. Vielmehr war ihre Gesellschaft hochentwickelt und sehr kultiviert; die Kelten formulierten und entwickelten viele faszinierende Gedanken über sich selbst und ihre Welt.

Erst auf dem Höhepunkt der keltischen Expansion begannen die griechischen und römischen Autoren über die Druiden zu schreiben, und zwar nicht über deren Funktionen als Priester, sondern über die Druiden als Philosophen, Rechtsgelehrte, Pädagogen, Historiker, Ärzte, Seher, Astronomen und Astrologen; mit anderen Worten, über die Druiden als die intellektuelle Klasse der keltischen Gesellschaft. Darüber hinaus erfahren wir, daß es überall in der keltischen Welt Druiden gab.

Nora Chadwick hat darauf hingewiesen, daß fast alle überlieferten Berichte aus griechischen und lateinischen Quellen einer Zeit entstammen, zu der der Einfluß der Druiden als intellektuelle Klasse bereits am Schwinden war. Sie schreibt:

Der Niedergang der Druiden! Dieses Thema ist ein Schlachtfeld aller Gelehrten, die die Druiden und ihren Platz im Altertum ernsthaft studiert haben. Weshalb haben die Römer die Druiden »unterdrückt«, »verfolgt«, »abgeschafft«? Plinius war der erste, der diese Frage aufwarf, und er beantwortete sie seiner Sichtweise entsprechend mit Überzeugung. Nichtsdestotrotz wurde sie seither wieder und wieder gestellt und untersucht. In der Tat ist dies selbst heute noch die Kernfrage für alle, die sich mit dem römischen Imperium und dem keltischen Westen auseinandersetzen...

Frau Chadwick kam zu dem Schluß, daß die »Unterdrückung« und »Verfolgung« der Druiden durch die Römer das gedankliche Produkt späterer Gelehrter war, die eine rationale Antwort auf die Frage nach dem Verschwinden der Druiden suchten – beziehungsweise, da sie ursprünglichen keltischen Quellen zufolge nicht verschwanden, sondern nur eine neue gesellschaftliche Rolle übernahmen, den Grund für diesen Wandel. Nach den keltischen Quellen hatten die Druiden aufgehört, Philosophen, Rechtsgelehrte, Pädagogen, Ärzte, Seher und Astronomen zu sein, und waren zu »Magiern« und »Poeten« geworden. Frau Chadwick impliziert, daß die Druidenkaste bereits im Begriff war, sich zu verändern, und daß die römische Eroberung diesen Prozeß sowohl beschleunigte als auch die Gründe dafür verschleierte. Sie argumentiert:

Das Beweismaterial für eine Unterdrückung der Druiden ist wenig stichhaltig. Es ist keine gegen die Druiden gerichtete römische Gesetzgebung überliefert, und keine wirklich zuverlässigen Belege der damaligen Zeit zeugen von Unterdrückungsmaßnahmen. Eine allgemeine Antwort scheint zu sein, daß die *disciplina* der Druiden allmählich zum Erliegen kam – das unvermeidliche Resultat der Überlagerung einer niedrigeren Kultur durch eine höhere.

Um dieses Argument akzeptieren zu können, muß man allerdings auch Frau Chadwicks fast schon naiver Betrachtung alles Römischen als »zivilisiert« und alles Keltischen als »barbarisch« zustimmen. Mit Sicherheit läßt sich jedoch damit nicht die Situation in Irland erklären, wo die römische Kultur zu jener Zeit nicht beherrschend war.

Allerdings wirft die Tatsache, daß die Druiden von jenen Autoren, die die Kelten vor dem zweiten vorchristlichen Jahrhundert kommentieren, nicht erwähnt werden, sofort eine Frage auf: Gab es in der keltischen Gesellschaft vor dieser Zeit Druiden? Meine Argumentation läuft dahingehend, daß es sie durchaus bereits gab, aber daß die Chronisten die keltische Kastenbezeichnung der Druiden nicht verwendeten; sie sprachen lediglich von ihnen als Individuen und nicht von ihrer kollektiven Funktion.

Unsere nächste Frage lautet deshalb: Wie entstand die Kaste der Druiden innerhalb der keltischen Gesellschaft oder: Was waren die Ursprünge des Druidentums?

2
Die Ursprünge des Druidentums

Das Wort *Druidae* wird erstmals von griechischen Autoren verwendet. Wie schon gesagt, datieren die frühesten uns bekannten schriftlichen Erwähnungen der Druiden erst vom zweiten Jahrhundert v. Chr. Diese ältesten Verweise sind uns jedoch nur in Zitaten aus dritter Hand überliefert. Diogenes Laertius, ein Grieche, der im dritten Jahrhundert n. Chr. lebte, verfaßte ein Werk mit dem Titel *Leben und Meinungen wichtiger Philosophen.* Darin führt er frühere Quellen namentlich an, und somit kommt ihm als Bewahrer der Maximen und Schriften von Männern wie Epikur, Solon von Athen und Periander von Korinth eine bedeutende Rolle zu. Er zitiert in seinem Werk auch Aussagen von Aristoteles (384 bis 322 v. Chr.) und Sotion von Alexandria (vor 200 bis nach 170 v. Chr.) über die Druiden. Heute wird jedoch allgemein angenommen, daß das Aristoteles zugeschriebene Werk *Magicus,* auf das Diogenes Laertius sich bezieht, nicht von dem berühmten Philosophen selbst stammt, sondern um 200 v. Chr. von einem anonymen griechischen Autor verfaßt wurde. Trotzdem ist es eine der ältesten Quellen, in der die Druiden Erwähnung finden.

Wie *Keltoi* ist auch das Wort *Druidae* offenbar keltischen Ursprungs, doch unter den Linguisten herrscht nach wie vor Uneinigkeit darüber, wovon es sich ableitet.

Strabo (64 v. Chr. bis nach 24 n. Chr.) und Gaius Plinius Secundus (Plinius der Ältere, 23/24 bis 79 n. Chr.) glaubten, es sei sinnverwandt mit dem griechischen *drus* für »Eiche«. Man beachte hierbei den Gebrauch des Ausdrucks »sinnverwandt« anstatt »abgeleitet von«. Von einer angenommenen keltischen Wurzel leiten sich das moderne irische Wort *dair* und das walisische *dar* ab. Nora Chadwick vertritt folgende amüsante Vorstellung: »Es ist nicht völlig aus der Luft gegriffen, daß das Wort *Druide* als Spitzname für jene entstand, die von Plinius mit den Eichenwäldern in Zusammenhang gebracht wurden; in diesem Fall hätte es in etwa die Bedeutung ›Hinterwäldler‹.« Ernstzunehmender ist allerdings die Meinung einiger führender Etymologen des Keltischen, unter anderem Whitley Stokes, Rudolf Thurneysen, Henri d'Arbois de Jubainville und Holger Pedersen, die den Begriff als eine Ableitung von der Wurzel *dru-wid* betrachteten, was soviel wie »das Wissen von den beziehungsweise der Eichen« bedeutet – wobei *wid* für »wissen« oder »sehen, erkennen« steht (wie in dem Sanskritwort *vid,* das sich in der hinduistischen »Veda« wiederfindet, dem ältesten religiösen Text in einer indoeuropäischen Sprache). »Druide« bedeutet übertragen also »der, dessen Wissen groß ist« oder auch »gründliches Wissen«. Der Symbolismus mit den Eichen scheint allgemein anerkannt zu sein, wenngleich einige Linguisten den Ursprung des Wortes aus Vorsicht noch immer als unbekannt betrachten. So bezeichnete Dr. Dáithá Ó hÓgáin von der Universität Dublin die Verbindung des Wortes »Druide« mit »Eiche« als »eine etwas bizarre Derivation« und erläuterte dazu:

> Der von den Druiden bevorzugte Baum war eindeutig die Eberesche, und die irischen Druiden schliefen, um ihre prophetischen Visionen zu erlangen, auf Lagern, die aus Zweigen dieses Baums geflochten wurden. Auch der Haselnußbaum war von Bedeutung, wie zum einen der Name des Druiden Mac Cuill (»Sohn der Haselnuß«) belegt, zum anderen die Sage über die neun Haselnußbäume an der Quelle des Flusses Boyne, deren Nüsse einen Kern Weisheit enthielten.

Dr. Ó hÓgáin erkannte jedoch an, daß das Wort »Druide« von einem keltischen Begriff abstammt, »der ›sehr kenntnisreich‹ bedeutet«.

Seltsamerweise berücksichtigt Dr. Ó hÓgáin dabei offenbar nicht, daß die Eiche in der irischen Mythologie doch eine wichtige Rolle spielte, wie die »Eiche von Mughna« belegt, die dem *Leabhar Gabhala* (Buch der Eroberungen Irlands) zufolge der früheste heilige Baum in Irland war. Auch werden Eichen in frühen irisch-christlichen Texten häufig erwähnt, was die Vermutung nahelegt, daß viele der alten Kirchen an Stellen gebaut wurden, an denen zuvor druidische Eichen gestanden hatten. Sehr berühmt sind Brigits Kloster in Cille Daire (Kildare – Kirche der Eiche) und Daire Maugh (Durrow – Ebene der Eichen) und Columcilles Daire Calgaich (Derry – der Eichenhain von Calgaich). Dr. Ó hÓgáins Ansicht ist jedoch insofern korrekt, als in der irischen Mythologie in Zusammenhang mit den Druiden öfter auf Eibe, Haselnuß und Eberesche Bezug genommen wird.

Sir John Rhŷs, der erste Professor für Keltologie in Oxford, bemerkt in seinen *Lectures on the origin and growth of religion as illustrated by Celtic Heathendom* aus dem Jahre 1888:

In Anbetracht der Bedeutung heiliger Bäume im alten Kult des Hauptgottes der europäischen Arier sowie der Vorzugsstellung, die die Eiche als Symbol dieses Gottes oder sogar als Sitz der Gottheit genoß, neige ich dazu, die alte Etymologie des Wortes »Druide« für mehr oder minder korrekt zu halten.

Dies ist die Bedeutung »das Wissen von den beziehungsweise der Eichen« für den Begriff »Druide«.

Der Ursprung der Druidenkaste liegt im »Zeitalter der Nahrungssammler«, in dem ausgedehnte Eichenwälder ganz Europa bedeckten. Wir sprechen hier von einer Periode vor 4000 v. Chr., als primitive »Jäger und Sammler« die Eiche als ein Symbol des Überflusses betrachteten und Eicheln als Nahrung und lagerfähigen Vorrat für den Winter sammelten. Hesiod (um 700 v. Chr.), Pausanias (fünftes Jahrhundert v. Chr.) und Galen (129 bis 199 n. Chr.) sprechen von der Eichel als Nahrungsmittel. Plinius zufolge wurde sie zermahlen und zu Brot verbacken. Publius Ovidius Naso, besser bekannt als Ovid (43 v. Chr. bis 17 n. Chr.), schreibt, die Eichel sei das erste Nahrungsmittel gewesen, das die Menschen zu essen bekamen, als sie vom großen Baum des Himmelsgottes Jupiter geworfen wurden. Strabo spricht von Eichelbrot als einem Grundnahrungsmittel der Kelten in Iberien, und das *Leabhar na Nuachonghbala,* das um 1150 von Fionn Mac Gormain aus Glendalough verfaßt wurde, berichtet, daß in einem Jahr mit besonders schlechten Ernten jede Getreideähre nur ein Korn und jede Eiche nur eine Eichel trug – wohl ein Hinweis darauf, daß Eicheln von den Iren auch damals noch als ein dem Getreide gleichwertiges Nahrungsmittel betrachtet wurden.

Die Eiche war jedoch nicht nur ein Nahrungsspender; sie lieferte auch Feuerholz, um die Menschen warm zu halten, und Baumaterial für ihre Behausungen. Überreste von Holzhäusern aus jener Zeit zeugen von einem vorausschauenden Umgang mit den Ressourcen der ausgedehnten Wälder im damaligen Europa. Diese frühen Europäer hatten erkannt, daß die Eiche aufgrund ihrer Widerstandsfähigkeit und Nützlichkeit der verehrungswürdigste aller Bäume war. Jene Epoche, die wahrscheinlich ein Jahrtausend andauerte, führte zur Verehrung der Eiche und zum Aufstieg der »Weisen der Eiche« – ein Glaube, der in sämtlichen alten indoeuropäischen Religionen eine zentrale Stellung innehatte. Durch Wissen über die Bäume konnte man Überlebensstrategien und damit Weisheit entwickeln. Professor Jacques Briard bemerkte in seinem Buch *L'Age du Bronze en Europe barbare* aus dem Jahr 1976: »Der Waldmensch sollte in den barbarischen Kulturen des Westens für lange Zeit eine wichtige Rolle einnehmen.« Dabei versäumt er jedoch zu erwähnen, daß der »Waldmensch« nicht nur in den »barbarischen« Kulturen Europas von großer Bedeutung war, sondern auch in den Zivilisationen des südlichen Europa – sogar in der Gesellschaft der Griechen und Römer –, und daß Überreste dieser Einstellung in einigen indoeuropäischen Gesellschaften noch heute zu finden sind. So betrachteten die Hindus einen Baum Indiens, nämlich *ficus religiosa* (Heiliger Bobaum; zu den Moraceae gehörend), als die Wohnstätte des Gottes Brahma; in seinen Zweigen wohnte Vishnu, und jedem seiner Blätter wurde eine bestimmte Gottheit zugeschrieben. Die große Bedeutung der Baumverehrung demonstriert auch die Tatsache, daß bei den Ackerbau betreibenden Stämmen Indiens jedes Dorf in der Nähe eines heiligen Hains *(sarna)* angelegt war, der als ein Überbleibsel des Urwaldes galt und bei Landrodungen immer für die lokalen Gottheiten ausgespart wurde, damit die Felder gute Ernten brachten.

Als die Kelten zu Beginn des ersten vorchristlichen Jahrtausends ihre Expansionen begannen, besaßen alle ihre gelehrten Männer und Frauen das »Wissen von den Eichen«. In der keltischen Religion wurde die Eiche als das große Sinnbild pflanzlicher Vermehrung verehrt, so daß ihre Symbolik bei den Kelten auch noch einige Zeit, nachdem dieser Kult bei den Griechen und den romanisierten Völkern verlorengegangen war, erhalten blieb.

Irische Quellen geben Anlaß zu der Vermutung, daß dort jeder keltische Stamm einen eigenen heiligen Baum hatte, den *crann bethadh* (»Lebensbaum«), der als Totem oder Talisman im Mittelpunkt des Stammesterritoriums stand. Im alten Irland hatte ein Überfall eines rivalisierenden Clans immer die Zerstörung dieses Baums und damit die Demoralisierung des Gegners zum Ziel.

John A. MacCulloch stellt fest: »Außer den Kelten betrachteten auch andere arische Völker die Eiche als Symbol eines hohen Gottes, der Sonne oder des Himmels, doch war dies wahrscheinlich nicht ihre früheste Bedeutung.«

James G. Frazer wies darauf hin, daß »die Verehrung der Eiche oder des Eichen-Gottes offenbar allen Ariern in Europa gemeinsam war«, das heißt allen Völkern, die von den Indoeuropäern abstammten. In der Tat war dieser Baum in vielen Gesellschaften das Symbol des »Vaters der Götter«, sei es wegen seiner majestätischen

Erscheinung oder auch aufgrund der relativen Größe und Langlebigkeit der Eiche im Vergleich mit anderen Bäumen. In anderen Worten, die Eiche war ein altes Phallussymbol.

Die Litauer (oder Aisten) assoziierten mit der Eiche Perkunas, den Gott des Donners, und glaubten, ihre Seelen würden nach dem Tode in Eichen wohnen. Um gute Ernten zu erzielen, »opferten« sie noch im sechzehnten Jahrhundert manchmal eine Eiche in rituellen Verbrennungen. Die Esten beschmierten Eichen, die dem Gott Taara heilig waren, mit dem Blut von Tieren, um sich ausreichender Regenfälle und guter Ernten zu versichern. Symbolismen im Zusammenhang mit Eichen lassen sich ebenso bei sämtlichen slawischen Völkern feststellen. Auch bei ihnen war die Eiche der heilige Baum von Perun, dem Gott des Donners. Sein Bildnis wurde in einer Schnitzerei in Nowgorod gefunden, wo der Überlieferung zufolge ihm zu Ehren ein ewiges Feuer brennen mußte. Zahlreiche »heilige Eichen« gab es nach den Worten von Jacob Grimm (1795 bis 1863) in Niedersachsen, Westfalen und anderen Teilen Deutschlands. Auch die alten germanischen Völker verehrten die Eiche, und zwar als Symbol des Donnergottes Donar oder Thor. In England war sie den Angelsachsen heilig, und zwar nicht, wie manche glauben, als Vermächtnis der keltischen Tradition, sondern als eigenständiger Bestandteil der Religion dieses Volks. In Frankreich hat teilweise sogar das Christentum die Verehrung der Eiche übernommen – so etwa in »Unserer Lieben Frau von der Eiche« in Anjou und in Orthe im Maine, und W. Y. Evans Wentz zitiert nach Canon Mahé: »Man sieht an verschiedenen Kreuzungen die schönsten Eichen, geschmückt mit Heiligenfiguren.« Die Eiche als verehrungswürdiges Sinnbild und insbesondere als Symbol des Donnergottes ist also in ganz Europa zu finden. Sogar in England hat diese Symbolik bis vor nicht allzu langer Zeit überlebt; William Henderson zitiert in einem Werk *Folklore of the Northern Counties of England* von 1866 folgenden volkstümlichen Vers:

Beware of the oak	Hüte dich vor der Eiche
It draws the stroke	Sie zieht den Blitz an*

* Deutsche volkstümliche Version: Die Buchen sollst du suchen, doch vor den Eichen sollst du weichen – hier fehlt leider der Hinweis auf Blitz bzw. Gewitter [A.d.Ü.].

Wie bereits erwähnt, war die Verehrung der Eiche jedoch nicht nur auf die Völker des nördlichen Europas beschränkt.

Auch die Griechen und Römer kannten einst einen Eichenkult, und Spuren davon lassen sich noch heute finden. Zeus wurde in der Orakeleiche von Dodona und beim Fest in Plataä angebetet. Jupiter, sein römisches Äquivalent, verehrte man auf dem Kapitol; dort stand eine heilige Eiche. Dieser Hügel wurde Jupiter erstmals geweiht, als Romulus die *spolia opima* (Ehrenbeute) von Akron, dem König von Caeninenses, erbeutete und sie zu Ehren des Gottes an die heilige Eiche auf dem Kapitol hängte. Die Feuer im Tempel der Göttin Vesta auf dem Forum durften ausschließ-lich mit Eichenholz geschürt werden. Doch aus diesen Formen der Verehrung wurden allmählich komplexere theologische Vorstellungen, und derselbe Vorgang ereignete sich auch bei den Kelten. Ihr soziales System entwickelte sich im Laufe vieler Jahrhunderte weiter, und schließlich behielten nur mehr die gelehrten Frauen und Männer den Titel derer mit dem »Wissen von den Eichen« bei.

Anders als bei den Griechen und Römern wurde die Verehrung der Eiche bei den Kelten länger beibehalten. In Séguret in der Provence existiert noch eine bildliche Darstellung des keltischen »Vaters der Götter« mit einer Eiche. Im vormaligen Gallien wurden über 150 steinerne Monumente zu Ehren des keltischen »Vaters der Götter« gefunden, unter anderem in Hausen an der Zaber. Jedes zeigt einen Baum mit Eichenlaub und Eicheln. Ein weiterer Hinweis darauf, daß zumindest die Kelten des europäischen Festlands und Britanniens die Eiche mehr schätzten als jeden anderen Baum, findet sich in der Tatsache, daß die Mehrzahl der Votivtafeln des Heiligtums Fontes Sequanae aus dem Kernholz von Eichen gefertigt wurden, obwohl es auf dem Châtillon-Plateau genügend andere als Schnitzholz geeignete Bäume gab. Und Maximus Tyrius behauptete im zweiten nachchristlichen Jahrhundert in seinen *Logoi*: »Das Abbild der Kelten von Zeus ist eine erhabene Eiche.«

Eichenholz wurde auch für die Begräbnisstätten der Hallstatt- und Latènekultur der frühen keltischen Gesellschaft verwendet. In Gristhorpe, Yorkshire, wurden an einer keltischen Begräbnisstätte Reste eines Eichensarges gefunden. Die Symbolik der Eiche ist also überall in der alten keltischen Kultur anzutreffen.

Es ist nicht zu übersehen, daß die meisten bislang zitierten Autoritäten die Eiche und die Anhänger der »Weisheit von den Eichen« ausschließlich in maskulinen Begriffen erwähnen. So einfach jedoch lagen die Dinge natürlich nicht, denn die vorchristlichkeltische Religion folgte ursprünglich nicht dem maskulinen Denken, zu dem sie sich später hin entwickelte, und die durch die Christianisierung in ein stärker patriarchal ausgerichtetes System eingebunden wurde. Wie die meisten anderen Weltreligionen hatten auch die Kelten am Anfang die Vorstellung einer »Muttergottheit«. Bei ihnen hieß sie Danu (»Himmelswasser«), und es ist bezeichnend, daß die Donau ihren Namen von dieser Göttin hat – bezeichnend deshalb, weil die Ursprünge der keltischen Zivilisation anerkanntermaßen am Oberlauf dieses großen europäischen Flusses liegen.

An dieser Stelle könnte man die These vortragen, daß das Wasser das weibliche Element symbolisierte, während die Eiche zum männlichen Sinnbild wurde; und da die Eiche als Symbol pflanzlicher Vermehrung gilt, erscheint es sinnvoller, Wasser als ein Fruchtbarkeitssymbol und somit als etwas Weibliches zu betrachten. Allerdings wurde die Eiche in allen Kulturen, in denen sie Bedeutung erlangte, eindeutig als ein maskulines Symbol betrachtet. Man könnte also argumentieren, daß das Wasser – die Muttergottheit – die Eiche hervorbrachte und sie nährt. Wir werden diese Gedanken in den entsprechenden Kapiteln noch eingehender untersuchen.

Die Druiden waren diejenigen, die sich mit den Geheimnissen der sie umgebenden Welt befaßten, jene, die das »Wissen von den Eichen« besaßen und auf deren Rat die Stämme der »Jäger und Sammler« hörten, um zu überleben. Wie aber wurden die Druiden von jenen fremden Chronisten gesehen, in deren Blickfeld sie im zweiten Jahrhundert vor der Zeitenwende rückten?

Wie bereits erwähnt, bildeten die Druiden bei allen keltischen Völkern in jeder Region die Schicht der Intellektuellen. Ferner ist unumstritten, daß sie keine männliche Elite darstellten, sondern daß auch Frauen diesem Stand angehörten. Andererseits zeigt sich aber auch, daß die keltische Gesellschaft bereits patriarchalische Strukturen entwickelte, noch bevor das Christentum in ihr Fuß gefaßt hatte. Die Druiden waren für die Kelten nichts anderes als die Bramahnen für die Hindus. Aus ihren verschiedenen Pflichten innerhalb der keltischen Gesellschaft geht hervor, daß sie viele intellektuelle Funktionen innehatten. Ich bin mir bewußt, daß diese Behauptung nicht unumstritten ist; deshalb möchte ich mich mit den einzelnen Argumenten näher befassen. Vielen widerstrebt zum Beispiel der Gedanke, daß die Druiden ursprünglich eine Kaste waren, die innerhalb der keltischen Gesellschaft entstand.

Der Forscher Camille Jullian behauptete 1908 in seinem Buch *Histoire de la Gaule,* das Druidentum sei zwar eine keltische Institution gewesen, doch sei es erst relativ spät in der Entwicklung der keltischen Gesellschaft aufgetaucht. Aus diesem Grunde, so Jullian, fänden sich aus der Zeit vor dem zweiten vorchristlichen Jahrhundert in griechischen oder römischen Quellen keine Hinweise auf die Druiden. D'Arbois de Jubainville akzeptierte in seinem 1906 erschienenen Werk *Les Druides* fraglos Caesars Behauptung, daß »(das Druidentum) aus Britannien stammt und von dort nach Gallien gebracht wurde«. Er vertrat deshalb die Ansicht, das Druidentum gehe auf die gälischen (goidelischen, nördlichen) Kelten zurück und habe überlebt, als die brythonischen (südlichen) Kelten nach Britannien übersetzten und ihre Form des Keltischen den dort ansässigen gälisch-keltischen Einwohnern aufoktroyierten.* Danach, etwa 200 v. Chr., sei das Druidentum von dort nach Gallien vorgedrungen, wo schließlich die griechischen Kommentatoren darauf aufmerksam wurden. Deshalb, so d'Arbois de Jubainville, werden die Druiden immer nur in Zusammenhang mit Gallien, Britannien oder Irland erwähnt und nie bei den Kelten des nördlichen Italien, Galatien oder Iberien. Wir werden in Kürze auf diesen Punkt zurückkommen.

Sir John Rhŷs vertrat zunächst eine andere Meinung als d'Arbois de Jubainville. Er glaubt, die Institution des Druidentums sei bei allen Kelten zu finden gewesen; in seinem Buch *Celtic Britain* schrieb er, das Druidentum sei keine Erfindung der südlichen Kelten. Doch in seinem 1901 erschienenen Werk *Celtic Folk-lore* kam er zu einem anderen Schluß und behauptete, die Idee des Druidentums stamme von einer vorkeltischen Bevölkerung in Britannien und Irland. An dieser Überzeugung hielt er auch in all seinen späteren Veröffentlichungen fest. Er vertrat die Ansicht, daß die Druiden ursprünglich einer Zivilisation angehörten, die von der keltischen Kultur absorbiert wurde.

Doch um diese Behauptung Rhŷs' akzeptieren zu können, muß man auch Caesars Sichtweise übernehmen, der schrieb, »man glaubt« *(existimatur),* daß die Lehre der Druiden aus Britannien

* Goidelic – die nördliche Gruppe der keltischen Sprachen: Irisches Gälisch, Schottisches Gälisch, Manx [A.d.Ü.].

stammt und nach Gallien herübergebracht wurde. Für Sir John Rhŷs sind die Druiden »eine nicht-arische Priesterschaft«. Etwa zur gleichen Zeit, nämlich 1899, argumentierte Sir John Morris-Jones in dem Artikel »Pre-Aryan Syntax in Insular Celtic«, daß die inselkeltischen Sprachen zwar als »arische« Sprachen – ein Terminus, der zugunsten des exakteren Begriffs »indoeuropäisch« aufgegeben wurde – zu klassifizieren seien, ihre Syntax jedoch nicht. Diese, meinte er, gehöre zur hamito-semitischen Gruppe, die Arabisch, Hebräisch, Äthiopisch, Altägyptisch und die Berbersprachen umfaßt. Diese Meinung verhalf der »British Israelite«-Bewegung zu starkem Auftrieb, welche in den Kelten einen der verlorenen Stämme Israels sah. Die Druiden, so glaubt man, seien von diesen mystischen prä-keltischen Völkern auf die keltische Gesellschaft übergegangen – so die Ansicht von Gelehrten wie Sir John Rhŷs, Sir George Laurence Gomme und Saloman Reinach.

Spätere Linguisten stellten diese Argumentation jedoch in Frage. Myles Dillon wies auch darauf hin, daß in der Grammatik des Griechischen und Lateinischen regelmäßige Verben die Norm und unregelmäßige die Ausnahme bilden, während im Irischen das Gegenteil der Fall sei – wie auch im Sanskrit. »So weit wir wissen«, argumentierte Dillon, »handelt es sich hier um das indoeuropäische System, das im Sanskrit und im Altirischen am besten erhalten ist.« Seither wurde viel Arbeit darauf verwendet, Ähnlichkeiten in der grammatikalischen Konstruktion der Sprache der hinduistischen Veden und dem Altirischen aufzuzeigen. Die Veden entstanden zwischen 1000 und 500 v. Chr. *Veda* ist ein Sanskritwort und bedeutet »Wissen«, und seine Wurzel *ved* oder *vid* stellt die zweite Silbe der Zusammensetzung *Dru-vid* dar.

Dessenungeachtet hält Heinrich Wagner, Professor am Institute for Advanced Studies in Dublin und Autor des Werks *Studies in the Origins of the Celts and of Early Celtic Civilisation* (1971) an der Behauptung von Rhŷs/Morris-Jones fest. In seiner Schrift »Near Eastern and African Connections with the Celtic World«, vorgelegt im Februar 1978 beim Symposium für »Keltisches Bewußtsein« in Toronto, wiederholte Wagner seine Überzeugung von den linguistischen Affinitäten zwischen den nordafrikanischen Sprachen und den grammatikalischen Strukturen des Inselkeltischen. Er schreibt:

Forscher wie M. Dillon, N. Holmer, W. Meid und C. Watkins vertreten die Ansicht, das ursprüngliche Keltisch sei ein sehr archaischer Dialekt des Indoeuropäischen gewesen. Ihre Befunde schließen jedoch starke nicht-indoeuropäische Elemente im Inselkeltischen nicht automatisch aus, wie manche dieser Gelehrten zu glauben scheinen.

Diese Debatte ist zweifellos noch nicht beendet. Viele der früheren Meinungsverschiedenheiten darüber, ob die Druiden nichtkeltischen Ursprungs waren oder nur einem bestimmten Ableger der keltischen Kultur eigen waren, gingen davon aus, daß die Druiden lediglich ein Priesterstand waren. Gomme unterstützte diese Ansicht mit großer Begeisterung, weil er glaubte, die Druiden hätten Menschenopfer dargebracht – ein Faktum, das er als »unvereinbar mit arischer Gesinnung« hielt!

Offenbar war er der Überzeugung, daß die Arier Träger einer höher entwickelten Kultur gewesen seien, die keine Menschenopfer vollzog. Zutreffend ist jedoch, daß die Arier, als die er die Indoeuropäer bezeichnete, das Menschenopfer ebenso kannten wie jede andere damalige Gesellschaft. Man darf nicht vergessen, daß zu Gommes Lebzeiten dem Gedanken der »Reinheit der arischen Rasse« nachgegangen wurde. Gomme selbst war ein eifriger Verfechter der Ansichten, die Houston Stewart Chamberlains berüchtigtem Werk *Die Grundlagen des Neunzehnten Jahrhunderts* aus dem Jahre 1899 zu Prominenz verhalfen und das großen Einfluß auf die Rassentheorien der Nationalsozialisten ausübte.

Reinach unterstützte Rhŷs und Gomme mit seiner Meinung, die Kelten hätten das »Druidentum« der prä-keltischen »Nichtarier« übernommen – in der Art, wie auch die Römer die Religionen vieler der von ihnen eroberten Völker akzeptierten oder in ihre eigene Kultur integrierten. Des weiteren vertrat Reinach die etwas erstaunliche Ansicht, die Kelten hätten keine eigene Religion oder Priesterschaft besessen und aus diesem Grund die Druiden und ihr Gedankengut bereitwillig von eroberten Volksgruppen übernommen. Zu der Zeit, als die Druiden erstmals in die geschichtliche Überlieferung eingingen, so Reinach, habe die militärische Klasse der Kelten gegen sie revoltiert, weil sie eine fremde Institution verkörperten. Diese Behauptung läßt sich jedoch durch nichts erhärten. Die gallischen Druiden des ersten vorchristlichen Jahrhunderts waren mit Sicherheit nicht im Niedergang begriffen, und gallische Könige und Militärführer wie Divitiacus und sein Bruder Dumnorix waren eindeutig Druiden und gleichzeitig Angehörige der militärischen Kaste. Es hat den Anschein, als versuchte Reinach, den Sachverhalt zu verdrehen, um ihn in seine Hypothese einpassen zu können.

Ein weiterer Verfechter der Theorie eines »nichtarischen Prä-Keltentums« war Julius Pokorny. In seinem in der Zeitschrift *Revue Celtique* veröffentlichten Aufsatz »On the Origins of Druidism« schrieb er: »Das Druidentum trägt viele Züge, die indoeuropäischen Religionen völlig wesensfremd sind.« Auch er tendiert zu der Ansicht, daß die Eroberung eines ureingesessenen Volkes durch die Kelten zu deren Annahme der Religion dieser »nichtarischen« Gruppe führte. Doch Pokornys lückenhaftes Wissen zeigt sich deutlich in folgenden Zeilen:

Wenn die Kelten vor der Okkupation der britischen Inseln Druiden gehabt hätten, die bereits Priester der Eiche waren, so hätten sie diesen Kult sicherlich mit nach Irland gebracht... *die irischen Druiden werden nie mit der Eiche in Zusammenhang gebracht*... Die Druiden müssen dereinst die Priester eines Volkes gewesen sein, das die Verehrung der Eiche nicht kannte. Doch die Verehrung der Eiche durch die Kelten ist mehrfach verbürgt; deshalb können die Druiden keine originäre keltische Priesterschaft gewesen sein.

Pokornys Argumentation erscheint konfus und seltsam. Wie wir bereits gesehen haben, war die Eiche in Irland sehr wohl bekannt und steht häufig in Zusammenhang mit Orten von großer religiöser Bedeutung. Somit kann seine Behauptung nicht aufrechterhalten werden.

Ich stimme voll und ganz mit John A. MacCulloch überein, der sagt: »Es gibt keinen Grund zu glauben, daß es überall dort, wo Kelten existierten, nicht auch Druiden gab.«

MacCulloch fährt jedoch fort, es fänden sich keine Spuren eines Druidentums bei den Kelten in Italien, Spanien oder Galatien (in der heutigen Türkei), weshalb diese Institution erst spät in Gallien eingeführt worden sei. Er kommt zu dem Schluß, daß der Ursprung des Druidentums bei den Stämmen der belgischen Kelten des nördlichen Gallien und Südbritannien zu suchen sei; doch sobald diese erobert waren, sei der Einfluß der Druiden in der keltischen Gesellschaft verschwunden.

Sämtliche Behauptungen, das Druidentum sei keine allen keltischen Völkern ursprünglich eigene Institution gewesen, beruhen jedoch auf Caesars Bemerkung – die von keiner Seite erhärtet wird –, die Lehre der Druiden komme, soweit bekannt, ursprünglich aus Britannien. Diese Feststellung wird angeblich bekräftigt durch die Tatsache, daß wir spezifische Hinweise auf Druiden nur aus Gallien, Britannien und Irland besitzen. Diese Betrachtungsweise des Sachverhalts ist jedoch oberflächlich, denn wir kennen Erwähnungen von Gruppen, die ganz offensichtlich Druiden sind, wenngleich sie nicht als solche bezeichnet werden.

Meiner Überzeugung nach ist MacCullochs Behauptung, daß es in der gesamten keltischen Welt Druiden gab, zutreffend.

Diogenes Laertius spricht davon, daß die Gallier und die Galater sowohl *Druidae* als auch *Semnotheoi* kannten. Den Begriff *Semnotheoi* hat Laertius womöglich von Sotion und dem Autor des Werkes *Magicus* des zweiten Jahrhunderts vor Christus übernommen; er scheint mit dem Wort »Druide« bedeutungsgleich zu sein. Clemens von Alexandria erwähnt bei den Galatern eindeutig Druiden, desgleichen Kyrill von Alexandria und Stephanus von Byzanz. Hierzu bemerkt Professor Stuart Piggott: »Wenn man den Begriff ›Galater‹ unbesehen akzeptiert, dann könnte man auch davon ausgehen, daß der Ortsname Drunemeton ... die Existenz von Druiden in Kleinasien untermauert.« Drunemeton ist das keltische Wort für »Eichenheiligtum«, aber auch der Name der Hauptstadt der galatischen Kelten. Obwohl die genaue Lage dieses Ortes unbekannt ist, gibt es Hinweise darauf, daß die Tolistoboii die Stadt Pessinus, ein religiöses Zentrum der Phrygier, zu ihrer Hauptstadt machten. Dies könnte bedeuten, daß mit Drunemeton und Pessinus der gleiche Ort bezeichnet wird. Professor Piggott mahnt jedoch zur Vorsicht und weist darauf hin, daß Strabo alle Kelten »Galater« nennt: »Die gesamte Rasse, die die Gallier oder Galater genannt werden...« *[Gallikon te kai Galatikon]*. Aus diesem Grunde, so Professor Piggott, könne man nicht mit derselben Gewißheit wie bei Gallien davon sprechen, daß es in Galatien Druiden gab; die vorhandenen Hinweise könnten sich auf jeden Ort der keltischen Welt beziehen. Nichtsdestotrotz scheint der Name »Eichenheiligtum« für das Zentrum der Tolistoboii ein aussagekräftiges Indiz zu sein. Flavius Arrianus, ein Grieche aus Nikomedia in Bithynien (85/90 n. Chr. bis nach 145/46), der Galatien demnach selbst kannte, bestätigt, daß die Hauptstadt der Galater Drunemeton war; dort versammelten sich jedes Jahr zwölf Häuptlinge *(tetrarchs)* mit dreihundert gewählten Delegierten, die die Regierung der Galater bildeten. In Drunemeton, fährt er fort, verehrten sie eine Gottheit, die der griechischen Artemis entsprach.

Es ist darauf hingewiesen worden, daß Artemis, die Tochter des Zeus und Zwillingsschwester Apollos, am ehesten mit Brigit zu vergleichen war, »der Hehren oder Hohen«, Tochter des Dagda, des »Vaters der Götter« und der Gottheit des Heilens, des Handwerks, der Dichtkunst und Weissagung, dessen Kult in der keltischen Welt weit verbreitet war. Der Dagda war auch der »Gott der Druiden«. Auch hier treffen wir wieder auf die heilige Eiche, und zwar in einem ziemlich fremden Habitat in der heutigen Türkei.

Lewis Spence stellte die Frage: »Waren diese *tetrarchs* nicht nur Druiden und Priester, sondern auch Gesetzgeber und Verwalter? Ich sehe keinen ernsthaften Grund zu bezweifeln, daß sie beides waren, wenngleich das Beweismaterial bei weitem nicht ausreicht, um eine eindeutige Schlußfolgerung zu ermöglichen.«

Leider müssen wir uns damit abfinden, daß kein griechischer oder lateinischer Autor ein Werk ausschließlich über die Druiden verfaßte oder sich ausführlich und explizit hinsichtlich ihrer Rolle in den keltischen Gesellschaften äußerte. Zumindest hat kein derartiges Werk bis in unsere Zeit überlebt, das eine gründliche Untersuchung ermöglichen würde. Eines kann jedoch nicht oft genug betont werden: Keiner der Autoren der Antike bezeichnete die Druiden als Priester, und ebensowenig wurde das Druidentum von ihnen als Religion dargestellt.

Zu den Autoren, die das Druidentum als eine »nichtarische« Priesterschaft bezeichnen oder es auf nur einen Zweig der keltischen Völker beschränkt sehen möchten, bemerkt MacCulloch: »Dies sind Vorstellungen von Verfassern, die in den Druiden eine okkulte und esoterische Priesterschaft sehen.« A. H. Allcroft stimmt dem in *The Circle and the Cross* (1927) zu und argumentiert, das Druidentum sei »eine Organisation *(disciplina)* [gewesen], die eine Religion in ein Instrument politischer Macht verwandelte«.

MacCulloch schreibt ferner: »Die Beziehung der Kelten zu den Druiden ist keineswegs die von Eroberern, die gelegentlich auf die Medizinmänner des eroberten Volkes zurückgreifen, weil deren Magie stärker ist oder weil sie bei den alteingesessenen Göttern größeren Einfluß haben.«

In der Tat gibt es keinerlei historische Belege dafür, daß die Druiden eine nichtkeltische Priesterschaft waren. Selbst Spekulationen sollten auf Fakten beruhen. Und eine Tatsache ist bei unseren Betrachtungen von großer Bedeutung: Die Kelten hatten eine Priesterschaft, *gutuatri* genannt, was soviel wie »Sprecher [zu den Göttern]« bedeutet, und dieses gallische Wort ist offensichtlich verwandt mit dem irischen *guth* für »Stimme«. Die *gutua-*

tri sind uns aus einigen Inschriften bekannt, und ein Hinweis auf einen *gutuatros*, den Caesar töten ließ, findet sich bei Aulus Hirtius. Dieser fügte zu Caesars Bericht *Der Gallische Krieg* das achte Buch hinzu, und wahrscheinlich ist er auch der Autor des Werkes *Bellum Alexandrinium.* Hirtius war einer von Caesars Hauptmännern in Gallien.

Die *gutuatri* könnten demnach eine Gruppe innerhalb der Kaste der Druiden gewesen sein. Pokorny stellte die These auf, daß die Druiden die *gutuatri* als Priester der Kelten ersetzten, doch war dies nachweislich nicht der Fall, wie Le Roux in *Les Druides* (1961) betont. Vielmehr existieren sie noch nach der römischen Eroberung Galliens, also gleichzeitig mit den Druiden und fast zweihundert Jahre, nachdem erstmals über die Druiden geschrieben wurde.

Ich entschuldige mich nicht für die zusammenfassende Wiederholung meiner Behauptung, daß sich die griechischen und lateinischen Autoren vor dem zweiten vorchristlichen Jahrhundert ausschließlich auf die einzelnen Funktionen der Intellektuellen bezogen, die sie als *sacerdotes, antistites, gutuartros* und so weiter bezeichneten. Nach ihnen kamen Chronisten wie Poseidonios, dessen Werk die Grundlage für die Schriften von Diodorus, Strabo und Timagenes bildete. Poseidonios bereiste keltische Länder, und er stellte die Druiden als eine eigene Kaste mit intellektuellen Funktionen innerhalb der keltischen Gesellschaft dar.

Joseph Vendryes zeigte auf, daß eine Gruppe von Wörtern aus den Bereichen Philosophie, Religion und Königtum sowohl im Indo-Iranischen als auch in keltischen Sprachen Italiens überlebte, was er auf die Priesterkaste der Brahmanen Indiens einerseits, andererseits auf die Druiden der keltischen Welt zurückführte. Dillon und Chadwick kommentieren hierzu: »Wir können somit nun sagen, daß Druiden und Brahmanen Erben einer gemeinsamen philosophischen und kulturellen Tradition sind.« Sie führen aus:

> Der indoeuropäische Ursprung irischer Metren und die auffallende Ähnlichkeit zwischen den Rechtssystemen der Hindu und der Iren, die ebenfalls auf indoeuropäischen Ursprung hinweist, stützen die These, daß die irische *filid* und damit auch die keltischen Druiden der gleichen Tradition entstammen wie die Brahmanen.

Bevor wir im weiteren Verlauf betrachten, wie die griechischen und römischen Kommentatoren die Druiden porträtierten, soll die bisherige Argumentation kurz zusammengefaßt werden: Die

Druiden waren eine Kaste oder Klasse einheimischer keltischer Intellektueller, die im Zeitalter der »Jäger und Sammler« aus den weisen Männern und Frauen der Vorfahren der Kelten entstand. Sie verloren ihre ursprünglichen Funktionen, behielten jedoch ihren keltischen Namen derer »mit dem Wissen von den Eichen« bei. Sie existierten in jedem Teil der keltischen Gesellschaft, doch erst im zweiten vorchristlichen Jahrhundert erkannten die Griechen, daß diese verschiedenen gelehrten Funktionsträger einen kollektiven Namen hatten – die Druiden.

3

Die Druiden aus der Sicht der Fremden

Der aus Apameia in Syrien stammende Historiker und Philosoph Poseidonios (um 135 bis um 50 v. Chr.) verbrachte den Großteil seines Lebens auf der Insel Rhodos, wo er die dortige Schule der Stoiker leitete. Poseidonios war ein Universalgelehrter, der praktisch das gesamte Wissen des hellenischen Zeitalters verkörperte und zum Teil an die römische Welt weitervermittelte. Seine 52 Bücher zur Geschichte bildeten die Fortsetzung des Werks von Polybius (um 200 bis nach 118 v. Chr.), des griechischen Historikers, der Roms Aufstieg zur Weltmacht dokumentierte. Poseidonios' Geschichtsschreibung umfaßt die Periode des römischen Imperialismus von 146 bis 81 v. Chr.; zum Leidwesen der Altertumsforscher sind jedoch nur sehr wenige Fragmente davon erhalten geblieben. Er war weit gereist und hat auch Gallien besucht. Obwohl Grieche, war Poseidonios ein fanatischer Bewunderer des römischen Weltreiches, das seiner Meinung nach die Ansicht der Stoiker von der Verwandtschaft aller Menschen verkörperte, und zwar mit der Begründung, daß Rom seine Herrschaft über alle Völker der bekannten Welt ausdehnen wollte. Aus diesem Grunde vertrat er in seinem Werk eine Haltung, die die imperialistischen Bestrebungen Roms unterstützte, indem er von fremden Gesellschaften ein einseitiges, vorurteilsbehaftetes Bild zeichnete. Diese Einstellung muß man berücksichtigen, wenn andere Schriftsteller Poseidonios als Autorität zum Thema Kelten zitieren.

Vieles spricht dafür, daß Poseidonios' Werk über die Kelten Galliens vier antiken Autoren als Quelle diente: Timagenes von Alexandria (um die Mitte des ersten Jahrhunderts v. Chr.), dem römischen General und Diktator Gaius Julius Caesar (100 bis 44 v. Chr.), dem in Sizilien lebenden griechischen Historiker Diodorus Siculus (um 60 bis um 21 v. Chr.) und Strabo, einem griechischen Geographen aus Amaseia in Pontos (64 v. Chr. bis 24 n. Chr.). Diese Gelehrten werden oft sogar als die »Poseidonios-Schule« bezeichnet; ihre Werke gehören zu den frühesten uns erhaltenen Schriften über die Druiden und entstanden etwa zur gleichen Zeit.

Diodorus und Strabo teilten die intellektuelle Klasse Galliens in drei Kategorien ein. So schreibt Strabo in seiner *Geographia*:

Unter allen Stämmen stehen durchweg drei Klassen in besonderem Ansehen: die Barden, Vates und Druiden. Die Barden sind Hymnensänger und Dichter, die Vates opfern und erforschen die Natur, die Druiden beschäftigen sich neben der Betrachtung der Natur auch mit der Sittenlehre. Man hält sie für die Gerechtesten und überläßt ihnen deshalb die privaten und öffentlichen Streitigkeiten zur Entscheidung; in früheren Zeiten schlichteten sie Kriege und stifteten Frieden zwischen Heeren, die sich schon zur Schlacht rüsteten. Auch in Mordfällen wurden sie meistens mit der Entscheidung betraut... Mit anderen halten sie die menschliche Seele und die Welt für unzerstörbar, wenn auch Feuer oder Wasser vorübergehend die Oberhand gewinnen.

Zum selben Urteil kommt auch Diodorus; ferner weist er darauf hin, daß die Druiden hohes Ansehen genossen und die Vates anhand von geschlachteten Tieren und dem Flug oder den Lauten von Vögeln die Zukunft voraussagten. Diodorus zitiert Timagenes als Autorität zu den Druiden. Die Dreiteilung der intellektuellen Klasse Galliens (Druiden, Vates und Barden) wird insofern durch eine keltische Quelle bestätigt, als dieselben Klassen auch in Irland bekannt waren *(Drui, Bard* und *Fili)*, eine Tatsache, die den gemeinsamen keltischen Ursprung beider Sozialordnungen belegt.

Dieselbe Einteilung der gallischen Intellektuellenschicht trifft auch ein späterer griechischer Gelehrter, Ammianus Marcellinus aus Antiochia (um 330 bis 395), der als der letzte große »Historiker Roms« gilt. Auch er nennt den Griechen Timagenes als Quelle. Timagenes stammte aus Alexandria, wo er 55 v. Chr. gefangengenommen und nach Rom gebracht wurde. Nach seiner Freilassung dort wurde er ein erfolgreicher Rhetoriklehrer. Später fiel er jedoch bei Kaiser Augustus in Ungnade, weshalb er seine Werke verbrannte und Rom verließ. Man glaubt, daß Timagenes in Mesopotamien starb.

Ammianus Marcellinus zitiert Timagenes mit der Feststellung, daß die Druiden eine Art Gilde oder Organisation bildeten – *sodaliciss adstricti consortiis* – und als Autoritäten zur Geschichte der Gallier galten. »Sie behaupten, nur ein Teil der gallischen Rasse stamme ursprünglich aus Gallien; die anderen seien von den vorgelagerten Inseln und den Regionen jenseits des Rheins eingedrungen.« Es ist bedauerlich, daß Timagenes diese druidische Darstellung der Geschichte nicht weiter ausgeführt hat. Diese eine

Aussage stimmt völlig überein mit allem, was wir aus der Geschichte und der Archäologie über die Kelten wissen.

Strabo setzt seine Beobachtungen fort mit einem Kapitel, in dem er die Kelten sehr kritisch betrachtet und ihren Brauch erwähnt, die Köpfe ihrer getöteten Feinde nach einer Schlacht als Trophäen nach Hause zu tragen. Strabo war mit Sicherheit nicht selbst Zeuge dieser Sitte, und er versteht sie auch nicht ganz. Doch auch er zitiert Poseidonios als seine Quelle und fügt hinzu, dieser habe »das oft gesehen; zunächst habe es ihn abgestoßen, aber später habe er sich daran gewöhnt und sich nicht mehr darüber empört«.

Dann spricht Strabo davon, daß die Gallier die Köpfe besonders berühmter Feinde einbalsamierten und sich weigerten, sie zu verkaufen. Sodann fährt er fort – und hier müssen wir uns daran erinnern, daß er nach der römischen Eroberung Galliens schreibt: »Die Römer bereiteten diesen Bräuchen ein Ende, und auch all jenen, die mit den Opfern und Weissagungen zu tun haben, welche zu unseren Gepflogenheiten im Gegensatz stehen.«

Diodorus beschreibt die gallischen Kelten sehr viel eingehender als Strabo, vor allem, was deren gesellschaftliches und militärisches Brauchtum anbelangt. Er erwähnt auch ihre Sitte mit den Köpfen von Feinden, und zwar auf eine Art und Weise, die jener Strabos verblüffend gleicht, und ebenso wie dieser spricht er kurz vom Glauben der Gallier an die Unsterblichkeit der Seele, den er jedoch auf die »Lehre des Pythagoras« zurückführt. Diodorus schreibt:

Überaus geehrt sind bei ihnen einige Philosophen, die auch der göttlichen Dinge kundig sind und Druiden genannt werden. Auch Wahrsager haben sie, denen gleichfalls große Ehre erwiesen wird. Sie weissagen aus dem Vogelflug und aus der Beschauung der Opfertiere, und alles Volk glaubt und gehorcht ihnen. Besonders haben sie für gewisse Fälle eine höchst auffällige und kaum glaubliche Art, das Zukünftige zu erforschen. Sie weihen nämlich einen Menschen und stoßen ihm dann ein Schwert oberhalb des Zwerchfells in die Brust, und wenn das Opfer getroffen zusammenstürzt, erkennen sie aus der Art und Weise, wie es niederfällt, sowie aus den Zuckungen der Glieder und dem Ausströmen des Blutes das Zukünftige, wobei sie einer alten und durch lange Beobachtung erprobten Erfahrung Glauben schenken. Es ist bei ihnen Sitte, überhaupt kein Opfer ohne Zuziehung eines Philosophen zu bringen, denn sie sagen, man müsse seine Dankbezeigungen den Göttern durch solche Männer darbringen, die des göttlichen Wesens kundig seien und gleichsam dessen

Sprache verstünden, und durch deren Vermittlung müsse man sich auch das Gute erbitten.

Es kann wohl kaum ein Zweifel daran bestehen, daß Strabo und Diodorus ihre Information letztlich aus einer gemeinsamen Quelle beziehen. Sie folgen offensichtlich einem ähnlichen Text. Strabo beruft sich beim Einbalsamieren der Köpfe auf Poseidonios als seinen Gewährsmann. Aber zitieren Strabo und Diodorus Poseidonios direkt, oder beruhen ihre Aussagen vielleicht auf Timagenes, der ihnen das Werk des Poseidonios als Vermittler nahegebracht haben könnte? Alfred Klotz, ein Wissenschaftler für lateinische Literatur, ging von einer solchen Vermittlerrolle des Timagenes aus, weil er glaubte, daß das Werk des Poseidonios zu der Zeit, als Caesar, Strabo und Diodorus schrieben, bereits verloren war. Poseidonios' Schriften waren jedoch Athenaeus (um 200 n. Chr.) noch zugänglich, der ihn ebenfalls als seine Quelle in bezug auf keltische Bräuche nennt – Bräuche, die zum Teil den bei Diodorus erwähnten gleichen. Allerdings benützt Athenaeus genügend Originalzitate, um zu belegen, daß ihm die ursprüngliche Quelle vorlag und er sich nicht nur auf Diodorus stützte. Strabo dürfte zu beiden Quellen Zugang gehabt haben. Aber gleichgültig, ob er sein Material dem Original entnahm oder von Timagenes aus zweiter Hand erfuhr – wichtiger ist, daß sowohl Diodorus als auch Strabo einer Quelle verpflichtet sind, nämlich den verschollenen Schriften des Poseidonios.

Überdies sollte man betonen, daß Strabos *Geographica* eine gezielte Attacke gegen die Kelten war, die verfaßt wurde als Rechtfertigung für Julius Caesars Eroberung Galliens und seine Versuche, die keltische Intelligenz und ihre Bildungsstätten zu unterdrücken. Poseidonios' pro-römische, stoische Haltung hätte sein Werk zu einer zufriedenstellenden Quelle für Strabo gemacht.

Wenden wir uns also dem römischen Feldherrn zu, der Gallien eroberte und den Versuch unternahm, die gesamte keltische Welt mit Ausnahme Irlands der *Pax Romana* zu unterwerfen. Gaius Julius Caesar verbrachte bei diesem Eroberungszug mit Sicherheit viel Zeit bei den Kelten und kann uns deshalb naturgemäß mehr über sie sagen als andere Autoren.

Im sechsten Buch seines Werks *De Bello Gallico* behauptet Caesar, es habe in Gallien drei soziale Klassen gegeben – die Intellektuellen, Druiden *(Druides)* genannt; die militärische Kaste *(Equites)* und das gemeine Volk *(Plebs)*. Hier also erkennt er den Druiden den ihnen gebührenden Rang noch zu, doch im folgenden beschreibt er nur mehr eine religiöse Priesterschaft, ohne die Druiden jedoch ausdrücklich als Priester zu bezeichnen:

1. Die Druiden versehen den Gottesdienst, besorgen die öffentlichen und privaten Opfer und regeln die Religionssatzungen aus. Bei ihnen finden sich junge Männer in großer Zahl zur Unterweisung ein, und sie genießen bei diesen hohes Ansehen. Denn bei allen öffentlichen und privaten Streitigkeiten urteilen und entscheiden sie. Sie setzen Belohnung und Strafe fest, wenn ein Verbrechen begangen wurde, ein Mord geschah, Erbschafts- und Grenzstreitigkeiten ausbrechen. Fügt sich ein Privatmann oder ein Volk ihrem Entscheid nicht, so schließen sie die Betroffenen vom Gottesdienst aus. Dies bedeutet bei ihnen die härteste Strafe. Die so Ausgeschlossenen gelten als gottlose Verbrecher, ihnen gehen alle aus dem Wege, ihre Annäherung und ihr Gespräch meidet man, um nicht aus der Berührung mit ihnen Nachteil zu erleiden. Ihnen wird, auch wenn sie um ihn nachsuchen, kein Rechtsbescheid erteilt, noch wird ihnen irgendwelche Ehre erwiesen.

Er gibt uns auch Auskunft darüber, wie die Druiden in Gallien organisiert waren:

2. An der Spitze aller Druiden steht einer, der bei ihnen das höchste Ansehen genießt. Nach seinem Tode tritt an seine Stelle der, der unter den übrigen an Würde hervorragt; wenn mehrere gleiche Bewerber da sind, entscheiden in dem Wettstreit die Stimmen der Druiden, bisweilen gar die Waffen. [Sie tagen zu einer bestimmten Jahreszeit an einer geheiligten Stätte im Lande der Carnuten, das ungefähr in der Mitte ganz Galliens liegt.] Hier treffen sich von überall alle, die Streitigkeiten haben, und beugen sich der Entscheidung und dem Urteil der Druiden.

Wir werden später einige Stellen aus irischen Quellen diskutieren, die auf eine ähnliche Institution in Irland hinweisen.
Caesar fährt fort:

3. Die Lehre [der Druiden] soll in Britannien aufgekommen und von dort nach Gallien gelangt sein, und auch jetzt noch reist, wer sie genauer erforschen will, meist dorthin, um sie zu lernen.

Hinweise auf Druiden-Schulen oder -Akademien finden sich auch in der irischen Tradition; wir werden darauf an anderer Stelle zurückkommen.

Zur gesellschaftlichen Stellung der Druiden teilt uns Caesar folgendes mit:

4. Die Druiden ziehen gewöhnlich nicht mit in den Krieg und zahlen auch keine Abgaben wie die anderen, sind vom Waffendienst befreit und genießen Freiheit von allen Leistungen. Durch so große Vorrechte verlockt begeben sich viele freiwillig in ihre Lehre oder werden von ihren Eltern oder Verwandten hingeschickt. Sie sollen dort Verse in großer Zahl auswendig lernen; deswegen bleiben einige zwanzig Jahre in der Lehre.

Einer der wichtigsten Punkte, die Caesar nennt, ist folgender:

5. [Die Druiden] halten es für Sünde, [ihre Lehre] schriftlich niederzulegen, während sie fast in allen übrigen Angelegenheiten, in Staats- und Privatgeschäften, die griechische Schrift benützen. Sie scheinen mir aus zwei Gründen dies eingeführt zu haben: Sie wollen nicht, daß die Lehre unter der Menge verbreitet werde, noch daß die Schüler, sich auf das Geschriebene verlassend, das Gedächtnis weniger übten. In der Regel geschieht es bei den meisten, daß sie, gestützt durch das Geschriebene, im Lerneifer und im Gedächtnis nachlassen.

Oberflächliche Interpretation und fälschliche Auslegung von Caesars Bemerkungen haben vielfach zu der Meinung geführt, die Kelten seien Analphabeten gewesen. Es wurden jedoch in einigen Regionen keltische Texte gefunden, die in griechischer oder lateinischer Schrift abgefaßt waren und auf das dritte oder zweite vorchristliche Jahrhundert datierbar sind. Inschriften aus dem cisalpinen Gallien, etwa die Steine von Todi, Briona und Saignon, wurden in jüngster Zeit eingehend untersucht. Lange Zeit galt der komplizierte, auf das erste vorchristliche Jahrhundert zurückgehende Kalender von Coligny als frühester umfassender Text in einer keltischen Sprache. Dann wurde 1983 in La Vayssière eine Tafel aus Blei gefunden, die mittlerweile als »Larzac-Inschrift« bezeichnet wird; sie ist in lateinischer Schreibschrift verfaßt, gilt als »der bisher längste bekannte gallische Text« und wird auf das erste oder zweite Jahrhundert v. Chr. datiert. Eine weitere Entdeckung erfolgte im Dezember 1992 in Nordspanien; dabei handelte es sich um einen keltischen Text, der auf eine Bronzetafel geschrieben wurde. Die Meinung heutiger Wissenschaftler zur Frage des Analphabetentums der Kelten hat sich seitdem rapide verändert; wir werden auf dieses Thema im Rahmen einer Diskussion über »druidische Bücher« noch einmal zurückkommen.

Die vieldiskutierte Lehre der Druiden über die Unsterblichkeit der Seele kommentiert Caesar wie folgt:

6. Vor allem wollen sie die Überzeugung hervorrufen, daß die Seelen nicht vergehen, sondern nach dem Tode von einem zum andern wandern. Sie glauben, daß man vor allem durch diese Lehre, wenn die Todesfurcht beseitigt sei, zur Tapferkeit angespornt werde.

Hier spricht der zynische Soldat.

Einen weiteren faszinierenden Kommentar gibt Caesar zum astronomischen Wissen der Druiden ab; mit diesen Äußerungen befindet er sich im Einklang mit anderen Beobachtern:

7. Viel disputieren sie außerdem über die Gestirne und ihren Lauf, über die Größe der Welt und der Erde, die Natur der Dinge und über das Walten und die Macht der Götter und teilen das der Jugend mit.

Für Caesar besteht also kein Zweifel daran, daß der Einfluß der Druiden in allen öffentlichen und privaten Angelegenheiten ausschlaggebend und ihre Entscheidungen endgültig sind.

Auch wenn Caesars Darstellung stellenweise ausführlich ist, so läßt doch die Art und Weise seiner Bemerkungen sowie der Äußerungen Diodorus' und Strabos es offensichtlich erscheinen, daß sich diese drei Autoren alle einer gemeinsamen Quelle bedienten, nämlich des Poseidonios.

Trotz der Voreingenommenheit unserer pro-römischen Informanten müssen wir ihnen für ihre Beobachtungen durchaus dankbar sein. Vor allem Caesar, der im Verlauf seines Eroberungskrieges viel mit Galliern in Berührung kam, vermittelt uns wichtige Kenntnisse, die bei Strabo und Diodorus fehlen und sich auch nicht auf Poseidonios zurückführen lassen. Die Feststellung Caesars, die für unsere Behauptung von Bedeutung ist, besteht darin, daß er die gesamte intellektuelle Klasse der Gallier als »Druiden« bezeichnet, und das kann niemand besser beurteilen als er.

Wir wollen uns nicht von Caesar abwenden, ohne vorher zwei Druiden zu erwähnen, die er persönlich kannte. Divitiacus war ein Häuptling *(princeps)* der Aeduer, deren Hauptstadt die Hügelfestung Bibracte (Mont-Beuvray) war. Er wurde zur »Achillesferse«, zum Auslöser für die römische Eroberung Galliens. Divitiacus suchte einen mächtigen Verbündeten für seinen Kampf gegen die in Gallien einfallenden Germanen. Im Jahre 60 v. Chr. reiste er deshalb nach Rom, wo er vor dem Senat um militärische Unterstützung nachsuchte. Während seines Aufenthalts in der Stadt war er Gast des Verwalters Quintus Tullius Cicero (102 bis 43 v. Chr.), einem fähigen Soldaten und Bruder des berühmten Redners und Staatsmanns Marcus Tullius Cicero (106 bis 43 v. Chr.). Dieser erwähnt, daß Divitiacus ein in der Naturphilosophie bewanderter Druide war und die Zukunft vorhersagen konnte.

In einem Brief an seinen jüngeren Bruder schreibt Marcus Cicero:

> Weissagungen sind sogar bei den barbarischen Völkern bekannt, denn es gibt in der Tat in Gallien Druiden; ich selbst kannte einen von ihnen, Divitiacus vom Stamm der Haeduer, deinen Gast, der voll des Lobes für dich ist; er erklärte, in der Lehre unterrichtet zu sein, welche die Griechen Naturphilosophie nennen, und er konnte mit Hilfe von Augurien und Schlußfolgerungen die Zukunft vorhersagen.

Vermutlich kehrte Divitiacus mit einigen vagen Versprechungen der Römer bezüglich einer Allianz nach Hause zurück, denn er unternahm alles, was in seiner Macht stand, um ein solches Bündnis zu erreichen.

Caesar jedoch überredete den Senat dazu, Divitiacus' Feind, den germanischen Heerführer Ariovist, in dessen Kampf gegen die Kelten zu unterstützen. Im Jahre 58 v. Chr. fand Caesar die Gelegenheit, in Gallien einzugreifen und die Eroberung der Gebiete zu beginnen, die in Rom für das Kernland der Kelten gehalten wurden.

Die Aeduer standen nicht einhellig hinter Divitiacus' pro-römischer Politik. Der anti-römische Teil des Stammes gruppierte sich um Divitiacus' jüngeren Bruder Dumnorix (der Name bedeutet »König der Welt«), der offenbar ebenfalls ein Häuptling und Druide war. Als Caesar in das Territorium der Aeduer einmarschierte, schloß sich ein großer Teil des Stammes dem Widerstand um Dumnorix an. Daraufhin forderte Caesar Divitiacus auf, Dumnorix zu verhaften. Dieser aber ergriff nun für seinen jüngeren Bruder Partei mit der Begründung, eine Bestrafung desselben würde ihn bei seinem eigenen Volk in Verruf bringen. Doch Dumnorix' »hellseherische« Fähigkeiten waren offenbar besser als die seines Bruders, denn er ahnte bereits, daß Caesar und Rom ganz Gallien unterwerfen wollten.

Nach der Niederlage der Belgenstämme verschwand der König und Druide Divitiacus aus der Geschichte. Bis zu diesem Zeitpunkt aber war er ein ständiger Gefährte Caesars in Gallien gewesen, der seine Stammesgenossen immer wieder gedrängt hatte, sich

Rom friedlich zu unterwerfen. Caesar schloß eine seiner Aussage nach wortwörtliche Wiedergabe von Reden des Divitiacus in sein Werk mit ein; es hat allerdings eher den Anschein, als seien diese Reden des Keltenführers Caesars persönlicher Eindruck davon, was Divitiacus über das Interesse Roms an Gallien vorbringen sollte. Wenn man davon ausgeht, daß Divitiacus ein Druide war, so muß man sagen, daß diese Reden in der Tat nur wenige jener Qualitäten enthalten, die im allgemeinen mit Druiden assoziiert werden. Um Caesar Gerechtigkeit widerfahren zu lassen, muß man auch betonen, daß er Divitiacus nie als Druiden bezeichnet, doch Cicero ist eine verläßliche Quelle. Nora Chadwick meint dazu:

> Angesichts Ciceros Aussage war er jedoch aller Wahrscheinlichkeit nach wohl ein Druide, wie sie zu ihrer Blütezeit typisch waren, und sein Einfluß auf Caesar sowie die tatkräftige politische Unterstützung, die er ihm angedeihen ließ, entspricht beinahe der Schilderung politischer Macht, die Dio Chrysostom den Druiden zuschrieb.

Sofern man nicht selbst für die Sache Roms Partei ergreift, fällt es schwer zu akzeptieren, daß der Moralkodex des Divitiacus – der offenbar keine Gewissensbisse hatte, seine Stammesbrüder, um nicht zu sagen ganz Gallien, an die Römer zu verkaufen – als repräsentativ oder typisch für die Haltung der Druiden bezeichnet werden kann. Und man darf sehr wohl die Frage stellen, ob Divitiacus, als er 54 v. Chr. von der historischen Bildfläche verschwand, eines natürlichen Todes starb oder von gallischen Patrioten ermordet wurde.

Im selben Jahr stieg Dumnorix zum Führer der Aeduer und zum wichtigsten Feind Roms auf. Caesar beabsichtigte, Dumnorix bei seiner Invasion Britanniens dorthin mitzunehmen, denn er wußte, wenn es während seines Aufenthalts auf der Insel in Gallien zum Aufstand käme, dann würde Dumnorix der Anführer sein. Aber während er an der Kanalküste auf gutes Segelwetter wartete, entkamen ihm Dumnorix und seine Leute. Caesar schickte den Flüchtlingen einige Reiter nach, die den Keltenführer überwältigen konnten; er weigerte sich jedoch zu kapitulieren und wurde getötet. In seinen letzten Worten erklärte er, ein freier Mann zu sein und einem freien Volk anzugehören. Sein Tod wurde für die Gallier zum Signal für den Aufstand und zum Beginn eines Befreiungskrieges, den Rom vier Jahre lang nicht ersticken konnte.

Es ist hinlänglich belegt, daß Dumnorix Häuptling der Aeduer und ein hervorragender militärischer Führer war. Aber welche Beweise haben wir dafür, daß er ebenso wie sein Bruder ein Druide war? Wir haben festgestellt, daß die Druiden eine intellektuelle Kaste ähnlich den Brahmanen waren, die später zu einer nur mehr priesterlichen Rolle degenerierte. Dumnorix gehörte eindeutig sowohl dieser Kaste als auch dem Stand der militärischen Führer an. Es ist aufschlußreich, daß er bei seinen Einwänden gegen Caesars Plan, ihn nach Britannien zu begleiten, mehrere Vorwände anführte. Einer davon war, er müsse in der fraglichen Zeit in Gallien religiösen Funktionen nachkommen. Hier ist der Gebrauch des Plurals *quo religionibus impeditri ses diceret* von Bedeutung, denn er impliziert, daß diese religiösen Aufgaben nur von ihm ausgeführt werden konnten.

Für Nora Chadwick ist es erwiesen, daß Dumnorix ein Druide war:

Es besteht kein Zweifel daran, daß Divitiacus ein Druide war, und wir können seiner eigenen Aussage vertrauen, daß er in der [Philosophie] und Weissagung bewandert war, Disziplinen, die schon bei den frühesten Quellen über die Gallier mit den Druiden in Zusammenhang gebracht werden. Ob er auch ein Druide blieb, als er unter römischen Einfluß geriet, wissen wir nicht; es ist allerdings nicht wahrscheinlich. Dies würde erklären, weshalb Caesar sich zu diesem Punkt nicht äußert; allerdings sind auch andere Gründe denkbar. Schwieriger wird diese Frage im Hinblick auf Dumnorix. Er wird an keiner Stelle als Druide bezeichnet, aber die Frage stellt sich dennoch. Seiner Herkunft nach unterscheidet er sich sehr wahrscheinlich nicht von seinem Bruder. Offensichtlich genoß er aber das Vertrauen jener gallischen Häuptlinge, die sich Caesar widersetzten, und uneingeschränkte Popularität beim Volk. Worin bestehen die *religiones*, die »religiösen Verpflichtungen«, die ihn – wie er Caesar vorhält – davon abhielten, nach Britannien überzusiedeln? Sein extremer Konservatismus, seine aufopfernde Haltung für die Sache Galliens und seine unversöhnliche Gegnerschaft zu Rom standen voll und ganz im Einklang mit der politischen Haltung der Druiden, wie wir sie aus späteren Quellen kennen. Abgesehen von Ciceros Berichten über Divitiacus und unseren sonstigen Informationen über die Druiden, entspricht Dumnorix, so wie er uns bei Caesar geschildert wird, unseren neuesten Erkenntnissen darüber, daß die Druiden die Gallier gegen die römischen Eroberer aufwiegelten, in der Tat besser als sein älterer Bruder.

Es wurde die Meinung geäußert, Caesars Ansichten zu den Druiden seien nicht der Poseidonios-Schule zuzurechnen, sondern er habe vielmehr eine eigene Schule begründet, die zahlreiche Anhänger fand. So scheinen etwa Pomponius Mela von Tingentera (um 43 n. Chr.) und Marcus Annaeus Lucanus (39 bis 65 n. Chr.), ein Enkel Senecas, Caesar so nahezustehen, daß sie offenbar großzügig aus seinem Werk entlehnen.

Ferner kann man anführen, daß Plinius der Ältere, der einer Familie römischer Kolonisatoren in Gallia Cisalpina entstammte und auch Prokurator in Gallien war, dem Werk Caesars viel verdankte. Plinius starb an Rauchvergiftung beim Ausbruch des Vesuvs im August des Jahres 79 n. Chr., bei dem die Städte Pompeji und Herculaneum zerstört wurden. In seinem Hauptwerk *Naturalis Historia*, der einzigen von ihm erhaltenen Schrift überhaupt, gibt er eine der vollständigsten und bekanntesten Darstellungen der Druiden; er beschreibt sie darin als Naturwissenschaftler, Ärzte und Magier. Plinius war selbst von der Magie fasziniert, und deshalb ist es vielleicht verständlich, daß er bei seinem Bericht über die Druiden diesem Thema besondere Aufmerksamkeit widmete.

Möglicherweise war es diese Faszination, die Plinius veranlaßte, über *anguinam* zu schreiben, die »Eier des Druiden« oder die »Schlangeneier«. Seinen Worten zufolge wurde zur Regierungszeit des Kaisers Claudius ein Häuptling der gallischen Vocontii hingerichtet, als er in Rom einer Gerichtsverhandlung beiwohnte, weil er ein »Schlangenei« bei sich hatte. Plinius behauptet, die Druiden hätten Schlangeneier als Talismane betrachtet, die in gerichtlichen Auseinandersetzungen zum Sieg verhalfen. Man hat in diesem Zusammenhang darauf hingewiesen, daß diese Episode unabhängig von ihrer sachlichen Richtigkeit darauf schließen läßt, daß jeder, der in Rom mit dem Druidentum in Verbindung gebracht wurde, mit einer Bestrafung zu rechnen hatte. Plinius fährt fort, er habe eines dieser »Schlangeneier« gesehen; es habe das Aussehen eines Kristalls und die Größe eines kleinen Apfels gehabt und sei entstanden aus dem Schaum, den Schlangen ausscheiden, wenn sie aufeinandertreffen und sich anzischen. Der Schaum aus ihren Mäulern werde zu einem dickflüssigen Schleimballen, der in die Luft geschleudert würde und, wenn ein Druide ihn auffing, als Mittel gegen bösen Zauber wirke. Keltische Gottheiten wurden oft mit Eiern dargestellt, so zum Beispiel Sirona, die Göttin der Fruchtbarkeit, Gesundheit und Regeneration, deren in Hochscheid (Deutschland) gefundenes Bildnis eine Schüssel mit drei Eiern aufweist. Interessanterweise ist sie auch mit einer Schlange dargestellt, die sich um einen Arm windet und über die Eier hinwegzüngelt. Eier wurden also zweifellos als ein starkes Fruchtbarkeitssymbol betrachtet. Im Grab eines gallischen Häuptlings und Kriegers wurden sogar Eier als Grabbeigaben gefunden, und auch in der Mythologie der Kelten spielen Eier eine Rolle. Die irische Göttin Cliodna besaß zwei Vögel aus der Anderswelt mit rotem Gefieder und grünen Köpfen, die blaue und karmesinrote Eier legten. Wenn Sterbliche von ihnen aßen, wurden sie zu Vögeln und bekamen Federn.

In der Tat kommen Druideneier häufig in den keltischen Volkssagen vor. In Schottland sprach man vom *glain-nan-Druidhe* oder Druidenkristall. William Camden erwähnt in seiner *Britannia* (1586) sogenannte *gemmae anguine* und beschreibt sie als »kleine gläserne Amulette, gewöhnlich etwa so groß wie die Ringe an unseren Fingern, aber viel dicker, meist von grüner Farbe, oder auch blau, und manche von ihnen haben eigenartige blaue, rote und weiße Wellenmuster«. Thomas Kendrick behauptet, sie würden »in Cornwall, Wales und Schottland ›Schlangensteine‹ genannt, und es heißt, in Irland und Wales seien sie manchmal auch als Druiden-Gläser bezeichnet worden.« Kendrick meint, der Kristall, den Plinius sah, sei ein Konglomerat aus winzigen Ammoniten gewesen.

Im folgenden berichtet Plinius von zahlreichen bedeutenden Ärzten zu Beginn des ersten Jahrhunderts v. Chr., die entweder Gallier waren oder ihre Ausbildung an einer der druidischen Akademien Galliens erhalten hatten, bevor diese verboten wurden. Crinias von Marseille, ein Astrologe und Mediziner, sowie Charmis von Marseille und Alcon, die alle in Gallien ausgebildet wurden, werden zitiert mit dem Hinweis, daß die gallischen Ärzte bis zur Eroberung des Landes durch Rom und dem Verbot des Druidentums überragend waren. Wir werden später noch einmal auf die medizinischen und astrologischen Kenntnisse der Kelten zurückkommen.

Bei Plinius hören wir auch erstmalig von Eichenhainen und Mistelzweigen.

Den Druiden – denn so nennen sie ihre *magi* – ist nichts so heilig wie die Mistel und der Baum, auf dem sie wächst, sofern es sich um eine Eiche handelt. Haine legen sie nur aus Eichen an, und sie vollziehen keinen religiösen Ritus ohne ihr Laub, woraus man ersehen kann, daß die *Druides* ihren Namen von dem griechischen Wort haben.

Dem folgt ein Abschnitt, der zu einer der bekanntesten und allgemein anerkanntesten Beschreibungen der Druiden geworden ist. Über die Druiden in ihren Eichenhainen schreibt Plinius:

Alles, was auf diesen Bäumen wächst, betrachten sie als vom Himmel gesandt und als ein Zeichen, daß der betreffende Baum von den Göttern auserwählt ist. Misteln sind jedoch sehr selten, aber wenn sie gefunden werden, pflücken die Druiden sie mit großer Feierlichkeit, insbesondere am sechsten Tag des Mondes... Sie bereiten ein rituelles Opfer und ein Fest unter dem Baum vor und führen zwei weiße Stiere herbei, deren Hörner bei dieser Gelegenheit zum erstenmal zusammengebunden werden. Dann steigt ein Priester in weißer Robe auf den Baum und schneidet den Mistelzweig mit einer goldenen Sichel ab. Er wird mit einem weißen Tuch aufgefangen. Als nächstes schlachten sie die Stiere und bitten die Götter, sich durch die Gaben denen gnädig zu stimmen, denen sie den Mistelzweig gegeben haben. Sie glauben, daß ein Trank aus Misteln jedes unfruchtbare Tier fruchtbar macht und gegen jedes Gift wirkt.

Nora Chadwick hat diese Passage allerdings als »pittoreske Phantasie« bezeichnet. Sie schreibt:

Sie kann sich messen mit den Geschichten über König Alfred und die Kuchen, Cnut und die Wellen und Bruce und die Spinne, die weltweit zu den Klassikern des Populärwissens gehören... In Anbetracht dessen, daß Plinius ganz allgemein unkritisch ist, sollte man der Passage mit dem Mistelzweig und den Druiden nicht allzuviel Glauben schenken.

Tatsächlich war die Mistel zu jener Zeit in Irland nicht heimisch; sie wurde erst gegen Ende des achtzehnten oder zu Anfang des neunzehnten Jahrhunderts auf der Insel eingeführt. Aber falls die gallischen Druiden sie tatsächlich verehrten und diese Zeremonie so wichtig war, wie Plinius uns glauben machen will, ist es interessant, daß keine andere Quelle dies erhärtet. Plinius selbst nennt Polyhistor (Alexander Cornelius, geb. um 105 v. Chr.) als Gewährsmann für Eichen und Misteln, doch auch dieser bekräftigt seine Aussagen nicht; ebensowenig kann Polyhistor als Quelle für Plinius' Phantasievorstellung von den Druiden und den Eichenhainen gelten.

Plinius ist der erste Schriftsteller, der den Eichenhain mit den Druiden in Zusammenhang bringt. In den Schriften des Poseidonios und seiner Nachfolger über die Druiden sind Wälder, von der Ableitung des Begriffs »Druide« einmal abgesehen, kein wesentlicher Bestandteil der druidischen Welt, und auch in der keltischen

Tradition spielen sie keine signifikante Rolle – bis zu Plinius; nach ihm jedoch ist immer wieder von Eichenhainen die Rede.

So zitiert Lukan zumindest indirekt Plinius, wenn er sagt, die Druiden hätten in dichten Eichenhainen und unbewohnten Wäldern gehaust und dort barbarische Riten und eine unheimliche Gottesverehrung praktiziert. In seinem epischen Gedicht *Pharsalia* beschreibt er einen schaurigen Zauberwald bei Marseille: »Die Leute kamen diesem Platz bei der Verrichtung ihrer Andacht nie sehr nahe, sondern überließen ihn den Göttern ... Selbst der Priester scheut sich, dorthin vorzudringen, und fürchtet, dem Herrn des Hains zu begegnen.« Allerdings geht Lukan nicht so weit, diesen Wald als *Druiden*hain zu bezeichnen, obwohl er es natürlich impliziert. Trotzdem die *Pharsalia* kein Geschichtswerk darstellt, müssen wir doch erwähnen, daß Lukan zufolge aus dem Holz der Bäume dieses Eichenhains einfache Skulpturen geschnitzt wurden, welche Götter repräsentierten *(simulacra maesta deorum)*. Im Jahre 1963 wurden in der Nähe eines gallischen Heiligtums im sumpfigen Quellgebiet der Seine über 140 Schnitzereien aus dem zweiten Jahrhundert nach unserer Zeitrechnung entdeckt. Sie waren der Sequana geweiht, die als Göttin dieser Quellen gilt, und befinden sich heute im Musée Archéologique in Dijon. Dieser Fund ist im Hinblick auf die Aussage des Lukan deshalb bedeutsam, weil die Objekte aus Eichenholz sind. Vermutlich handelt es sich bei diesen Stücken – einige sind Vollstatuen von Göttern und Göttinnen – um Votivgaben.

Lactantius Placidus bemerkt in seinem Kommentar zu dem Epos *Thebais* von Caecilius Statius (um 45 bis um 96 n. Chr.): »Die Druiden sind jene, die sich an Eichen erfreuen.« Statius spricht von einem Hain, »dicht und uralt, unberührt von Menschenhand und undurchdringlich für die Strahlen der Sonne. Das fahle, ungewisse Licht verstärkt hier nur die Ehrfurcht und ominöse Stille. Die göttliche Präsenz von Latona (der lateinische Name der griechischen Göttin Leto, eine der Titaninnen und Mutter des Apoll und der Artemis) verzauberte den Hain, und der Wald verbirgt in seinem geheiligten Schatten ihre Bildnisse in Zeder und Eiche.«

Es wäre ein leichtes, die Aussagen dieser römischen Schriftsteller unbesehen zu akzeptieren und die Druiden in dunkle Eichenhaine zu verweisen, vor allem da bewaldete Hügel, wie wir wissen, bei den meisten indoeuropäischen Völkern als heilige Orte verehrt wurden, selbst in der Kultur der Hindus. Doch es treten in diesem Zusammenhang einige Fragen auf.

Mit seinem Hinweis auf die dunklen, barbarischem Aberglauben geweihten Haine auf der Insel Anglesey, die um 61 n. Chr. von Suetonius Paulinus zerstört wurden, scheint Publius Cornelius Tacitus (56/57 bis nach 117) die Aussage Plinius' zu unterstützen. Tacitus war jedoch nicht Zeuge dieser Vorgänge – berief er sich also auf die neue Tradition des Plinius? Natürlich darf man nicht vergessen, daß er der Schwiegersohn Gnaeus Julius Agricolas (40 bis 93 n. Chr.) war, der zusammen mit Suetonius in Britannien seinen frühen Militärdienst ableistete, bevor er selbst Statthalter der Provinz wurde. Dennoch stellt uns Tacitus' Werk, insbesondere die *Germania*, in einem Aspekt vor ein Rätsel. Manches, was er als germanisch bezeichnet, scheint keltisch zu sein. Oder herrschte bei ihm und anderen römischen Autoren bezüglich der gallischen Kelten eine solche Verwirrung vor, daß sie viele Bräuche der Kelten mit solchen ihrer germanischen Nachbarn verwechselten? Tacitus sagt, es seien die Germanen, die sich gerne in dichten Hainen aufhielten und diese als heilig betrachteten.

Wälder und Haine weihen sie und nennen mit dem Namen von Göttern jenes Geheimnisvolle, was sie allein in der Verehrung schauen.

Plinius der Jüngere (Gaius Plinius Caecilius Secundus – 61 bis 113 n. Chr.) wiederholt diese Aussage, doch behauptete er von den Germanen: »[Sie] verehren das Dunkel der Wälder und die Stille, die [sie] dort umgibt.« Haben die Römer demnach, ausgehend von Plinius, die Kelten fälschlicherweise in die heiligen Haine der Germanen verpflanzt? Und wurde dieser Fehler jahrhundertelang in der Forschung wiederholt?

Ganz offensichtlich unterliegt Tacitus einem Irrtum, wenn er von einem Stamm, den er als germanisch bezeichnet, behauptet: »Ihre Sprache steht dem Britannischen näher.« Hier handelt es sich mit Sicherheit nicht um Germanen, sondern um Kelten. Tacitus fährt fort: »Die Germanen kennen zahllose ungehobelte Verse, deren Rezitatoren sie in ihrer Sprache *Barden* nennen.« Auch an dieser Stelle verwechselt er eindeutig Germanen und Kelten. Ferner bezeichnet er Veleda als eine germanische Prophetin. Doch auch dieser Name ist unzweifelhaft keltisch; wir werden Veleda im Kapitel über die weiblichen Druiden noch diskutieren. Die Behauptung, daß germanische Priester von Bäumen in heiligen Hainen

Omen abschnitten, scheint sich auf die Beschreibung der Druiden durch Plinius den Älteren zu beziehen, wo die heiligen Misteln erwähnt werden.

Nora Chadwick hat allerdings eine weitere plausible Erklärung für das plötzliche Erscheinen von Eichenhainen in Zusammenhang mit den Druiden in den Werken der lateinischen Autoren des ersten nachchristlichen Jahrhunderts vorgebracht. Wie wir uns erinnern, fiel Gallien im ersten Jahrhundert vor der Zeitenwende an Rom, und aus mehreren nicht eindeutigen Gründen sollen die Kaiser Augustus, Tiberius und Claudius versucht haben, das Druidentum zu unterdrücken. Falls dies zutrifft – falls die Druiden also aus ihrer Stellung in der gallischen Gesellschaft verdrängt, aus ihren Akademien verjagt und des Schutzes ihrer Häuptlinge und Könige beraubt wurden –, waren sie demnach gezwungen, sich in den unzugänglichen Wäldern Galliens zu verbergen, dort ihre Lehre zu verkünden und ihren Glauben zu praktizieren? In der Tat wird diesem Gedanken von Pomponius Mela Gewicht verliehen, der gut fünfzig Jahre nach dieser Unterdrückung der Druiden schreibt: »Sie lehren die Edelsten ihres Volkes über einen Zeitraum von zwanzig Jahren viele Dinge an abgeschiedenen Orten, *sei es in einer Höhle oder in abgelegenen Hainen.*«

Diese Passage erinnert an die irischen »hedge schoolmasters« zur Zeit der Penal Laws, der englischen Strafgesetze in Irland im späten siebzehnten Jahrhundert. Damals versuchten die Engländer, jegliche einheimische schulische Erziehung auf der Insel zu unterdrücken; deshalb unterrichteten diese »Heckenschulmeister« ihre Zöglinge an abgelegenen Orten, wobei immer ein Schüler Wache hielt, um vor nahenden englischen Soldaten zu warnen. Wir werden auf dieses Thema eingehen, wenn wir uns mit den Druiden-Schulen befassen.

Es ist jedoch Cornelius Tacitus, der uns unschätzbare Informationen über die Druiden als Historiker gibt, indem er in seinen *Historien* eine Prophezeiung der gallischen Druiden zur Zeit des Kaisers Vespasian zitiert – was ferner auch belegt, daß sie zu jener Zeit nicht völlig unterdrückt gewesen sein konnten. Im Dezember des Jahres 69 n. Chr. wurde Kaiser Aulus Vitellius von Vespasian besiegt und getötet, der daraufhin Anspruch auf den Thron erhob. In den Worten Tacitus':

Auch die Gallier hatten ihr Haupt erhoben, in der Meinung, es stünde überall mit dem Schicksal unserer Heere gleich schlecht; war doch das

Gerücht in Umlauf gekommen, daß unsere in Mösien und Pannonien gelegenen Winterquartiere von Sarmaten und Dakern eingeschlossen seien. Ähnliches fabelte man von Britannien. Nichts aber hatte so sehr wie der Brand des Kapitols den Glauben an das nahe bevorstehende Ende des römischen Reiches erzeugt. Seinerzeit sei zwar die Stadt von den Galliern erobert worden, doch sei damals der Sitz Jupiters unbeschädigt und daher das Reich erhalten geblieben. Jetzt sei durch die unselige Feuersbrunst ein Zeichen des himmlischen Zornes gegeben und die Weltherrschaft den jenseits der Alpen wohnenden Völkerschaften in Aussicht gestellt worden.

Dazu bemerkt Tacitus zynisch: »So weissagten es wenigstens in der Torheit ihres Aberglaubens die Druiden.« Die Prophezeiung mag dreihundert Jahre zu früh gekommen sein, doch man kann nicht umhin festzustellen, daß die germanischen Völker nördlich der Alpen sich nach dem Fall Roms tatsächlich zu den neuen Herren der damals bekannten Welt aufschwangen.

Besonders interessant ist, daß die Druiden des Jahres 69 n. Chr. vom Sieg der Kelten über die Römer am 18. Juli um 390/387 v. Chr. wußten – ob dies mündlich tradiert worden war oder ob die Druiden schriftliche Aufzeichnungen darüber besaßen, ist uns unbekannt. Es handelt sich dabei um die Plünderung Roms durch den Keltenfürsten Brennus, der mit seinen Männern jedoch nicht den Kapitolhügel mit dem Jupitertempel einnehmen konnte. Rom konnte die Kelten erst nach Verhandlungen und der Zahlung eines Lösegeldes zum Abzug aus der Stadt bewegen. Tacitus belegt, daß dieses Ereignis den Druiden bekannt war, und damit bestätigt er Ammianus Marcellinus, der zur Rolle der Druiden als Historiker Timagenes zitiert.

Wir haben uns bisher mit jenen klassischen Quellen – lateinischen und pro-römischen griechischen Autoren – befaßt, die dem römischen Imperium positiv gegenüberstanden. Neben den griechischen Schriftstellern, die sich für die Sache Roms einsetzten, gab es jedoch auch solche, die einen anderen Standpunkt vertraten. Es handelt sich hierbei um Gelehrte der Alexandrinischen Schule, die im ersten nachchristlichen Jahrhundert wirkten, sich aber auch auf älteres Material stützten. Diese Gruppe sammelte Quellen und Traditionen, wobei sie großen Wert darauf legte, ihre Texte genau zu belegen; sie arbeitete eher enzyklopädisch, als daß sie Berichte aus erster Hand verfaßte. Professor Stuart Piggott, der sich in jüngster Zeit mit den Druiden befaßte, neigt dazu, die Werke dieser Schule als »reine Bibliotheksprodukte aus zweiter

Hand« abzutun, »ohne empirische Beobachtungen von Informanten oder Daten aus der Feldforschung bei keltischen Völkern«. Piggott geht davon aus, daß die Alexandrinische Schule die Druiden gewissermaßen als »edle Wilde« idealisiert und so zum Entstehen der romantischen Vorstellungen von den Druiden beigetragen hat, die im siebzehnten und achtzehnten Jahrhundert bei den englischen und französischen Gelehrten um sich griffen.

Sicherlich waren die Autoren aus Alexandria wenig daran interessiert, das Römische Reich zu rechtfertigen und dafür Propaganda zu betreiben; mehr Respekt bringen sie den Kelten und Druiden entgegen und vergleichen diese auch als erste mit den Brahmanen Indiens. Obwohl Nora Chadwick selbst mehr zu einer Idealisierung Roms tendiert, hat sie darauf hingewiesen, daß die Alexandrinische Schule aus diesem Grunde von Bedeutung ist.

Dio Chrysostom (um 40 bis nach 111 n. Chr.) aus Bithynien, mit richtigem Namen Dion Cocceianus und bekannt geworden als Chrysostomos (»der Goldmundige«), war der erste bedeutende Vertreter dieser neuen Schule. Er kam nach Rom, geriet dort in Konflikt mit Kaiser Domitian und unternahm danach ausgedehnte Reisen durch Griechenland und Kleinasien, wo er in Galatien mit Kelten in Kontakt kam.

In seinem Werk *Oratio* äußert sich Dio Chrysostom höchst respektvoll über die Druiden. Er ist es, der sie, ganz in meinem Sinne, mit den indischen Brahmanen vergleicht und sowohl ihren politischen Einfluß in der keltischen Gesellschaft als auch ihre intellektuellen Kenntnisse erwähnt und ihnen großes Können in der Kunst der Mantik und anderen Bereichen althergebrachten Wissens bescheinigt.

Die Kelten ernannten Druiden, die in der Kunst des Sehens und anderen Formen des Weissagens versiert waren, ohne die die Könige kein Vorhaben planen oder ausführen durften, so daß letztlich jene regierten, und die Könige zu ihren Untergebenen wurden, zu denen, die ihr Urteil ausführten, wenngleich sie auf goldenen Thronen saßen, in großen Häusern wohnten und herrschaftlich gefeiert wurden.

Es ist auch die Alexandrinische Schule, die die Druiden mit den Pythagoreern vergleicht, insbesondere ihre Lehre über die Unsterblichkeit der Seele, auf die wir noch zurückkommen werden. Hippolyt (um 170 bis 236 n. Chr.) vertrat die Ansicht, die Druiden hätten diese Lehre durch die Vermittlung von Pythagoras' Sklaven

Zalmoxis übernommen. Dem widersprach jedoch Klemens von Alexandria (um 150 bis 211/216 n. Chr.) und behauptete, Pythagoras habe seine Ideen von den Kelten bezogen. Diogenes Laertius (um 225/250 n. Chr.) berief sich als maßgebliche Quelle für die Lehrsätze des Pythagoras auf Polyhistor. Dieser verfaßte ein Werk nur über Pythagoras, das nicht erhalten ist, aber offensichtlich Diogenes zugänglich war. Diogenes kannte die Argumentation Klemens', vertrat jedoch die Ansicht von Hippolyt. Klemens' Beweisführung lag der eigenartige Gedanke zugrunde: »Die Philosophie kommt von den Griechen her: schon der Begriff widersetzt sich der Übersetzung in eine andere Sprache.«

Neben Dio Chrysostom, Hippolyt und Diogenes Laertius haben auch noch Origenes (um 185 bis 255 n. Chr.) und Kyrill von Alexandria (der dort von 412 bis 444 Erzbischof war) zum Diskurs über die Druiden als Philosophen beigetragen. Origenes, der Klemens' Nachfolger als Leiter der Katechetenschule in Alexandria war, vertrat die Meinung, die Druiden würden einen Monotheismus lehren. Wir werden alle diese Punkte noch in unserer Diskussion über die Druiden als Philosophen ansprechen.

Aus Schriften der Alexandrier wissen wir auch von früheren Autoren, die sich mit den Kelten und den Druiden befaßten, doch sind deren Werke nicht mehr vollständig erhalten. Diogenes Laertius und Klemens von Alexandria etwa stützten sich stark auf Timaios (um 356 bis 260 v. Chr.). Eine der Hauptquellen für Diogenes Laertius zum Thema Druiden war ferner der Philosoph Sotion von Alexandria (vor 200 bis nach 170 v. Chr.). Griechische Schriftsteller, angefangen mit Herodot von Halikarnassos (um 490 bis 425 v. Chr.) bis Alexander Cornelius Polyhistor (geb. um 105 v. Chr.), werden zitiert; allerdings bezeichnen sie die Druiden nicht als solche.

Nicht zuletzt zählt zu den von der Alexandrinischen Schule genannten Quellen auch Aristoteles (384 bis 322 v. Chr.), der berühmte Schüler Platons. Doch wie bereits erwähnt, hat V. Rose (in *Aristoteles Pseudepigraphus*, Leipzig 1863) erklärt, das betreffende Werk mit dem Titel *Magicus* – es wird von Diogenes zitiert – sei nicht Aristoteles zuzuschreiben. Fest steht jedoch, daß es im zweiten vorchristlichen Jahrhundert verfaßt wurde. Damit stellt es eine der frühesten Quellen dar, in der die Philosophie der Druiden erwähnt wird, und verdient schon allein deshalb eine eingehende Betrachtung, selbst wenn es nicht von Aristoteles stammen sollte. Die fälschliche Assoziierung mit diesem geht zurück auf die Mißdeutung einer Stelle, in der Polyhistor von Diogenes zitiert wird; dieser Sachverhalt wurde von R. D. Hicks in seiner Arbeit *Diogenes Laertius* richtiggestellt. Diogenes Laertius war es auch, der behauptete, die Druiden würden in Triaden lehren, und die Grundlage ihrer Tradition sei »die Götter zu ehren, nichts Böses zu tun und Tapferkeit zu üben«.

Professor Piggott räumt zwar ein, daß uns durch die Alexandrinischen Autoren, die sich in erster Linie mit Synthese und Vergleich befaßten, viele ältere Texte erhalten sind, deren Originale verlorengingen; dennoch mißt er Poseidonios mehr Gewicht bei, dessen Kenntnisse »über keltisches Wesen und keltische Bräuche hauptsächlich aus erster Hand stammen«. Piggott macht der Schule von Alexandria den Vorwurf, sie würde »ein romantisches Bild von barbarischen Philosophen entwerfen, das uns verleitet, aus den Druiden, so wie wir sie kennen, die Druiden zu machen, die wir gerne hätten«. Bei einem Großteil der Informationen, die wir von den Autoren der Schule Poseidonios' besitzen, handelt es sich jedoch eindeutig lediglich um eine reine Wiederholung von Poseidonios' Aussagen. Selbst Caesar, der doch wie kaum jemand sonst in der Lage war, sich aus erster Hand Kenntnisse über die Druiden anzueignen, tendiert dazu, Poseidonios als Wissensgrundlage zu benutzen, auch wenn nicht von der Hand zu weisen ist, daß er einige eigene Beobachtungen hinzufügt. Aber wie schon gesagt, darf man Caesar nicht blindlings vertrauen. So sind seine Bemerkungen über Britannien auf geradezu lächerliche Weise falsch.

8. Die meisten Binnenlandbewohner [Britanniens] bauen kein Getreide an, sondern leben von Milch und Fleisch und sind mit Fellen bekleidet. Alle Britannier aber bemalen sich mit Waid, der eine blaue Farbe erzeugt und ihren Anblick im Kampf um so schrecklicher macht. Sie tragen langes Haupthaar, sind sonst rasiert, außer eben am Kopf und an der Oberlippe.

Die Kelten waren sehr auf ihr Äußeres bedacht. Diodorus Siculus macht darauf aufmerksam, daß Seife (*sopa*) eine ihrer Erfindungen war und das Wort keltischen Ursprungs ist. Zur Zeit Caesars war Britannien in der römischen Welt für seinen Wollhandel berühmt; ein Umhang aus britannischer Wolle brachte dem Träger im damaligen Rom großes Ansehen ein. Dies ist jedoch nicht der passende Ort, um Caesars voreingenommene Ansichten in allen Einzelheiten zu entkräften. Sogar sein Zeitgenosse Strabo wies darauf hin, daß Rom durch eine Anerkennung Britanniens – damals eine führende Handelsmacht – als gleichwertiger Partner größere Gewinne machen würde, als wenn das Römische Reich die Insel unterwerfen und dort ein stehendes Heer sowie einen Beamtenapparat zur Verwaltung des Landes finanzieren würde. Diese Ansicht paßt allerdings kaum zu den Schilderungen des wilden Landes, die Caesar zur Rechtfertigung seiner Invasion und Eroberung anführt.

Noch ein Punkt ist zu den Vertretern der Poseidonios-Schule anzumerken. Meist nennen sie ihre Quellen nicht näher, während die Schriftsteller aus Alexandria hierbei sehr genau sind. Mit anderen Worten, beide Schulen zitieren letztlich fremde Autoren, ohne allzu viele eigene Beobachtungen der keltischen Gesellschaft beisteuern zu können; dabei versucht die Poseidonios-Schule eindeutig, die Ethik des Römischen Reichs zu untermauern.

Diese beiden Schulen, die Poseidonier und die Alexandrier, sind unsere klassischen Quellen zu den Druiden. Bei Verweisen auf dieses Material ist stets genau darauf zu achten, daß diese Beobachtungen von Menschen stammen, denen die kulturellen und gesellschaftlichen Vorstellungen der Kelten fremd waren. Aus diesem Grunde konnte selbst ein keltenfreundlicher Beobachter zu fälschlichen Schlußfolgerungen kommen. Wie sehr eine Tatsache fehlgedeutet werden kann, erfuhr ich bei der Arbeit an meinem Buch *MacBeth: High King of Scotland 1040–57* (1980). Vor dem elften Jahrhundert herrschten in Schottland noch keltische Bräuche insofern, als es kein Erstgeburtsrecht gab. Der Hochkönig wurde durch Wahl ermittelt, und zwar nicht vom gesamten Volk, sondern dem eingeschränkten System der Erbfolge entsprechend zunächst von den *derbhfine* des jeweiligen Klans und darauf von den Unterkönigen und Häuptlingen. Wie würde eine solche Vorgehensweise von jemandem kommentiert werden, der ausschließlich mit dem System des Erstgeburtsrechts vertraut ist? Hier bietet sich als Beispiel Professor A. J. Church an, ein englischer Historiker des 19. Jahrhunderts. Er meinte, der Kampf um die Königswürde müsse in Schottland eine bemerkenswert *blutrünstige* Angelegenheit gewesen sein, *denn kaum je folgte ein Sohn seinem Vater auf den Thron*! An diesem Beispiel läßt sich ersehen, wie leicht es ist, soziale und kulturelle Gepflogenheiten eines Volkes völlig falsch zu verstehen und sich Gemetzel und Blutvergießen auszumalen, wo nichts dergleichen stattfand. Die griechischen und lateinischen Kommentatoren sind also unzweifelhaft wertvoll für uns, aber sie dürfen nicht fraglos akzeptiert werden.

4
Die Druiden aus der Sicht der Kelten

Als die Kelten begannen, ihren ungeheuren Wissensschatz, ihre Mythologie, Geschichte und Philosophie niederzuschreiben, war nicht nur ihre Welt bereits sehr geschrumpft, sondern sie hatten sich auch dem Christentum zugewandt. Gerade auf die Christianisierung ist es zurückzuführen, daß das Verbot der Druiden, ihr Wissen schriftlich festzuhalten, aufgehoben wurde. Dabei nahmen die Christen eine grundsätzlich feindliche Haltung gegenüber den Druiden ein. Sie wurden in offensichtlicher Weise als Gegner des Christentums und Verfechter der alten Religion dargestellt und deshalb als Schamanen, Zauberer und »Medizinmänner« abgetan, wobei jeder Autor ein anderes Vorurteil hegte. Dr. Douglas Hyde wies in seinem grundlegenden Werk *Literary History of Ireland* (1899) darauf hin, daß es »im frühchristlichen Irland genügend Menschen gab, die die Druiden nicht als ganz und gar böse betrachteten, sondern daran glaubten, daß sie Prophezeiungen aussprechen konnten, zumindest im Interesse der Heiligen«.

Nachdem das römische Weltreich und seine Erben die keltische Welt auf dem europäischen Festland vereinnahmt hatten, waren es die Inselkelten, die die Traditionen der Druiden aufzeichneten, obwohl auch sie sich dem Einfluß des Christentums nicht entziehen konnten. Die wichtigsten Quellen in dieser Hinsicht sind irischer und, in weit geringerem Maße, walisischer Herkunft.

Im mittelalterlichen Irland blieben die Klassen, die die Römer in Gallien festgestellt hatten, weiterhin bestehen: Druiden *(druí)*, Vates *(fáith/fáidh oder filí)* und Barden *(bard)*. In der irischen Sprache jener Zeit bedeuteten diese Begriffe soviel wie Zauberer, Prophet und Dichter.

Das *Leabhar Gabhála* (Buch der Eroberungen) nennt Amairgen, einen Sohn des Milesius, den ersten Druiden der Gälen in Irland. Seine Frau Scena starb auf der Überfahrt nach Irland und wurde in Inverkscena (Kenmare River, County Kerry) begraben. Derselbe Amairgen spricht auch das erste Urteil in Irland aus, nämlich, daß Eremon der erste milesische König des Landes werden solle. Drei Gedichte werden Amairgen zugeschrieben; das berühmteste davon ist wohl die außergewöhnliche Beschwörung des Selbst, die diesem Buch vorangestellt ist. In diesem »Lied« umschließt Amairgen mit einem philosophischen Weitblick, welcher der Erklärung Krishnas in der *Bhagavad-Gita* der Hindus entspricht, alles mit seinem eigenen Sein. Dieses Lied läßt sich vergleichen mit einem Gedicht, das wahrscheinlich im sechsten Jahrhundert von Taliesin verfaßt wurde. Daraus ein Ausschnitt:

Ich war ein blauer Salm
Ich war ein wilder Hund,
Ich war ein scheuer Hirsch,
Ich war ein Rehbock auf dem Berg
und ein Baumstumpf auf einer Schaufel
Ich war eine Axt in der Hand
Ein Pflock in der Zange
Ein Hengst in Brunft
Ein Stier in Wut
Ein Korn im Werden
Ich war tot, ich habe gelebt
Ich mache Lieder
denn ich bin Taliesin.

Natürlich ist die Überlieferung von Amairgen um vieles älter als Taliesin, und es könnte gut möglich sein, daß der Verfasser dieses Gedichts von der irischen Quelle beeinflußt war. Auch sollte man nicht vergessen, daß viele Überlieferungen und Gedichte, die Taliesin zugeschrieben wurden, nachweislich nicht von ihm stammen.

Den Lesern, die an dieser Stelle die Beschwörung des Amairgen am Beginn dieses Buches nachschlagen, sei erklärt, daß Tethra ein mysteriöser Meeresgott der Fomorier war; er war im Besitz des Schwerts Orna, das die Fähigkeit besaß zu sprechen und so die eigenen Taten wiedergeben konnte. Ogma nahm es an sich, nachdem er Tethra bei der zweiten Schlacht von Magh Tuireadh (Moytura) getötet hatte. Die »Rinder«, von denen Amairgen singt, waren in Wirklichkeit Fische, wie es einem Meeresgott entspricht. Die Brüder Rees weisen darauf hin, daß Amairgen, wie Krishna, »auf dem Ozean des Nicht-Seienden die urzeitliche Einheit aller Dinge verkörpert. Damit verfügt er über die Macht, eine neue Welt zu erschaffen, und seine Gedichte sind dem Wesen nach Schöpfungsgesänge.«

Eine weitere von Amairgens poetischen Inkantationen ist direkt an die Insel Irland gerichtet:

Ich begehre das Land von Eire:
umspült von der reichen See.
Reich ist der mit Früchten übersäte Berg,
Früchte des segensreichen Waldes,
Segensreich ist der tosende Wasserfall,
der Wasserfall beim See mit den tiefen Tümpeln,
tief ist die Quelle auf dem Berg,
eine Quelle aus Stämmen ist die Versammlung.
Eine Versammlung der Könige ist Tara
Tara des Hügels der Stämme,
die Stämme der Söhne des Míl
des Míl der Schiffe –
Wie ein stolzes Schiff ist das Land von Eire
das stolze Eire geheimnisvoller Lieder
und Zaubergesänge großer Macht
die große Macht der Frauen des Bres
der Frauen des Bres von Buaigne
doch die große Göttin Eire –
Eremon hat sie erobert.
Ich, Amairgen, habe sie begehrt.
Ich begehre das Land von Eire.

Auch dies ist ein Schöpfungsgesang für das neue Irland.

Wenn Amairgen als erster Druide der Gälen betrachtet wurde, bedeutet dies nicht, daß er auch der erste in Irland bekannte Druide war. Partholon, der dem *Leabhar Gabhála* (Buch der Eroberungen) zufolge der Anführer der dritten mythischen Invasion Irlands war, hatte drei Druiden. Auch hier stoßen wir also wieder auf die mystische Zahl Drei, die in der keltischen Tradition so große Bedeutung hat. Diese Druiden hießen Fios, Eolas und Fochmarc; alle drei Namen bedeuten »Wissen«.

Derselben Quelle nach war es ein Druide der Nemedier namens Mide, der das erste Druidenfeuer in Uisneach (Ráthconrath, County Westmeath) entzündete, einem Ort, der als »Nabel von Irland« galt, genau in der Mitte des Landes. Das erste Feuer brannte sieben Jahre lang, und an dieser heiligen Brandstätte wurde angeblich jedes Feuer in Irland entzündet. Danach versammelten sich die Druiden jedes Jahr, um in Uisneach die berühmten Feuer von Bel

(Beltaine, am ersten Mai) zu entfachen, wo der »Grenzstein« (*Aill na Mirenn*) stand. Die Verehrung des Bel war in der keltischen Welt weit verbreitet; Bel ist gleichbedeutend mit Belenus, Beli und Bilé, einer Sonnengottheit, die auf vielen gallischen Münzen gefunden wurde und zu deren Pflichten das Versammeln und die Begleitung der Seelen Verstorbener in die Anderswelt gehörte.

In Uisneach baute auch der Hochkönig Tuathal Techtmhair einen großen Palast und schuf eine fünfte Provinz, Midhe (Meath) oder auch Mittlere Provinz. Diese sollte als Land und Wohnstätte des Hochkönigs von Tara dienen sowie als ein neutrales Territorium, um zu verhindern, daß die Belange seiner eigenen Provinz nicht jene der anderen Provinzen Irlands überwogen. Der Hochkönig wurde aus dem Kreis der vier Provinzkönige Irlands gewählt. Bezeichnenderweise nahm Geoffrey of Monmouth zufolge der archetypische Druide Merlin der Artus-Sage die Steine, mit denen er Stonehenge gebaut haben soll, von hier, von Uisneach, dem angeblichen »Mount Killaraus«.

Interessanterweise entspricht der Brauch der Druiden, sich jedes Jahr in Uisneach, der Mitte oder dem »Nabel« Irlands, zu versammeln, genau dem, was Julius Caesar über die Druiden in Gallien berichtet: »An einem bestimmten Tag jedes Jahres versammeln sie sich an einem geheiligten Ort im Land der Carnuten, das angeblich der Mittelpunkt Galliens ist.«

Auch die Tuatha Dé Danaan, die irischen Götter und Göttinnen selbst, hatten Druiden. Aus den frühesten Überlieferungen erfahren wir, daß die Kinder Danus aus vier legendären Städten nach Irland kamen: Falias, Gorias, Finias und Murias. An jedem dieser Orte wurden sie von Druiden oder »weisen Männern« unterrichtet: Morias, Urias, Arias und Senias. Demnach mußten also auch die Götter ihre Weisheit von mystischen Druiden beziehen. Ogma, der Sohn des Dagda, des Göttervaters, ist der Gott der Redekunst und Dichtung; er wird auch als Gott der Druiden betrachtet. Die Druiden der Dé Danaan zauberten Stürme herbei, womit sie versuchten, die eindringenden Milesier zu vertreiben. Doch der milesische Druide Caicher prophezeite den Sieg seines Volkes über die Dé Danaan.

Der interessanteste Druide der irischen Sage ist Mug Ruith (manchmal auch Magh Ruith geschrieben); er wird abwechselnd als Oberster Druide Irlands oder sogar als Oberster Druide der Welt beschrieben. Thomas O'Rahilly meint: »Ursprünglich war er der Sonnengott, der jedoch in unseren Texten als wundertätiger ›Druide‹ oder Zauberer *(druí)* bezeichnet wurde.« Mug Ruith ist eine euphemistische Form von *Roth*, dem Rad, das die Sonne repräsentiert. Es heißt, er habe ein Auge verloren. Mug Ruith kann auch Gewässer versiegen lassen, ein typisches Attribut von Sonnengöttern. Ferner überlebte er neunzehn Regierungen und ist bekannt als *mac Seinghesa*, »Sohn der alten Weisheit«. Sein Wagen besteht aus weißem Metall und ist mit funkelnden Edelsteinen besetzt, deren Licht die Nacht zum Tage macht, und mit ihm kann er durch die Lüfte fliegen wie ein Vogel. Dieser Wagen ist natürlich die Sonne selbst. Mug Ruith hat auch ein Sonnenrad, *Roth Fáil* oder »Rad des Schicksals«, das jene blenden kann, die es sehen. Er kämpft gegen Cormac Mac Art, und nachdem er mit dem Druiden Ciothruadh eine legendäre Luftschlacht ausgefochten hat, vertreibt er den Hochkönig aus Munster. Herkömmlicherweise wird er in Munster angesiedelt. Anroth, »das glühende Rad«, findet sich als Name eines mythischen Vorfahren der Eoghanacht-Könige von Cashel. Er heißt auch Rothechtaid Rotha, »der große Reisende des Rades«. Mug Ruith soll auch der Urahn der Fir Maige Féine sein, die den Baronen von Fermoy im County Cork ihren Namen gaben.

Viele faszinierende Druiden kommen in den irischen Mythen und Annalen vor. Einer davon ist Findgoll Mac Findemas, ein Druide von Bres, der für kurze Zeit die Götter regierte; ein anderer ist Trosdan, der ein Mittel gegen die vergifteten Pfeile einiger Invasoren Irlands fand. Sodann Cabadios, der Großvater von Cúchulainn, und Morann, der oberste Richter und Druide von Ulster, der mit einer Glückshaube auf dem Kopf geboren wurde. Sein Vater befahl, ihn zu ersäufen, doch er wurde gerettet und von einem Schmied erzogen. Sein berühmtestes Urteil erging über die Frage, wer Cúchulainn aufziehen solle. Auch Tages, der Vater von Murna, der Mutter des berühmten Kriegers Fionn Mac Cumhail, war ein Druide. Der Druide Lamhderg führte ein Leben als Einsiedler auf einem abgelegenen Berg in Donegal. Dadera wurde von König Eoghan aus Munster erschlagen. Dieser heiratete Monchae, die Tochter des Druiden Treth moccu Creccai. Monchae gebar seinen Sohn Fiachu Muillethan, von dem alle Könige aus Munster ihre Abstammung herleiteten. Olc Aiche, ein weiterer Druide, prophezeite den Tod von Cormac Mac Art. Cormac, so heißt es, erstickte wegen der Verwünschung des Druiden an den Gräten eines Salms, als er seine Konvertierung zum Christentum bekanntgab. Fiachu Sraibtine (Fécho), ein König von Tara und Vorfahr von Niall Nóigiallach, »Niall der neun Geiseln«, entschied sich freiwillig für Niederlage und Unehre, als sein Druide ihm weissagte, dies sei der einzige Weg, die Thronfolge seiner Nachkommen sicherzustellen. Crond ba Druí, ein weiterer Druide, wird als Urahn der Cruthin (oder Pikten) von Ulster betrachtet. Cáthair Már, ein König von Leinster, kann seinem Volk zurufen:

Ich bin Cáthar, der Triumphierende
Ich bin euer Druide und euer Vater

In dem irischen Zyklus über Fionn Mac Cumhail kommt Fir Droirich vor, »der Schwarze Druide«, der Fionns künftige Gemahlin Sibh, die Mutter von Oisín, in ein Rehkitz verwandelt. Als Oisín geboren wurde, bekam er deshalb den Namen »Kleines Reh«.

Der Druide Sitchenn spielt eine wichtige Rolle in der Geschichte von Niall der neun Geiseln. Niall und seine vier Brüder werden zu ihm geschickt, um zu erfahren, was ihnen die Zukunft bringt. Sitchenn lockt sie in seine Schmiede und steckt diese in Brand, um zu sehen, welche Gegenstände die Brüder aus den Flammen retten. Nialls Brüder kommen mit Hämmern, einem Eimer Bier, dem Blasebalg, Speerspitzen und trockenen Stöcken aus dem Feuer; er selbst aber trägt den Amboß, und deshalb prophezeit Sitchenn, daß Niall der größte Hochkönig Irlands werden wird.

Der vielleicht sympathischste Druide der irischen Mythologie ist Cathbad, der Ratgeber des Königs Conchobhar Mac Nessa von Ulster im Zyklus vom Roten Zweig. Dr. Dáithí Ó hÓgáin hat festgestellt, daß in diesem frühen Text einiges vom ursprünglichen Status der Druiden durchscheint. So erfahren wir, daß niemand, nicht einmal der König selbst, bei der Versammlung im Königreich Ulster sprechen darf, bis Cathbad gesprochen hat. In einer Version der Passage des »*Mesca Ulad*«, der »Trunkenheit der Ulstermänner«, die im *Leabhar na hUidri* (Buch der dunkelfarbigen Kuh, erstellt im Jahr 1100 in Clonmacnoise) wiedergegeben wird, erhebt sich Conchobhar in der Versammlung, um zu sprechen. Niemand darf vor ihm reden, doch darf er nicht vor seinem Druiden das Wort ergreifen. Also entsteht eine Stille, so groß, daß eine Nadel, die vom Dach zu Boden fällt, zu hören wäre. Aber wegen des machtvollen *geasa* (Verbot) ist Conchobhar nicht in der Lage, etwas zu sagen. Endlich fragt Cathbad: »Was ist mit dir, o König?«, woraufhin Conchobhar sprechen kann, denn nun hat sein Druide die ersten Worte geäußert. Der Druide Cathbad hat also in vielerlei Hinsicht einen höheren Status als der König. Die Passage erinnert an den Bericht des Dio Chrysostom, demzufolge die Druiden einen solch hohen gesellschaftlichen Rang hatten, daß »die Könige kein Vorhaben planen oder ausführen durften«, ohne die Druiden zu Rate zu ziehen, »so daß letztlich jene regierten, und die Könige zu ihren Untergebenen wurden ...«

Zufällig erfahren wir in einer anderen Version der Geschichte, daß Conchobhar in Wirklichkeit der Sohn Cathbads aus einer Liaison mit Ness, der Tochter von Eochaidh Sálbuidge, ist. Cathbad hat zu einem früheren Zeitpunkt Ruhm und Größe für ihn prophezeit.

Druiden spielen auch bei der Regierungsübernahme der irischen Könige eine Rolle – etwa bei den halblegendären Gestalten von Cormac Mac Art, Eoghan Mór und Conall Gulban. Conall zum Beispiel erhält seinen Namen von dem Druiden von Muireadhach Meann, dem König von Calraighe (County Sligo), und als er verwundet wird, heilt ihn Dúnadheach, der Druide der Prinzessin Doireann, die sich in ihn verliebt hat. Der Hochkönig Laoghaire läßt seine beiden Töchter von zwei Druiden in Cruachan in Connacht erziehen.

Im siebten Jahrhundert schrieb Muirchú Moccu Machteni von Armagh ein Werk mit dem Titel *Life of St. Patrick*, das in einer verfälschten Version im *Book of Armagh* erhalten geblieben ist. Darin erzählt er von Patricks Konfrontation mit den Druiden in Tara:

> Es geschah in jenem Jahr, daß in derselben Nacht, in der der heilige Patrick das Osterfest feierte, ein Götzendienst abgehalten wurde, den die Heiden, wie es ihr Brauch war, mit mannigfaltigen Gesängen, Zaubereien und anderem Aberglauben begingen, sobald sich die Könige, Statthalter, Häuptlinge, Prinzen und die Großen des Volkes versammelt hatten, und zu dem die Druiden, Sänger, Weissager und die Erfinder und Geübten aller Künste und Gaben zu Laoghaire, wie einst zu König Nebukadnezar, nach Tara, ihr Babylon, gerufen wurden.

In *The Tripartite Life of Patrick* heißt es, Tara, der Sitz der irischen Hochkönige, sei »der Hauptort des Götzendienstes und des Druidentums in Irland« gewesen.

Der Konflikt Patricks mit den Druiden in Tara folgt unverkennbar der in der Bibel beschriebenen Auseinandersetzung Daniels mit den Propheten des Baal. Zur Steigerung der Wirkung hat Muirchú das Datum des Beltaine-Feuerrituals vom ersten Mai auf Ostern und den Ort von Uisneach nach Tara verlegt, damit Patrick seine konkurrierenden Feuer auf dem Hügel von Slane entfachen kann. Der Druide Lucet Mael (der erste Name bedeutet »ein Gefolgsmann des Lug«, des Gottes der Künste und des Handwerks, und der zweite »kahl« oder, noch wahrscheinlicher, »mit einer Tonsur«) weissagt zusammen mit einem anderen Druiden namens Lochru das Ende ihrer Macht und das Kommen neuer Bräuche mit Patricks Christentum. Dies sind die Druiden, die Patrick bekämpfen und die wie die Zauberer des heidnischen Nebukadnezar dargestellt werden. In Muirchús Version tritt Laoghaire zum Christentum über, doch in Tirecháns Fassung aus demselben Jahrhundert verweigert er die Taufe und wird nach seinem Tod auf die traditionelle Art des heidnischen Kriegers bestattet: aufrecht und in voller Bewaffnung im Schutzwall von Tara, den Blick auf den Erbfeind gerichtet – das Königreich Laighin (Leinster).

Lucet Mael ist ein typisches Beispiel für die neue, christliche Vorstellung des Druiden – ein Zauberer, der ebenso einen Schneesturm herbeiführen wie Verwünschungen über Menschen aussprechen kann, ferner ein Schöpfer von Illusionen, ein Traumdeuter, Heiler und kluger Ratgeber bei militärischen Operationen. In dem Werk *Tripartite Life of St. Patrick* aus dem neunten Jahrhundert findet sich auch ein Hinweis auf einen Mordversuch an Patrick. Er wird neun Druiden zugeschrieben, und als Anstifter wird Amalgaid genannt, der Sohn von Fiachra-Ealgach, dessen Land Hy-Amalgaidh sich bei Killala befand. In Tirecháns *Life of Patrick* ist die Rede davon, daß Amalgaids Druide, ein gewisser Rechrad, und seine acht Gefährten (alle Druiden?) weiße Tuniken trugen (druidische Gewänder?), als sie versuchten, Patrick zu töten.

Zwei weitere Druiden erscheinen in der Geschichte von St. Patrick in einem günstigeren Licht, nämlich Ida und Ono aus Corchachlann bei Roscommon. Sie stellten Patrick ihr Haus Imleach Ono zur Verfügung, aus dem er die religiöse Stiftung Elphin (*Ailfinn*, weißer Stein) machte.

Von Columcille (St. Columba, um 521 bis 597 n. Chr.) hieß es, er sei ein Nachfahre von Niall der neun Geiseln. Hinweise in einigen Handschriften besagen, er sei von einem Druiden erzogen und ausgebildet worden, doch die Darstellungen variieren. In einer Version heißt es, seine Mutter habe ihn dem Druiden übergeben, einer anderen zufolge übernahm der Klerus seine Ausbildung. In dem Sammelwerk *Book of Lismore* aus dem fünfzehnten Jahrhundert wird der Druide einfach nur als Prophet *(flaidh)* bezeichnet. Eingangs wird er nach einem günstigen Zeitpunkt für den Beginn von Columcilles Ausbildung gefragt. Nachdem der Druide »eingehend den Himmel betrachtet« hatte (ein Hinweis auf Astrologie?), antwortete er, Columcille solle sofort beginnen, und ließ das Alphabet auf einen Kuchen schreiben, den der Junge essen sollte. Aus der Art und Weise, wie dieser den Kuchen aß, weissagte der Druide daraufhin, daß Columcille in Irland und in Schottland berühmt werden würde.

Damals war Diarmuid Mac Cearbaill Hochkönig; er regierte von 545 bis 568 n. Chr. Es heißt, er habe an seinem Hof in Tara sowohl Druiden als auch christliche Ratgeber gehabt. Sein Oberster Druide war Beag Mac Dé (manchmal Bec Mac Dé geschrieben), den spätere Schriftsteller zu einem keltischen »Heiligen« machten. Den Texten nach zu urteilen stellt Diarmuid eine interessante Kombination aus Christentum und Heidentum dar. Er war es auch, der Columcille ins Exil nach Schottland vertrieb; wir werden darauf noch zurückkommen.

Als einer von Diarmuids Leuten von einem Häuptling namens Aodh Guaire – der enge Beziehungen zu St. Ronán hatte – getötet wurde, sandte Diarmuid seine Männer aus, um Aodh zu verhaften. Doch Ronán versteckte ihn, und deshalb ließ Diarmuid Ronán anstelle von Aodh festnehmen. Daraufhin wurde der Hochkönig von den Anhängern der christlichen Kirche verdammt; Ronán soll bei dieser Gelegenheit seinen berühmten Fluch »Verlassen sei Tara für immer!« ausgesprochen haben. Wie es heißt, wurde Tara aufgegeben und erlangte nie mehr seine einstige Pracht. Diese Geschichte ist zwar dramatisch sehr ansprechend, doch archäologische Funde belegen, daß Tara noch Jahrhunderte später blühte.

Als Diarmuids Frau Mughain mit Flann Mac Dima Ehebruch beging, ließ er Flanns Festung niederbrennen, während dieser sich darin befand. Schwer verwundet rettete Flann sich vor den Flammen in einen Bottich mit Wasser, in dem er jedoch ertrank. St. Ronán prophezeite, zur Vergeltung werde ein Dachbalken auf Diarmuid fallen und ihn töten. In einer anderen Version weissagt St. Ciarán, daß Diarmuid denselben Tod erleiden werde wie Flann.

Die interessanteste Prophezeiung sprach allerdings der Druide Beag Mac Dé aus; sie ist ein erhellendes Beispiel für das Geheimnis des Dreifältigen Todes in der keltischen Mythologie. Sein Spruch lautete, Diarmuid werde von Flanns Verwandtem Aedh Dubh mac Suibni im Haus des Banbán von Ráith Bec getötet, einer kleinen Ringfestung östlich von Antrim. Sein Tod werde jedoch nur herbeigeführt in der Nacht, in der er ein Hemd trage, das aus einer einzigen Flachspflanze gewebt sei; Ale trinke, das aus einer Ähre gebraut sei; und Fleisch von einem Schwein esse, das nie Ferkel geworfen habe. Diarmuid werde sterben durch Verbrennen, Ertrinken und einen Firstbalken, der auf seinen Kopf falle. Diese Weissagung schien so abwegig, daß Diarmuid darüber spottete; dennoch aber ließ er Aedh Dubh aus Irland verbannen und versuchte, sich vor allem zu schützen, wodurch sich die Prophezeiung erfüllen könnte.

Doch eines Tages wurde er von Banbán zu einem Fest eingeladen. Uneingedenk der Weissagung ging Diarmuid zu Banbáns Festung.

Der Gastgeber schlug vor, seine eigene Tochter solle »diese Nacht dein [Diarmuids] Weib sein«, da Muighain, die Frau des Hochkönigs, nicht mit diesem gekommen war. Das Mädchen brachte Diarmuid ein Nachthemd, Essen und Trinken. Damit begann sich die Weissagung zu erfüllen. Diarmuid erkannte sein bevorstehendes Unheil und rannte sofort zur Tür. Dort stieß Aedh Dubh ihm einen Dolch in den Leib. Verwundet floh er zurück ins Haus, doch Aedh Dubhs Leute steckten es in Brand. Beim Versuch, den Flammen zu entkommen, stürzte Diarmuid in einen Bottich mit Ale. Ein brennender Firstbalken fiel auf seinen Kopf. So erfüllte sich die Prophezeiung in allen drei Einzelheiten.

Noch lange nach der Christianisierung standen Druiden in der irischen Literatur als Symbol für gelehrte oder weise Menschen. So schrieb der Dichter und Mönch Blathmac, Sohn des Cú Brettan (um 750 bis 770), über Jesus Christus:

ferr fáith, fisidiu cech druí
rí ba hepscop, ba lánsuí

Er ist besser als ein Prophet, kundiger als jeder Druide, ein König, der Bischof und ein großer Weiser war.

Interessant an den irischen Verweisen auf Druiden ist auch die Erwähnung eines Stammes namens Corco Mo-druad (»Same meines

Druiden«) im Norden von Clare und auf Beare Island in Cork. Und natürlich haben wir auch schon die Fir Maíge Féne in Fermoy genannt, die Nachfahren des Druiden beziehungsweise der Sonnengottheit Mug Ruith gewesen sein sollen.

»Es ist in der Tat ziemlich gewiß, daß das Druidentum in Gallien, Britannien und Irland ursprünglich ein und dasselbe war«, bemerkt Dr. P. W. Joyce. Aber anstatt die Zuverlässigkeit von Caesars Berichten zu hinterfragen, akzeptiert Joyce sie vorbehaltlos und erklärt das unterschiedliche Bild, das keltische Quellen für Irland und Britannien liefern, mit der Tatsache, daß die Inselkelten »jahrhundertelang isoliert und von den Kelten Galliens getrennt waren; und damit wichen ihre Religion und Sprache natürlich von jenen des Festlandes ab, so daß das Druidentum in Irland, so wie es in den einheimischen Aufzeichnungen geschildert wird, sich in vieler Hinsicht von dem Galliens unterschied«.

Allerdings vertritt Joyce auch die Ansicht, daß die Druiden in Irland und Gallien die Klasse der Intellektuellen bildeten und »alle gelehrten Berufe stellten«. Interessant ist ferner, daß auch er – genau wie die antiken Quellen – in acht Punkten Ähnlichkeiten zwischen den irischen und den gallischen Druiden sieht: 1) In beiden Ländern wurde diese Klasse übereinstimmend mit dem Begriff »Druiden« bezeichnet. 2) Sowohl die gallischen als auch die irischen Druiden wurden als Seher, Propheten, Richter, Dichter usw. betrachtet. 3) Die Druiden bildeten die einzige gelehrte Klasse der Kelten. 4) Sie waren Lehrer, insbesondere der Kinder von Königen und Häuptlingen. 5) Ihre Adepten absolvierten einen langjährigen Unterricht, in dessen Verlauf sie viele Verse auswendig lernten. 6) Sie hatten eine beratende und einflußreiche, oft sogar vorrangige Position bei Königen und wurden sehr geachtet. 7) Sowohl in Irland als auch in Gallien gab es Druidinnen. 8) Sie verehrten eine große Zahl von Göttern.

Das Thema der weiblichen Druiden beziehungsweise der Druidinnen werden wir in Kürze aufgreifen.

Den irischen Quellen zufolge hatten die männlichen Druiden eine Tonsur. Es scheint naheliegend, daß auch die Druiden Britanniens eine ähnliche Haartracht trugen, wenngleich darüber keine besonderen Aussagen vorliegen. Das Konzept der Tonsur begegnet uns in vielen Kulturen und Religionen. Buddhistische und jainistische Mönche wie auch Hindus schneiden sich das Haar im Rahmen einer religiösen Initiation. Im Hinduismus wurde früher die *cudakarana*-Zeremonie gefeiert, bei der zweijährigen Knaben eine Tonsur geschnitten wurde, um den Übergang vom Baby- zum Kindesalter anzuzeigen. Heute ist diese Zeremonie mehr ein symbolischer Akt als eine tatsächliche Handlung. Daß die Druiden der alten keltischen Gesellschaft eine Tonsur trugen, ist also nicht verwunderlich.

Die Wissenschaftlerin Maud Joynt befaßt sich mit der Tonsur der Druiden in ihrem Artikel »Airbacc giunnae« (*Eriu,* X, 1928, S. 130–134). Einer der ersten Autoren, der die Tonsur erwähnt, ist Tiréchan. Lucat Mael und Caplait, zwei Druiden, die Ethne und Fidelma, die Töchter des Hochkönigs Laoghaire, unterrichteten, sollen ihr Haar in der als *airbacc giunnae* bekannten Art und Weise geschnitten haben. P. W. Joyce übersetzt den Begriff mit »Zaunschnitt«, das heißt, der vordere Teil des Kopfes war von Ohr zu Ohr rasiert, und zwar in einer Art Lattenzaunmuster. Joynt hingegen glaubt, *airbacc giunnae* bedeute »vordere Rundung der Tonsur«. Wie bereits ausgeführt, könnte der Name Mael, »kahlköpfig«, auch »mit einer Tonsur versehen« bedeuten. Bei den lateinischen Autoren heißt Lucat Mael »Luvat Calvuc«, was offenbar aus dem Wort *calvus,* kahl, abgeleitet ist.

Als das Christentum bei den Kelten Einzug hielt, blieb die druidische Tonsur erhalten und wurde zu jener der keltischen christlichen Mönche, wenngleich der Name der Tonsur in Ferfesa O'Mulchonrys Glossar *(Annales Ríoghachta Éireann)* zu *berrad mog* oder *tonsura civilis* wurde. Die ausführlichste Beschreibung der Tonsur gibt Ceolfrid in einem Brief an Naiton, den König der Pikten; er erklärt, die Vorderseite des Kopfes sei von einem Ohr zum anderen rasiert, während das Haar hinten lang wachse. Spätere keltisch-christliche Autoren führten die Tonsur natürlich nicht mehr auf die Druiden zurück, sondern behaupteten, es handle sich um die Haartracht des heiligen Johannes.

Die römischen Gegner der keltischen Kirche, allen voran Aldhelm von Malmesbury, argumentierten, es handle sich um die Tonsur des Simon Magus. Sowohl in *The Tripartite Life of Patrick* als auch in Tiréchans *Life of St. Patrick* wird gesagt, daß man Cass Macc Glais, dem Schweinehirten des Hochkönigs Laoghaire, nach seiner Taufe durch Patrick das Haar auf diese Art geschnitten habe. Doch Dom Gougard zufolge war Patrick ein Gegner der keltischen Tonsur und befahl, alle irischen Kleriker zu exkommunizieren, die sich nicht *more Romano* rasieren wollten. Bei dieser hervorragenden Studie gilt es zu berücksichtigen, daß sie fest in Dom Gougards römischer Doktrin verwurzelt ist. Falls der Autor recht hat, folgt daraus, daß Patricks Versuch mißlang und er am Ende selbst die keltische Tonsur akzeptierte.

Die keltische Tonsur war auch einer der Streitpunkte beim Konflikt der keltischen und römischen Advokaten in Whitby im Jahre 664. Das Konzil von Toledo hatte bereits 633 die Tonsur der britannischen Kelten verurteilt, die sich in Galizien und Asturien angesiedelt hatten. Sie wurde jedoch noch im Jahre 818 in Landévennec in der Bretagne getragen, als Abt Marmonoc den Befehl erhielt, die Regel des Guénolé, der in Cornwall auch als Winwaloe bekannt war, durch die Benediktinerregel zu ersetzen. Landévennec war das geistige Zentrum der keltischen Kirche in der Bretagne.

Den *Annals of Tigernach* ist zu entnehmen, daß die römische Tonsur in Iona erst um 714 anerkannt wurde. Aber auch danach trugen die britannischen Kelten noch ihre Tonsur; wie lange sie sich halten konnte, ist jedoch schwer zu sagen. Es gibt sogar Hinweise auf einen Orden namens Culdees oder *Cele Dé* (Diener Gottes), den Mael Ruain (gest. 792), der Gründer des Klosters Tallaght, ins Leben rief und dessen Mitglieder, Wandermönche in Schottland, die keltische Tonsur angeblich noch im vierzehnten Jahrhundert trugen.

Den Kommentatoren, die die Druiden lediglich als »Priester« betrachteten, bereitete es Schwierigkeiten zu verstehen, weshalb auch solche Kelten eine Tonsur trugen, die keine religiösen Funktionen ausübten. »Zweifellos«, so Dom Gougard, »war die Tonsur nicht ein ausschließliches Privileg der Druiden. Sie wurde sehr wahrscheinlich auch von anderen Klassen der alten keltischen Gesellschaft getragen.« Meines Erachtens bestätigt dies lediglich die Behauptung, daß die Druiden nicht nur Priester waren. Es läßt sich jedoch noch ein weiteres Argument anführen. In vielen Teilen der Welt galt eine Tonsur als Merkmal sowohl der Kriegerkaste als auch der Gelehrten- oder Priesterkaste. Auch in der keltischen Gesellschaft rasierten sich einige Kämpen des bretonischen Königs Waroc'h II. (um 577 bis 594 n. Chr.) die druidische Tonsur. Waroc'h vereinte die Bretagne erfolgreich gegen die Angriffe der Franken.

In unserer Zeit ist das verbreitete Bild der Druiden das von verehrungswürdigen Männern in wallenden weißen Roben. Wir werden jedoch feststellen, daß auch Frauen Druiden waren und daß Druiden heirateten und Kinder hatten. Tatsächlich finden sich in den alten irischen Sagen viele Hinweise auf Kinder von Druiden, und alte Texte bestätigen wohl ebenso, daß die Druiden eine Erbkaste waren. Der erste Hinweis auf ihre weißen Gewänder stammt von Plinius. Bei Tiréchan lesen wir, daß Rechrad und seine acht Gefährten, die neun Druiden von Amalgaid, die Patrick mit Hilfe eines Zauberfeuers vernichtete, ebenfalls weiße Gewänder trugen. Strabo hingegen behauptete, die Druiden hätten vielfarbige, mit Gold bestickte Kleider. Einige Autoren vertraten die Ansicht, diese »vielfarbigen Kleider« seien eine frühe Form des schottischen Tartan. Aus Beschreibungen in alten irischen Texten wissen wir auch, daß Druiden den goldenen Torques tragen durften, der normalerweise mit Helden in Zusammenhang gebracht wird. Tulchinne, ein weiterer Druide aus Tara, hatte einen scheckigen Umhang und goldene Ohrringe, und er konnte mit den neun Schwertern jonglieren, die er bei sich trug. Wenn Mug Ruith in die Zauberschlacht ging, bekleidete er sich mit »einem dunkelgrauen, hornlosen Stierfell und einem Kopfputz aus bunten Federn«. Während Strabo behauptete, die Druiden gingen barfuß, tragen sie im *Táin Bó Cuailnge* Sandalen, und der Erzdruide schmückte sich gewöhnlich mit einem Kranz aus Eichenlaub, der von einer goldenen Tiara mit darin eingearbeiteten »Schlangensteinen« (den Druideneiern, von denen Plinius berichtet) überragt wurde. Wenn er einen Ritus leitete, warf er sich einen weißen Umhang über, der mit einer goldenen Fibel befestigt wurde.

Die irische Literatur bildet zwar die Hauptquelle für die ursprünglichen keltischen Traditionen der Druiden, es gibt jedoch auch Hinweise aus der literarischen Überlieferung der restlichen keltischen Welt.

So kann man Druiden auf der Isle of Man (Ellan Vannin) vermuten, die im dritten und vierten nachchristlichen Jahrhundert von Irland aus besiedelt wurde, wobei die Invasoren den brythonisch-keltischen Einwohnern ihre Sprache aufzwangen. Doch anders als in Irland setzen schriftliche Aufzeichnungen von der Isle of Man erst mit dem sechzehnten und siebzehnten Jahrhundert ein. Folklore und Ortsnamen der Insel liefern jedoch vielfältige Hinweise auf die vorchristlichen Götter der Kelten. Man glaubt, daß die Insel nach dem Meeresgott Mannánan Mac Lir benannt wurde. In einer von A. W. Moore in *Folklore of the Isle of Man* (1891) aufgezeichneten Geschichte heißt es, Mannánan Mac Lir sei »ein berühmter Druide, der das Land *Mann* mit der Hilfe von Geistern von Nebeln verhüllt hielt, und wenn er Feinde fürchtete, benutzte er seine Zauberkunst dazu, daß ein Mann aussah wie einhundert«.

In dem Werk *The Tripartite Life of Patrick* wird von Mac Cuill (lateinisch Maccaldus) berichtet, einem Dieb in Ulster. Zufälligerweise – oder auch nicht – schreibt die irische Mythologie auch einem Druiden den Namen Mac Cuill (Sohn des Haselnußstrauchs) zu. Der Dieb wurde von Patrick bekehrt und mußte sich zur Aburteilung seiner früheren Verbrechen dem Gesetz des Brehon unterwerfen. Seine Untaten müssen schwerwiegend gewesen sein, denn er wurde mit einem kleinen Boot aus Häuten ohne Ruder und Nahrung auf dem Meer ausgesetzt. Das *Senchas Mór* sagt, daß das Aussetzen auf der offenen See in einem Boot ohne Ruder oder Segel die Strafe für einen Mord war, wenn der Täter der Familie des Opfers nicht die notwendige Entschädigung zahlen konnte. Von Hugh de Lacey, dem anglo-normannischen Graf von Ulster (gestorben 1243), ist überliefert, daß er das Gesetz des Brehon anwandte und die Verräter von John de Courcy in einem Boot aussetzte.

Nachdem Mac Cuill einige Zeit auf dem Meer getrieben war, wurde er auf der Isle of Man an Land gespült. Das Gesetz besagte, daß er dem Herrscher des Landes, an dessen Ufer er angetrieben wurde, dienen müsse, es sei denn, er könne für seine Freilassung bezahlen. Doch das *Tripartite Life* berichtet, daß zwei christliche Missionare auf der Insel, Conindri und Romuil, »Mac Cuill in seinem Boot sahen, ihn aus dem Meer fischten und willkommen hießen, und er empfing Gottes Wort von ihnen, bis er nach ihnen das Bistum übernahm«.

Es besteht kein Zweifel, daß Mac Cuill die christliche Lehre auf der Insel verbreitete und zu St. Maughold wurde (abgeleitet von Maccaldus, der lateinischen Form seines Namens). Viele topographische Punkte auf der Isle of Man tragen noch heute seinen Namen. Er wird gerühmt als Gründer einer keltischen Mönchsgemeinschaft, die jahrhundertelang das wichtigste Kloster auf der Insel betrieb, bis im Jahre 1134 Rushen gegründet wurde. Für unsere Diskussion des druidischen Rituals ist von Bedeutung, daß Dudley Wright in seinem Werk *Druidism* (1924) eine Überlieferung von frühen christlichen Schriftstellern aufzeichnet, derzufolge Mac Cuill oder Maughold bei seinem Eintreffen auf der Insel beobachtete, wie die Druiden im Steinkreis von Lonan bei Baldrine ein Menschenopfer vorbereiteten. Mit mehreren Feuern wurde ein Stein erhitzt, auf den das Opfer gezwungen werden sollte. Mac Cuill schüttete heiliges Wasser auf den Stein, und er brach in Stücke. Dies ist ein überprüfbarer Vorgang. Daraufhin flohen die Druiden, und das Opfer wurde befreit.

Die Bekehrung Mac Cuills durch Patrick wird auch im *Liber Ardmachanus* (Buch von Armagh) wiedergegeben, das Feardomhnach um das Jahr 807 zusammenstellte. Ein Beleg dafür, daß Mac Cuill ein Druide war, findet sich in dem lateinischen Werk *Incipiunt cronica regum Mannie & Insularum & episcoporum & quorundam regum Anglie, Scotie, Norwegie* (besser bekannt als die Chronik der Könige von Man und den Inseln) aus dem dreizehnten Jahrhundert. Darin erscheint St. Maughold oder Mac Cuill in der gängigeren Rolle des Druiden, der einen Feind mit seinem Amtsstab erschlägt. Eine weitere Geschichte von Maughold findet sich in *Trias Thaumaturgae* (1647), einem Werk über frühe irische Heilige von Seán Colgan aus Donegal, der von 1590 bis 1658 Professor für Theologie in Leuven war. Darin wird Maughold ein fast schon wundertätiger Charakter zugeschrieben.

Auf einem Stein mit einer Ogham-Inschrift, der bei Port St. Mary auf der Insel entdeckt wurde, findet sich das Wort *droata*, der Genitiv von *druadh*. William Sacheverell vermutete in seinem Werk *An account of the Isle of Man* (1703), daß die Insel, die sich mit Anglesey den lateinischen Namen Mona teilte, der eigentliche Sitz der Druiden war, und weist in diesem Zusammenhang darauf hin, daß sie in alter Zeit auch als *Sedes Druidarum* und *Insula Druidarum* bekannt war. Doch die Beweise für diese Behauptung sind sehr dürftig. Sie basieren lediglich auf Legenden wie der, daß Dothan, ein König von Alba, seine drei Söhne auf die Insel sandte, um sie von Druiden ausbilden zu lassen, und daß Corbed, ein weiterer mystischer König von Alba, selbst dort von Druiden erzogen wurde. Ausgehend von kirchlichen Traditionen mutmaßt auch John Spottiswood, der Erzbischof von St. Andrews, in seiner *History of the Church in Scotland* (1655), daß die Isle of Man ein Zentrum des Druidentums gewesen sei und von einem gewählten Erzdruiden regiert wurde. Dies scheint die Quelle für Sacheverells Geschichte zu sein.

Als Columcille aus Irland verbannt wurde, gründete er ein monastisches Zentrum auf Iona (I-Shona, die Insel der Heiligen). Es gehörte zu der Siedlung Dàl Riada, die im vierten Jahrhundert von Iren in Kaledonien angelegt worden war. Irischen Quellen zufolge wurde nach einer Hungersnot in Munster ein Häuptling namens Conaire, ein Sohn von Riada, nach Norden vertrieben, wo er im County Antrim ein Königreich gründete. Der Name Dàl Riada bedeutet »Anhänger des Riada«. Nach einem Streit gingen einige von Riadas Leuten nach Kaledonien und legten dort an der Küste den Grundstein für ein zweites Reich, das als Airer Ghàidheal (Argyll) bekannt wurde, die Küste der Gälen. Columcille verließ schließlich die Siedlung Dàl Riada und drang ins Hinterland der dort ansässigen Kaledonier vor, die uns besser bekannt sind unter ihrem lateinischen Spitznamen Pikten (*picti* – die Bemalten). Er stellte fest, daß die Cruthin – so bezeichneten die Pikten sich selbst – Druiden hatten. John Hill Burton behauptete jedoch in seiner *History of Scotland* (1853), es gebe in Schottland weder eine Tradition des Druidentums noch Hinweise darauf. Das Beweismaterial ist jedoch unwiderlegbar. D'Arbois de Jubainville zeigt in seinem Werk *Les Druides* auf, daß die Existenz von Druiden in Schottland eine unleugbare historische Tatsache ist. Auch aus der Zeit lange vor der Ankunft Columcilles gibt es Hinweise auf Druiden, nämlich als Cormac Mac Art zu den Druiden von Alba senden läßt, um von ihnen Hilfe gegen den König von Munster zu erbitten.

Der Herrscher der Pikten zur Zeit von Columcilles Ankunft in Schottland war ein gewisser Bruide Mac Maelchon (um 556 bis 584); er gilt als erster historischer König dieses Volkes. Adomnán erwähnt Bruide mehrmals in seinem Werk und erklärt, daß er allen Bemühungen Columcilles zum Trotz nie zum Christentum bekehrt wurde. Sein Tod ist in den *Annals of Ulster* verzeichnet. Aus Adomnáns Schriften geht ferner hervor, daß Bruides Hauptstadt in der Nähe der Mündung des Flusses Ness in den Moray Firth lag; möglicherweise handelte es sich dabei um die Bergfestung Craig Phádraig (Patrick's Rock). Columcille reiste zu Bruides Hauptstadt über den Firth of Lorn, das Great Glen und Loch Ness. Bei seinem ersten Zusammentreffen mit dem König der Tuatha Cruthin handelte er einen Vertrag aus, der christlichen Mönchen und Missionaren auf ihren Reisen durch das Territorium der Pikten sicheres Geleit garantierte.

In der Lebensgeschichte des Columcille begegnen wir einer mächtigen Gestalt: dem Druiden Broichán, Lehrer des Königs Bruide und Columcilles Hauptgegner. Mit ihm und anderen Druiden mißt Columcille sich in Zauberwettstreiten. Dabei kann er zum Erstaunen der Pikten sogar einen jungen Mann von den Toten erwecken. Das trug sich folgendermaßen zu: Kurz nachdem Columcille eine Piktenfamilie bekehrt hatte, erkrankte einer der jungen Männer und starb. Als die Druiden diesen Tod als Strafe für den Verrat an den alten Göttern bezeichneten, erweckte Columcille den Jungen wieder zum Leben als Beweis dafür, daß sein Zauber mächtiger sei als der der Druiden. Selbst Broichán, heißt es, habe sich einmal eine Krankheit zugezogen, die Columcille nur unter der Bedingung heilt, daß der Druide eine irische Gefangene freiläßt.

Eines der Gedichte, die Columcille zugeschrieben werden, läßt seine Ablehnung des Druidentums erkennen:

Nicht vom Niesen [der Druiden] ist unser Schicksal bestimmt
Auch nicht vom Vogel auf dem hohen Zweig,
Oder dem Strunk eines knorrigen Baumes.
Und auch nicht vom Summen [der Druiden].
Ich verehre nicht die Stimmen der Vögel,
Auch nicht das Niesen [der Druiden] oder ein irdisches Ziel,
Und auch keinen Sohn, keinen Glücksfall, keine Frau;
Mein Druide ist Christus, der Sohn Gottes.

In diesem Gedicht werden interessante Bilder verwendet. Es gibt eine Überlieferung, derzufolge die Druiden durch Niesen *(sreod)* und Summen *(sordán)* weissagen konnten. Nach den *Chronicles of the Picts and Scots* (1867) von William F. Skene wurden die Druiden von Patrick aus Irland nach Alba (Schottland) vertrieben. Skene schreibt: »Von ihnen kommt jeder Bann und jeder Zauber und jedes *sreod* (Niesen) und die Stimmen der Vögel und jedes Omen.« Allerdings gibt es nichts Erhärtendes für die Behauptung, daß das Druidentum vor der Ankunft der *Scotti* – so wurden die irischen Dàl-Riada-Siedler genannt – keine den keltischen Stämmen Kaledoniens eigene Institution war.

Aus den Berichten über die Zauberwettstreite zwischen Broichán und Columcille wissen wir, daß das Volk des Bruide seinen Gottesdienst an einem bestimmten Brunnen verrichtete und auch von dessen Wasser trank und darin badete, was bei Lepra und einem teilweisen Verlust der Sehkraft Abhilfe verschaffte. Columcille segnete diese Quelle sofort und spannte sie auf diese Weise für das Christentum ein.

Innerhalb des nächsten Jahrhunderts wurden die Cruthin oder Pikten zu Christen. Damit waren sie einer der letzten keltischen Stämme, die den neuen Glauben annahmen. 625 wird der Piktenkönig Nechtán zum Patron einer Gruppe von Nonnen aus dem Kloster von St. Brigit in Kildare, die nach Schottland gekommen waren, um in Abernethy ein »Tochterhaus« zu gründen.

Nach Ansicht von Lewis Spence überlebten in Schottland mehrere druidische Rituale in der Form volkstümlicher Traditionen. 1656 unternahm das Presbyterium von Applecross in Rosshire Schritte gegen gewisse Personen, die am 25. August Stiere opferten – »an dem Tag, der ihrem Brauch zufolge einem geweiht ist, den sie St. Mourie nennen«. Im Jahre 1678 ging das Presbyterium von Dingwall gegen vier Mackenzies vor, die auf einer Insel im Loch Maree einen Stier opferten. Thomas Pennant beschrieb in seinem Werk *Tour in Scotland and a Voyage to the Hebrides in 1769* (1771) eine Eiche auf dieser Insel Inis Maree, in deren Stamm Nägel und Münzen als »Opfergaben« eingeschlagen worden waren. Ferner stellte er fest, daß Ortsansässige den Eid auf den Namen von St. Maree schworen. Spence' Ansicht nach war Mourie oder Maree »eine frühere Gottheit«. Dabei vergißt er allerdings den Namen des berühmten Druiden von Dairbre (Valentia in Kerry), der Mug Ruith (Mow-rih) hieß. Wie bereits erläutert, war Mug Ruith – manchmal auch Magh Ruith genannt – ursprünglich eine Sonnengottheit, die zum Druiden degradiert wurde.

Ein anderes Ritual, auf das Spence aufmerksam macht, ist der Ritus des *taighairm,* der in vielen Teilen des schottischen Hochlands überlebte. Dabei hüllt sich ein Seher in das Fell eines frisch geschlachteten Stiers, um auf eine Vision zu warten. Wir werden uns mit solchen Überresten alten Brauchtums noch im Rahmen unserer Diskussion druidischer Riten und Rituale befassen.

Zu dem Zeitpunkt, als die Druiden von Wales in der heimischen literarischen Tradition des Landes auftauchen, sind sie bereits zu einer Klasse der Barden und Poeten geworden.

In seinem Werk *Celtic Britain* (1904) wies Sir John Rhŷs darauf hin, daß »das Druidentum in der ältesten Literatur der Waliser weit schwerer zu entdecken« sei als in irischen Aufzeichnungen. Das Wort *derwyddon* (Druiden) findet sich in einem Gedicht aus dem *Book of Taliesin,* in dem von den drei Weisen erzählt wird, die das Jesuskind aufsuchen. Tatsächlich werden die Druiden in der Literatur aus Wales meistens als Dichter und weise Propheten gesehen. Bei den literarischen Quellen handelt es sich überwiegend um Texte des zwölften bis vierzehnten Jahrhunderts. Es existiert allerdings ein interessanter Hinweis aus dem frühen neunten Jahrhundert, und zwar in der *Historia Britonnum* (Geschichte der Britannier), die der walisische Historiker Nennius um das Jahr 829 verfaßte. Darin beschäftigt er sich achtzehn Kapitel lang mit dem Werdegang von Vortigern (*Vawr tigern,* Oberherr), der zur Zeit des Abzugs der Römer, also um die Mitte des fünften nachchristlichen Jahrhunderts, der König von Südbritannien war. Unter anderem berichtet Nennius, als St. Germanus von Auxerre Vortigern wegen seines Festhaltens am ketzerischen Pelagianismus exkommunizierte, habe dieser zwölf Druiden als Berater herangezogen. Auf die Bedeutung des Pelagianismus werden wir bei der Betrachtung der Druiden als Philosophen zurückkommen.

Gwalchmai ap Meilyr (1130 bis 1180) schreibt in einer Elegie über Madog von Powys: »Ich wünschte bei Gott, der Jüngste Tag wäre gekommen, denn die Druiden haben eine leidvolle Botschaft überbracht.« Und Cynndelw Brydydd Mawr (um 1155 bis 1200) meint in einer Lobrede auf Owain Gwynedd, den König von Gwynedd (1137 bis 1170): »Barden gelten als Richter von hervorragendem Wert, sogar Druiden des Kreises, der vier Dialekte, aus den vier Königreichen (von Wales).« Im folgenden bezeichnet er die Druiden als »die Großartigen, die Träger der goldenen Ketten«, als hätte es sie im zwölften Jahrhundert noch gegeben. Cynndelw richtet ein Gedicht an Owain Cyfeilcawg, den Fürsten von Powys (um 1149 bis 1195), in dem er diese Vorstellungen von den Druiden als einer noch existierenden Gruppe wiederholt.

Auch Llywarch ab Llewelyn (1160 bis 1220) und Filip Brydydd (1200 bis 1250) sprechen von den Prophezeiungen der Druiden in einer Art und Weise, als gehörten sie im damaligen Wales nach wie vor zur Alltagskultur.

Das *Red Book of Hergest* (zusammengestellt etwa zwischen 1375 und 1425) enthält ein Gedicht, das als »Der Stab des Moses« bekannt wurde; darin heißt es: »Der Lobpreis jeder Frau von Rang ist von einigen der Druiden gesungen worden.«

In dem im zehnten Jahrhundert kodifizierten walisischen Rechtssystem, den Gesetzen von Hywel Dda, wird den Druiden allerdings nicht, wie etwa den irischen Druiden in den Gesetzen von Brehon, eine spezifische gesellschaftliche Rolle zugewiesen. Wenn die Druiden im mittelalterlichen Wales also überhaupt noch eine erkennbare Gruppe darstellten, so wie es die Gedichte andeuten, dann lediglich eine, die das Gesetz nicht anerkannte.

Vieles spricht dafür, daß die Druiden in Wales im zwölften Jahrhundert nur mehr eine Bruderschaft der Dichter waren. Sir Thomas D. Kendrick bemerkt dazu in seiner wegweisenden Studie *The Druids: A Study in Keltic Prehistory* (1927): »Die grundlegende Annahme, daß die mittelalterlichen walisischen Barden eine Fortsetzung der druidischen Hierarchie darstellten..., kann man keinesfalls als übertriebene oder lächerliche Überzeugung abtun.« Sicherlich fand die »Bardenklasse« des frühen keltischen Britannien in Wales eine Fortsetzung. Lewis Spence zufolge »haben wir guten Grund zu der Annahme, daß sie vieles von dem Brauchtum des druidischen *cultus* erhalten und bewahrt hat, mit dem sie einst eng verbunden war«.

In den literarischen Quellen Cornwalls schien es keine die Druiden betreffenden Überlieferungen zu geben, bis William Borlase sein Werk *Antiquities of Cornwall* (1754) veröffentlichte, in dem er ganz zu Recht William Stukeleys Theorie verwarf, daß die kornischen *quoits* Altäre der Druiden seien. Trotz der zahllosen Biographien kornischer Heiliger scheinen keine Berichte über Konflikte zwischen christlichen Missionaren und kornischen Druiden zu existieren. Es gibt jedoch einen Hinweis auf christliche Märtyrer in Cornwall im sechsten Jahrhundert. Ein Werk mit dem Titel *Life of St. Gwinear* aus dem vierzehnten Jahrhundert erzählt, Gwinear sei ein irischer Missionar gewesen, der mit seiner Schwester Piala und einer Gruppe von Begleitern an der Mündung des Flusses Hayle in Cornwall landete. Der Herrscher dieser Gegend war Teudor (Tewdrig); er erscheint auch in dem kornischen *Bewnans Meriasek* (Leben des St. Meryadoc), und zwar als Moslem! *Bewnans Meriasek,* das einzige in voller Länge erhaltene mittelalterliche Theaterstück über einen Heiligen in einer keltischen Sprache, wurde 1504 geschrieben. Doch in *Life of Gwinear* erfahren wir, daß Teudor Gwinear, Piala und einige ihrer Gefährten tötet »aus Angst, sie könnten sein Volk zum Glauben an Christus bekehren«. Einige aus der Gruppe, zum Beispiel Ia (St. Ives), können jedoch entkommen. Henry Jenner und andere brachten hierzu das Argument vor, Teudor sei »ein nachlässiger Christ« gewesen; mit Sicherheit aber kein Moslem. Es wäre jedoch auch möglich, daß Teudor nicht nur ein König war, sondern auch ein Druide und Verteidiger des alten Glaubens. Die Tatsache, daß es in derselben

Quelle heißt, Teudor habe Gwinear enthauptet und seinen Kopf als Trophäe mitgenommen, beschwört Bilder herauf, in denen der Kopf Symbolcharakter hat. Die heidnischen Kelten hielten die Köpfe ihrer Feinde in Ehren als den Ort, an dem die Seele ruht. Teudor hing also offenbar dem alten Glauben an.

Dazu bemerkt F. E. Halliday in seinem Werk *A History of Cornwall* (1959):

> ... obwohl die Druiden keine gesicherten und sichtbaren Denkmäler ihrer Religion hinterlassen haben, scheinen sie doch im Denken der Menschen verwurzelt zu sein. Der Glaube, daß Kinder von Rachitis geheilt werden können, wenn man sie durch das Loch von Men-an-Tol führt, ist womöglich ein Aberglaube der Druiden, der vielleicht sogar aus noch früheren Zeiten stammt; und die druidische Art der Weissagung hat sich vielleicht in dem alten Brauch erhalten, zwei Nadeln über Kreuz auf den Stein zu legen und aus ihren Bewegungen die Zukunft zu lesen. Auch die in Cornwall so beliebten Feuerfeste sind wahrscheinlich nichts anderes als die Opferfeuer der Druiden in abgewandelter Form. Früher war es Brauch, einen Mann auf die Weihnachts-»Stümpfe« oder -Scheite zu zeichnen, bevor sie verbrannt wurden; und bei den großen keltischen Mittsommerfesten, wenn auf den Bergen Feuer gemacht wurden, wie es noch heute der Brauch ist, wurden die Kinder durch die Flammen geschwungen – manchmal so heftig, daß fast ihre Kleidung versengt wurde.

Zu den druidischen Traditionen in der Bretagne zählt auch eine Geschichte aus dem im neunten Jahrhundert von dem Mönch Wrdistan aus Landévennec verfaßten Werk *Life of St Guénolé*. Der heilige Guénolé lebte im sechsten Jahrhundert und war in Cornwall auch als Gunwalloe oder Winwaloe bekannt. Er gründete das große bretonische Kloster in Landévennec. Die von Wrdistan aufgezeichnete Legende zeigt, daß die Druiden im sechsten Jahrhundert in der Bretagne fast verschwunden waren und nur noch als ältere Anhänger einer untergegangenen Religion existierten. Aber bezeichnenderweise werden sie mit großer Sympathie dargestellt.

Die Geschichte handelt von dem halblegendären König Gradlon von Kernev (Cornouaille) im Südwesten der Bretagne, dessen Reich sich von den Monts d'Arrée nach Süden und östlich bis zum Fluß Ellé erstreckt. Der König liegt im Sterben und schickt nach Guénolé. Als der Mönch kommt, ist bereits ein Druide bei dem sterbenden König. Gradlon bittet Guénolé, sich nicht hart gegen diesen zu zeigen, da der Druide die Tiefe des Leidens kenne: »Der Schmerz, den ich ertragen habe, ist nichts im Vergleich zu seinen

Qualen … er hat seine Götter verloren! Welcher Gram kann sich mit diesem messen? Einst war er ein Druide; nun trauert er um eine vergangene Religion.«

Gradlon stirbt, und der christliche Mönch wie auch »der letzte Anhänger des Teutatès« stimmen ihre Psalmen und Klagelieder an. Am nächsten Morgen wird der Leichnam in einer nahe gelegenen Quelle gewaschen, in Leinen gehüllt, das mit Eisenkraut behandelt wurde, und anschließend nach Landévennec gebracht. Daraufhin wendet sich der Druide an Guénolé mit den Worten: »Bruder – denn stammen wir nicht von denselben Vorfahren ab?« Er bittet ihn, an dieser Stelle eine Kirche »zur sorgenvollen Mutter deines Gottes« zu errichten, damit Kranke dort Gesundheit und »die Mühseligen und Beladenen Frieden« finden können:

Als ich noch jung war, stand hier ein Block aus rotem Granit. Ihn zu berühren gab Blinden das Augenlicht, Tauben das Gehör und bekümmerten Herzen Trost. Möge das Heiligtum, das du baust, diese Vorzüge erben; dies ist mein Wunsch, der Wunsch von einem, der besiegt wurde und sich der Ordnung der neuen Zeit gebeugt hat; von einem, der weder Bitterkeit noch Haß fühlt. Ich habe gesprochen.

Es heißt, Guénolé habe großes Mitgefühl für den Druiden empfunden, trotz eines kurzen theologischen Disputs, in dem er anbot, ihn das »Wort des Lebens« zu lehren, was der Druide aber ablehnte. Dabei zeigte er zum Himmel und sagte, wenn die Zeit für den einen oder anderen von ihnen gekommen sei, in die Anderswelt zu gehen, könne sich für einen von ihnen herausstellen, daß »dort vielleicht nichts ist als ein großer Irrtum«. Guénolé ist empört. »Glauben heißt wissen«, argumentiert er als überzeugter Christ. Doch wegen seiner Sympathie für den Druiden bietet er ihm trotzdem die Abtei Landévennec als Zufluchtsort an. Der Druide lehnt jedoch auch dies ab mit der Begründung, seine Waldpfade seien ihm lieber. »Führen nicht alle Wege zu dem einen großen Zentrum?« sagt er zum Abschied.

Dieses Zusammentreffen des Mönchs mit dem – symbolisch gesprochen – letzten Druiden der Bretagne, aufgezeichnet von einem christlichen Ordensmann des neunten Jahrhunderts, ist insofern faszinierend, als es deutlich macht, daß die Christen zu jener Zeit den Druiden noch mit Achtung begegneten und für Andersgläubige ein Verständnis und eine Nachsicht aufbrachten, die sie in späteren Zeiten verloren.

5
Weibliche Druiden

In mehreren griechischen und römischen Schriften werden *Dryades* oder Druidinnen erwähnt, und auch keltische Quellen sprechen von der Existenz weiblicher Druiden. Dabei darf man nicht vergessen, daß Frauen in der keltischen Gesellschaft im Vergleich zu anderen europäischen Kulturen eine faszinierende Rolle innehatten, denn sie verfügten über wesentlich mehr Rechte und eine weitaus angesehenere Position als die Frauen in Griechenland und Rom.

In Griechenland besaßen die Frauen keinerlei politische Rechte und durften sich am politisch-gesellschaftlichen Leben nicht beteiligen. Auch ihre gesellschaftlichen Rechte waren stark beschnitten. So war ihnen nicht erlaubt, Grund und Boden zu erben oder zu besitzen, und sie durften keine Geschäfte tätigen, deren Wert den eines Scheffels Getreide überstieg. Die Verantwortung für alle Belange einer Frau oblag ihrem Ehemann, Vater oder männlichen Vormund. Wenn der Vater ohne männliche Nachkommen starb, ging die Tochter »zusammen mit den Besitzwerten« an den nächsten männlichen Verwandten, der bereit war, sie zur Ehefrau zu nehmen. Anders gesagt: Frauen galten als »vererbbares« Eigentum. Sie mußten das Haus hüten, und alle Häuser verfügten über getrennte Wohnbereiche für Frauen. Auch wenn das Leben der Frauen in den griechischen Sagen manchmal etwas ereignisreicher beschrieben wird, folgten die Autoren dabei nur der literarischen Tradition; in Wirklichkeit verlief das Leben der Griechinnen völlig anders. Aristoteles war offenbar fortschrittlicher als die anderen Männer seiner Zeit, denn er plädierte dafür, daß Jungen und Mädchen die gleiche Ausbildung erhalten sollten. Doch im Griechenland der Antike führten die Frauen ein sehr eingeschränktes Leben.

In Rom wurden den Frauen im allgemeinen mehr Rechte eingeräumt, obwohl auch hier der *pater familias* völlige Kontrolle über seine Gattin hatte und Frauen nur zusammen mit einem männlichen Vormund Geschäfte tätigen durften. Eigentum und Besitz waren Männersache. Allerdings lebten verheiratete Frauen in Rom nicht wie in Griechenland in Abgeschiedenheit, sondern nahmen das Essen gemeinsam mit ihrem Ehemann ein und durften – vorausgesetzt, sie trugen als Symbol ihres Status die *stola matronalis* – das Haus verlassen, Geschäfte, Gerichte und andere öffentliche Orte aufsuchen und auch zu Theateraufführungen gehen.

Die Position der Frau in der keltischen Gesellschaft hingegen war eine völlig andere. So finden wir zahlreiche historisch überlieferte weibliche Figuren, die viel Macht besaßen, zum Beispiel Boadicea, die Herrscherin der Iceni, die 61 n. Chr. von den Stämmen im Süden Britanniens als Kriegsherrin anerkannt wurde. Vermutlich ist sie die berühmteste aller keltischen Herrscherinnen. Dio Cassius zufolge erscheint Boadicea als Priesterin der Göttin »Andrasta«, die als Siegesgottheit beschrieben wird. Bei dieser scheint es sich um die gleiche Göttin wie Andarte zu handeln, die von den Vocontii in Gallien verehrt wurde. Somit könnte man die These vortragen, Boadicea sei nicht nur eine Königin gewesen, sondern auch eine Druidin. Doch Boadicea war beileibe kein Einzelfall. Tacitus schreibt in seinen *Annales:* »Es ist dies nicht das erstemal, daß Britannier von einer Frau in die Schlacht geführt werden.«

Die Sagen untermauern die Theorie, daß sich Frauen als Kriegerinnen an Schlachten beteiligten. In zahlreichen Geschichten ist von Krieger-Königinnen die Rede, insbesondere von Medb von Connacht, die ihr Heer befehligte und eigenhändig den Heldenkrieger Cethren im Kampf tötete. Die Kriegerin Scáthach war Cúchulainns bedeutendste Lehrmeisterin im Kriegshandwerk. Ihre Schwester Aoife war eine weitere berühmte Kriegerin, und Cúchulainn mußte trotz seiner großen Heldenhaftigkeit auf Listen zurückgreifen, um diese kühne Kämpferin zu bezwingen. Zur Fianna, der Gruppe auserwählter Krieger des Fionn Mac Cumhail, gehörte auch die Kriegerin Credne. Art bereitet es große Mühe, die Kämpferin Coinchend niederzuringen. In der Geschichte von Suibhne Geilt spielt während seines Aufenthalts in Snámh Dá Én (Schwimmen-zwei-Vögel) eine Heldin namens Estiu eine wesentliche Rolle; der Ort diente Flann O'Brian als Anregung für den Titel seines komischen Romanklassikers *At Swim Two Birds* von 1939 (In Schwimmen-zwei-Vögel).

Wenn wir zur historischen Wirklichkeit zurückkehren, finden wir als Zeitgenossin Boadiceas Cartimandua (»das geschmeidige Pferd«), die von etwa 43 bis 69 n. Chr. über die britannischen Briganten herrschte. Sie wird als eine starke, entschlußkräftige Persönlichkeit dargestellt. Cartimandua war mit Venutios verheiratet, der sie ihres Königsreichs zu berauben versuchte. Daraufhin ließ sie sich von ihm scheiden und heiratete seinen Wagenlenker Vellocatos. Dem Anschein nach wurde Venutios als Anführer einer Gruppe von Aufständischen etwa 72 n. Chr. schließlich von dem römischen Statthalter Petillius Cerialis besiegt.

Des weiteren erfahren wir, zeitlich etwas früher angesiedelt, von der gallischen Stammesfürstin Onomaris; unter ihrer Führung traten die keltischen Stämme ihren Zug nach Iberien an. Auch andere einflußreiche Keltinnen tauchen in der Geschichte auf. Sowohl von Tacitus als auch von Plutarch (dem griechischen Historiker Mestrius Plutarchus, etwa 46 bis 120 n. Chr.) erfahren wir die Geschichte der Gallierin Eponina. Ihr Name leitet sich von der keltischen Pferdegöttin Epona ab; möglicherweise war sie eine Priesterin in deren Kult. Eponinas Ehemann Julius Sabinus vom Stamm der Lingones nahm am Aufstand der Gallier 69 n. Chr. teil. Um nach dem Scheitern der Rebellion seinen römischen Verfolgern zu entkommen, täuschte Sabinus einen Selbstmord vor und ließ sich von Eponina verstecken. Sie versorgte ihn neun Jahre lang mit Essen und Kleidung. Gleichzeitig setzte sie sich bei den Römern für seine Begnadigung ein und reiste sogar eigens nach Rom, um ihrem Anliegen Nachdruck zu verleihen. Doch schließlich wurde Sabinus gefangengenommen, und Kaiser Vespasian ließ ihn zusammen mit Eponina hinrichten.

Plutarch berichtet auch von dem Geschichtsschreiber Polybius, der eine gewisse Chiomara persönlich kannte; sie war die Frau von Ortagion, dem Häuptling der Tolistoboii, der die galatischen Kelten zur Zeit der römischen Invasion unter Gnaeus Manlius Volso 189 n. Chr. zu einem mächtigen Staat vereinte. Chiomara wurde von den Römern gefangengenommen und von einem Zenturio vergewaltigt. Als dieser feststellte, daß es sich bei ihr um eine Frau von hohem Stand handelte, verlangte er ein Lösegeld, das Ortagion ihm auch aushändigte. Die Übergabe des Goldes sollte an einem Flußufer stattfinden, was in der keltischen Tradition seit jeher ein Ort von großer Bedeutung war. Während der Zenturio das Gold entgegennahm, ließ Chiomara ihn enthaupten und überbrachte seinen Kopf der keltischen Sitte entsprechend ihrem Mann. Die griechische Niederschrift der Unterhaltung des Paares wies laut Doctor Rankin »unverfälschtes, gnomonisches, keltisches Idiom« auf:

»Frau, Treu und Glauben (sind) eine gute Sache.«
»Besser ist, wenn nur ein Mann am Leben ist, der Verkehr mit mir hatte.«

Plutarch berichtet uns außerdem von einer keltischen Heldin aus Galatien, die eindeutig eine Druidin war, nämlich Camma, eine Priesterin der Göttin Brigit (dabei gehen wir davon aus, daß Brigit, in Gallien Brigantu, das keltische Äquivalent der Artemis war). Camma, eine Erbpriesterin des – so Plutarch – keltischen Äquivalents der Artemis, war mit dem Häuptling Sinatos verheiratet. Dieser wurde von einem gewissen Sinorix ermordet, der daraufhin Camma zwang, ihn zu ehelichen. Doch bei der Trauungsfeierlichkeit, bei der das Paar traditionell aus einem gemeinsamen Kelch trinken mußte, gab Camma Gift in den Becher. Um Sinorix' Mißtrauen zu beschwichtigen, nahm sie den ersten Schluck und wählte damit bewußt den eigenen Tod, um Sinorix zu töten.

Aus Plutarchs Aufsatz »Über die Tugenden der Frauen« wissen wir auch, daß Keltinnen häufig zu Botschafterinnen ernannt wurden. So waren sie an einem Vertrag zwischen dem karthagischen Feldherrn Hannibal und den keltischen Volcae beteiligt. Rom hatte bereits Neutralität von den Volcae verlangt für den Fall, daß Hannibal durch ihr Land marschieren wolle. Offenbar waren die Kelten von dem Ansinnen der Römer wenig angetan, denn Hannibal erhielt bereits Unterstützung von anderen keltischen Stämmen. Plutarch berichtet auch, daß Frauen an den Versammlungen der Kelten teilnahmen und dabei Streitereien häufig mit diplomatischem Geschick beilegten.

Irischen Quellen zufolge war Macha Mong Ruadh (Macha mit den roten Haaren), die Tochter des Aed Ruadh, von 377 bis 331 v. Chr. Herrscherin über ganz Irland. Weibliche Herrscher werden in irischen und walisischen Schriften ebenso erwähnt wie die idealen Königinnen der Anderswelt, die, wie Professor Markale in *La Femme Celte* aufzeigte, »Symbole einer Geisteshaltung [waren], die das Patriarchat nicht aus dem alten keltischen Denken ausmerzen konnte«. In der irischen Sagenwelt kommen Göttinnen mit großer Häufigkeit vor; mehr als mit jeder anderen Gegend werden sie mit der südwestirischen Provinz Munster in Zusammenhang gebracht. Der Grund hierfür mag darin liegen, daß Mumham (das Suffix *ster* ist eine altnordische Ergänzung) als eine Welt der Urzeit dargestellt wird, ein Ort der Herkunft, wo mehrere der mythischen Invasoren an Land gingen, und der zum Versammlungsort der Toten wurde. Mug Ruith, der zu einem Druiden gewordene Sonnengott, stammt aus Munster, und seine Tochter Tlachtga wird in einigen Geschichten als Göttin dargestellt, bevor sie, wie ihr Vater, zu einer bloßen Druidin wird. Christlichen Verfassern zufolge wurde sie von drei Söhnen Simon Magus' vergewaltigt und brachte daraufhin bei einer einzigen Geburt drei Söhne zur Welt, woraufhin sie starb. Sie wurde auf dem Hügel von Tlachtga, heute der Hill of War (*Cnoc an Bháird* – Hügel des Barden) in der Nähe von Athboy, County Meath, beigesetzt, und diese Erhebung wird mit dem Fest Samhain und den heiligen Feuern der Druiden in Verbindung gebracht.

Tacitus bemerkt in seinen *Annales* mit offenkundiger Verwunderung, daß die Kelten sich nicht davor scheuten, Frauen als Führerfiguren anzuerkennen, und wiederholt diesen Umstand in seinem Werk *Agricola*. So schreibt er: »Sie [die Britannier] machen nämlich in der herrschenden Stellung zwischen den Geschlechtern keinen Unterschied«. Und Dr. Rankin berichtet: »Die Stadtstaaten in Griechenland und Rom besaßen hochentwickelte politische Strukturen, in denen Frauen keine Beteiligung an der Macht hatten. Um so mehr waren die Griechen und Römer über die relative Freiheit und Eigenständigkeit der Keltinnen erstaunt.« Pausanias weist eigens auf den herausragenden Mut der keltischen Frauen hin.

Die Stellung der Frau, wie sie im irischen Brehon-Gesetzessystem beschrieben wird, war erstaunlich fortschrittlich für eine Zeit, in der Frauen in den meisten anderen europäischen Kulturen als bloßes Eigentum galten. So übten sie zahlreiche Berufe aus und dienten etwa als Anwältinnen und Richterinnen, wie zum Beispiel Brigh, eine berühmte Brehon-Richterin. Frauen durften die Erbfolge antreten und konnten, wie wir gesehen haben, die oberste Autorität darstellen, obwohl das Königtum in historischer Zeit vorwiegend Männern vorbehalten war. Eine Frau konnte Besitz erben, und ihr gehörte auch weiterhin jeder Besitz, den sie in die Ehe eingebracht hatte. Wenn Eheleute sich trennten, bekam die Frau nicht nur ihr Eigentum zurück, sondern behielt auch alles, was ihr Mann ihr im Verlauf der Ehe geschenkt hatte. Scheidungen waren selbstverständlich möglich, und eine Frau konnte sich von ihrem Mann ebenso scheiden lassen wie er sich von ihr. Wenn ein Mann »sich entehrt hatte«, das heißt, wenn er ein Verbrechen begangen hatte und ihm seine Rechte aberkannt wurden oder wenn er von der Gesellschaft ausgestoßen worden war, beeinträchtigte dies nicht die Stellung seiner Gemahlin. Eine Frau war für ihre eigenen Schulden verantwortlich, nicht aber für die ihres Mannes.

Wie Professor Markale schreibt: »Die Römer betrachteten Frauen als Vergnügungsobjekte, deren einzige Aufgabe es war, Kinder zu gebären, während die Druiden Frauen in ihr politisches und religiöses Leben miteinbezogen.« Die Griechen und Römer konnten die Freiheit der keltischen Frauen ebensowenig verstehen wie ihre offenere Einstellung zu sexuellen Beziehungen. »Die griechischen und römischen Verfasser sind in ihrer Beschreibung der Rolle der Frau in den keltischen Gesellschaften, über die sie berichten, meist sehr voreingenommen«, meint Dr. Rankin. So stellt zum Beispiel Strabo die gewagte Behauptung auf, daß die britannischen Kelten nicht nur mit den Ehefrauen anderer Männer, sondern auch mit ihrer eigenen Mutter und Schwester sexuellen Verkehr pflegten; dann räumt er allerdings halbherzig ein, daß er über keinerlei Beweise für diese Aussage verfügt. Die Redewendung »Es wird gesagt...« konnte als Ausrede für zahlreiche wilde Spekulationen dienen. Caesar und Dio Cassius erwähnen Polyandrie und Gemeinschaftsehe als eine Praxis der Kelten. Doch dabei handelt es sich lediglich um Erscheinungsformen einer freizügigeren und offeneren Gesellschaft, die von den fremden Chronisten nicht richtig verstanden wurde.

Das soll allerdings nicht heißen, daß die keltische Gesellschaft zu Beginn der christlichen Zeit ideal gewesen wäre; vielmehr ging sie bereits zu patriarchalen Formen über. Wie wir später sehen werden, verwandelte sich das ursprüngliche Konzept der »Muttergöttin« zu einem System des »Vaters der Götter«, und allmählich ersetzte die männliche Kriegergesellschaft die früheren Strukturen. Das Aufkommen des Christentums und vor allem die Verdrängung des keltischen Christentums durch Rom versetzten der Gleichberechtigung von Männern und Frauen in der keltischen Gesellschaft den Todesstoß. Einzigartig an der alten keltischen Kultur war die Tatsache, daß diese Konzepte überhaupt so lange überdauern konnten.

Vor dem Hintergrund der einzigartigen Stellung der Frau in der keltischen Gesellschaft bemerkte Dr. Rankin: »Die Bandbreite der Rollen, die Frauen in den alten keltischen Gesellschaften einnehmen konnten, war größer als diejenige, die ihnen in Griechenland oder Rom zugestanden wurde. Die irische Tradition, die uns das Bild einer archaischen Kultur der Eisenzeit präsentiert, erwähnt nicht nur Kriegerinnen, sondern auch Prophetinnen, Druidinnen, Bardinnen, Ärztinnen und sogar Satirikerinnen.«

Doch was wissen wir über diese weiblichen Druiden genau?

Wie bereits erwähnt, hatte der im vierten nachchristlichen Jahrhundert lebende gallische Schriftsteller Ausonius Decimus Magnus, der – abgesehen von einigen Epigrammen auf Griechisch – seine Werke auf Lateinisch schrieb, eine Tante namens Dryadia, die er in seinem Buch *Parentalia* (Nr. XXV) erwähnt. Es stellt sich die Frage, warum diese Frau Jahrhunderte nach der angeblichen Ausmerzung dieser Kaste durch die Römer als »Druidin« bezeichnet wurde. Die Antwort lautet: Weil sie dieser Kaste angehörte.

Tacitus berichtet, daß auf der Insel Mona (Anglesey) Frauen in Trauergewändern, mit offenem Haar und Fackeln in der Hand zwischen den keltischen Kriegern herumliefen, während in der Nähe *(circum)* Druiden mit erhobenen Armen Verwünschungen ausstießen. Was er nicht erwähnt, ist die Tatsache, daß es sich dabei um weibliche Druiden handelte. Später erzählt er von einer »Prophetin« der Brukterer, die er als einen »teutonischen« Stamm bezeichnet; diese Prophetin habe zur Zeit Vespasians (69 bis 79 n. Chr.) gelebt und den Namen Veleda getragen. Dieser Name ist zweifellos keltisch; er leitet sich vermutlich von *gwel,* »sehen« (sinnverwandt mit dem irischen *fili*) ab, und Veleda ist offenbar ein übliches kontinental-keltisches Wort für »Seherin«. Sie wird beschrieben als eine Jungfrau, die über ein großes Gebiet herrschte. »Ihr Name wurde verehrt... Veleda war zur damaligen Zeit das Orakel Germaniens.« Aber wie bereits gezeigt, hatten die Römer gelegentlich Schwierigkeiten, keltische und germanische Stämme zu unterscheiden. Seltsamerweise geht sogar das Wort »teutonisch« auf das keltische Wort für Stamm, irisch *tuath,* zurück. Der Gott, der als Teutates bezeichnet wird, ist, wie wir im nächsten Kapitel sehen werden, der Titel keltischer Stammesgötter. Es besteht kaum ein Zweifel daran, daß Veleda eine Keltin und Druidin war, und dies wird von Dio Cassius bestätigt.

Veleda war auch in der Politik einflußreich; sie wurde zusammen mit Claudius Civilis dazu ausersehen, zwischen den Tencterern auf der einen und den Agrippinern auf der anderen Seite des Rheins zu vermitteln. Tacitus berichtet, daß kein Botschafter Veleda persönlich sehen durfte: »Vor Veleda selbst aber zu erscheinen und sie anzureden, wurde ihnen nicht erlaubt. Man verwehrte ihren Anblick, um größere Ehrfurcht vor ihr einzuflößen. Sie hauste auf einem hohen Turm; einer ihrer Verwandten, der zu diesem Dienst ausersehen war, überbrachte die Fragen und Antworten, als wäre er Mittelsperson gegenüber einer Gottheit«.

Veleda erinnert an die Prophetin in der Geschichte Fíngin Mac Luchtas von Munster in Irland, die bei jedem Samhain-Fest eine ähnliche Druidin aufsuchte. Diese war in der Lage, nicht nur alles zu sehen, was sich in dieser Nacht im Königreich ereignete, sondern auch die Folgen, die in den nächsten zwölf Monaten aus diesen Geschehnissen erwachsen würden.

In dem Werk *Germania,* in dem Tacitus die Kelten und die Germanen eindeutig durcheinanderbringt – so nennt er etwa Ambiorix von den Eburonen einen Germanen – und in dem er von deren »heiligen Hainen« spricht, erwähnt er noch weitere Prophetinnen:

> Es wohne ihnen (den Frauen) etwas Heiliges und Seherisches inne, meinen sie (die Germanen), und sie verschmähen nicht ihre Ratschläge, noch schätzen sie ihre Bescheide gering. Haben wir doch gesehen, daß unter dem nun zum Gott erhobenen Vespasian Veleda lange bei den meisten an einer Gottheit Statt gehalten wurde; aber auch in alten Zeiten haben sie Albruna und mehrere andere verehrt, nicht aus Schmeichelei und nicht, wie wenn sie sie zu Göttinnen erst erhöben.

Meiner Ansicht nach verwechselt Tacitus auch in diesem Abschnitt die Kelten und die Germanen.

Dieser Fehler unterläuft Dio Cassius nicht, als er sich auf Ganna bezieht, »eine Jungfrau unter den Kelten«, welche die Nachfolge Veledas als Orakel antrat und die angeblich Masyos, den König der Semnonen, auf einer Mission zu Kaiser Domitian begleitete. Dieser war der jüngere Sohn Vespasians; er herrschte von 81 bis 96 n. Chr. Ganna – ihr Name stammt offenbar von einem keltischen Wort mit der Bedeutung »Vermittler« ab (es existiert heute noch im Walisischen *canol*) – wurde vom Kaiser in Ehren empfangen, woraufhin sie nach Hause zurückkehrte. Dieser Vorfall wird von Favius Vopiscus bestätigt, dem zufolge Ganna dem gallischen Stamm der Tungrer angehörte, auf die der Name der heutigen belgischen Stadt Tonger in der Nähe von Lüttich zurückgeht.

In *De Chorographia* erwähnt Pomponius Mela auf der Insel Sena vor Pointe du Raz an der Westküste Armoricas (Bretagne) neun jungfräuliche Priesterinnen, die die Zukunft lesen und Seeleuten Orakel geben konnten. Doch auch er nennt sie nicht Druidinnen, sondern *Gallicenae*. Der bretonischen Tradition zufolge wurden diese Frauen als *Groac'h* oder *Grac'h* bezeichnet, wobei diese Wörter die Bedeutung »Feuerkopf, feuerroter Kopf« andeuten. Allerdings versuchte J. F. Campbell, eine Sinnverwandtschaft zwischen diesem Wort und dem schottisch-gälischen Begriff *gruagach* herzustellen, der weibliche Heinzelmännchen bezeichnet; in seiner adjektivischen Form beschrieb das Wort eine wunderschöne Haarpracht. Campbells Ansicht nach waren diese weiblichen Heinzelmännchen ursprünglich Druidinnen und Vertreterinnen der keltischen Sonnengottheiten, denen nach der Christianisierung eine neue Rolle als Elfen zugeteilt wurde. Die *Gallicenae* besitzen eindeutig die Merkmale von Druidinnen, wie sie in der inselkeltischen Literatur beschrieben werden, wo sie zu »Zauberinnen« geworden waren.

Am faszinierendsten ist die Tatsache, daß die Inschrift von Larzac die Namen von neun »Hexen« (Druidinnen) enthält. Die Bleitafel wurde in Grab Nr. 71 der 115 Gräber entdeckt, die in einem großen Friedhof in der Nähe von Millau gefunden wurden; sie datiert von 90 bis 110 n. Chr. Laut Lejeunes Übersetzung (*Études Celtiques*, Nr. XXII, 1985) besteht der Text aus einer »magischen Formel«, die Toten Schutz vor den Verwünschungen von »Hexen« gibt. An einem Ort werden sieben Namen erwähnt, zwei weitere stehen anderswo. Lejeune spielt mit dem Gedanken, es könne einen Verbund von sieben »Hexen« gegeben haben, läßt sich aber durch die Erwähnung der beiden anderen Namen verwirren. Dabei übersieht er jedoch, daß die Zahl Neun ebenso bedeutsam ist wie die Sieben, und vergißt auch die neun *Gallicenae*.

Die neun *Gallicenae* finden eine Entsprechung in der Legende der neun Zauberinnen, die die heißen Quellen von Gloucester hüten und die in der walisischen Geschichte von Peredur erscheinen.

Strabo erwähnt eine Insel, die Sena ähnlich ist und die er in der Nähe der Loire-Mündung ansiedelt. Dort dienten Frauen, die als Namniten bezeichnet werden, einer Gottheit, die an Bacchus erinnert, dem römischen Namen für Dionysos, dem Gott des Weins und der Ekstase. Interessanterweise blieben in den altnordischen Sagen Überlieferungen von Prophetinnen und Priesterinnen erhalten, die die Kanalinseln bewohnen. Strabo betont, daß die gallischen Priesterinnen von ihren Ehemännern sehr unabhängig waren, und bestätigt damit, daß Ehe und Priesterschaft nicht unvereinbar waren; dabei zitiert er vermutlich Poseidonios.

Aelius Lampridius, einer der Verfasser der *Historia Augusta*, die etwa im vierten nachchristlichen Jahrhundert entstand, berichtet von einer *Dryades,* die die Niederlage des Alexander Severus vorhersagte, bevor dieser 235 n. Chr. zu seinem Kriegszug aufbrach. Lampridius legt der Druidin folgende Worte in den Mund: »Ziehe aus, aber hoffe nicht auf Sieg, und setze auch nicht dein Vertrauen in deine Krieger.« Diese Prophezeiung wird in gallischem Keltisch geäußert. Flavius Vopiscus, ein weiterer Mitverfasser der *Historia Augusta,* berichtet, daß Gaius Aurelius Diokletian (284 bis 305) als einfacher Soldat bescheidener Herkunft in einem Gasthof im Land der Tungrer in Gallien wohnte. Als er mit der Wirtin die Rechnung begleichen wollte, feilschte er über die Summe, woraufhin sie ihn ob seines Geizes tadelte. Darauf gab er zurück, daß er sich großzügiger verhalten würde, wenn er Kaiser wäre. Auf diesen Scherz erwiderte die Wirtin, die eine Druidin war: »Lache nicht, Diokletian, denn wenn du den Eber erschlagen hast, wirst du tatsächlich Kaiser werden.« Diokletian stieg in der Rangordnung des römischen Heeres, tötete den Präfekten Arrius, der den Spitznamen »der Eber« trug, und wurde Kaiser von Rom. Dabei zeigte er sich als unerbittlicher Verfolger der Christen. Vopiscus erwähnt eine weitere Druidin und berichtet, daß Kaiser Aurelian (Lucius Domitius Aurelianus, um 215 bis 275) »gallische Druidinnen« *(Gallicanas Dryadas)* befragte, ob seine Kinder seine Nachfolge antreten würden. Die Druidinnen verneinten dies.

Wir haben bereits von Plutarchs Geschichte der Galater-Priesterin gesprochen, die dem keltischen Äquivalent der Göttin Artemis diente. In Gallien erwähnen mehrere Inschriften Priesterinnen in Arles und Le Prugnon, wo die Göttin Thucoliss verehrt wurde. Eine Inschrift in der Nähe von Metz lautet *»Arete Druis Antistita, somno monita«,* druidische Priesterin.

In der keltischen Tradition wird explizit von der Existenz weiblicher Druiden gesprochen. Es wird auf die *bandruaid* verwiesen, Druidenfrauen, und häufiger noch auf *banfhlaith* oder *banfhilíd.* Seathrún Céitinn zufolge walteten in Irland die jungfräulichen Hüterinnen der heiligen Feuer, deren Funktionen später von christlichen Nonnen übernommen wurden. Die Rolle der weiblichen Druiden wird in den *Dinnsenchus* von Rennes erwähnt, und auch in den irischen Epen kommen zahlreiche Druidinnen vor. In seiner Studie über die *Metrical Dindshenchas* (1913) identifiziert E. Gwynn in einer Geschichte eine Frau namens Gáine als Oberste

Druidin. Vor der zweiten Schlacht von Magh Tuireadh versprechen zwei Druidinnen, »die Bäume und Steine und das Gras der Erde [zu verzaubern], so daß sie zu einer Heerschar werden und ihre Feinde vernichten«. Aoife, die böse Stiefmutter der Kinder von Lir – nicht zu verwechseln mit der kriegerischen Schwester Scáthachs gleichen Namens –, verwandelt sie mit Hilfe eines Druidenstabs in Schwäne. Aoife ist eindeutig eine Druidin. Dasselbe gilt auch für Biróg; sie half Cian, in den kristallenen Turm Balors, des Herrschers der bösen Fomorier, einzudringen. Dort hatte dieser seine Tochter Ehtlinn eingesperrt, denn ihm war geweissagt worden, daß sein eigener Enkel ihn ermorden werde, und deshalb versuchte er, die Geburt eines solchen Enkels zu unterbinden. Außerdem war Biróg maßgeblich daran beteiligt, das Leben dieses Kindes – des Sohnes von Cian und Ethlinn – zu retten, als Balor es ins Meer werfen ließ. Das Kind wuchs als Lugh Lámhfada heran, Gott der Künste und des Kunsthandwerks.

T. D. Kendrick erwähnt eine Tradition, derzufolge es in Cluain Feart (Clonfert) eine Gemeinschaft von Druidinnen gab, die mit Hilfe übernatürlicher Verwünschungen Unwetter heraufbeschwören, Krankheiten verursachen und Feinde töten konnten. In der frühen irischen Literatur finden sich zahlreiche Namen realer oder mythischer Druidinnen. Eine von ihnen hieß Bodmall, die Fionn Mac Cumhail großzog, als dieser sich vor den Häschern seines Vaters verbarg. Smirgat prophezeite, daß Fionn sterben würde, wenn er aus einem Horn trank, also achtete er stets darauf, aus einem Kelch oder einer Schale zu trinken. Milucrah verwandelte Fionn am Loch Slieve Gallion in einen alten Mann. In Donegal lebte die Druidin Geal Chossach (weiße Beine).

Im berühmtesten Epos des irischen Sagenkreises, dem *Táin Bó Cuailnge,* dem Rinderraub von Cooley, befragt Medb, die Königin von Connacht, eine Druidin namens Fidelma vom *sidh* von Cruachan. Hier folgt nun eine interessante Bestätigung von Caesars Behauptung, die Gallier hätten sich in Britannien in den Lehren der Druiden unterweisen lassen, denn Fidelma erklärt, sie sei gerade »aus Albion« zurückgekehrt, wo sie »Poesie und Vision gelernt« habe. Die Frage, ob sie die *imbas forasnai,* die Erleuchtung des Weissagens, besitze, bejaht sie. Daraufhin wird sie gebeten zu prophezeien, wie sich Medbs Heer gegen die Armeen des Conchobhar Mac Nessa von Ulster schlagen wird. Fidelma sagt Medbs Niederlage durch die Hand von Cúchulainn voraus.

Fidelma ist ein junges Mädchen. In Thomas Kinsellas Übersetzung des *Táin* wird sie folgendermaßen beschrieben:

Sie hatte gelbes Haar. Sie trug einen gesprenkelten Umhang, der mit einer goldenen Fibel zusammengehalten wurde, eine rot bestickte Tunika mit Kapuze und Sandalen mit goldenen Spangen. Ihre Stirn war breit, ihr Kinn schmal, ihre Augenbrauen kohlrabenschwarz mit zarten, dunklen Wimpern, die langen Schatten auf ihre Wangen warfen. Man konnte meinen, ihre Lippen seien mit Scharlach der Parther eingelegt. Ihre Zähne glichen einer Juwelenkette zwischen ihren Lippen. Ihr Haar war zu drei Zöpfen geflochten; zwei wanden sich nach oben um ihren Kopf, der dritte hing ihr über den Rücken und streifte ihre Waden. In der Hand hielt sie einen leichten goldenen Webstab, der mit Gold eingelegt war. Ihre Augen hatten eine dreifache Iris. Ihr Wagen wurde von zwei schwarzen Pferden gezogen, und sie war bewaffnet.

Es ist ungewiß, aus welcher Zeit dieses Epos stammt; die erste Erwähnung einer Niederschrift findet sich im siebten Jahrhundert n. Chr. Die noch existierenden Texte sind jedoch wesentlich jüngeren Datums und befinden sich im *Leabhar na hUidhre* (Buch der dunkelfarbigen Kuh) aus dem elften Jahrhundert, dem *Leabhar Laighnech* (Buch von Leinster) aus dem zwölften Jahrhundert und dem *Leabhar Buidhe Lecain* (Das Gelbe Buch von Lecan).

Doch Fidelma ist nicht die einzige interessante Frau in dieser Sage. So gibt es auch Medb, die Gestalt der »rechtmäßigen Göttin«, und eine Erwähnung der Macha Mong Ruadh, die einen Fluch über die Krieger von Ulster aussprach und mit deren Symbolik wir uns in Kürze beschäftigen werden.

In der Geschichte vom Tod des Hochkönigs Muirchertach mac Ercas (etwa 512 bis 533), über den im *Leabhar Buidhe Lecain* berichtet wird, stoßen wir auf eine weitere faszinierende Frauengestalt, die ebenfalls eine Druidin ist. Auf der Jagd begegnet der König einem schönen jungen Mädchen und verliebt sich in sie. Obwohl er bereits verheiratet ist und Kinder hat, bittet er sie, als seine Geliebte in seinen Königspalast in Cletach, Cletty am Fluß Boyne in der Nähe von Rosnaree, zu kommen. Sie willigt ein unter der Bedingung, daß kein christlicher Geistlicher den Palast betritt, während sie dort weilt, und daß der König sich ihr in allen Dingen unterwirft. Auf die Frage nach ihrem Namen nennt sie Sín, gibt aber auch eine Reihe anderer Wörter an, die gleichbedeutend mit ihrem Namen sind: Seufzen, Rauschen, Sturm, starker Wind, Winternacht, Schrei, Träne, Stöhnen. Tatsächlich bedeutet das Wort *sín* im Altirischen »schlechtes Wetter« oder »Sturm«. Warnt das Mädchen den König vor einem kommenden »Sturm«? Als Muirchertach bewußt wird, daß sie über sehr große Macht verfügt, fragt er sie, ob sie an den christlichen Gott glaube. Sie antwortet:

Glaube nie den Geistlichen,
Denn sie reden nichts als Unvernunft.
Folge nicht ihren unmelodiösen Versen,
Halte dich nicht an die Geistlichen der Kirchen,
Wenn du ein Leben frei von Verrat ersehnst.
Ich bin ein besserer Freund für dich,
Laß nicht Reue über dich kommen.

Kaum befindet Sín sich in Cletach, vertreibt sie Muirchertachs Ehefrau Duailtech und seine Kinder; diese begeben sich sofort zum Bischof Cairnech und bitten ihn um Hilfe. Der Bischof fordert den König auf, das Mädchen fortzuschicken, doch Muirchertach weigert sich. Daraufhin verflucht Cairnech ihn in einem Ritual, das eher druidisch als christlich zu sein scheint. Dennoch ergreift Muirchertachs Gefolge Partei für ihn und gegen den Bischof. Nach einiger Zeit aber wird dem König angesichts der Zauberwerke, die das Mädchen vollführt, angst und bange, und er sucht nun selbst Bischof Cairnech auf, um seine Sünden zu beichten. Er schwört, Sín zu verlassen, und kehrt zu seinem Palast zurück, um sie fortzuschicken. Doch er erliegt ihrer Macht, denn sie beschwört eine Vision herauf, die ihn ganz in ihren Bann schlägt. Gleichzeitig wird aber auch deutlich, daß Sín zwischen ihren Rachegelüsten – weil Muirchertach sie an den christlichen Bischof verraten hat – und ihrer tiefen Liebe zum König hin- und hergerissen ist. Wie es in allen großen Epen kommen muß, trägt ihr Rachedurst den Sieg davon, und als Muirchertach erwacht, stellt er fest, daß seine Festung in Flammen steht. Auf der Flucht steigt der König in ein Weinfaß, ertrinkt aber darin, was an die Geschichte von König Diarmuid erinnert. Hier hören wir nun einen Seitenstrang der Erzählung: Síns gesamte Familie – ihre Mutter, ihr Vater, ihre Schwester und ihre Vettern – waren von Muirchertach bei der Schlacht von Atha Sígne (Assey) an der Boyne getötet worden. Als Rache hatte sie geplant, den König mit Hilfe ihrer druidischen Kräfte zu umgarnen und ihn zu vernichten. Doch im Laufe der Zeit hatte sie Muirchertach wirklich lieben gelernt, und nach seinem von ihr selbst herbeigeführten Tod stirbt sie an Schmerz und Gram. Wieder einmal empfinden wir zum Schluß der Sage trotz ihrer christlichen Umgestaltung Sympathie für die Druidin.

In *Tripartite Life of St. Patrick* lesen wir, daß Patrick in seinen Regeln Könige warnte, den Rat von Druiden und Druidinnen anzunehmen, und in seinem Lobgesang bittet er Gott ausdrücklich darum, ihn vor Druidinnen zu bewahren.

Laut den *Rennes Dinnsenchus* war Brigit eine *band-druí,* bevor sie zum christlichen Glauben übertrat. Angeblich wurde sie etwa 455 n. Chr. in Faughart in der Nähe von Newry im County Down geboren. Als ihr Vater wird der Druide Budhtach genannt. Der Legende zufolge waren ihre Geburt und ihre Kindheit von druidischer Symbolik erfüllt; angeblich wurde sie mit der Zaubermilch der Kühe aus der Anderswelt ernährt. Sie ließ sich zum Christentum bekehren und wurde von Mael (»kahlköpfig« oder »mit einer Tonsur versehen«), dem Bischof von Ardagh, ordiniert. Berichten zufolge errichtete sie ihre erste religiöse Siedlung in Drumcree im Schatten einer hohen Eiche. Auch ihre Gründung in Kildare beruhte auf der Symbolik der Eiche; sie hieß *cill-dara,* die Kirche der Eiche. Dort starb sie im Jahre 525. Bereits um 650 schrieb Cogitosus eine Biographie der Heiligen, *Vita Brigitae,* und verband darin ihren Kult symbolisch mit dem der irischen Fruchtbarkeitsgöttin Brigit, nach der sie offensichtlich benannt worden war. Ihr Leben ist der Tradition zufolge von druidischer Symbolik durchsetzt. Der Festtag der heiligen Brigit wurde auf den Tag des Festes Imbolc (gelegentlich auch Oímelg genannt, das heißt wörtlich »Niederkunft«) gelegt, das der Göttin Brigit geweiht war. Es wurde am Abend des 31. Januar und am 1. Februar begangen; man darf nicht vergessen, daß die Kelten ihre Zeiteinheiten nach einer Nacht und dem darauffolgenden Tag berechneten. Das Fest fiel mit der Laktation der Mutterschafe zusammen und war somit ein Fruchtbarkeitsfest. Die Göttin Brigit (»die Hehre oder Hohe«) war in Nordbritannien als Brigantia und in Gallien als Brigantu bekannt. Als Tochter des Dagda war sie die Göttin des Heilens, der Poesie und der Künste. Außerdem war sie für ihre prophetischen Fähigkeiten bekannt.

Der christlichen Heiligen wurden viele Eigenschaften der heidnischen Göttin übertragen, insbesondere ihre Fruchtbarkeitssymbolik.

Die Mutter der heiligen Brigit, Boiseach, wird in Hagiographien aus dem neunten Jahrhundert als eine Sklavin von Dubhtach bezeichnet, die von ihm an einen Druiden verkauft wurde. Brigit wird also von dem Druiden großgezogen, der sie später zu Dubhtach zurückschickt. In einem Bericht aus dem achten Jahrhundert wird der Name dieses Druiden mit Maithghean angegeben; dort steht auch, er habe am Klang des Wagens, in dem Broiseach zu ihm gebracht wurde, gehört, daß in ihrem Leib ein außergewöhnliches Kind heranwuchs. Des weiteren erfahren wir, daß Brigit zur Welt kam, als ihre Mutter bei Sonnenaufgang Milch in das Haus des Druiden trug, aber dabei mit einem Fuß auf der Türschwelle und mit dem anderen auf dem Boden vor dem Haus stand, so daß das Kind »weder innerhalb noch außerhalb des Hauses« geboren wurde. Das Motiv des »weder – noch« taucht in der keltischen Mythologie immer wieder auf.

Wie Dr. Ó hÓgain schreibt:

> Somit ist anzunehmen, daß ein heidnisches Heiligtum in Kildare von einer heiligen Frau vom Volk der Fotharta (Faughart) christianisiert wurde. Das würde bedeuten, daß der Kult dieses Heiligtums mit ihr in Zusammenhang gebracht wurde, einschließlich des Namens der Göttin, Brighid, was ursprünglich vermutlich ein Titel der Obersten Druidin des Heiligtums war.

In vielen Geschichten ist von mächtigen »Feen-Frauen« oder »Hexen« die Rede, womit zweifellos Druidinnen gemeint sind, die von den christlichen Autoren auf diese Rolle reduziert wurden. Möglicherweise führte das Konzept zur Entstehung der drei berühmtesten »Hexen« in der Literatur.

»Donner und Blitz. Drei Hexen treten auf.« Mit dieser schlichten Bühnenanweisung beginnt William Shakespeares berühmte Tragödie *Macbeth* (1606). MacBeth, Hochkönig von Schottland von 1040 bis 1057, war einer der interessantesten Monarchen dieses Landes. Er war unter dem keltischen Rechtssystem legal an die Macht gekommen, und während seiner Regierungszeit herrschte derart großer Wohlstand und Friede, daß er es sich leisten konnte, sein Königreich zu verlassen und eine Wallfahrt nach Rom zu unternehmen. Aus Neid machten sich englische Herrscher jedoch die Ambitionen des Sohnes eines früheren Königs zunutze – im keltischen Recht war das Erstgeburtsrecht unbekannt –, um ein Heer nach Schottland zu entsenden. Allerdings dauerte es mehrere

Jahre, bis MacBeth gestürzt werden konnte. Es sind stets die Eroberer, die geschichtliche Aufzeichnungen hinterlassen, und nach deren verzerrter Darstellung entstand Shakespeares Drama vom Leben MacBeths. Es war Andrew von Wyntoun (etwa 1395 bis 1424), Abt von St. Serf's in Loch Leben in Fife, der von MacBeth berichtete und in seine Geschichten über den König das sehr keltische Motiv der drei Zauberinnen einfügte, die MacBeth' Aufstieg zur Macht und die Umstände seines Sturzes vorhersagen. Dieses Thema griff Shakespeare später auf.

Allerdings taucht dieses Motiv in der keltischen Sagenwelt sehr häufig auf. Conaran hatte drei Zauberinnen als Töchter, die Menschen mit Hilfe eines magischen Netzes in ihren Bann schlugen. Der Krieger Goll Mac Morna tötete zwei dieser Frauen, doch die dritte, Irnan mit Namen, flehte um Gnade und versprach, die Krieger wieder freizusetzen. Daraufhin verwandelte sie sich in ein Ungeheuer und belegte Goll und seine Gefährten mit einem *geis**, das besagte, die Männer dürften nur einzeln gegen sie antreten. Nachdem Oisín, Oscar und Celta sich geweigert hatten, mit ihr zu kämpfen, wurde sie schließlich von Goll getötet.

In einer bretonischen Erzählung findet sich ein weiteres Beispiel einer Frau, bei der es sich eindeutig um eine Druidin handelt, die der alten Religion treu bleibt und deshalb von den christlichen Schreibern zu einer Zauberin herabgesetzt wird. Es handelt sich um Dahud-Ahes, die Tochter des halblegendären Königs Gradlon von Kernev (Cornouaille), der im sechsten Jahrhundert regierte. Dahud-Ahes wird in dieser Geschichte als »die schändliche Tochter eines ehrwürdigen Königs« beschimpft. Sie widersetzt sich unerbittlich der neuen Religion, auch mit Hilfe magischer Kräfte, und findet ihren christlichen Gegenspieler im heiligen Guénolé. Aufgrund ihres Widerstands wird ihre Stadt Ker-Ys durch eine Flut zerstört, doch als Dahud-Ahes in den Wellen versinkt, verwandelt Guénolé sie in eine Meerjungfrau und stellt damit unter Beweis, daß er ebensogut zaubern kann wie ein Druide. Interessanterweise wird Dahud-Ahes in den Legenden aus der Gegend um die Landzunge Pointe du Raz, vor der Ker-Ys angeblich lag, als »gute Hexe« bezeichnet. Außerdem ist die geographische Lage von Ker-Ys in der Baie des Trépassés (Bucht der Toten) bei Pointe du Raz der Ort, wo auch Sena lag,

* Ein absolutes Ver- oder Gebot [A.d.Ü.].

die Insel der neun *Gallicenae* – der Prophetinnen, von denen Pomponius Mela spricht.

Professor Markale bemerkt in diesem Zusammenhang:

Doch sie [Dahud-Ahes] versinnbildlicht nicht nur den Gegensatz zwischen Heidentum und Christentum, sondern symbolisiert auch den Widerstand gegen die männliche Autorität... Die ganze Tragweite dieser Geschichte wird deutlich, wenn man Dahud-Ahes' zügelloses Leben mit den Lehren der christlichen Kirche vergleicht, die hier von St. Gwénnolé repräsentiert werden, dem überzeugenden Symbol der männlichen Herrschaft.

Im walisischen Sagenkreis hören wir die faszinierende Geschichte von Ceridwen, der Gattin des Tegid Foel von Penllyn. Sie wird eindeutig als christliche Vorstellung einer Druidin charakterisiert – eine Zauberin, die zwei extrem häßliche Söhne zur Welt bringt. Einer davon, Morfan, der angeblich mit Artus in die Schlacht von Camluan zog, war derart häßlich, daß niemand ihn zum Kampfe herausfordern wollte, weil man ihn für den Teufel persönlich hielt. Der zweite, Afagddu (»völlige Dunkelheit«), galt als der häßlichste Mann der Welt. Um diesen Nachteil wettzumachen, beschließt Ceridwen, in einem Kessel einen Trank der Inspiration und aller Weisheit zuzubereiten, damit Afagddu davon trinken und alle Geheimnisse der Welt wissen möge, auf daß jedermann seine Weisheit achte.

Dieser Kessel – der Prototyp des »Heiligen Gral«, den die christlichen Mönche aus den keltischen Mythen entwickelten – mußte ein Jahr und einen Tag lang brodeln, so daß am Ende drei Tropfen der Flüssigkeit (wiederum die mystische Zahl Drei) übrigblieben. Der Blinde Morda wird damit beauftragt, das Feuer ständig zu schüren, während ein Junge namens Gwion Bach, der Sohn von Gwreang von Llanfair, den Kessel auf Ceridwens Geheiß ständig umrühren muß. Dabei fallen die drei Tropfen des magischen Tranks auf seinen Finger, und er steckt ihn in den Mund. Man fühlt sich hier sofort an die Geschichte von Fionn Mac Cumhail und dem Salm des Wissens erinnert. Gwion Bach erhält Weisheit, und die Geheimnisse aus Vergangenheit, Gegenwart und Zukunft offenbaren sich ihm. Im Zorn treibt Ceridwen ihn davon. Im Laufe dieser Verfolgungsjagd verwandelt sich Gwion Bach in einen Hasen, einen Fisch, einen Vogel und ein Weizenkorn. Ceridwen nimmt nacheinander die Gestalt eines Windhundes, eines

Fischotterweibchens, eines Falken und schließlich einer Henne an, und als solche verschluckt sie Gwion Bach, das Weizenkorn. Als Folge all dieser Wandlungen zeigt sich jedoch, daß Ceridwen, als sie wieder Menschengestalt animmt, schwanger ist. Nach der Geburt des Kindes, dem reinkarnierten Gwion Bach, steckt sie den Jungen in einen Sack und wirft ihn ins Meer. Aber er wird gerettet und wird zu dem Dichter und Mystiker Taliesin. Dazu bemerkt Professor Markale: »Dieses Kind sollte der Barde Taliesin werden, die wahre Inkarnation des Druidentums, berühmt wegen seines Wissens um die Welt.«

MacCulloch meint:

> Die Existenz solcher Priesterinnen und Seherinnen im keltischen Raum läßt sich durch unsere Hypothese erklären, daß zahlreiche keltische Gottheiten anfangs weiblich waren und daß ihnen Frauen dienten, die sämtliches Wissen ihres Stammes besaßen. Später übernahmen Männer diese Funktionen, und daraus entwickelten sich die großen Priesterschaften. Doch aufgrund konservativer Traditionen blieben einige weibliche Kulte und Priesterinnen erhalten, so daß manchen Göttinnen auch noch in späterer Zeit Frauen dienten – etwa der Artemis bei den Galatern oder den Göttinnen in Gallien.

Wenn Frauen in der frühkeltischen Religion nicht an der Ausübung der Priesterfunktionen beteiligt gewesen wären, dann hätten die keltischen Religionen wirklich einen einzigartigen Platz in der Weltgeschichte eingenommen. Doch wie wir gesehen haben, spielten die Frauen bei den Druiden nicht nur eine gleichberechtigte Rolle, sondern hatten im Vergleich zu anderen europäischen Völkern sogar eine sehr hohe Position inne. Allerdings fanden im Laufe der Zeit Veränderungen in der patriarchalen Gesellschaft statt, und durch den Aufstieg des römischen Christentums wurde dem Ansehen der Frau schließlich der Todesstoß versetzt. Allerdings kam den Frauen in den Anfängen der keltischen Kirche nach wie vor eine wichtige Rolle zu. Ein Beweis dafür ist die im Vergleich zu anderen Kulturkreisen große Anzahl weiblicher Heiliger im keltischen Raum. Doch als Rom in kirchlichen Dingen immer mehr an Einfluß gewann, verloren die Frauen zusehends an Bedeutung. So schreibt Mary Condren in *The Serpent and the Goddess: Women, Religion and Power in Celtic Ireland* (1990): »Wir können eine allmähliche Verschiebung in der Gewichtung beobachten, und im Verlauf dieser Verlagerung wurde alles, was einst heilig war, profan, während die nun als heilig bezeichneten Dinge einen immer stärker männlichen Charakter erhielten.«

Anfangs galten Frauen in leitenden Kirchenpositionen als gleichberechtigt mit ihren männlichen Kollegen, wie es den Traditionen der vorchristlich-keltischen Religion entsprach. So stand etwa Brigit, laut Cogitosus' Berichten aus dem siebten Jahrhundert, einer aus beiden Geschlechtern bestehenden Gemeinschaft vor, ebenso wie die in Irland ausgebildete, aus Northumbria gebürtige heilige Hilda. In der Frühzeit der keltisch-christlichen Kirche lebten Männer und Frauen sowie ihre Kinder oft gemeinschaftlich in Großfamilien im Namen des neuen Gottes zusammen. Diese Gemeinschaftsform wurde als *conhospitae* bezeichnet; möglicherweise setzte sie die Traditionen der Druidengemeinschaften fort. Anfangs durften Frauen, entsprechend dem keltischen Brauchtum, ebenso wie die männlichen Priester das »heilige Meßopfer« zelebrieren. Darüber empörte sich allerdings die Kirche von Rom, deren langer Kampf um die Vorherrschaft über die keltische Kirche in die Geschichte eingegangen ist. Offenbar fiel Rom diese Praxis erstmals in der Bretagne auf, denn etwa zwischen 515 und 520 schrieben drei römische Bischöfe einen Brief an zwei Mitglieder der bretonischen Geistlichkeit, die Lovocat und Catihern hießen: »Ihr zelebriert das heilige Meßopfer mit der Hilfe von Frauen, denen ihr den Namen *conhospitae* gebt... Wir sind zutiefst bekümmert über diese verabscheuenswerte Häresie... Schafft diesen Mißbrauch ab...«

Dazu bemerkt Mary Condren:

Eine der größten Schwierigkeiten, die diese heiligen Frauen der christlichen Kirche bereiteten, bestand darin, daß der christliche Gott sich von ihrem Gott stark unterschied. Ebenso, wie die Israeliten die Götter der Kanaaniter entthronten, als sie ihre gesellschaftliche Organisation nach patriarchalen Gesichtspunkten umstrukturierten, entwarfen auch die christlichen Priester das Konzept eines Gottes, das ihr neu gewonnenes patriarchales Bewußtsein unterstützte und förderte. In den Anfängen mag sich die Kirche sehr wohl gegen die Macht der Krieger gewandt haben, doch ihre Priester hatten in vieler Hinsicht ein nicht minder virulentes männlich-reproduktives Bewußtsein. Wiewohl der christliche Gott durchaus die Herrschaft über die Natur haben sollte, war dies nicht sein Hauptanliegen. Ihm ging es weitaus mehr um abstrakte Vorschriften und Konzepte wie Gerechtigkeit, Gesetz und Richtigkeit.

Anhand der Biographien mehrerer früherer irischer Heiliger kann man den sich anbahnenden Konflikt in der gesellschaftlichen Position von Männern und Frauen verfolgen. In *Life of Maedoc,* der Vita von Aidan of Ferns (gestorben 626), dessen Reliquienschrein bis ins elfte Jahrhundert in Dublin aufbewahrt wurde, wird von mehreren aufschlußreichen frauenfeindlichen Vorfällen berichtet. Andere Beispiele finden sich etwa in den *Lives* von Kevin (Coemgen), dem »Heiligen von Gledalough«, ferner Declan, Molasius, Moling und sogar Columcille. Es gibt auch Erzählungen, in denen frühe irische Heilige frauenfeindliche Handlungen der Römer begrüßten. Wenn etwa Enda von Aran (etwa 530) von seiner Schwester, der heiligen Faenche, Besuch erhielt, sprach er nur durch einen Schleier zu ihr. Maighenn, der Abt von Kilmainham, sah nie eine Frau, weil er befürchtete, in ihr den Teufel zu erblicken. Ciarán (der spätere Abt von Clonmacnoise) wurde an der Schule Finians von Clonard unterrichtet. Zu seinen Mitschülern gehörte eine wunderschöne Häuptlingstochter, doch der *Vita Ciarani* zufolge gestattete er sich nie, einen Blick auf ihr – oder irgendeinem anderen Mädchen – ruhen zu lassen.

Das »Gesetz der Unschuldigen«, das von Adomnán eingebracht und 697 von der Synode von Birr angenommen wurde, kann einerseits dahingehend interpretiert werden, daß es die keltischen Frauen von dem schweren Los befreite, im Krieg zu dienen. Zweifelsohne wurde Adomnáns *lex innocentium* mit der Absicht entworfen, am Krieg Unbeteiligte – etwa alte Menschen, Frauen und Kinder sowie Geistliche – zu schützen, und war im Vergleich zu den Gebräuchen anderer europäischer Völker sicherlich sehr fortschrittlich. Das Gesetz untersagte Frauen auch, als Kriegerinnen zu kämpfen oder militärische Führungspositionen zu übernehmen. Einer Biographie über Adomnán zufolge brachte er das neue Gesetz, das als *Cáin Adomnáin* bekannt wurde, auf Bitte seiner Mutter Ronnat ein, nachdem die beiden zusammen über ein Schlachtfeld gegangen waren, wo sie dem entsetzlichen Anblick eines Kleinkindes ausgesetzt waren, das noch an der Brust seiner enthaupteten Mutter saugte. »Über eine seiner Wangen strömte Milch, über die andere floß Blut.«

Ammianus Marcellinus berichtet von einer Schlacht, bei der eine wütende Keltin an der Seite ihres Gatten kämpfte. Doch man kann das *lex innocentium* auch so interpretieren, daß den Frauen damit Ansprüche auf Macht und Führung aberkannt wurden.

Als im zehnten Jahrhundert während der Herrschaft von Hywel Dda das walisische Rechtssystem kodifiziert wurde, hatte sich die Rolle der Frau in der keltischen Gesellschaft grundlegend gewandelt.

So heißt es in *The Welsh Law of Women,* herausgegeben von Dafydd Jenkins und Morfydd E. Owen (1980): »Das walisische Recht ist Frauen gegenüber weitaus weniger großzügig (als das irische Recht) und räumt ihnen nur so lange einen gleichberechtigten Status ein, als sie von Männern nicht zu unterscheiden sind« – das heißt, bis bei den Mädchen mit zwölf Jahren die Pubertät einsetzte. Im Rahmen der neuen, patriarchalen Entwicklung, die vom römischen Christentum begünstigt wurde, gestand das walisische Recht den Frauen eine schlechtere Stellung zu als der irische Kodex. Das soll allerdings nicht heißen, daß die Position der Frau in der keltischen Gesellschaft im walisischen Rechtssystem auf die gleiche Stufe herabgesunken wäre wie in anderen europäischen Gesellschaften. Frauen galten zum Beispiel nicht als bewegliches Eigentum. Sie konnten auch nach wie vor *gwraig briod* (Frauen mit Besitz) sein; und nach einer Scheidung hatte die Frau Anspruch auf die Hälfte des während der Ehe erworbenen Besitzes. In die englische Rechtsprechung wurde dieses Konzept erst gegen Ende des zwanzigsten Jahrhundert aufgenommen! Und wie in Irland hatte auch in Wales eine verwitwete oder geschiedene Frau das Anrecht auf den Status des Mannes, mit dem sie zuletzt zusammengelebt hatte. Dennoch aber zeichnete sich in der neuen, christlich-patriarchalen Gesellschaft eine Tendenz ab, Frauen als minderwertig einzustufen. Die Rolle der keltischen Frau war im Wandel begriffen.

Ein Nachklang der im Verschwinden begriffenen Eigenständigkeit der keltischen Frauen tritt möglicherweise in einer Geschichte über Macha, eine dreieinige Göttin, zutage. Sie erscheint in der irischen Sagenwelt in mehreren unterschiedlichen Gestalten. Manchmal wird sie auch mit Macha Mong Ruadh gleichgesetzt, der sechsundsiebzigsten Monarchin von Irland, die 377 v. Chr. herrschte, doch könnte hier eine Verwechslung von Namen oder Traditionen stattgefunden haben. Den Annalen zufolge errichtete Macha Mong Ruadh das erste Krankenhaus in Irland, nämlich Bron-Bherg (Haus des Kummers), sowie Ard Macha (Machas Höhe), die heutige Stadt Armagh. Diesen Ort machte Patrick zum Sitz des Primas der christlichen Kirche in Irland. Solche Gründungen sind jedoch mit den Eigenschaften einer »Kriegsgöttin« kaum in Einklang zu bringen; deshalb tendiere ich zu der Ansicht, daß es sich bei der Göttin Macha und Macha Mong Ruadh um zwei unterschiedliche Überlieferungen handelt. Bei näherer Betrachtung der Gottheit Macha stellt sich heraus, daß sie anfänglich eine »Muttergottheit« war, die im Lauf der Zeit zu einer »Kriegsgöttin« verwandelt wurde.

In der Sage von der »Schwäche der Ulsterleute« erscheint Macha als die mysteriöse Gemahlin des Crunnchua mac Agnoman. Zu einer Zeit, als sie schwanger von ihm ist, begibt er sich anläßlich des Fests Samhain zu einem Pferderennen, bei dem die Rösser des Königs von Ulster alle Herausforderer besiegen. Da prahlt Crunnchua, seine Frau könne schneller laufen als die Pferde des Königs. Als diesem die Bemerkung zufällig zu Ohren kommt, wird er wütend, läßt Macha zu der Versammlung kommen und befiehlt ihr, mit seinen Pferden um die Wette zu rennen; andernfalls würde er Crunnchua töten. Macha steht kurz vor der Niederkunft und fleht den König an, er möge seine Forderung aufschieben, bis sie entbunden und sich wieder erholt habe. Aber er weigert sich, und sie bittet die Versammelten laut schreiend: »Helft mir, denn eine Mutter hat einen jeden von euch zur Welt gebracht!« Doch die Zuschauer reagieren nicht.

So beginnt der Wettlauf, und Macha gewinnt ihn, doch kaum hat sie das Ziel erreicht, gebärt sie ihre Kinder, einen Jungen und ein Mädchen. Dann belegt sie alle Bewohner von Ulster mit einem Fluch, von dem sie Kinder und Frauen allerdings ausnimmt.

Von dieser Stunde an wird die Schmach, die ihr über mich gebracht habt, auf die Schande eines jeden einzelnen von euch zurückfallen. In Zeiten der Unterdrückung wird jeder einzelne von euch, der in diesem Königreich beheimatet ist, von einer Schwäche befallen werden in der Art der Wöchnerinnen, und diese Schwäche soll fünf Tage und vier Nächte währen, bis zur neunten Generation.

Wie bei allen Sagen gibt es auch für diese Geschichte mehrere Interpretationsmöglichkeiten. Mary Condren zufolge symbolisiert sie den letzten heidnischen Appell an wahre Mutterschaft als Grundlage einer gesellschaftlichen Ethik sowie die Verfluchung des beginnenden patriarchalen Zeitalters.

Im Grunde sagte die Göttin mit diesen Worten: Auch wenn ihr ausgeklügelte Doktrinen der Wiedergeburt entwickelt habt; auch wenn ihr das Recht über Leben und Tod an euch gerissen habt; auch wenn eure Bemühungen, eine patriarchale Kultur zu errichten, logisch und folgerichtig erscheinen mögen, so sind sie letztlich doch zum Scheitern verurteilt, solange sie auf der Unterordnung der Frau beruhen. Auf der einen Seite sprecht ihr von Frieden und dem allgemeinen Wohl, auf der anderen Seite ruft ihr die Heere zum Krieg gegen Frauen und die Erde auf.

Diese Interpretation besitzt zweifellos ebenso große Gültigkeit wie viele andere, die für diese faszinierende Geschichte angeführt wurden, und man fühlt sich eindeutig von ihr angesprochen.

MacCulloch bemerkte:

Die irische Mythologie deutet auf eine ursprüngliche Vorrangstellung von Göttinnen hin. Da die Landwirtschaft und viele der Künste ursprünglich den Frauen oblagen, kamen die Göttinnen der Fruchtbarkeit und der Kultur vor den männlichen Göttern, und sie behielten diesen Platz auch dann noch bei, als die männlichen Gottheiten aufkamen. In Irland gab es sogar bedeutende Kriegsgöttinnen. Keltische Götter und Helden wurden häufig nach ihrer Mutter und nicht nach ihrem Vater benannt, und Frauen spielen in der irischen Kolonialisierung eine herausragende Rolle, ebenso wie in zahlreichen Legenden. Mythische Gruppen wurden nach Göttinnen benannt, und selbst dort, wo viele Götter auftreten, genießen die weiblichen Gottheiten Handlungsfreiheit, und ihre Persönlichkeit ist klar umrissen. Die Vorrangstellung der göttlichen Frauen in der irischen Tradition zeigt sich auch in der Tatsache, daß sie selbst Helden umwerben und für sich gewinnen; und ihre Fähigkeit zu lieben, ihre Leidenschaft, ihre ewige Jugend und Schönheit verweisen auf ihr anfängliches Wesen als Göttinnen immerwährender Fruchtbarkeit.

Im Versuch, die Verdrängung der weiblichen Gottheiten durch männliche zu erklären, behauptete Sir John Rhŷs, die Vorrangstellung der Göttinnen sei ein Konzept der vorkeltischen Zeit, das die »am Maskulinen orientierten« Kelten übernahmen. Doch MacCulloch bewies die Unhaltbarkeit dieser These. »Es entspricht nicht dem Wesen der keltischen Tradition, sich gegen die natürliche Ordnung aufzulehnen, und es gibt keinen Grund zu der Annahme, daß die Kelten nicht ein Stadium durchlebten, in dem ein solcher Zustand natürlich war. Der ihnen eigene Konservatismus führte dazu, daß sie diese Tradition länger beibehielten als andere Völker, die sie schon früher hinter sich gelassen hatten.« Leider spricht MacCulloch aus der Selbstzufriedenheit männlicher Arroganz heraus und deutet implizit an, daß eine auf weiblichen Prinzipien beruhende Gesellschaft primitiv sei und eine männliche eine höhere Entwicklungsstufe darstelle.

Für jede Studie über die Druiden, die davon ausgeht, daß diese ein vorchristlich-keltisches religiöses Gedankengut repräsentieren, ist es unabdingbar, nicht nur die Bedeutung der Rolle der Frau zu akzeptieren; man muß vielmehr anerkennen, daß ihr eine zentrale Position zukam, denn die »Muttergöttin« war die höchste Gottheit: Sie war das Symbol von Wissen und Freiheit und stellte den moralischen Dreh- und Angelpunkt der keltischen Gesellschaft dar. Es ist keineswegs Zufall, daß die Oberhoheit in den irischen Sagen stets durch eine Frau symbolisiert wird. Diese Frau hat zumeist die Gestalt einer häßlichen Alten, bis der Held sie küßt, woraufhin er als rechtmäßiger Herrscher anerkannt wird und die Frau sich in eine Schönheit verwandelt. Die Verbindung zwischen dem König und der Göttin des Landes war wesentlich, und in dieser Tradition unterscheidet sich das alte Irland nicht im mindesten von anderen alten Kulturen wie etwa jener Mesopotamiens, wo die sumerischen Könige symbolisch die Göttin Innana heirateten. Medb von Connacht tritt in den Mythen als Gemahlin von neun aufeinanderfolgenden Königen Irlands auf.

In der hinduistischen Mythologie finden wir in diesem Zusammenhang die indische Göttin Lakshmi, die Gefährtin Indras, die als »Oberhoheit« erscheint. Während der Hochzeitsfeierlichkeiten bereitet sie Soma zu, »den Trank, den keiner, der auf Erden weilt, kennt«, indem sie Blätter kaut. Indra empfängt den Soma direkt aus dem Mund der Göttin. Was nun Medb betrifft, so stellen wir fest, daß ihr Name soviel wie »berauschendes Getränk« bedeutet – der Ursprung des englischen Wortes »mead« (Met). Medb ist die Tochter Conans von Cuala, und ein altes Gedicht besagt, daß niemand König von Irland werden kann, der nicht den Met von Cuala trinkt. Als die Göttin der Oberhoheit Niall der neun Geiseln einen Trank reicht, spricht sie die Worte: »Sanft soll der Trank aus deinem königlichen Horn sein, er wird Met sein, Honig, er wird starkes Bier sein.«

Bei den britannisch-keltischen Stämmen des Nordens, den kaledonischen Cruthin, die allgemein unter ihrem Spitznamen »Pikten« bekannt sind, gab es angeblich eine matrilineare Erbfolge. Für diese Behauptung gibt es zwei Quellen. Am häufigsten wird der aus Northumbria stammende Historiker Bede (gestorben 735 n. Chr.) zitiert, der in seiner *Historia Ecclesiastica gentis Anglorum* schreibt, die Pikten-Könige und -Häuptlinge hätten Irinnen geheiratet unter der Bedingung, daß das Königtum durch die weibliche Linie vererbt würde. Bei der zweiten, früheren Quelle handelt es sich um eine irische Schrift; sie bestätigt diese Aussage. Offenbar stützte sich auch Bede auf diese Quelle. Lloyd und Jenny Laing stellen allerdings in *The Picts and the Scots* (1993) die Vermutung an, daß es sich hierbei vermutlich um eine irische Propaganda handelt, die in Wirklichkeit mit irischen Ansprüchen auf die Pikten-Königschaft zusammenhinge. »Nach dem Stand der Dinge ist die matrilineare Nachfolge bei den Pikten nicht erwiesen und wird auch durch existierendes Material in keiner Weise erhärtet, abgesehen von der sehr eigenartigen Führungsnachfolge.« Diese ist jedoch nichts anderes als das übliche Wahlverfahren für keltische Könige, bei dem das Erstgeburtsrecht keinerlei Rolle spielte.

Die Abfolge der schottischen Könige, und in gewissem Maße auch die der irischen, beginnt angeblich mit einer Frau namens Scota, die in zwei unterschiedliche Gestalten zerfällt: In der einen Überlieferung ist Scota die Tochter eines ägyptischen Pharaos namens Cingris, die den weisen Lehrer Nuil heiratete; dieser war offenbar ein Druide, der sich in Ägypten niederließ, wo er sich mit Aaron befreundete. Goidel, der Sohn Nuils und Scotas, wurde von Moses persönlich von einem Schlangenbiß geheilt. Er war der Urvater der Gälen, und es wurde prophezeit, daß in den Ländern, in denen seine Kinder lebten, keine Schlange existieren könne. Diese Geschichte wurde offenkundig von christlichen Autoren erfunden, um das Fehlen von Giftschlangen in Irland zu erklären.

Der zweiten Überlieferung zufolge war Scota die Tochter des ägyptischen Pharaos Nectanebus, die Míls Gemahlin wurde und beim Kampf gegen die Dé Danaan ums Leben kam; sie wurde in Scotia's Glen gut vier Kilometer von Tralee in County Kerry beigesetzt. Von einer Mischung dieser beiden Scota-Gestalten stammte Eber Scot ab, der zum »Vater der Schotten« des neuzeitlichen Schottland wurde. Der Name *scotti* bedeutete römischen Berichten zufolge »Angreifer«. Doch Scota stellte einst das Symbol der Oberhoheit von Schottland dar.

Die eigentliche Bezeichnung Irlands, Éire, ist der Name einer dreieinigen Göttin, deren Schwestern Banba und Fotla heißen. Jede der drei Göttinnen bat die Milesier, ihr zu Gedenken Irland nach sich zu benennen. Vor allem in der Lyrik wurden Banby und Fotla häufig als Synonym für Irland verwendet. Doch der Druide Amairgen versprach der Göttin Éire, daß die Kinder der Gälen ihren Namen als den Hauptnamen des Landes führen würden.

6
Die Religion der Druiden

»Man brauchte einen Zauberstab, um eine untergegangene Religion der Vergessenheit zu entreißen und sie ihre Geschichte erzählen zu lassen«, schreibt J. A. MacCulloch in seinem grundlegenden Werk *The Religion of the Ancient Celts* (1911). Dazu führt er folgende Erklärung an:

> Kein Kelte hat uns Aufzeichnungen über seinen Glauben oder seine Religion hinterlassen, und die ungeschriebenen Gedichte der Druiden sind mit ihnen untergegangen. Doch den noch bestehenden Fragmenten können wir entnehmen, daß die Kelten auf ihrer Suche nach Gott sich eng dem Unsichtbaren verbunden fühlten und das Unbekannte mit Hilfe religiöser Riten und Zauberkunst zu enträtseln suchten. Die keltische Seele fühlte sich von allem Spirituellen angesprochen, und schon die Chronisten der Antike zeigten sich von der Religiosität der Kelten beeindruckt. Weder vergaßen sie das Gesetz der Götter, noch übertraten sie es, und es war ihr Glaube, daß dem Menschen ohne den Willen der Götter kein Glück beschieden sei. Daß die Kelten sich den Druiden unterordneten, beweist ihre Bereitwilligkeit, sich in religiösen Fragen einer Autorität zu unterwerfen. Alle keltischen Gebiete zeichnen sich aus durch eine große religiöse Hingabe, die leicht in Aberglauben umschlägt; auch setzen sich die Menschen dort für Ideale ein, selbst wenn sie auf verlorenem Posten kämpfen. Die Kelten waren geborene Träumer, wie ihr Glaube an ein wunderbares Elysium demonstriert, und viele der spirituellen und romantischen Themen, die in der europäischen Literatur zutage treten, gehen auf sie zurück.

Man kann mehreren Thesen in dieser Darstellung MacCullochs widersprechen, insbesondere seiner Behauptung, die Kelten hätten sich einer religiösen Autorität unterworfen und ihren Willen dem der Götter untergeordnet. Allerdings darf man dabei nicht vergessen, daß MacCulloch ein Geistlicher war und eher über die religiöse Einstellung seiner Zeit sprach als über die der vor- und frühchristlichen Epoche. Allein der Konflikt zwischen freiem Willen und Prädestination, der im Widerstreit von Pelagius und Augustinus gipfelte – und auf den wir später noch zu sprechen kommen –, beweist, daß die Kelten nicht dazu bereit waren, ihren freien Willen irgend jemandem zu übertragen.

Allen Behauptungen zum Trotz, insbesondere den Thesen der romantischen und dabei vor allem der französischen Autoren, waren die Kelten Polytheisten, keine Monotheisten. Der Gedanke, die Kelten seien monotheistisch gewesen, geht auf ein Zitat von Origenes (185 bis 254 n. Chr.) zurück, der die Nachfolge Klemens' als Leiter der christlichen Schule von Alexandria antrat. In seiner Kritik des Buches *Hesekiel* behauptete er, die Druiden Britanniens hätten »den einen Gott angebetet... vor dem Kommen Christi«. Die Kelten, so fährt er fort, »waren dem Christentum lange schon geneigt aufgrund der Lehre der Druiden... die bereits die Doktrin von der Einheit der Gottheit verkündet hatten«.

Doch diese These läßt sich nicht erhärten. Ich möchte dem Leser an dieser Stelle mit aller Unmißverständlichkeit klarmachen, daß uns über das Andachts- und Ritualsystem der Druiden keine eindeutigen Fakten überliefert sind, auch wenn Aussagen von Romantikern wie Edward Davies in *Mythology of the British Druids* (1809) oder Herbert in *The Neo-Druidic Heresey* (1838) anderes glauben machen. Davies behauptete, er habe das esoterische System der Druiden anhand der walisischen Bardendichtung rekonstruiert, doch müssen wir diese Aussage mit druidischer Vorsicht zur Kenntnis nehmen.

Dessenungeachtet können wir trotz der fragmentarischen Beweislage einige Vermutungen über die religiösen Gedanken und Rituale anstellen, die mit dem Pantheon der keltischen Gottheiten und ihren gesellschaftlichen Rollen in Zusammenhang stehen, indem wir die Literatur der Inselkelten betrachten und diese mit archäologischen Funden und Erwähnungen von Ortsnamen vergleichen.

Tatsache ist, daß in dem immensen Gebiet, das einst von den Kelten in Europa besiedelt wurde, noch 374 Namen von keltischen Göttern und Göttinnen bekannt sind. Von diesen Namen werden 305 nur einmal erwähnt; sie gelten als Bezeichnungen regionaler Gottheiten (*teutates*), die lediglich von einem Volksstamm verehrt wurden. Doch zwanzig der Namen kommen in den von Kelten besiedelten Regionen mit großer Häufigkeit vor. Zwar wurde noch längst nicht genügend Arbeit geleistet, um eine umfassende demographische Studie dieser Namen zu erstellen; dennoch möchte ich behaupten, daß das Pantheon der Kelten dreiunddreißig Hauptgötter umfaßte. Auch die Hindus und Perser kannten dreiunddreißig Götter. Die Veden bezeichneten dreiunddreißig Götter als »alle Götter« *(visve-devab)*. Offenbar ist dreiunddreißig eine Zahl, der in anderen indoeuropäischen Kulturen, selbst der römischen, große Bedeutung zukommt.

Aber ist die Zahl Dreiunddreißig auch im keltischen Kulturkreis signifikant? In der Tat. So stellen wir fest, daß die irischen Götter und Göttinnen, die Kinder der Danu, in den Schlachten von Magh Tuireadh dreiunddreißig Führer haben, obwohl nur fünf von ihnen (eine weitere bedeutsame Zahl) sich vor dem Kampf beratschlagen. Auch die Fomorier haben dreiunddreißig Anführer. Nemed verlor bei seiner Reise nach Irland dreiunddreißig Schiffe. Cúchulainn tötet in der Anderswelt dreiunddreißig Widersacher. Im *Táin Bó Cuailnge* werden die Männer Irlands in Einheiten zu jeweils dreiunddreißig Kriegern zusammengestellt. In der Geschichte von »Bricrius Festmahl« folgen zweiunddreißig Helden Conchobhar mac Nessa in Bricrius Saal (womit es wieder dreiunddreißig Männer sind), und im »Traum von Maxen Wledig« begleiten zweiunddreißig Könige Maxen auf die Jagd, bei der er seine Vision hat. Die Dési müssen nach ihrer Vertreibung aus Meath dreiunddreißig Jahre lang auf Wanderschaft gehen. Der Druide/Sonnengott Mug Ruith studierte, wie es heißt, dreiunddreißig Jahre bei Simon Magus. Die Pikten hatten dreiunddreißig heidnische und dreiunddreißig christliche Könige. Calatín, Fergus, Morna und Cathair Mór hatten jeweils dreiunddreißig Kinder. In einigen Versionen des Waliser Historikers Nennius werden die großen Städte des keltischen Britannien mit dreiunddreißig beziffert und nicht mit achtundzwanzig, wie in einigen anderen Fassungen. Das heißt, daß die Zahl Dreiunddreißig offenbar große Bedeutung besitzt.

Pomponius Mela bemerkt, daß die Druiden »erklären, den Willen der Götter zu kennen«. Schenken wir dieser Aussage Glauben, so besagt sie eindeutig, daß die Druiden und Druidinnen als »Vermittler« bzw. »Vermittlerinnen« zwischen der sterblichen und der unsterblichen Welt dienten. Doch wie schon gesagt, war dies nur eine ihrer Funktionen.

Eines ist allerdings offensichtlich, und dies wird sowohl von Caesar als auch von der inselkeltischen Literatur bestätigt: Die Kelten betrachteten ihre Gottheiten nicht als ihre Schöpfer, sondern als ihre Vorfahren, das heißt als eine Art übernatürlicher Helden und Heldinnen, und in dieser Gestalt treten sie auch in der hinduistischen Mythologie und Sagenwelt hervor. Demnach müssen wir die Frage stellen, ob die Kelten ein Konzept der »Schöpfung« kannten. Im Altirischen gibt es den Gedanken *isin chétne tuiste* (bei der Urschöpfung). O'Curry zufolge wird in den alten Schriften eine Versammlung erwähnt, die Conlaí von Connacht einberief und bei der die Druiden erklärten, sie seien die Schöpfer der Welt. Conlaí hinterfragte diese Behauptung und forderte die Druiden dazu auf, den Lauf von Sonne und Mond zu ändern, so daß die beiden Gestirne an entgegengesetzten Stellen des Himmels erschienen. Angeblich zogen sich die Druiden daraufhin in völliger Verwirrung zurück. Doch vermutlich handelt es sich bei dieser Schilderung lediglich um die Geschichte eines feindlich gesinnten christlichen Berichterstatters.

Die Geschichte von Conlaí wird auch in einem Anhang zum *Senchus Mór* wiederholt. Dort steht, die Druiden hätten wie die hinduistischen Brahmanen geprahlt, sie hätten die Sonne, den Mond, die Erde und das Meer erschaffen. In der vedischen Mythologie beginnt die Schöpfung mit dem Weltenraum *(aditi)*, in dem Himmel und Erde geformt wurden; diese galten als die ursprünglichen männlichen und weiblichen Elemente. Der Himmel wurde von Varuna personifiziert. Der erste Mensch war Manu, und seine Tochter Ida wurde aus den Speisen geboren, die Manu dem Gott Vishnu opferte zum Dank für seine Errettung aus der großen Flut. Allerdings findet sich ein Hinweis auf eine frühere hinduistische »Muttergottheit« in Gestalt der Aditya, auf die wir noch zurückkommen werden.

Der früheste uns bekannte Schöpfungsmythos stammt von den Sumerern Mesopotamiens. Dort bringt Nammu, das Urmeer, den Himmelsgott An und die Erdgottheit Ki hervor. Deren Kind ist Enlil, die Luft. Enlil zeugte Nanna, den Mond, der seinerseits wiederum Utu, die Sonne, hervorbrachte. Enlil schwängerte auch Ki, die Enki gebar, den Gott des Wassers und der Weisheit. Enki herrschte über das Universum. Dann erschuf seine Schwester Nintu den Menschen, indem sie ihn aus Lehm formte.

Dem Schöpfungsmythos der Babylonier zufolge, der in *Enuma elish* (Krieg der Götter) festgehalten ist, formt Marduk den Menschen aus dem Blut und den Knochen des getöteten Gottes Kingu. Der ägyptische Sonnengott Ra erschuf sich selbst aus dem Chaos, indem er seinen Namen rief; dies ist ein Beispiel für die Macht des Wortes, über die wir später noch sprechen werden. Auch in der irischen Sagenwelt kommt Namensgebung als Schöpfungsprozeß vor; das *Leabhar Gabhála* nennt ausdrücklich den Namen des Ersten, der eine bestimmte Leistung vollbringt, sei es das Ankommen auf der Insel, die Herstellung von Butter oder Met, Hausbau, Landbestellung und so weiter. In einer weiteren ägyptischen Schöpfungsgeschichte steht der Gott Atun auf einer Erhebung im Urgewässer und bringt parthogenetisch die anderen Götter hervor, denen er dann Teile der Welt zuweist, die sie verkörpern sollen. Die jüdisch-christliche Schöpfungsgeschichte ist aus dem ersten Buch Mose bekannt, wo es heißt, daß Jahve in sieben Tagen das Universum und den Menschen erschuf. Der früheste griechische Schöpfungsmythos findet sich in Hesiods *Theogonie,* laut der Prometheus die ersten Männer und Frauen aus Lehm formte, nachdem aus dem Ur-Chaos die Elemente erschaffen worden waren.

Schwierigkeiten mit den keltischen Mythen bereitet der Umstand, daß sie erst von christlichen Mönchen niedergeschrieben wurden, welche sich darum bemühten, sie mit dem neuen, auf der hebräischen Schöpfungsgeschichte beruhenden christlichen Glauben in Einklang zu bringen. Somit entstand das Bild eines hebräischen Gottes, der die Erde erschuf, ausgeschmückt mit zahlreichen weiteren Anlehnungen an die Bibel. Leider gibt es keinen Bericht über die ursprünglichen Entstehungsmythen der Kelten. Das früheste originäre Werk in diesem Bereich ist natürlich das *Leabhar Gabhála,* in dem von den fünf Invasionen Irlands berichtet wird, und erst aufgrund dieser Eroberungen entstehen die Handwerkskünste und alles Wissen; dabei wird jedes Ereignis eigens erwähnt.

Die erste Invasorin oder Eroberin Irlands war Cesair, die Tochter des Bith, der wiederum der Sohn des hebräischen Noah war. Bith wurde ein Platz auf der Arche verweigert, und deshalb gab Cesair ihm den Rat, mit seinen Gefährten Fintan und Ladra ein Götzenbild zu schaffen. Dieser Abgott forderte sie dann dazu auf, wie Noah ein Schiff zu bauen und darin Zuflucht zu suchen. Allerdings konnte das Götzenbild ihnen nicht sagen, wann die Sintflut genau stattfinden würde. Dennoch bauten sie das Schiff und setzten Segel. Nach sieben Jahren landeten sie in Irland. Fintan nahm sich Cesair zur Gemahlin, verließ sie aber wieder. Dann kam die Sintflut, und Bith und Cesair ertranken zusammen mit ihrem Gefolge. Fintan jedoch überlebte, indem er sich in einen Salm verwandelte. Es besteht eine gewisse Ähnlichkeit zwischen dieser Geschichte und der hinduistischen Sage, in der Manu durch einen großen Fisch vor der Flut gerettet wird. Allerdings handelt es sich bei dieser letzteren Geschichte nicht um einen Schöpfungsmythos im eigentlichen Sinne, sondern mehr um einen der Wiedergeburt.

Dazu meint MacCulloch:

Bestimmte Volksglauben über den Ursprung einzelner Teile der Natur haben eine große Ähnlichkeit mit primitiven kosmogonischen Mythen und können als unzusammenhängende Erinnerungen an ähnliche Sagen der Kelten gelten, die möglicherweise von den Druiden gelehrt wurden. So zum Beispiel entstanden das Meer, die Flüsse und Quellen aus dem Urin eines Riesen, einer Fee oder eines Heiligen oder aus deren Schweiß oder Blut. Inseln sind Felsen, die von Riesen fortgeschleudert wurden, und Gebirge sind das Material, das sie aufwarfen, als sie auf der Erde ihr Werk verrichteten. Quellen sprudelten an den Stellen, auf die das Blut eines Märtyrers getropft war oder ein Heiliger oder eine Fee ihren Stab aufgesetzt hatte. Das Meer entstand aus einem Zauberfaß, daß Gott einer Frau überreichte. Als der Zapfhahn einmal geöffnet war, ließ er sich nicht wieder schließen, und das Faß floß immer weiter über, bis das Wasser die Erde bedeckte...

Es gibt zahlreiche Geschichten, die erklären, wie die Ebenen, die Gebirge und andere Landschaften ihre Gestalt annahmen, vor allem in der Zeit der zweiten Eroberung, angeführt von Partholón, und der dritten Eroberung unter Nemed. Sowohl Partholón als auch Nemed sind Nachkommen Magogs, Sohn des Jafet. Die christlichen Schreiber wählten Jafet als Urahn, weil er einer der drei Söhne Noahs war. Jafet hatte sieben Söhne, deren Nachkommen angeblich die »Inseln der Heiden« (1. Mose 10,5) bewohnten. Der Sage nach eroberten Partholón und Nemed Irland unabhängig voneinander und fanden dort die Fomorier vor, die bösen Götter der irischen Sagenwelt, deren Namen soviel wie »Bewohner unter dem Meer« bedeutet. Interessanterweise erfahren wir nichts über deren Ursprung. Partholón und sein Gefolge starben an der Pest, aber auch Nemed wurde getötet, und seine Gefolgsleute zerstreuten sich in alle Winde. Erst als die Kinder der Danu, der Muttergöttin, Irland eroberten, wurde die Macht der Fomorier bei der zweiten Schlacht von Mag Tuireadh gebrochen.

Hier läßt sich, wenn auch nur andeutungsweise, ein keltischer Schöpfungsmythos erkennen, und zwar in der Geschichte der Muttergottheit Danu und ihrer Kinder, den Tuatha Dé Danaan. Die meisten Religionen der Welt kennen die Gestalt der »Muttergöttin«. Wie Professor Markale bemerkt: »Die Religion der Druiden bildete keine Ausnahme von dieser Regel. Ihre Mythologie enthält wie jede andere Spuren einer Muttergottheit.« Die Danu hat auch dem großen Fluß Donau ihren Namen gegeben, und bezeichnenderweise lebten in deren Quellgebiet angeblich die keltischen Völker, bevor sie zu Beginn des ersten vorchristlichen Jahrtausends zu ihrem Zug durch Europa aufbrachen. Der Name scheint sinnverwandt mit dem Sanskrit – der beste Beweis, den wir für die hypothetische indoeuropäische Sprache haben, denn dort heißt *Dana* soviel wie »Himmelswasser«. Die irische Form bedeutet heute »schnelles Fließen«. Zudem findet sich das Wort in mehreren Flußnamen, etwa dem River Don in Durham und Yorkshire sowie dem Don in Schottland und Frankreich. Eine weitere Verwandtschaft zur hinduistischen Kultur besteht darin, daß der *Rigveda* zufolge Aditya nicht nur eine frühe Muttergöttin ist, sondern auch der Name eines mythischen Flusses, der die Quelle aller Gewässer der Welt darstellt. Könnte es sein, daß die Donau, der Fluß der Muttergottheit Danu, die die »Himmelswasser« liefert, in der frühkeltischen Welt die gleiche Rolle spielte – eine Rolle, die dem Ganga beziehungsweise Ganges in der hinduistischen Welt noch heute zukommt? Ganga war eine Muttergöttin, die der späteren hinduistischen Tradition zufolge eine der Gemahlinnen Shivas wurde. So bemerkte Joseph Campbell: »Die Vorstellung des heiligen Flusses, des Jordan, der Wasser, die sich vom Himmel ergießen, verwandelt sich zum Gedanken der göttlichen Gnade, die unaufhörlich aus einer Quelle strömt. In Indien gilt die Quelle des Ganges im Himalaya als ein sehr heiliger Ort.« Für die alten irischen Barden war das Flußufer, der Rand des Wassers, stets ein Ort, wo *éicse,* Weisheit, Wissen und Dichtung offenbart wurden. Überdies bedeutete das Wort auch Weissagung.

Wir erfahren, daß Danu, oder vielmehr ihre Kinder, bei der Ankunft in Irland ihre Feinde bekämpfen müssen, die bösen Fomorier, deren »Muttergöttin« Domnu heißt. Bezeichnenderweise bedeutet Domnu nicht nur »die Welt«, sondern auch »die Tiefen« des Meeres. In der irischen Sagenwelt finden sich viele Erzählungen über den Kampf der Kinder der Domnu, die die Dunkelheit und das Böse darstellen, gegen die Kinder der Danu, die das Licht und das Gute versinnbildlichen. Überdies werden die Kinder der Domnu nie völlig niedergerungen oder aus der Welt geschafft. Symbolisch gesehen sind sie die Welt. Der Konflikt wird also zwischen den »Himmelswassern« und der »Welt« geführt.

Aufschlußreich ist der Umstand, daß der keltische Stammesfürst Viridomar (Virdomarus), der 222 v. Chr. dreißigtausend Gaesatae gegen Rom führte, sich »Sohn des Rheins« nannte, was meiner Meinung nach bedeutet, daß die Göttin des Rheins seine Vorfahrin war. Conchobhar Mac Nessa wird wahlweise als der Sohn des Druiden Cathbad oder des Fachtna, des Geliebten der Nessa, bezeichnet. Doch im *Stowe MS 992* findet sich eine dritte, noch interessantere Version. Nessa gibt Cathbad vom Flußwasser zu trinken. Als er in dem Wasser zwei Würmer entdeckt, zwingt er Nessa zur Strafe, es selbst zu trinken. Daraufhin wird sie schwanger und gebiert Conchobhar, dem der Name des Flusses gegeben wird. Nahm also die Göttin des Flusses die Gestalt von Würmern an, um als Conchobhar wiedergeboren zu werden?

Betrachteten sich die Kelten zu der Zeit, als sie sich in Europa ausbreiteten, als Kinder der großen Muttergöttin/des göttlichen Flusses Danu? Zweifelsohne gibt es ein walisisches Äquivalent der Danu in der Gestalt der Don, deren Name in der Form Donwy in walisischen Flußnamen wie Dyfrdonwy und Trydonwy auftaucht. Andere Flußnamen gleichen Ursprungs lassen sich auch in England, Schottland und Frankreich finden.

Doch in den walisischen Schriften gibt es keine der irischen Überlieferung vergleichbaren Schöpfungsmythen. Wir können nur Spekulationen darüber anstellen, inwieweit die jüdisch-christliche Tradition der Schreiber, die die keltischen Sagen aufzeichneten, in die ursprünglichen Traditionen einfloß und sie entstellte.

Erst nach der Eroberung Irlands durch die Tuatha Dé Danaan finden wir ein eindeutiges Pantheon von Göttern und Göttinnen, und diese sind zweifelsohne mit den Kindern der Don aus den walisischen Mythen zu vergleichen.

Sowohl die irische als auch die walisische Mythologie und Sagenwelt ist »heroisch«, denn gegen Ende des ersten vorchristlichen Jahrtausends hatten die Kelten ihre Gottheiten zu Helden und Heldinnen verwandelt und umgekehrt. Und im Leben dieser Helden und Gottheiten spiegelten sich sowohl das Leben der Menschen innerhalb ihrer patriarchaler werdenden Gesellschaft als auch die Essenz ihrer religiösen Traditionen wider. Die Götter und Helden, Göttinnen und Heldinnen waren nicht nur schöne Gestalten; neben ihren körperlichen Vorzügen und Fähigkeiten hatten sie auch intellektuelle Macht. Sie waren menschlich und besaßen alle natürlichen Tugenden und Untugenden, begingen alle sieben

Todsünden. Doch sie lebten in einer Welt ländlicher Glückseligkeit, in der sie sich allen Vergnügungen der Sterblichen in idealisierter Weise hingaben: der Liebe zur Natur, zur Kunst, zum Spiel, zu Festen, zum Jagen und zu heroischen Einzelkämpfen.

Caesar setzte die gallischen Götter in einem kurzen Abschnitt leider mit ihren römischen Gegenstücken gleich:

> Unter den Göttern verehren sie Merkur am meisten. Er hat die meisten Bildnisse, ihn halten sie für den Erfinder aller Künste, ihn für den Führer auf Wegen und Wanderungen, ihm sprechen sie den größten Einfluß auf Gelderwerb und Handel zu. Nach ihm verehren sie Apollo, Mars, Jupiter und Minerva. Von diesen haben sie ungefähr dieselbe Vorstellung wie die anderen Völker: Apollo soll Krankheiten vertreiben, Minerva die Anfangsgründe des Handwerks und der Künste lehren, Jupiter die Herrschaft über die Götter ausüben, Mars Kriege führen... Alle Gallier rühmen sich, vom Vater Dis abzustammen.

Daß Caesar die keltischen Götter mit ihrem römischen Äquivalent gleichzusetzen versucht, macht seinen Bericht nicht nur nutzlos, sondern auch irreführend. In lateinischen Inschriften wurden nicht weniger als neunundsechzig unterschiedliche keltische Götter mit dem römischen Mars gleichgesetzt. Allerdings ist die Bemerkung über den Glauben der gallischen Kelten, vom Dispater abzustammen, sehr aufschlußreich und bestätigt, daß die Kelten ihre Götter als Vorfahren betrachteten. Dis war in der römischen Religion das Gegenstück zum griechischen Gott Pluto, dem Herrscher der Unterwelt, der in der klassischen römischen Literatur zum Symbol des Todes wurde. Wir müssen Caesars Bemerkung, daß Dispater (»Vater Dis«) als Urahn der Gallier galt, dahingehend interpretieren, daß die Kelten einen »Vater der Götter« als ihren Vorfahren betrachteten. Das führt zu dem Schluß, daß die Kelten an diesem Punkt ihrer Entwicklung das Konzept einer »Muttergöttin« als Ursprung ihres Daseins durch einen patriarchalen Modus ersetzt hatten.

In der inselkeltischen Literatur findet sich tatsächlich ein »Vater der Götter«, der einem gallischen Gott gleichzusetzen ist. Allerdings ist dies kein Gott des Todes oder der Unterwelt. Der Gott des Todes in der irischen Mythologie ist Donn, der älteste Sohn von Midir dem Stolzen, und er hat seinen Wohnsitz in Tech Duinn (Haus des Donn) auf einer Insel vor der Südwestküste Irlands, wo er die Toten um sich versammelt, bevor sie sich auf die Reise nach Westen in die Anderswelt begeben. Er darf nicht mit der Göttin

Don der walisischen Mythologie verwechselt werden, die das walisische Gegenstück zur Muttergöttin Danu darstellt. Bezeichnenderweise liegt das walisische Pendant zu Tech Duinn ebenfalls auf einer Insel an der Südwestküste von Wales, nämlich Lundy. Sowohl das irische Königreich Munster als auch die walisische Region Dyfed, die beide im Südwesten des jeweiligen Landes liegen, werden mit der Anderswelt in Zusammenhang gebracht und als Ort der Herkunft sowie als ursprüngliche Welt betrachtet. Noch bedeutsamer in diesem Zusammenhang aber ist, daß diese Gegenden mit mehr weiblichen Gottheiten in Verbindung gebracht werden als jede andere Region.

Henri d'Arbois de Jubainville setzt jedoch einen anderen keltischen Gott mit dem Dispater gleich, nämlich Bilé, dessen Name sinnverwandt ist mit Bel und Belenus. Sein Festtag wurde am 1. Mai (Beltaine) begangen, und dieser Monat trägt im modernen Irisch noch heute seinen Namen. Bedeutsam ist möglicherweise auch, daß in Uisneach eines der vier großen irischen Feste zu seinen Ehren gefeiert wurde. Andererseits trifft auch zu, daß er gelegentlich als »Gott der Toten« erscheint und manchmal als »Vater der Götter und Menschen« bezeichnet wurde. Er wird als Gemahl Danus beschrieben. Der Bilé-Kult war unter den Äquivalenten Bel oder Belenus weit verbreitet, und Belenus wurde noch viele Jahrhunderte nach der römischen Eroberung in Gallien verehrt.

In ganz Europa finden sich zahlreiche Orte, die nach Bilé benannt sind. So gibt es in London Billingsgate (Bilés Tor), das früher Belenus' Gate hieß. Vermutlich wurden die Köpfe der Toten aus der ursprünglichen keltischen Siedlung und später aus der von den Römern besetzten Stadt durch dieses Tor zur Themse getragen – *tamesis,* der dunkle oder träge Fluß –, wo sie als Votivgaben dienten oder wo sie für Bilé verwahrt wurden, damit er sie in die Anderswelt bringen konnte. In der Themse wurden in der Umgebung von London neben anderen Votivgaben Hunderte von Schädeln aus der keltischen Zeit entdeckt.

Man darf hierbei nicht vergessen, daß die alten Kelten den Kopf als Sitz der Seele betrachteten und nicht die Herzgegend, wie es im westlichen Christentum der Fall ist. Aus diesem Grunde wurde dem Kopf in der alten keltischen Gesellschaft große Verehrung entgegengebracht. Als Bran der Gesegnete tödlich verletzt wurde, forderte er seine Gefährten auf, seinen Kopf abzutrennen und zur Beerdigung zur Insel der Mächtigen (Großbritannien) zurückzubringen. Diese Reise währte viele Jahre, und während all dieser Zeit aß und trank Brans Kopf und gab seinen Begleitern Anweisungen. Der Kopf wurde so begraben (der Legende nach auf dem Tower Hill in London), daß er seinen Feinden entgegenblickte, damit er das Land gemäß der keltischen Sitte vor Eindringlingen schützen konnte. In den keltischen Sagen finden sich noch viele andere Beispiele für sprechende Köpfe getöteter Helden.

Ausgehend von den vielen Menschenschädeln, die zusammen mit kostbaren Schwertern, Schilden, Helmen und anderen Votivgaben in der Themse gefunden wurden, trug Professor Richard Bradley von der Universität Reading in einer Fernsehdokumentation der BBC 1990 die These vor, die Themse könne für die britannischen Kelten ein heiliger Fluß gewesen sein und die gleiche Rolle erfüllt haben wie der Ganges in der Hindu-Kultur. Ich habe diesen Gedanken bereits in *A Guide to early Celtic remains in Britain* (1991) erwähnt. Diese Theorie ist durchaus vertretbar, wenngleich man betonen muß, daß die Themse *ein* heiliger Fluß war, nicht *der* heilige Fluß.

Einmal mehr finden wir hier also die Verehrung von Flüssen und Quellen als Bestandteil einer alten indoeuropäischen Tradition. In Mittelindien brachten die Stämme von Chota Nagpur, im heutigen Bundesstaat Maharashtra, den Gottheiten der Quellen und Flüsse Opfer dar, ähnlich wie die christlichen Indoeuropäer in Irland, Wales und der Bretagne es heute noch tun.

Der Name des Gottes, den d'Arbois de Jubainville als den Dispater bezeichnet – Bilé oder Belenus –, wurde in viele keltische Personennamen aufgenommen. Das berühmteste Beispiel war vielleicht der König, der direkt vor der römischen Eroberung 43 n. Chr. in Britannien herrschte, nämlich Cunobelinus. Der Name bedeutet »Hund des Belinus«; Shakespeare machte ihn später in der Gestalt Cymbelines unsterblich.

Ich würde jedoch behaupten, daß der Dagda häufiger als »Vater der Götter« dargestellt wird als Donn oder Bilé. Meiner Ansicht nach ist dies auch deshalb von Bedeutung, weil der Dagda der Sohn ist, den Danu von Bilé empfing. Somit ist Danu doch die ursprüngliche Quelle des Lebens. Als das heilige »Himmelswasser« speiste Danu die Eiche – die Bilé, das männliche Fruchtbarkeitssymbol, war – mit Wasser, und gebar den Dagda, den »guten Gott«, der die restlichen Götter zeugte. Ich verbinde Bilé mit der Eiche, weil Bilé im Altirischen ein Ausdruck für einen heiligen

Baum ist, mit dem auch ein »edler Krieger« bezeichnet wurde. In Gallien gab es einen Ort mit dem Namen Biliomagus, was soviel wie »die Lichtung des heiligen Baumes« bedeutet. Das Wort existiert noch in Ortsnamen wie Billé und Billom in Frankreich und Billum in Dänemark. Der heilige Baum der Medb von Connacht wird im *Táin* Bilé Meidbe genannt.

Bilés Aufgabe, die Seelen der keltischen Toten in die Anderswelt zu geleiten, hat noch eine weitere Bedeutung. Beförderung erfolgte meist zu Wasser, sei es auf Flüssen wie der Themse oder über das Meer. Das heißt, letztlich führte Bilé die Seelen zu den »göttlichen Wassern« – zu seiner Gemahlin Danu, »der Muttergöttin«. Somit ist es kein Zufall, daß der Hauptort seiner Verehrung in früheren Zeiten der Hügel von Uisneach war, dessen Name – wie wir im Kapitel über die Druiden als Astrologen sehen werden – auf dem Ursprungswort für Wasser, nämlich *uisce,* beruht.

Der Dagda ist der Vater praktisch aller irischen Götter und auch unter den Namen Eochaidh Ollathair (Allvater), Aedh (Feuer) und Ruadh Rofessa (Herr des großen Wissens) bekannt – er ist also eine dreieinige Gottheit. Professor Myles Dillon weist darauf hin, daß Eochaidh im Sanskrit sein Gegenstück in Pasupati findet, einem der Namen des Hindugottes Shiva, des höchsten Gottes, der auch Mahadeva (der große Gott) genannt wird.

Der Dagda tritt als Beschützer der irischen Druiden hervor. Er wird dargestellt als ein Mann mit einer riesigen Keule, die er auf Rädern hinter sich herzieht. Mit dem einen Ende der Keule kann er töten, mit dem anderen heilen. Er hat ein schwarzes Pferd namens Acéin, Ozean, und sein Kessel – Undri – ist einer der größten Schätze der Dé Danaan; er stammt aus der sagenhaften Stadt Murias und bringt Essen hervor, so daß niemand Hunger leiden muß. Spätere Generationen der christianisierten Kelten verwandelten diesen »Kessel der Fülle« in den Heiligen Gral der Artussage. Außerdem besitzt der Dagda eine Zauberharfe.

Der Dagda wurde auch mit Cernunnos gleichgesetzt, dessen Kult sowohl in Britannien als auch in Gallien zu finden war. Auf Darstellungen ist Cernunnos – wie der Dagda – mit einer Keule zu sehen, und manchmal nimmt er die typische Sitzhaltung des Buddha ein. Die in den Hügel bei Cerne Abbas in Südwestengland eingravierte Gestalt – sie ähnelt einer keltischen Gravur in Corbridge, Northumberland – stellt angeblich Cernunnos dar. Doch meist ist Cernunnos mit einem Hirschgeweih abgebildet, begleitet von einer Schlange mit dem Kopf eines Widders. In dieser Gestalt erscheint er auf einem Relief des Silberkessels von Gundestrup (Kopenhagen, Nationalmuseum). Dieselbe Figur ist auch auf einer Silbermünze der belgischen Remer zu sehen, die sich heute im British Museum in London befindet. Dort umklammert er die Schlange mit der Linken und ist von vielen verschiedenen Tieren umgeben. Aus diesem Grund bezeichnen ihn einige Forscher als »Herrn der Tiere«. Wie schon erwähnt, erklärte Dillon, daß Shiva als Pasupati bekannt war, was »Herr der Tiere« bedeutet, und bei Ausgrabungen in Mohenjo Daro in Nordwestindien fand der Archäologe Sir John Marshall ein Siegel, auf dem Pasupati dargestellt ist. »Insgesamt bestehen zwischen dem Cernunnos-Relief und dem Siegel von Mohenjo Daro (heute im Museum von Neu-Delhi) derart große Ähnlichkeiten, daß man einen gemeinsamen Ursprung kaum bezweifeln kann«, erklärt Dillon.

Bei ihrer Ankunft in Irland befinden sich die Kinder der Danu nicht mehr in Begleitung der Göttin. Ließen sie Danu möglicherweise zu Beginn ihrer Züge durch Europa in Gestalt der Donau zurück? Wir erfahren, daß die Kinder der Danu aus vier sagenhaften Städten stammen – Falias, Gorias, Finias und Murias – und aus jeder dieser Städte einen besonderen Schatz mitbrachten. Aus Falias stammt der Lia Fáil (Schicksalsstein); aus Gorias ein Schwert (der Vorläufer des berühmten Excalibur); aus Finias der Siegesspeer und aus Murias der »Kessel der Fülle«. Überdies erfahren wir, daß in diesen vier Städten »vier Druiden [lebten], die den Kindern der Danu Fähigkeiten und Wissen und vollkommene Weisheit beibrachten«: Morias wohnte in Falias; Urias »der edlen Gesinnung« residierte in Gorias; der Poet Arias hielt sich in Finias auf, und Senias' Heimat war Murias. Waren diese »Städte« tatsächlich existierende Orte an der Donau, von deren Ufern die Kelten zu Beginn des ersten vorchristlichen Jahrtausends zu ihren Wanderungen aufbrachen? Und waren Morias, Urias, Arias und Senias Erinnerungen an reale Menschen, die die Kinder der Danu unterwiesen, bevor sie ihre erste große Wanderung vom Oberlauf der Donau begannen?

Es besteht Verwirrung, denn bei der Ankunft von Danus Kindern in Irland ist nicht der Dagda ihr Anführer, sondern Nuada, der im walisischen Sagenkreis als Nudd auftaucht. Dieser ist wiederum mit Lludd Llaw Ereint verwandt und offensichtlich auch mit Nodens gleichzusetzen, dessen Name noch in einem Tempel aus der Zeit der römischen Eroberung Britanniens bei Lydney am Severn erhalten ist. Bei den Kämpfen mit den Fomoriern wird Nuada eine Hand abgeschlagen, die von Dian Cécht, dem Gott der Medizin, durch eine silberne und dann von Dian Céchts Sohn Miach durch eine wirkliche Hand ersetzt wird; bei einer weiteren Schlacht wird er schließlich getötet. Dieser Nuada darf nicht mit dem gleichnamigen Obersten Druiden der Cahir Mór verwechselt werden, dem Urahn von Fion Mac Cumhail. Als Nuada aufgrund seiner Verletzung die Kinder der Danu nicht mehr anführen kann, wird er durch Bres ersetzt, den Sohn Elathas, eines Königs der Fomorier, und einer Frau der Dé Danaan, die eine Gefährtin der Göttin Brigit, einer Tochter des Dagda, wurde. Der tyrannische Bres wird aber bald abgesetzt, woraufhin er zu den Fomoriern flieht. Danach wird der Dagda der Anführer der Götter und Göttinnen und behält diese Rolle bei, bis sie unter die Erde getrieben werden.

Zu den Namen der keltischen Gottheiten, die am häufigsten auftreten, gehören Lugh im Irischen, Llew im Walisischen und Lugus im Gallischen. Ihm sind weitaus mehr Inschriften und Denkmäler gewidmet als allen anderen keltischen Göttern, und man geht allgemein davon aus, daß Caeser Lugus meinte, wenn er vom »Merkur« der Gallier sprach. Der Name findet sich in Ortsbezeichnungen in vielen der einst keltischen Gebiete: Lyon, Léon, Loudan und Laon in Frankreich; Leiden in Holland; Liegnitz in Niederschlesien, heute Polen; Carlisle (in römischer Zeit Luguvalum) in England. Es ist behauptet worden, daß London, der Name der heutigen Hauptstadt Englands, ebenso wie das französische Lyon von Lugdunum abstammt; das würde den römischen Namen Londinium erklären. Andere Forscher sind allerdings der Ansicht, daß der Name auch von der keltischen Wurzel *londo* (»wilder Ort«) kommen könnte. Weitere dem Lugh geweihte Stätten befinden sich bei Arranches in der Schweiz und im spanischen Asma (bei Tarragona); dort wird er als Lugoues beziehungsweise Lugoubus bezeichnet. In Lyon (Lugdunum) begingen die gallischen Kelten das alte Fest Lugus. Nach der römischen Eroberung, unter der Herrschaft von Kaiser Augustus, wurde das Fest zu dessen Ehren abgehalten. Das gleiche Fest war aber auch bei den Inselkelten bekannt. In Irland hieß es Lughnasadh und wurde am 1. August gefeiert. Es war eines der vier bedeutenden vorchristlichen Feste, im Grunde ein Feiertag zu Ehren der Getreideernte. Der Name existiert noch als Lúnasa (August) im Irischen, als Luanistyn (August) im Manx und als Lúnasad für das Lammas-Fest im schottischen Gälisch. Der Lugh der irischen Mythologie, der Sohn Cians und Ethlinns, war der Gott aller Künste und Handwerke, und aufgrund seiner Schönheit war er auch als Find (»der Schöne«) bekannt. In dieser Form überlebt er auf dem europäischen Festland noch als Vindonnus sowie in einigen Ortsnamen wie Uindobona (Wien).

Professor Dillon zufolge war Lugh der größte Gott. Bei der zweiten Schlacht von Magh Tuireadh überläßt ihm sogar der Dagda die Führung. Er ist allgemein als Lugh Lámhfadha oder Lugh des Langen Arms oder der Langen Hand bekannt und findet sein Gegenstück in der walisischen Sagenwelt in Lleu Llaw Gyffes. Faszinierend dabei ist, daß in der *Rigveda* der Hindugott Savitar *prthupani* genannt wird, »mit der großen Hand«. In der hinduistischen Vorstellung wurden die Strahlen der aufgehenden Sonne und ihr Untergehen mit einer großen Hand verglichen. »Der Gott mit der großen Hand streckt die Arme aus, auf daß alle seinem Geheiß folgen.« Das heißt, nicht nur Lugh wurde als Sonnengott dargestellt, sondern auch Savitar, der die Hände ausstreckte, um Tag und Nacht zu befehlen. Finden wir hier möglicherweise eine weitere gemeinsame indoeuropäische Verbindung?

Professor Dillon war ein Schüler von Paul Jules Antoine Meillet, der so grundlegende Werke wie *Les dialects indo-européens* (Paris, 1908) verfaßte. Meillets Interesse galt vorwiegend Tabuwörtern in verschiedenen Sprachen; auf dieses Thema kommen wir später noch zu sprechen, wenn wir die Rolle der Druiden als Astronomen und Astrologen behandeln. Er verwies auf die Tatsache, daß es offenbar keine identifizierbare gemeinsame indoeuropäische Wurzel für das Wort Hand oder Arm gibt, und schloß daraus, daß das Wort mit einem Tabu belegt war. Das Wort für Hand/Arm ist in den indoeuropäischen Sprachen sehr unterschiedlich (das englische *hand* stellvertretend für die germanischen Sprachgruppen, *cheir(o)* für das Griechische, *manus* für das Lateinische und *lamh* für das Irische sind gute Beispiele für die Unterschiedlichkeit), und dieser Umstand deutet Meillet zufolge darauf hin, daß in jeder Sprache ein Euphemismus verwendet wurde. Als Grund dafür vermutete er einen alten indoeuropäischen Kult eines Gottes mit einer großen Hand oder einem langen Arm. Einen solchen Kult erörterte Hermann Güntert in *Von der Sprache der Götter und Geister* (1921). Der »Gott mit der großen Hand« ist aus Felsgravuren und -malereien bekannt, die auf die Bronzezeit zurückgehen und sich von Schweden bis zum Punjab finden lassen.

In Irland wurde Lugh *samildánach* genannt und besaß viele Fähigkeiten. So war er im Handwerk des Schuhmachens bewandert; in Asma bei Tarragona in Spanien findet sich eine Widmung an Lugh, die von einer alten Schuhmacherzunft stammt. Faszinierend ist dabei auch, wie Professor Dillon bemerkt, daß in Backa, in der Nähe von Brastad in Schweden, der »Gott mit der großen Hand« als »der Schuhmacher« bekannt ist. In *Le Folklore de France* (1904–07) schreibt Paul-Yves Sebbilot, daß die Bretonen von Morbihan die Sonne euphemistisch auch als *sabotier* (»Schuster«) bezeichneten. Ist es ein Zufall, daß Lleu Llaw Gyffes im *Mabinogion* seine Mutter in der Verkleidung eines Schuhmachers besucht? Und als die alten Götter in Irland vom Christentum in den Untergrund getrieben wurden, verwandelte sich Lugh im Denken der Menschen zu einem bloßen Handwerkerkobold – *Lugh chromain,* »der kleine, gebückte Lugh«. Alles, was von diesem mächtigen Beschützer der keltischen Handwerke und Künste noch besteht, ist die anglizierte Version des *Lugh-chromain* – der *leprechaun,* ein koboldhafter Schuster!

Ein weiterer Gott, der viele Anhänger hatte, war der gallische Ogmios, der von dem griechischen Dichter Loukianos – Lukian (um 115 bis nach 180) – als »Herakles« bezeichnet wurde. Ogmios findet seine Entsprechungen in Irland (Ogma) und in Britannien (Ogmia). So ist etwa auf einer Keramikscherbe aus dem britischen Richborough eine Gestalt mit langen, lockigen Haaren und Sonnenstrahlen, die von ihrem Kopf ausgehen, zu sehen, und dazu die Inschrift »Ogmia«. In Irland war Ogma der Gott der Redekunst und Literatur und ein Sohn des Dagda. Ihm wird die Erfindung des Ogham-Alphabets zugeschrieben, der frühesten irischen Schrift. Seine Tochter heiratete Dian Cécht, den Gott der Medizin. Aufgrund seiner Herkunft und seiner Abenteuer ist er in vieler Hinsicht mit Herakles vergleichbar, dem Sohn des Zeus, des Vaters der griechischen Götter.

Wir stellen fest, daß irische Götter und Göttinnen wie Badb, Brigit, Bron, Buanann, Cumal, Goibhniu, Manánnan, Midir, Nemon, Nét und Nuada in Britannien und Gallien erkennbare Entsprechungen haben.

Lukan erweitert unsere Kenntnis der keltischen Götterwelt mit seiner Bemerkung, auch Esus, Taranis und Teutates seien verehrt worden. Er erwähnt den »zuchtlosen Esus der Barbarenaltäre«, der durch Menschenopfer gnädig gestimmt werden müsse. Esus erscheint in der Gestalt eines stämmigen Holzschnitzers auf einem Jupiter geweihten Relief aus der Zeit von etwa 14 bis 37 n. Chr., das 1711 unter dem Chor der Kathedrale von Notre Dame in Paris entdeckt wurde. Eine ähnliche Darstellung aus demselben Jahrhundert ist uns aus Trier bekannt. Die anderen Götter, Taranis und Teutates, sind leichter zu identifizieren, denn Taran bedeutet »Donnerer« (*taran* auf walisisch und *torann* im Irischen), und er ist offensichtlich ein Donnergott wie Donar oder Thor. Auf Weiheinschriften wird Taranis oft mit Jupiter gleichgesetzt. Denkmäler zu seinen Ehren existieren noch in Chester (England), Böckingen und Godramstein (Deutschland), Orgon, Thauron und Tours (Frankreich) sowie in Scardona (Ex-Jugoslawien). In der walisischen Mythologie kommt Taran als Vater des Gluneu vor, der einer der sieben Überlebenden des unglückseligen Kampfes zwischen Bran und Matholwch war. Was den von Lukan erwähnten Teutates betrifft, so bezeichnet der Name ein Volk oder einen Stamm (wie im irischen *tuath* und im walisischen *tud*) und wird gelegentlich auch Toutatis geschrieben. Aus den Weiheinschriften geht eindeutig hervor, daß es sich um einen Titel und keinen Namen handelt. Der Begriff wurde allerdings in Zusammenhang mit einem Namen verwendet, wie etwa in »Mars Toutates Cocidius« in Carlisle. Somit bezeichnete Teutates einen Stammesgott. Aufgrund dieser Bedeutung wurde die These aufgestellt, daß die Kelten die germanischen Völker, als diese die Ostgrenzen des keltischen Territoriums zu überfallen begannen, als »das Volk« (Teutonen) bezeichneten, ähnlich wie die Bewohner des afrikanischen Südens im 19. Jahrhundert Bantu genannt wurden aufgrund eines Wortes in ihrer Sprache, das einfach »Menschen« bedeutet.

Viele keltische Gottheiten wurden in dreieiniger oder dreifältiger Form verehrt. Das Konzept einer Gottheit mit drei Persönlichkeiten scheint seinen Ursprung in der indoeuropäischen Tradition zu haben. Im Hinduismus bestand die Trimurti aus Brahma, dem Schöpfer, Vishnu, dem Bewahrer, und Shiva, dem Zerstörer. Für Pythagoras galt die Drei als die vollkommene Zahl der Philosophen – Anfang, Mitte und Ende –, und er verwendete sie als Symbol der Gotthaftigkeit. Bei den Griechen der Antike wurde die Welt von drei Göttern beherrscht: Zeus (Himmel), Poseidon (Meer) und Pluto/Hades (Unterwelt). Die Drei findet sich in vielen griechischen Sagen: Es gibt jeweils drei Schicksalgöttinnen, drei Furien, drei Grazien, drei Harpyien; die Pythia oder Sibylle (das Delphische Orakel) sitzt auf einem dreibeinigen Hocker, es gibt drei mal drei Sibyllinische Bücher, drei mal drei Musen und so weiter.

Wie in der hellenischen Welt bestand auch für die Kelten der *homo sapiens* aus Körper, Seele und Geist und die von ihm bewohnte Welt aus Erde, Meer und Luft; sie sahen die Natur als tierisch, pflanzlich und mineralisch, die Kardinalfarben als Rot, Gelb und Blau und so weiter. Drei war die Zahl aller Dinge. Die meisten keltischen Götter waren dreifaltig. Auch ein Mehrfaches der Drei taucht in vielen keltischen Sagen auf, etwa neun (drei mal drei) und dreiunddreißig.

Irland selbst wird als die dreieinige Göttin – Éire, Banba und Fótla – dargestellt. Es gab drei keltische Götter des Handwerks – Goibhniu, Luchta und Creidhne. Die Göttin der Fruchtbarkeit, der Schmiede und des Heilens und der Dichtkunst, sogar der Dagda selbst wurde in dreieiniger Gestalt verehrt. Die berühmteste Kriegsgöttin war Mórrígáan, manchmal auch Mórrígú, »große Königin«, genannt; sie erscheint abwechselnd auch als Macha, Badb und Nemain. Sie verkörpert alles Schlechte und Grauenhafte der übernatürlichen Mächte.

Auch Muttersymbole wurden in dreifacher Gestalt verehrt; in Gallien findet sich nur mehr der Titel *matres* oder *matronae*, denn Weiheinschriften auf Denkmälern existieren nur noch auf Lateinisch. Die Erdmutter war das Symbol der Fruchtbarkeit und ist zusammen mit Kindern, Obstkörben und Füllhörnern überall in der keltischen Welt zu finden. Aus Vertault in Burgund kennen wir die Skulptur einer dreifachen Muttergöttin, von der eine einen Säugling hält, die andere ein Tuch.

Später übernahm das Christentum das Bild der dreieinigen Gottheit (Vater, Sohn und Heiliger Geist) – und zwar nicht aus der judäischen Kultur, der dieses Konzept fremd ist, sondern aus dessen Interpretation durch die Griechen, die vom Gedankengut der frühen christlichen Kirchenväter beeinflußt war. Einer der ersten gallischen Kelten, der zu einem bedeutenden philosophischen Denker des Frühchristentums wurde, war Hilarius, Bischof von Poitiers (um 315 bis um 367). Sein Hauptwerk trägt den Titel *De Trinitate*; darin definiert er das Konzept der Heiligen Dreifaltigkeit, das mittlerweile einen integralen Bestandteil des christlichen Glaubens darstellt.

Diogenes Laertius bemerkte, daß die Druiden mit Hilfe von Triaden lehrten. Dies wird von der literarischen Tradition Irlands und auch Wales' bestätigt.

Die großen Flüsse Mitteleuropas tragen vielfach noch keltische Namen, die oft mit weiblichen Gottheiten in Zusammenhang stehen. Die Donau, deren Namen auf die Göttin Danu zurückgeht, haben wir bereits erwähnt. Hier befinden wir uns in der Region, aus der die Kelten anerkanntermaßen stammten: den Quellgebieten von Donau, Rhein und Rhône. In der Gegend der oberen Donau und ihrer Nebenflüsse gibt es zahlreiche keltische Namen, ebenso im oberen Rheintal und am Oberlauf der Rhône. Die Seine bekam ihren Namen von der keltischen Göttin Sequana. Der englische Fluß Severn wurde nach Sabrann benannt, einer weiteren keltischen Göttin, die auch im Namen eines Bachs in Bedfordshire und in der alten Bezeichnung für den irischen River Lee auftaucht. Der Boyne in Irland ist nach der Göttin Boann benannt, der Gefährtin des Dagda. Und der Shannon erhielt seinen Namen von der Göttin Sinainn.

Dr. Anne Ross bemerkte hierzu:

Der Name von Flüssen wie Dee *(Deva)*, Clyde (*Clòta*, vgl. das gallische *Clutoida*), Severn *(Sabrina)* und möglicherweise Wharfe *(Verbeia)* sowie Braint in Anglesey und Brent in Middlesex (von *Brigantia*) deuten offenbar auf die gleiche Verbindung eines Flusses mit einer Göttin hin, wie sie uns aus Gallien bekannt ist, und im Falle von Irland wird diese These auch von Textmaterial gestützt. Doch Flüsse tragen nicht nur die Namen von Göttinnen; in irischen Legenden finden sich sogar Berichte, die angeblich die Namensgebung solcher Flüsse erklären.

MacCulloch behauptet:

... man kann kaum bezweifeln, daß die Kelten bei ihrer Ausbreitung einen Fluß nach dem anderen nach der gleichen Gottheit benannten im Glauben, jeder Fluß gehöre zu ihrem Reich... Der Mutterfluß war derjenige, der die ganze Region bewässerte, genauso wie in den heiligen Hindubüchern alle Gewässer Mütter sind, Quellen der Fruchtbarkeit... die Kelten betrachteten Flüsse als Spender von Leben, Gesundheit und Fülle und brachten ihnen reiche Gaben und Opfer dar.

Mehrmals werden keltische Götter mit Begleiterinnen dargestellt. Auf einem Relief, das in der Nähe von Metz aufgefunden wurde, ist der gallische Gott Sucellus, der in der Linken einen Hammer trägt, zusammen mit Nantosuelta abgebildet. Der Name Sucellus bedeutet »derjenige, der gut zuschlägt«; Nantosuelta wurde mit »mäandernder Fluß« übersetzt. Als das Patriarchat das Konzept der »Muttergöttin« überlagerte, mußten sich die neuen männlichen Götter aus Gründen der Kontinuität mit den alten weiblichen Flußgöttinnen zusammentun. Ein Rabe, das keltische Symbol für Tod und Schlacht, sitzt zu ihren Füßen. Sucellus und Nantosuelta sind auch in anderen Denkmälern und Überresten der keltischen Kultur zu finden. Laut Dillon und Chadwick ist das »göttliche Paar« ein typisches Motiv, wie auch Luxovius und Brixia oder Bormo und Damona. Die Hochzeit eines »Häuptlingsgottes« mit einer »Muttergöttin« wurde als Versicherung dafür betrachtet, daß dem Volk Schutz und Fruchtbarkeit zuteil würden. Wie Dillon und Chadwick bemerken:

Hier werden wir wieder an den Hinduismus erinnert, in dem der Gott eine Begleiterin hat, seine *sakti,* oder Quelle der Kraft. So hat Indra die Gattin Saci, Shiva hat Ua, Vishnu hat Sri-Laksmi.

Nachdem das Christentum die Herrschaft über die keltische Welt errungen hatte, wurden die keltischen Gottheiten in die Berge verdrängt. Im Irischen bedeutet das Wort *sídhe* Erhebung oder Hügel, und es bezeichnet auch den letzten Wohnort der Dé Danaan, der Unsterblichen, nachdem sie von den Milesiern besiegt worden waren. Die somit unter die Erde vertriebenen alten Götter wurden in den Volkssagen zu *aes sídhe,* den Menschen der Hügel, und in späteren Märchen zu bloßen Feen und Kobolden. Im heutigen Irisch bedeutet das Wort *sídhe* nur noch Feen. Die bekannteste ist »Banshee« *(bean sídhe),* die Feenfrau, deren Heulen und Schreien in der späteren irischen Volksüberlieferung den Tod eines Menschen ankündigt. Jedem Gott wurde vom Dagda ein *sídhe* oder Hügel in Irland zugewiesen, und dies beweist wieder seine Rolle als »Göttervater«, bevor er seine Herrschaft über die Götter niederlegte.

Die Römer und ihre griechischen Apologeten berichteten, der wesentliche Aspekt des keltischen Glaubens seien Menschenopfer gewesen. Wir werden uns im folgenden Kapitel über die Rituale der Druiden eingehender mit dieser Frage beschäftigen.

Wenn man an den Glauben der Kelten an die Unsterblichkeit denkt sowie an die ländliche Glückseligkeit, die ihre Mythologie erfüllt, drängt sich die interessante Frage auf, was die Kelten in dieser Welt am meisten fürchteten. Diese Frage, so berichtet Arrian, der Ptolemaios I. zitiert, den Sohn Lagos', stellte auch Alexander der Große von Makedonien, als er 335/334 v. Chr. an den Ufern der Donau auf die Kelten stieß. »Wir fürchten nur, daß der Himmel auf unsere Köpfe fallen könnte«, erwiderten die keltischen Stammesfürsten ernsthaft. Arrian bemerkt dazu, daß Alexander der Meinung war, die Kelten hätten eine extrem hohe Meinung von sich selbst. Doch kann man die Reaktion der Kelten auf zweierlei Art deuten: Zum einen, daß sie sich bei dieser Entgegnung einer rituellen Formel bedienten, um bei den laufenden Vertragsverhandlungen ihren guten Willen zu demonstrieren. Tatsächlich waren diese Worte eine Schwurformel, die noch tausend Jahre später in irischen Rechtsschriften Verwendung fand; damit verpflichtete sich ein Individuum bei seiner körperlichen Unversehrtheit, ein Abkommen einzuhalten, beschwor aber auch die Naturelemente: »Wir werden Wort halten, es sei denn, der Himmel stürze ein und zerschmettere uns, die Erde öffne sich und verschlinge uns, oder das Meer trete über seine Grenzen und überwältige uns.« Als Conchobhar Mac Nessa von Ulster aufbrach, um die von Medb gemachten Gefangenen und die Beute zurückzuholen, verkündete er, er würde sein Ziel erreichen, »es sei denn, die Himmel stürzten ein, die Erde breche auf oder das Meer verschlinge alle Dinge«. Die zweite Interpretationsmöglichkeit ist, daß die Kelten mit dieser Bemerkung nur ihre Angst vor dem »Ende der Welt« zum Ausdruck brachten, wie sie auch heute oft geäußert wird, denn wie Strabo berichtet, lehrten die Druiden, daß »Feuer und Wasser eines Tages den Sieg davontragen werden«. Schließlich fragte Alexander die Kelten, was sie am meisten fürchteten, und die Angst vor dem Ende der Welt ist nur allzu natürlich. Die Kriegsgöttin Badb prophezeite das Ende der Welt nach der Schlacht von Magh Tuireadh, und diese Aussage wurde mit Pythias Orakelspruch vom Weltuntergang in der *Völuspá* verglichen.

In diesem Kapitel sollten lediglich die religiösen Schöpfungsmythen der Kelten, ihre Götter und Göttinnen besprochen werden. Aufgrund unseres sehr begrenzten Wissens über die Einzelheiten dieser Religion ist es unsinnig, weitere Spekulationen anzustellen. Das Konzept von der Unsterblichkeit der Seele, die Vorstellung des Kopfes als Sitz der Seele – die die Verehrung des Kopfes erklärt – und der Gedanke, daß alle Dinge einen ihnen eigenen, innewohnenden Geist hatten, werden wir in den folgenden Kapiteln noch eingehender untersuchen.

7
Die Rituale der Druiden

Wenn die klassischen Autoren auf die Rituale der Druiden zu sprechen kommen, beschäftigen sie sich vorwiegend mit Menschenopfern – ein Thema, auf das wir in Kürze eingehen werden. Plinius ist der einzige, der uns berichtet, daß Druiden auf Bäume stiegen, wenn der Mond günstig stand, um rituell Misteln zu schneiden, und daß sie weiße Stiere opferten. Publius Terentius Varro (geboren 82 v. Chr.) erwähnt in Zusammenhang mit den Druiden die »Zeremonie des Feuerlaufens«. Von weiteren Ritualen erfahren wir nur aus inselkeltischen Quellen. Wir wollen nun versuchen, die Rituale im Leben eines Druiden zu erforschen.

Irischen Schriften zufolge kannten die Druiden eine Art Taufe. Diese wird heute allgemein mit dem christlichen Glauben in Verbindung gebracht, wo sie die Bedeutung einer Reinigung von allen Sünden hat. Ursprünglich stammt das Wort natürlich aus dem Griechischen – *baptizien* –, was soviel wie »eintauchen« heißt. Allerdings ist die symbolische Reinigung durch Wasser als religiöses Initiationsritual in aller Welt und in zahlreichen Religionen zu finden. In den hinduistischen *Veden* wird Wasser als das Symbol der Reinheit bezeichnet, und an einigen Stellen werden ausführlich Reinheitsrituale beschrieben. Ein Beispiel hierfür ist das rituelle Bad im Ganges bei Benares, der Stadt Shivas. Hierzu bemerkt Joseph Campbell:

> ... die Menschen baden im Ganges. Es ist sozusagen ein immerwährendes Taufritual, in das Wasser zu steigen und die Tugend dieser wundersamen Gabe des Universums, der Wasser des Ganges, in sich aufzunehmen. Letztlich ist der Ganges eine Göttin, Ganga, und das fließende Wasser ist die Gnade, die uns kraft der weiblichen Macht gewährt wird.

Doch die Initiation durch Wasser findet sich auch in anderen Gegenden der Welt, etwa bei den Mandschu, in Japan und in Mittelamerika. Außerdem erscheint dieser Brauch im islamischen *Koran,* in hinduistischen, buddhistischen und jainistischen Texten und natürlich im Christentum. Im heidnischen Rom gab es in den Kulten der Isis, des Dionysos und des Mithras eine Wassertaufe; man glaubte, ein rituelles Bekennen von Sünden, gefolgt von einer symbolischen Reinigung mit heiligem Wasser, würde alle Missetaten des Gläubigen fortwaschen und sein Leben zum Besseren wenden.

Einige Gelehrte brachten ihre Zweifel bezüglich der Hinweise auf die druidische Taufe unmißverständlich zum Ausdruck und meinten, es handele sich dabei lediglich um ein christliches Konzept, das die christlichen Schreiber beim Aufzeichnen der frühen Traditionen einfügten. Dahinter stand die Vermutung, daß diese Schreiber den Druiden eine Variante ihrer eigenen Riten unterschoben. Doch da die Taufe nicht nur im Christentum zu finden ist, kann man die Beweise für eine heidnisch-keltische oder druidische Taufe mit Fug und Recht anerkennen.

Die irisch-druidische Taufe wurde *baisteadh geinntlidhe* genannt, was offenbar soviel wie »der schützende Regenkeil« heißt. Es gibt eine alte irische Redewendung, die sogar aus dieser Zeit stammen könnte: *gan bheo, gan baistedach* – ohne Leben, ohne Taufe. Nach der Geburt des Helden Conall Cernach vom Roten Zweig »kamen Druiden, um das Kind zu taufen«, und sangen ein Ritual für das Neugeborene. Ailill Ollamh von Munster wurde »in druidischen Flüssen getauft«, und bei den drei Söhnen von Conall Derg wird ebenfalls von einer druidischen Taufe gesprochen. In *Lectures on the origin and growth of religion as illustrated by Celtic heathendom* (1888) erwähnte Sir John Rhŷs eine Druidentaufe des walisischen Helden Gwri vom Goldenen Haar, was bezeugt, daß die druidische Taufe nicht nur auf Irland beschränkt war. Vermutlich war die Vorstellung einer rituellen Reinigung in der keltischen Welt ebenso weit verbreitet wie in anderen indoeuropäischen Gesellschaften.

Hier schließt sich die Frage an, ob es eine rituelle Initiation in den Rang der Druiden gab. In »Die Beute von Annwyn« geht Gwydion, der Sohn der Don, angeblich nach Caer Sidi – ein Synonym für die Anderswelt – und unterzieht sich dort einem seltsamen Ritual, durch das er zu einem prophetischen Dichter und zum besten Barden der Welt wird. Beschreibt diese Tradition möglicherweise ein Initiationsritual? »Der Stuhl des Taliesin« verweist auf eine Reinigung in einem Kessel, »dem Kessel der Inspiration«, für einen Menschen, der in das Mysterium eingeführt werden will.

Wie wir bereits gesehen haben, war die Verehrung von Wasser, insbesondere in Gestalt von Flüssen, ein wesentlicher Faktor der vorchristlich-keltischen Religion. Die Tatsache, daß die Kelten die Donau als große »Muttergöttin« betrachteten, beweist, daß sie ein Konzept der Verehrung von Gewässern entwickelt hatten, und diese Ehrfurcht war derart stark ausgeprägt, daß auch das Christentum sie nicht ausrotten konnte, sondern sie in leicht veränderter Form integrieren mußte. Aus diesem Grund gibt es in den keltischen Ländern auch derart viele heilige Quellen. Im Jahre 601 forderte Papst Gregor I. seine Missionare auf, die vorchristlichen Kultstätten nicht zu vernichten, sondern sie zu segnen und »diese Stätten der Teufelsverehrung zu verwandeln und in den Dienst des wahren Gottes« zu stellen. Dieser Aufforderung entsprach Columcille, als er im Land der Pikten eine Druidenquelle segnete. Und genau dieser Verweis in Adomnáns *Life of Columcille* entging Dr. Whitley Stokes, als er behauptete, es gäbe nur einen Abschnitt, in dem die Druiden mit der Verehrung von Quellen in Zusammenhang gebracht würden, und das sei in Tirecháns *Life of St. Patrick*. Tirechán berichtet, daß Patrick zur Quelle von Findmaige kam, »die Slán (Gesundheit) heißt«, und dort Druiden vorfand, die ihr »Gaben für die Götter« opferten, und fährt fort, sie »verehrten die Quelle als einen Gott«.

Aus der inselkeltischen Literatur geht hervor, daß die alten Kelten glaubten, die Quellen seien von Gottheiten geschaffen worden. In Gallien wurde Grannos, ein Gott der Heilkunde und der Sonnenanbetung, der laut Dio Cassius von Kaiser Aurelius Antonius (211 bis 217) angerufen wurde, mit der Quellenverehrung in Zusammenhang gebracht. Interessant ist in diesem Kontext, daß der Kaiser den Spitznamen »Caracalla« trug, was sich von dem langen keltischen Kapuzenumhang ableitet, den Aurelius Antonius in Rom in Mode brachte. Meist wurde Grannos mit der Göttin Sirona (»Stern«) verbunden, und sein eigener Name ist offenbar sinnverwandt mit dem altirischen Wort *grian,* was Sonne bedeutet. Als weiterer gallischer Gott wurde Borvo – auch Bormo oder Bormanus – mit Quellen assoziiert. Der Name bezeichnet wohl rauschendes oder turbulentes Wasser und ist noch in einigen Ortsnamen erhalten. Borvo erscheint zusammen mit seiner göttlichen Gemahlin Damona, deren Name soviel wie »göttliche Kuh« bedeutet.

Ein faszinierender Mythos, der sich mit den übernatürlichen Eigenschaften von Quellen befaßt, wird in einer Geschichte über den Dagda und seine Gefährtin Boann erzählt. In manchen Versionen tritt anstelle des Dagda auch Nechtan auf, der offenbar ein früher Wassergott war, denn der Name impliziert »waschen« in heiligem Wasser, »sauber«, »rein« oder »weiß«. Möglicherweise haben wir es hierbei nur mit einem Beinamen des Dagda zu tun, denn Nuada hieß auch Nuada Necht. Der Dagda, oder Nechtan, hatte eine Quelle, die »Quelle von Segais« (oder auch Conlaís Quelle) genannt wurde. Über ihr hingen die Zweige von neun Haselnußbäumen der Weisheit, und die Nüsse, die als feuerrot beschrieben werden, fielen in die Quelle und erzeugten dort Blasen der mystischen Eingebung. Nur der Dagda beziehungsweise Nechtan und seine drei Kelchträger durften die Quelle aufsuchen und aus ihr Wasser schöpfen. Doch seine junge Frau Boann übertrat dieses Tabu (*geis*). Das Wasser wallte auf und verfolgte sie, so daß sie darin ertrank. Der Weg, den es dabei nahm, bildete den Lauf des nach ihr benannten Flusses – der Boann oder Boyne.

Eine ähnliche Geschichte wird von Sionan erzählt, der Tochter von Lodan, einem Sohn des Meeresgottes Lir. Trotz eines ausdrücklichen Verbots suchte sie die Quelle des Wissens auf. Das Wasser stieg an und jagte sie nach Westen; dabei bildete es den großen Fluß, der nach ihr benannt wurde, Sionan (Shannon).

Möglicherweise gab es auch eine ähnliche Geschichte über den Ursprung der Donau.

Die Verehrung von Quellen und Flüssen, die starke Ähnlichkeit mit hinduistischen Traditionen aufweist, veranlaßte, wie bereits gesagt, Professor Bradley von der Universität Reading zu der Behauptung, der Themse sei bei den britannischen Kelten die gleiche Bedeutung zugekommen, wie sie der Ganges heute bei den Hinduisten hat. Auf jeden Fall wurden zahlreiche Fundstücke – Schädel, Schwerter, Schilde und andere Gegenstände, die man für Votivgaben hält – in der Themse entdeckt, vor allem in der Umgebung von London.

Im walisischen Sagenkreis *Mabinogion* findet sich eine Geschichte von Owain, Sohn des Urien, der ein Ritter am Hofe Artus' ist und sich aufmacht, um den von einem Schwarzen Krieger getöteten Cymon zu rächen. Im Verlauf seiner Suche gelangt er an eine Quelle, neben der ein hoher Baum steht. Sie ist mit einer Marmorplatte eingefaßt, und darauf steht eine silberne Schale. Wenn Wasser mit der Schale aus der Quelle geschöpft und auf die Platte gegossen wird, kommt es zu Donnergrollen und einem heftigen Sturm, und danach beginnen zahlreiche Vögel in dem Baum zu singen. Schließlich erscheint der schwarzgekleidete Krieger, den Owain im Kampf Mann gegen Mann bezwingen muß. Eine geheimnisvolle junge Frau, offenbar eine Druidin im walisischen Sinne, verhilft ihm zum Sieg über den Schwarzen Krieger und zur Hand von dessen Gemahlin, der »Dame der Quelle«. In den späteren Artussagen ist von der »Dame vom See« die Rede, die ebenfalls auf einen dem Wasser innewohnenden Geist hindeutet.

Zweifellos kann man davon ausgehen, daß die Druiden oder vorchristlich-keltischen Priester an Quellen und Ursprüngen von Flüssen Rituale vollzogen. Das beweisen ohne jeden Zweifel die vielen Votivgaben, die an solchen Orten aufgefunden wurden.

Publius Terentius Varro, ein Gallier aus Narbonne, der auf Lateinisch schrieb, erwähnt, die Druiden würden bei einigen ihrer Feste langsam über glühende Kohlen schreiten; dies gelänge ihnen, so fügte er hinzu, indem sie sich die Fußsohlen mit einer bestimmten Salbe bestrichen. Leider ging Varros Werk verloren und wird von anderen Autoren nur auszugsweise zitiert. Wir wissen, daß er eine Schrift namens *Bellum Sequanicum* über den Krieg gegen die keltischen Sequaner verfaßte. John Toland wiederholt Varros Beobachtungen in seiner *Critical History of the Celtic Religion* (1740). In Zusammenhang mit Irland schreibt Toland:

> Der Sitte gemäß nahm der Herr des Ortes, oder sein Sohn oder eine andere bedeutende Person, die Eingeweide des geopferten Tieres in die Hände und schritt dreimal über die Kohlen, nachdem die Flammen erstorben waren, um sie [die Eingeweide] direkt dem Druiden zu überreichen, der in eine weiße Haut gehüllt vor dem Altar wartete. Wenn der Edle keinen Schaden davontrug, wurde dies als günstiges Omen aufgefaßt und mit lautem Beifall begrüßt; doch wenn er Brandwunden davontrug, galt dies als Unglück, sowohl für ihn selbst als auch für die Gemeinde.

Bedeutsamer ist allerdings, daß Toland behauptet, zu seinen Lebzeiten selbst einen ähnlichen Brauch in Irland beobachtet zu haben, bei dem Menschen über glühende Kohlen oder Glut liefen. Und Lewis Spence berichtet: »Das *Gabha-Bheil* oder die Prüfung durch Beli [Bilé], eine spätere irische Zeremonie, verlangte von einem Verdächtigen, zum Beweis seiner Unschuld dreimal mit bloßen Füßen durch Feuer zu gehen...«

Joyce bemerkte: »In einigen Teilen des Landes finden noch immer, oder fanden zumindest bis noch vor sehr kurzer Zeit, viele seltsame Feuerrituale statt.« Dann fügt er allerdings warnend hinzu: »Die ausführlichen Beschreibungen von Sonnen- und Feuerverehrung in Irland, die einige Schriftsteller des letzten Jahrhunderts gaben, und ihre Mutmaßungen über ›Rinderkulte‹, ›Schweinekulte‹, ›Crom, den Gott des Feuers oder des Windes‹ und derlei mehr, wie auch die Bilder von irischen Druiden, die aus dem Blut von Opfern weissagen – all das sind nur Phantasien von Menschen, die sich nie die Mühe machten, sich eingehend mit der Materie zu beschäftigen und die authentische alte Literatur des Landes zu studieren.«

Allerdings wissen wir, daß das »Feuerlaufen« in vielen Teilen der Welt als Ritual bekannt ist. Das Feuer spielte schon in den frühesten religiösen Erfahrungen eine zentrale Rolle, und die Faszination des Feuers reicht bis in die Urzeit zurück. Dazu schreibt Professor John E. Pfeiffer in *The Emergence of Man* (1969):

Feuer kann bei der Heraufbeschwörung von Visionen und Vorhersehungen ein ebenso wirkungsvolles Stimulans sein wie Drogen, und als solches könnte es auch den Priestern und Priesterinnen, den kulturellen Nachfahren der Feuerträger aus der Zeit des *homo erectus,* gedient haben.
Feuer hatte wie Werkzeuge eine zweifache Funktion. Es vertrieb Raubtiere und die Kälte und brachte gleichzeitig die Menschen näher zusammen. Es erfüllte materielle Bedürfnisse und trug gleichwohl dazu bei, einen neuen Lebensstil und eine neue Art der Evolution herbeizuführen.

Nach der Geburt teilte sich das Leben – zumindest nach Ansicht der irischen Druiden – in zwei Hälften zu jeweils drei Abschnitten auf. In *Cormac's Glossary* werden diese sechs Zeitalter des Menschen als *colonna áis* oder »Säulen des Alters« bezeichnet. Die erste Hälfte bestand aus 1) *náidenacht* (Säuglingsalter); 2) *macdacht* (Kindheit); 3) *gillacht* (Pubertät). Die nächsten drei Abschnitte waren 1) *hóclachus* (Mannesalter); 2) *sendacht* (Alter); 3) *díblidecht* (Greisenalter).

Die Druiden hatten besondere Rituale für das Begräbnis eines Verstorbenen. In Irland wurde dabei ein Fest abgehalten, *fled colige,* auf das Begräbnisspiele, *cluiche caintech,* folgten. Dies alles ging jedoch mit Freude vonstatten, denn wie Philostratos schreibt, feierten die alten Kelten damit die Wiedergeburt des Verstorbenen in der Anderswelt. Der Sitte gemäß wurde der Leichnam gewaschen und in ein *racholl,* ein Leichentuch oder Laken, gewickelt. Dann wurde eine oder mehrere Nächte lang Totenwache gehalten, die sich je nach Stand der Person bis auf zwölf Tage ausdehnen konnte. So lange währte die Totenwache beispielsweise beim heiligen Patrick und auch bei Brian Boru. Dr. Joyce berichtet: »Bei den heidnischen Iren waren sieben Nächte und Tage die übliche Dauer für bedeutende Persönlichkeiten.« Dann wurde die Leiche auf eine Bahre oder *fuat* gelegt, die anschließend vernichtet wurde, damit die bösen Geister sie nicht verwenden konnten. Nach der Christianisierung wurde diese Zeremonie durch Klagen ergänzt, das *caoine,* das im heutigen Englisch als »keening« (Totenklage) überlebt hat. Häufig wurde über dem Grab ein *écnaire* genanntes Ritual oder Requiem gesungen, das vielfach von Händeklatschen – *lámh-comairt* – begleitet wurde. Beim Tod Mogneids, so wird berichtet, sang der Druide Dergdamhsa das Ritual über dessen Leiche und hielt dann eine Trauerrede. Diese Elegie hieß *nuall-guba,* Klagegesang des Leids; häufig wurde sie auch *Amra* genannt. Dállan Forgaills *Amra* für Columcille wird seit langem zelebriert und gehört laut Dr. Joyce zu den schwierigsten Stücken irischer Prosa, das wir kennen.

In vorchristlicher Zeit wurde der Leichnam meist mit *strophais,* buschig-grünen Birkenzweigen, bedeckt und zum Grab getragen. *Cormac's Glossary* zufolge vermaßen die Druiden die Gräber mit einem *fé,* einem Espenstab, der eine Inskription in Ogham-Schrift trug. Diese Rute wurde mit Grauen betrachtet und von niemandem berührt außer der Person, die das Grab vermessen mußte.

Caesar behauptete, die Gallier hätten den Leichnam von Häuptlingen verbrannt und mit ihm auch seine Gefangenen und seine Lieblingstiere. Dies erinnert an eine hinduistische Tradition, die sich zum *Sati* (aus dem Sanskrit für »hingebungsvolle Ehefrau«) entwickelte und bei der die Witwe ihrem verstorbenen Gatten auf den Scheiterhaufen folgt. Dieser Brauch wurde in den britisch beherrschten Gebieten Indiens offiziell 1829 abgeschafft. Es gibt keine Belege dafür, daß es diese Tradition auch bei den Inselkelten gab, und sie steht zweifellos nicht in Einklang mit den Begräbnisritualen der alten Iren.

Allerdings gibt es eine Erwähnung eines ähnlichen Ereignisses. Während der Regierungszeit von Eochaidh Muigmedoin (um 358 bis 366) führte der Hochkönig eine Strafexpedition gegen Munster aus. Doch der Sieg über die Männer von Munster war teuer erkauft, denn Fiachra, der Sohn des Königs, erlag seinen im Kampf erlittenen Wunden. Während seines Begräbnisses wurden die fünfzig Gefangenen von Munster am Grab aufgestellt und niedergemetzelt. So wird dieses Ereignis zumindest im *Leabhar na Nuachonghbala* (Buch von Leinster) wiedergegeben, doch im *Leabhar Buidhe Lecain* (dem Gelben Buch von Lecan) steht eine etwas andere Version. Hier sind die Gefangenen, während sie nach Tara geführt werden, kurzzeitig mit dem verwundeten Fiachra allein und nutzen diese Gelegenheit, um ihn bei lebendigem Leibe zu begraben. Dann ergreifen sie die Flucht.

Das Töten von Tieren mag durchaus ein keltischer Brauch gewesen sein. Auf seinem Totenbett bittet Ailill von Connacht, »sein Grab möge gegraben, seine Klage möge gesungen und seine Vierbeiner mögen getötet werden«.

Ein König oder ein hochrangiger Krieger wurde im vorchristlichen Irland stets aufrecht, mitsamt seinen Waffen, beerdigt. Der Leichnam gewöhnlicher Sterblicher wurde gelegentlich in einer sitzenden Haltung begraben, meist aber flach hingelegt. Auch Verbrennungen waren bekannt. Doch nach dem Aufkommen des Christentums war es nur noch gestattet, die Toten flach auf dem Rücken zu begraben.

In *Expurgatio Hibernica,* einem Bericht über die Eroberung Irlands, beschreibt Giraldus Cambrensis (um 1146 bis 1220) ein Ritual, das bei der Thronbesteigung eines Königs in einem nordirischen Königreich abgehalten wurde und bei dem es sich um ein Relikt aus druidischer Zeit handeln könnte. Giraldus erwähnt die rituelle Schlachtung einer Stute. Der zukünftige König ißt von deren Fleisch, trinkt eine Brühe, die aus ihrem Gerippe zubereitet wurde, und badet darin. Dies ist offenbar eine rituelle Vereinigung, mit der der König um Fruchtbarkeit für sich und sein Königreich ersucht. Allerdings wird Giraldus vorgeworfen, er wolle die Iren als Barbaren darstellen, und einige Forscher neigen dazu, den Bericht über dieses Ritual abzulehnen. Andererseits ist die rituelle Schlachtung eines Pferdes insofern bedeutsam, als sie auch in hinduistischen Texten erwähnt wird, nämlich als *Asvamedha*; somit könnte es sich hier um ein Ritual handeln, das sich aus derselben indoeuropäischen Symbolik entwickelte.

Das Ritual, das aufgrund des Berichts von Plinius dem Älteren am berühmtesten wurde, ist jenes, bei dem die Druiden am sechsten Tag des Mondes mit einer Sichel Misteln von einer heiligen Eiche schneiden; darauf folgte die Opferung von zwei weißen Stieren. Plinius stellt die einzige Quelle für dieses Ritual dar, und wir müssen seine Beschreibung mit Vorsicht betrachten. Ein ganz ähnliches Ritual gab es nämlich in Ägypten; dort schnitt der Pharao während des Sommermonats Pachons eine Korngarbe mit einer Sichel und opferte Min, dem Fruchtbarkeitsgott, einen weißen Ochsen. Verwechselte Plinius hier etwa die Ägypter mit den Druiden, oder handelt es sich lediglich um einen ganz ähnlichen Fruchtbarkeitsritus? Eine Parallele findet sich außerdem auch in Rom, wo am Kapitol dem Gott Jupiter zwei weiße Ochsen als Opfer dargebracht wurden.

Plinius berichtet ferner, daß die Kelten »die Mistel (*viscum*) mit einem Wort benennen, das in ihrer Sprache ›allheilend‹ bedeutet«. Da die Mistel keine einheimische irische Pflanze ist und erst im 18. Jahrhundert dort bekannt wurde, können wir nicht auf das Altirische zurückgreifen, um diese Aussage zu überprüfen. Im heutigen Irisch heißt die Mistel *Drualus* (*Druidh lus,* das Kraut des Druiden). Im Walisischen wird sie *uchelwydd* oder *uchelfar* genannt, im Bretonischen *uhelvarr* und im Cornischen *ughelvar.* Dies deutet darauf hin, daß das gallische Wort aus einer ähnlichen Zusammensetzung bestanden haben muß, denn alle diese Wörter bedeuten soviel wie »hoher Zweig« – die Mistel wächst meist hoch über dem Boden, aber nicht im Baumwipfel. Somit besteht Zweifel an der Bedeutung des Wortes, die Plinius anführt. Er schreibt auch: »Sie glauben, daß ein Trank aus Misteln unfruchtbare Tiere fruchtbar macht und gegen jedes Gift wirkt.« In der Naturheilkunde gilt die Mistel als nervenstärkendes und auch als krampflösendes Mittel, das heißt als Tonikum und als Narkotikum. Plinius ist die einzige Quelle für dieses Ritual; kein anderer klassischer Autor erwähnt es, und es findet sich auch nicht in der einheimischen keltischen Überlieferung.

Allerdings gibt es Verweise auf die Mistel im altnordischen Sagenkreis. Dort wird Baldr, Sohn des Odin und der Gott des Lichts, von seinem Rivalen Hodr getötet. Frigga, Baldrs Mutter, hatte alle Dinge durch einen Eid verpflichtet, ihrem Sohn nicht zu schaden, dabei aber die Mistel vergessen. So konnte Hodr Baldr mit Hilfe des Mistelzweigs, mit dem er sich bewaffnet hatte, töten. Diese Sage ist bedeutsam, denn sie liefert einen kleinen Hinweis darauf, wie die Kelten die Mistel sahen: Sie ist weder das eine noch das andere, weder Busch noch Baum. Als Pflanze wächst sie nicht aus der Erde empor und fällt auch nicht zu ihr hinab. Unwillkürlich denkt man dabei an »einen Menschen, der nicht von einer Frau geboren wurde« und an »Schweine, die nie geworfen wurden«, die also nicht den natürlichen Einschränkungen unterliegen. Somit könnte man die Mistel als ein Mittel verstehen, das den Menschen seiner herkömmlichen Beschränkungen enthebt.

Als nächstes stellt sich die Frage, wie die Druiden ihre Autorität durchsetzten. Bei den Christen brachten die Priester Maßnahmen wie Exkommunikation und religiöse Interdikte zum Einsatz, damit die Menschen ihnen Gehorsam leisteten. In der patriarchalen römischen Gesellschaft beriefen sich die Herrschenden bei ihrer Gesetzgebung auf eine übernatürliche Unterstützung, so daß die Bürger die Gesetze aus Furcht vor Bestrafung durch eine göttliche Macht respektierten. Der Gedanke des »göttlichen Rechts der Könige«, der Charles I. von England zum Verhängnis wurde*, scheint seine Wurzeln in Rom zu haben. Numa Pompilius, der Sage nach der zweite König Roms (715 bis 672 v. Chr.), erstellte sein Rechtssystem nach dem Rat der Göttin Egeria und verlieh seinen Gesetzen damit göttliche Autorität.

Aus irischen Schriften erfahren wir, daß die Druiden und Druidinnen ihre Edikte vor allem mit Hilfe des *geis* (*geasa* – ein Verbot oder Tabu) durchsetzten. Das Problem, sich Autorität zu verschaffen, trat eher in der keltischen Gesellschaft zutage als in der römischen, denn dem Wesen nach hatten die Kelten einen starken Hang zur Anarchie. Dazu bemerkte Professor Markale:

> Nur der druidischen Religion konnte es gelingen, Völker zu vereinen, die über den gesamten europäischen Kontinent und die Britischen Inseln verstreut waren. Da bei allen Verträgen und Vereinbarungen zu erwarten stand, daß sie von der einen oder anderen Person angefochten werden würden, wurden sie dem direkten Schutz von Gottheiten unterstellt, wobei die Druidenpriester offiziell ihre Durchsetzung gewährleisteten. Dies ist der Grund, warum so viele Eide geleistet wurden, um Verträge abzusichern, und warum folglich derartig viele göttliche »Verfluchungen« erteilt wurden gegen jene, die ihren Eid brachen und diese Verträge überschritten.

Um ihrer Autorität Nachdruck zu verleihen, konnten Druiden das *glam dicín* oder das *geis* aussprechen. Das *geis* war ein Verbot, das über eine bestimmte Person verhängt wurde, und da es Auswir-

* Charles I. (1600 bis 1649) versuchte erfolglos, die Macht des Parlaments zurückzudrängen, und wurde schließlich von Oliver Cromwell hingerichtet [A.d.Ü.].

kungen auf das gesamte Leben des Betroffenen hatte, wurde es nicht leichtfertig verhängt. Jeder, der ein *geis* übertrat, wurde von der Gesellschaft ausgestoßen und von der gesellschaftlichen Ordnung ausgenommen. Eine Übertretung brachte über den Betreffenden Schande, machte ihn vogelfrei und führte möglicherweise zu einem qualvollen Tod. Die Macht eines *geis* war über die menschliche und göttliche Rechtsprechung erhaben, hob alle vorherigen Urteile auf und erstellte eine neue Ordnung entsprechend den Wünschen der Person, die das *geis* kontrollierte.

Als Setanta den Namen Cúchulainn (Hund des Culann) erhielt, wurde ihm auch das *geis* auferlegt, nie das Fleisch eines Hundes zu essen. Doch als seine Feinde ihn in eine Zwangslage brachten, brach er das *geis,* was unweigerlich zu seinem Tod führte. Fergus Mac Roths *geis* bestand darin, keine Einladung zu einem Fest abzulehnen, und auf diesem Umstand beruht das tragische Schicksal der Söhne von Usna. Conaire Mór unterlag einer ganzen Reihe komplizierter *geasa.*

Das *glam dicín* wurde wie das *geis* nur von Druiden verhängt und war eine satirische Inkantation, die sich gegen eine bestimmte Person richtete und eine Verpflichtung beinhaltete. Es war also eine Art Fluch, der wegen Übertretung göttlicher oder menschlicher Gesetze, Verrat oder Mord ausgesprochen werden konnte. Das *glam dicín* war gefürchtet, denn es bedeutete für den Betreffenden Schande, Krankheit und Tod, und er war von allen Ebenen der keltischen Gesellschaft ausgeschlossen.

Eine weitere Methode, sich Autorität zu verschaffen, bestand im rituellen Fasten, dem *troscad.* Diese Möglichkeit stand allen Mitgliedern der keltischen Gesellschaft offen und galt im Brehon-Rechtssystem als legales Mittel, um die Wiedergutmachung eines Unrechts durchzusetzen. Es handelt sich hier um ein sehr altes Ritual, was auch durch die Tatsache belegt wird, daß es praktisch vollkommen mit der hinduistischen Tradition des *dharna* übereinstimmt. Diese Sitte findet sich nicht nur in den Gesetzen des Manu*, sondern sie taucht auch in alten vedischen Quellen als *prayopavesana* (»Warten auf den Tod«) auf. Dr. Joyce hielt das *troscad* als »identisch mit dem hinduistischen Brauch, und zweifellos schrieb man ihm in heidnischer Zeit ähnlich übernatürliche Wirkungen zu«; das be-

* Manu schuf die Gesetze für die unterschiedlichen Kasten der hinduistischen Gesellschaft [A.d.Ü.].

deutet, wenn derjenige, gegen den sich das Fasten richtete, den Fastenden nicht beachtete, würde ihn eine schwere übernatürliche Strafe ereilen. Das *troscad* war ein Mittel, um Gerechtigkeit zu erzwingen und sein Recht durchzusetzen. Dem Gesetz entsprechend mußte die Person, die Gerechtigkeit erzwingen wollte, den Menschen, gegen den sie den Anspruch durchsetzen wollte, davon in Kenntnis setzen und dann vor dessen Tür sitzen und so lange keine Nahrung zu sich nehmen, bis der Beklagte den Rechts- oder Schiedsspruch akzeptierte. »Wer den Fastenden mit Mißachtung straft, wird weder von Gott noch vom Menschen beachtet werden... nach der Entscheidung des Brehon geht er seiner gesetzlichen Rechte auf alles verlustig.«

Verweise auf das *troscad* finden sich nicht nur in den Sagen, sondern auch in den Gesetzen Irlands, und das Ritual bestand auch fort, als das Christentum die heidnische Religion verdrängte. So fasteten beispielsweise der heilige Caimin gegen Guaire den Gastfreundlichen und der heilige Ronan gegen Diarmuid; sogar Patrick selbst fastete gegen mehrere Menschen, um von ihnen Gerechtigkeit zu erzwingen. Einige Personen fasteten sogar gegen die Heiligen selbst, um sie dazu zu bringen, Recht walten zu lassen, und Ehefrauen fasteten gegen ihre abtrünnigen Gatten.

Es ist faszinierend, aber auch traurig, daß die Iren in ihrer jahrhundertelangen, von schweren Problemen belasteten Beziehung zu England die Tradition des *troscad* in Gestalt des politischen Hungerstreiks aufrechterhielten. Das berühmteste Beispiel dürfte wohl der Hungerstreik des Bürgermeisters von Cork sein – Terence MacSwiney war gewähltes Mitglied des Parlaments, der im Rathaus von Cork von den englischen Behörden verhaftet und gewaltsam in das Londoner Gefängnis von Brixton überführt wurde. Dort starb er am 24. Oktober 1920, dem 74. Tag seines Hungerstreiks. Allerdings war er nicht der erste irische politische Gefangene, der in jener Zeit aufgrund eines Hungerstreiks starb. Thomas Ashe war den Folgen der Zwangsernährung am 25. September 1917 erlegen. Angeblich regte MacSwineys Opfertod Mahatma Gandhi dazu an, den indischen Brauch des *dharna* als moralisch-politische Waffe wiederzubeleben. In neuerer Zeit kam es zu den allgemein bekannten Hungerstreiks im Gefangenenlager Long Kesh in Nordirland, wo 1981 zehn irische politische Gefangene ums Leben kamen. Sie hatten mit dem Mittel des Hungerstreiks erzwingen wollen, daß ihnen die Rechte politischer Gefangener wieder zuerkannt wurden, die ihnen 1974 abgesprochen worden waren. Zu ihnen gehörten unter anderem Bobby Sands, ein gewähltes Mitglied des britischen Parlaments, und Kieran Doherty, ein gewähltes Mitglied des irischen Parlaments. Doch waren diese zehn irischen Häftlinge nicht die ersten, die die Tradition des *troscad* aufgriffen, um ihre Rechte in den langjährigen Auseinandersetzungen in Nordirland durchzusetzen, und auch nicht die ersten, die durch einen Hungerstreik ums Leben kamen. So starb etwa Frank Stagg nach sechzig Tagen Hungerstreik am 12. Februar 1976 im Wakefield Prison; er hatte seiner Forderung Nachdruck verleihen wollen, daß man ihm wieder den Sonderstatus zuerkenne, der ihm 1974 abgesprochen worden war. Das *troscad* wurde nie leichtfertig unternommen, sondern immer im Wissen um die Ernsthaftigkeit des Rituals und seiner möglichen Folgen.

In alter Zeit war das *troscad* ein wirksames Mittel für eine Person von niederem gesellschaftlichem Stand, von einem Höherrangigen Gerechtigkeit einzufordern. So konnten die Druiden gegen einen König fasten, aber auch ein Mann oder eine Frau der unteren Gesellschaftsschicht gegen den Häuptling.

Der Zyklus des Gedeihens scheint ebenfalls das Relikt eines druidischen Rituals zu sein. Der tägliche Lauf der Sonne, der Tag und Nacht und die Abfolge der Jahreszeiten bewirkt, war das naheliegendste Beispiel für die natürliche Ordnung des Universums. Wie die Bezeichnungen *cruinne* und *roth* für das Universum verdeutlichen, wurde dieses im alten Irland als etwas Rundes angesehen. Der Kreis des Universums diente als Modus operandi für Gedeihen und Vermehrung, sowohl im spirituellen als auch im physischen Sinne. Wenn man den Lauf der Sonne nachahmte, das heißt rechts im Kreis ging, so beging man ein Ritual, das förderlich und gewinnbringend war. In *Description of the Western Islands of Scotland* schrieb Martin, daß die Bewohner der westschottischen Inseln diesen Ritus zu Anfang des achtzehnten Jahrhunderts noch sehr häufig vollzogen. Feuer wurde *deiseal,* rechtsherum, um Häuser, Getreide, Vieh oder Menschen getragen, um günstige Ergebnisse zu erzielen. In der Frühzeit des Christentums wurde ein ähnlicher Feuerkreis um Frauen im Wochenbett und dann um das Neugeborene gezogen; erst dann erhielt es die christliche Taufe. Ähnliche *deiseal,* »rechtsherum« geführte Prozessionen, wurden um heilende Quellen, heilige Steine, Steinhügel oder Kirchen veranstaltet, und noch bis vor kurzem begann für die keltischen Fischer eine Seereise damit, das Boot »nach dem Lauf der Sonne« zu rudern. Man glaubte, eine Bewegung in entgegengesetzter Richtung, *tuaithbel,* also links im Kreis, würde die Ordnung des Universums verletzen und Schaden bringen.

Wir werden uns später noch mit anderen Ritualen beschäftigen, die mit Weissagungen in Zusammenhang stehen, doch soll hier kurz noch auf ein divinatorisches Ritual eingegangen werden, das in heidnischer Zeit bei der Wahl des Hochkönigs von Irland vollzogen wurde. Im *Leabhar na hUidri,* dem Buch der dunkelfarbigen Kuh, das unter der Anleitung von Mael Muire Mac Ceileachair (gest. 1106 n. Chr.) zusammengestellt wurde, wird ein *tabhfheis* erwähnt, ein Stierfest, das mit der Wahl des Hochkönigs in Zusammenhang steht. Ein Druide aß vom Fleisch eines getöteten Stiers und trank von dessen Blut. Dann wurde er von vier anderen Druiden schlafen gelegt, und im nachfolgenden Traum sah er den zukünftigen Hochkönig. Wenn der Druide bei der Wiedergabe seines Traumes nicht die Wahrheit berichtete, wurde er von den Göttern vernichtet. Meines Erachtens wurde dieses Ritual angesichts der Tatsache, daß der Stierkult in der gesamten keltischen Welt weit verbreitet war, von allen Kelten begangen. Und wir wissen, daß noch bis vor kurzem auf den westschottischen Inseln allgemeine Prophezeiungen auf eine ähnliche Weise angestellt wurden.

Aus inselkeltischen Quellen, besonders aus der Folklore und der Fülle an Literatur darüber, sind noch mehrere andere Rituale bekannt, bei denen es sich gut um Relikte einer vorchristlich-keltischen Religion handeln könnte. Die wichtigsten werden wir in dem Abschnitt »Die Weisheit der Druiden« behandeln.

Doch bevor wir uns dem nächsten Kapitel zuwenden, sollten wir uns noch mit einem höchst kontroversen Thema befassen – der Frage, ob die Druiden Menschenopfer darbrachten. Dieser Punkt ist seit zwei Jahrhunderten unter den Gelehrten heftig umstritten.

Laut dem griechischen Dichter Sopater von Paphos auf Zypern, der in der Zeit Alexanders des Großen geboren wurde und zur Regierungszeit Ptolemaios' II. (285 bis 246 v. Chr.) noch lebte, opferten die galatischen Kelten nach einer siegreich verlaufenen Schlacht ihre Gefangene den Göttern, indem sie sie verbrannten. Das erfahren wir aus den Werken des griechischen Schriftstellers

Athenaios von Naukratis (um 200 n. Chr.). Aber auch der griechische Geschichtsschreiber Diodorus Siculus (um 60 bis 30 v. Chr.) erwähnt die Hinrichtung von Gefangenen bei den galatischen Kelten:

Als der General der Galater von der Verfolgung zurückkam, versammelte er die Gefangenen und führte einen Akt äußerster Barbarei und höchster Überheblichkeit aus. Er wählte diejenigen Männer, die am schönsten anzusehen waren und die in der Kraft und Blüte ihrer Jugend standen, und nachdem er sie gekrönt hatte, opferte er sie den Göttern, wenn es denn einen Gott gab, der ein solches Opfer annehmen konnte.

Derartige Berichte über das Töten von Gefangenen müssen als das gelesen werden, was sie sind. In keiner historischen Epoche und in keinem Teil der Welt hat es jemals eine Armee gegeben, die nach einer siegreich verlaufenen Schlacht keine Gefangenen getötet hätte. Außerdem dürfen wir nicht vergessen, wie hysterisch die Griechen auf die galatischen Kelten reagierten, insbesondere nachdem diese 290 v. Chr. in Griechenland eingefallen waren. Der griechische Reisende und Geograph Pausanias (er lebte um 160 v. Chr.) warf den Kelten vor, Kannibalismus begangen zu haben, nachdem sie die griechischen Heere von Athen, Phokis, Aetiolien und Thessalien besiegt hatten. Des weiteren deutet er an, dies sei bei den Kelten ein gängiger Brauch. Laut Caesar – der stets eine fragwürdige Quelle ist – machte der keltische Stammesfürst Critognatus während der römischen Belagerung der keltischen Befestigung Alesia (das heutige Alise Sainte Reine) den Vorschlag, die hungernden Bewohner der Stadt sollten als allerletzten Ausweg lieber ihre eigenen Toten essen als zu kapitulieren. Schließlich mußten die Kelten Alesia aufgeben, und ihr König Vercingetorix wurde als Gefangener nach Rom gebracht, wo er dem römischen Kriegsgott Mars geopfert wurde.

Man muß also sorgsam trennen zwischen dem, was Propaganda ist, und dem, was tatsächlich der Wahrheit entspricht. Der Bericht, die Kelten hätten während ihres Überfalls 290 v. Chr. Griechen gegessen, fällt eindeutig in den Bereich der »Horror«-Propaganda, die zu derartigen Zeiten immer ausgegeben wurde und wird. Ein weiteres Beispiel dafür sind etwa die erfundenen Berichte über die Grausamkeiten, die die Deutschen angeblich zu Beginn des Ersten Weltkriegs 1914 in Belgien begingen. Wie Rudyard Kipling, der maßgeblich an der Verbreitung dieser Märchen beteiligt war, nach dem Krieg Studenten an einer schottischen Universität zynisch erklärte, habe der Mensch die Gabe der Sprache als erstes dazu verwendet, um Lügen über seine Nachbarn zu verbreiten.

Die erste, wenngleich umstrittene Erwähnung, daß die Kelten Menschenopfer als bewußten Akt der Anbetung darbrachten, findet sich bei Caesar und Strabo, die beide offenbar Poseidonios zitieren.

So schreibt Strabo: »Sie pflegten einem Menschen, den sie dem Tod geweiht hatten, ein Messer in den Rücken zu stechen und aus seinen Todeszuckungen Prophezeiungen zu lesen; aber sie opferten nur in Gegenwart eines Druiden.« Er fährt fort:

Uns wird noch von anderen Arten des Opferns berichtet. So töteten sie Opfer mit Pfeilen oder pfählten sie in Tempeln, oder sie bauten einen Koloß aus Stroh und Holz und warfen in diesen Koloß Rinder und alle Arten von Vieh und Menschen, und dann brachten sie das Ganze als Brandopfer dar.

Selbst wenn wir dieser Geschichte Glauben schenken, deutet nichts darauf hin, daß die Druiden für diese Art von Opfer verantwortlich waren; es wird lediglich gesagt, daß ihre Anwesenheit dabei notwendig war. Es wurde zu bedenken gegeben, daß Strabo den Druiden die Funktion eines Richters zuschreibt, und so könnte man argumentieren, daß sie lediglich die Aufgabe von Beamten übernahmen, die den Ablauf überwachen und verhindern sollten, daß es zu Unrechtmäßigkeiten kam.

Diodorus macht sogar einen Unterschied zwischen den Druiden und den Sehern, die aus Menschenopfern Prophezeiungen herauslesen. Er berichtet, daß die *Vates* bei bedeutenden Anlässen einen Menschen als Opfer auswählen, und nachdem sie ihn erdolcht haben, sagen sie die Zukunft voraus aus der Art, wie er zu Boden fällt, wie seine Gliedmaßen zucken und das Blut aus der Wunde austritt. Er fügt hinzu, daß dem Brauch entsprechend ein Opfer nicht ohne die Gegenwart eines Druiden vollzogen wurde, denn es gebe das Sprichwort, daß die Götter Opfer nur annähmen, wenn es von jenen dargebracht würde, die mit dem Wesen des Göttlichen vertraut seien. Ferner schreibt Diodorus, daß bei Auseinandersetzungen unter den Kelten selbst beide Parteien den Druiden gehorchten. Auch wenn zwei Armeen sich bereits zur Schlacht aufgestellt hätten, müßten sie vom Kampf ablassen, wenn ein Druide dazwischentrat.

Caesar betont, daß die gallischen Kelten nur in Zeiten der Gefahr, ob öffentlicher oder privater Art, Menschenopfer darbrachten *oder gelobten, es zu tun* (meine Hervorhebung), wobei sie die Leitung dieser Zeremonien den Druiden übertrugen. Er fügt hinzu, daß ein »Menschenleben hingegeben« werden müsse, um »die waltende Macht der Götter zu versöhnen. Andere Stämme haben Gebilde von ungeheurer Größe, deren aus Ruten zusammengeflochtene Glieder sie mit lebenden Menschen füllen; sie werden dann von unten angezündet, und die von der Flamme Eingeschlossenen werden getötet.« Dann bringt er einen neuen Gesichtspunkt ins Spiel und sagt, daß als Opfer vorzugsweise Kriminelle ausgewählt wurden und man auf Unschuldige nur zurückgriff, wenn es nicht genügend Verbrecher gab. Dieser Abschnitt hat eine große Ähnlichkeit mit Textstellen bei Strabo und Diodorus, und man kann mit ziemlicher Sicherheit davon ausgehen, daß Caesar dieselbe Quelle verwendete.

Caesars Zeitgenosse Marcus Tullius Cicero (106 bis 43 v. Chr.) erwähnt in seiner Rede *Pro Fonteio* aus dem Jahre 64 v. Chr. Menschenopfer bei den gallischen Kelten, als seien sie im damaligen Rom eine allgemein bekannte Tatsache gewesen. Allerdings ist umstritten, ob er damit nicht nur etwas anführte, was er bei Poseidonios – der auch Strabo, Diodorus und Caesar als Quelle diente – erfahren hatte.

In seinem 43 n. Chr. verfaßten *De Chorographia,* dem frühesten uns erhaltenen lateinischen Werk über Geographie, gibt uns Pomponius Mela aus Tingentera (in der Nähe von Gibraltar) Informationen über die Druiden, die sich bei keinem anderen antiken Autor finden. So berichtet er, daß die Kelten dereinst Menschenopfer darbrachten, diese Praxis aber schon seit langem der Vergangenheit angehöre. »Es gab eine Zeit, als sie glaubten, ein Mensch sei den Göttern als Opfern sehr genehm.« Allerdings deutet Mela in keinster Weise an, daß die Druiden mit den Opfern in Zusammenhang standen. Von den Kelten sagt er jedoch: »Des weiteren haben sie ihre Beredsamkeit und ihre Druiden, Vermittler der Weisheit, die die Größe und Gestalt der Erde und des Universums zu kennen behaupten, und die Bewegung der Himmel und der Sterne und den Willen der Götter.« Zweifellos entlehnte Mela einige Informationen von Caesar, etwa in dem Abschnitt: »Eine ihrer Lehren ist allgemein bekannt, damit sie um so bereitwilliger in den Krieg ziehen; nämlich, daß die Seele unsterblich ist und daß es zwischen den Schatten ein nächstes Leben gibt.«

Marcus Anneaus Lucanus von Cordoba (39 bis 65 n. Chr.), auch als Lukan bekannt, ein Enkel Senecas, bemüht sich, die imperialistische Politik Roms zu unterstützen, und rechtfertigt die Unterdrückung der Druiden mit deren »barbarischen Riten und ihrer grauenhaften Art der Verehrung in dunklen Hainen«. Damit spielt er offenbar auf das Ritual von Menschenopfern an.

In einem Bericht über die Herrschaft Claudius' erzählt Gaius Suetonius Tranquillus (geboren um 70 n. Chr.) im Rahmen seiner *Kaiserbiographien*, die Religion der Druiden sei »grausam und wild«, womit er Menschenopfer andeutet; aber wie Lukan vermeidet auch er eine direkte Erwähnung.

Bei Tacitus finden wir einen eindeutigen Hinweis auf Menschenopfer in Mona (Anglesey). Er berichtet, daß die Druiden beim Angriff Suetonius' auf Anglesey »ihre Hände gen Himmel erhoben und Verwünschungen ausstießen und die Römer mit diesem ungewohnten Anblick einschüchterten«.

Nach dem Sieg, so fährt er fort, »wurde über die Besiegten eine Truppe gestellt, und ihre Haine, in denen grausamer Aberglaube praktiziert wurde, wurden gefällt. Sie erachteten es sogar als Pflicht, ihre Altäre mit dem Blut der Gefangenen zu bedecken und ihre Gottheiten mit Hilfe von menschlichen Eingeweiden zu befragen.«

Petronius Arbiter (geboren 65 n. Chr.) wird von Marius Servius Honoratus (um das 5. Jahrhundert n. Chr.) zitiert in bezug auf das Botenopfer, bei dem ein Mensch als Opfer für die Götter auserwählt wird. Im Griechenland der Antike, wo natürlich Opfer vollzogen wurden, hieß das Opfer *pharmakos,* Sündenbock. Petronius erwähnt diesen Brauch in Marseille:

> Wenn in Marseille eine Epidemie ausbrach, erbot sich einer der Armen der Stadt, seine Mitbürger zu retten. Ein ganzes Jahr lang mußte er auf Kosten der Stadt mit Köstlichkeiten genährt werden. Wenn die Zeit um war, wurde er, mit Blättern gekrönt und mit geweihten Gewändern am Leibe, durch die ganze Stadt geführt; er wurde mit Verwünschungen überhäuft, so daß alle Übel der Stadt auf seinem Haupte lagen, und dann wurde er ins Meer geworfen.

Auch wenn Marseille eine griechische Kolonie war, deren Gründung auf das sechste vorchristliche Jahrhundert zurückging, und diese Praxis offensichtlich ein griechischer Brauch war, so wurde doch zu bedenken gegeben, daß Marseille an der Küste Galliens lag und es sich hierbei vermutlich um einen keltischen Brauch handelte. In einem Text, in dem Lactantius Placidus das Werk des keltischen Verfassers Caecilius Statius aus der Stadt Mediolanum (Mailand) in Gallia Cisalpina kommentiert, erwähnt er einen ähnlichen Brauch, den er seinen keltischen Landsleuten zuschreibt. Statius kam etwa 223/222 v. Chr., nach der römischen Eroberung des keltischen Gebiets, als Sklave nach Rom. Nach seiner Befreiung wurde er der größte lateinische komische Dramatiker seiner Zeit. In seinem Kommentar zu Statius schreibt Placidus:

Die Gallier hatten den Brauch, einen Menschen zu opfern, um ihre Stadt zu reinigen. Sie wählten einen der ärmsten Bürger, überhäuften ihn mit Privilegien und brachten ihn so dazu, sich als Opfer zu verkaufen. Das ganze Jahr hindurch wurde er auf Kosten der Stadt mit Köstlichkeiten genährt, und als der angesetzte Tag kam, mußte er durch die ganze Stadt gehen; schließlich wurde er von den Menschen vor der Stadtmauer gesteinigt.

Dieser Abschnitt hat eine frappante Ähnlichkeit mit dem Bericht über die Sitte in Marseille, und ganz offensichtlich gehen beide Textstellen auf dieselbe Quelle zurück. Doch handelte es sich dabei um eine griechische oder um eine keltische Schrift?

Wenn eine derart grundlegende Geisteshaltung wie die Notwendigkeit, die Götter durch Menschenopfer gnädig zu stimmen, bei den keltischen Völkern tatsächlich einen so großen Stellenwert besaß, dann würde man erwarten, in der umfangreichen keltischen Literatur den einen oder anderen Hinweis darauf zu finden – insbesondere angesichts der Tatsache, daß diese Traditionen von christianisierten Kelten niedergeschrieben wurden, die sicher die Gelegenheit genutzt hätten, ihre heidnische Vergangenheit zu verunglimpfen und die druidischen Traditionen zu schmähen. Doch wie O'Curry in *Manners and Customs of the Ancient Irish* schreibt: »In keiner uns überlieferten Geschichte oder Legende über die irischen Druiden findet sich auch nur ein Hinweis, daß sie jemals Menschenopfer dargebracht hätten.« Allerdings gibt es eine Erwähnung von Menschenopfern als religiösen Ritus, die jedoch nicht mit den Druiden in Zusammenhang steht. Doch man muß bedenken, daß es sich hierbei nur um einen einzigen Verweis in der gesamten keltischen Literatur handelt, und selbst dessen Wahrheitsgehalt ist fragwürdig, denn er läßt sich unterschiedlich interpretieren.

Diese Stelle – die einzige, an der Menschenopfer als ein spezifischer, allgemein gebräuchlicher religiöser Ritus erwähnt werden – findet sich im *Dindshenchas* (gelegentlich auch *Dinnsenchus*), einer Zusammenstellung irischer Ortsnamen aus dem 12. Jahrhundert, in der jedoch Überlieferungen aus wesentlich früherer Zeit festgehalten sind.

Natürlich wurde der *Dindshenchas* von einem Klosterschreiber aufgezeichnet, und darin wird das Opfern von Menschen nur zweimal erwähnt, und zwar im Bericht über die Namensgebung von Tailltenn und Magh Sléchta. Der erste Verweis findet sich in Zusammenhang mit einer Predigt, die Patrick in Tailltenn hält und in der er sich gegen das »Verbrennen des erstgeborenen Nachkommen« ausspricht, und der zweite kommt bei der Verehrung des Götzen Cromm Cruach in Magh Sléchta vor.

Cromm Cruach (auch Crom Cróich) war ein goldener Götze der Frühzeit, dem angeblich zwölf Steingötter dienten und der von König Tigernmas (Herr des Todes) auf Magh Sléchta (Ebene des Schneidens/Schlachtens) verehrt wurde. Cromm Cruach wurden Menschenopfer dargebracht in Gestalt des »Ersten einer jeden Nachkommenschaft und der wichtigsten Nachkommen eines jeden Clans«. Das Konzept, die »Erstgeborenen« zu opfern, entspricht jedoch eher der durch das Christentum vermittelten hebräisch-biblischen Tradition als einem keltischen Brauch. Denn wie wir bereits gesehen haben, war das Erstgeburtsrecht – unter welchen dem erstgeborenen männlichen oder auch weiblichen Nachkommen größere Bedeutung als seinen Geschwistern zukommt – in der keltischen Gesellschaft unbekannt. Das heißt, daß ein fremdes Konzept eingeführt wurde, was die Geschichte von Cromm Cruach natürlich in Frage stellt. Wir erfahren, daß die Menschen für Cromm Cruach »ihre beklagenswerten, elenden Nachkommen unter viel Geheul und Gefahr töteten, um ihr Blut um Cromm Cruach herum zu vergießen. Milch und Honig« (auch dies scheint eher ein Verweis auf biblische als auf vorchristlich-keltische Traditionen) »erbaten sie von dem Götzen als Gegenleistung dafür, daß sie ihm ein Drittel ihrer gesunden Nachkommen opferten. Groß waren das Grauen und die Furcht vor dem Götzen. Edle Gälen warfen sich vor ihm nieder. Wegen der mit zahlreichen Opfern verbundenen Anbetung dieses Götzen heißt die Ebene Magh Sléchta.« (*Slecht* bedeutet schneiden, hauen, schlachten.)

Tigernmas und sein Götze werden jedoch in dieser Geschichte als gesellschaftliche Entgleisung dargestellt, die bald von den Druiden abgeschafft wurde.

Im *Leabhar na Nuachonghbala* (Buch von Leinster) findet sich ein Bericht über den Götzen und wie Tigernmas im Verlauf einer frenetischen Anbetung mit einer Vielzahl von Angehörigen seines Volkes ums Leben kommt. Das erinnert an das Schicksal von Sodom und Gomorrha, und diese Geschichte mag über die christlichen Schreiber in den Berichten eingeflossen sein. Doch ist in diesem Text mit keinem Wort von Menschenopfern die Rede, und auch von späteren Autoren wie Seathrún Céitinn, Ruaraidh Ó Flaithbheartaigh (Roderick O'Flaherty) wird diese Praxis nicht erwähnt, ebensowenig wie in den *Annales Ríoghacht Éireann* (Annalen der vier Meister). In *Tripartite Life of St. Patrick* aus dem neunten Jahrhundert wird behauptet, Patrick, und nicht die Druiden, hätten den Götzen abgesetzt, aber selbst dort werden Menschenopfer nicht erwähnt. Selbst Patrick nennt in seiner eigenen Lebensbeichte, in der er heidnische Gebräuche vielfach anprangert, kein einziges Beispiel für Menschenopfer. Und auch in keinem der anderen Lebensberichte über frühe keltische Heilige wird ein derartiger Ritus angeführt. Ganz offensichtlich fanden die voreingenommenen Christen kein erhärtendes Material über Menschenopfer, auf das sie zurückgreifen konnten.

Es gibt jedoch einige andere Bemerkungen, die auf Menschenopfer hindeuten könnten; allerdings wird der Brauch dabei als ein sehr alter bezeichnet, der bereits zu Beginn des ersten vorchristlichen Jahrtausends aufgegeben worden war. Man muß dabei jedoch bedenken, daß diese Sitte in den meisten frühen europäischen Gesellschaften bekannt war und mit dem uralten Aberglauben in Zusammenhang stand, daß beim Errichten eines Gebäudes Blut von einem Menschenopfer auf die Fundamente gesprenkelt werden müsse, damit das Haus stabil und sicher sei. Diese Tradition gab es unter anderem in der Hindukultur, bei den Griechen, Slawen und Skandinaviern. In *Life of Colmcille* wird berichtet, daß der britannische Kelte Odran, einer der Jünger Columcilles, sich erbot, sein Leben hinzugeben, damit durch seinen Opfertod und sein Begräbnis die Dämonen von Iona vertrieben würden. Auch einigen mündlichen Überlieferungen zufolge liegt Odran unter den Fundamenten von Columcilles Kirche begraben. Wie Alexander Carmichael in *Carmina Gadelica* (1900) berichtet, existieren überall auf den Hebriden mündliche Überlieferungen, nach denen Menschen getötet und dann in den Fundamenten eines Hauses beerdigt oder sogar bei lebendigem Leib darin begraben wurden, um dem Gebäude größere Stabilität zu verleihen. Doch handelt es sich hierbei um eine keltische oder eher um eine skandinavische Tradition, die auf den westlichen Inseln ja ebenfalls großen Einfluß besaß?

Zweifellos verweist Nennius, der walisische Historiker, der um 829 n. Chr. wirkte, in seiner *Historia Brittonum* auf diesen Brauch. Hier wird berichtet, daß Vortigern, als er den Bau von Dinas Emrys plante, die Druiden um Rat fragte. Diese sagten ihm, das Gebäude würde nur dann ewig währen, wenn ein Kind, das keinen Vater hatte, geopfert und sein Blut auf die Fundamente gesprenkelt würde. Ein solches Kind wurde auch gefunden, aber der Junge besaß große Weisheit und argumentierte derart überzeugend mit den Druiden über die moralische Richtigkeit von Opfern, daß er schließlich freigelassen wurde. Dieser Junge war Merlin. Hier fallen viele Parallelen zu einer alten irischen Geschichte auf, »Die Werbung Bécumas«, die im fünfzehnten Jahrhundert aus einer älteren Quelle in das *Book of Fermoy* übertragen wurde. Darin heißt es, daß das Land von Trockenfäule befallen wurde, weil eine Frau ein großes Verbrechen begangen hatte. Die Druiden sagten, daß die Trockenfäule nur verschwinden würde, wenn ein Kind – der Sohn eines besonderen Paares – geopfert und sein Blut auf die Türpfosten von Tara gesprenkelt würde. Das Kind wurde gefunden und sollte gerade getötet werden, als eine wundersame Kuh erschien und an seiner Statt geschlachtet wurde. Dann wurden die Türpfosten mit ihrem Blut besprenkelt, und die Trockenfäule verschwand. Hier finden sich gewisse Ähnlichkeiten mit der griechischen Sage von Iphigenie, der Schwester Orests, die Agamemnon auf Geheiß des Sehers Kalchas opfern mußte. Auf dem Opferaltar wird sie von Artemis entführt und durch eine Hirschkuh ersetzt.

In irischen Texten gibt es noch einen weiteren verschlüsselten Hinweis auf diese Praxis. In *Sanas Chormaic* (Cormacs Glossar), geschrieben von Cormac Mac Cuileannáin von Cashel (gestorben 836 n. Chr.), erhielt Emain Macha, der große Palast der Könige von Ulster, einen Teil seines Namens wegen der Opferung eines Mannes, die bei seinem Bau stattfand. Einer phantasievollen etymologischen Herleitung zufolge bedeutet *em* oder *ema* (Blut) zusammen mit *ain* oder *uin* (eins) etwa: »weil das Blut eines Mannes zur Zeit der Errichtung vergossen wurde«.

Unter den Autoren der klassischen Antike ist wohl Pomponius Mela am zuverlässigsten mit seinem Bericht, daß die Tradition des Menschenopfers bei den Kelten schon lange vor der Zeit, zu der er selbst wirkte (um 46 n. Chr.), aufgegeben worden war. Es gibt eine Fülle an Material über die Riten und Aberglauben der heidnischen Iren, aber – bis auf die Geschichte von Cromm Cruach – fast nichts über Menschenopfer. Man könnte behaupten, daß diese Sage die These traditioneller Menschenopferungen bestärkt, aber letztlich wird Cromm Cruach hier als Abweichung von der gesellschaftlichen Norm dargestellt.

Sogar Nora Chadwick, die eher eine pro-römische Haltung vertritt, muß in ihrer Studie *The Celts* gestehen: »Es gibt wenig direktes archäologisches Beweismaterial über keltische Opfer...« Im Versuch, wenigstens etwas zu finden, verweist sie auf die Leichen, die in einem Moor in Dänemark gefunden wurden. Sie räumt zwar ein, daß dieses Gebiet »außerhalb der Grenzen der eigentlichen keltischen Welt« liegt, versucht aber dennoch, es mit den Motiven auf dem Silberkessel von Gundestrup in Zusammenhang zu bringen. Mit wissenschaftlicher Korrektheit schreibt sie, daß »auf der Schale von Gundestrup *anscheinend* [Menschenopfer] dargestellt« sind.

Das weitaus umfangreichere archäologische Beweismaterial, das in der klassischen Literatur durch Erwähnungen verschiedener Opferungen von unbelebten, vielfach sehr kostbaren Gegenständen in Flüssen, Seen, heiligen Hainen und derlei erhärtet wird, und die Möglichkeit von Tieropfern deuten darauf hin, daß Menschenopfer bei den Kelten eine große rituelle Bedeutung besaßen und möglicherweise durchgeführt wurden, aber vorwiegend zu Zeiten großer Gefahr oder Not für die Gemeinschaft, weniger als Bestandteil einer regelmäßigen rituellen Anbetung.

In diesem Abschnitt zieht Nora Chadwick eine Reihe waghalsiger Schlußfolgerungen. Es ist nicht nachvollziehbar, warum das Opfern unbelebter Dinge als Beweis dafür gelten soll, daß auch Menschen dargebracht wurden. Ebenso unverständlich ist die Behauptung, daß Menschenopfern eine große rituelle Bedeutung zukam, wenn sich keinerlei einheimische literarische oder archäologische Beweise dafür finden lassen. Und was die Aussage betrifft, daß Menschenopfer vorwiegend zu Zeiten großer Gefahr für die Gemeinschaft dargebracht wurden, so beruht sie ausschließlich auf den zweifelhaften Angaben Caesars. Nora Chadwick kann ihre

Behauptungen nur aufstellen, weil sie davon ausgeht, daß die Feinde der Kelten zuverlässige und glaubwürdige Beobachtungen anstellten.

So schreibt Jean Louis Brunaux in *The Celtic Gauls:*

> Es gibt nur sehr wenige und überdies zweifelhafte archäologische Hinweise auf Menschenopfer. So wurde angeführt, daß in Gräbern Skelette ohne Schädel aufgefunden wurden oder daß bei einigen Skeletten die Hände hinter dem Rücken lagen, als wären sie gebunden gewesen, aber es gibt keinen offiziellen Beweis für eine Opferung, und es könnte sich dabei um ungewöhnliche Bestattungsriten handeln.

Bei Ausgrabungen in Gournay-sur-Aronde in Frankreich wurden etwa achtzig menschliche Skelette entdeckt, die offenbar gevierteilt worden waren. Falls die Menschen gewaltsam zu Tode gekommen waren, so deutet nichts an den Überresten darauf hin. Brunaux impliziert, daß es sich dabei um eine Begräbnispraxis handelt, die nach dem natürlichen Tod eines Menschen durchgeführt wurde. Bei den Ausgrabungen in Ribemont-sur-Ancre im Jahr 1982 wurden Knochen von rund zweihundert Menschen in einer bestimmten, planmäßigen Anordnung gefunden. Doch wurden bei diesen Ausgrabungen – ebenso wie in Mirebeau und Saint-Maur – wohl eher keltische Friedhöfe entdeckt als Beweise für Menschenopfer.

Das Argument, die Archäologie habe einen endgültigen Beweis für Menschenopfer gefunden, beruht auf der Entdeckung des »Lindow Man«. Am Freitag, dem 1. August 1984, stießen Torfstecher in Lindow Moss in der Nähe von Wilmslow am Südrand von Manchester auf ein gut erhaltenes menschliches Bein. Im Verlauf der Suche nach weiteren Überresten, die von der Polizei beaufsichtigt wurde, kamen ein vollständiger Kopf und Rumpf zutage. Mit Hilfe der Radiokarbonmethode kam man zu dem Ergebnis, daß die Leiche auf die Zeit von 50 bis 100 n. Chr. zu datieren ist. Das British Museum, das eingeschaltet wurde, brachte 1986 eine vorläufige Studie mit dem Titel *The Body in the Bog* heraus. 1989 veröffentlichte die führende Keltologin Dr. Anne Ross zusammen mit Dr. Don Robins vom Institute of Archaeology an der Universität London das Buch *The Life and Death of a Druid Prince* (deutscher Titel: *Tod des Druidenfürsten*).

Die Tatsachen sind folgende: Bei der Leiche handelte es sich um einen Mann von etwa 25 bis 30 Jahren, der, abgesehen von einer leichten Osteoarthritis, bei guter Gesundheit war. Um den Arm trug er ein Amulett aus Fuchspelz. Der Schädel war am Scheitel zerschmettert und der Kiefer gebrochen. Die Halswirbelsäule war ausgerenkt, wie es bei Erhängungen der Fall ist. Das erhaltene Hautgewebe wies Risse auf. Eine Untersuchung ergab, daß der Mann von hinten zwei Schläge mit einem Gerät wie etwa einer Axt erhalten hatte, so daß er vermutlich das Bewußtsein verlor. Dann war er mit einer verknoteten Schnur aus Tiersehnen, welche die Haut durchschnitt, erwürgt worden. Gleichzeitig war eine scharfe Klinge in seine Halsschlagader getrieben worden. Dann hatte man ihn ins Moor gestoßen.

Wie aber führten diese Fakten Dr. Ross und Dr. Robins zu der Überzeugung, daß es sich bei dieser Leiche um ein rituelles Menschenopfer handelte? Und daß das Opfer zudem ein »Druidenfürst« war? Doch die Spekulationen nehmen sogar noch exotischere Züge an. Das Pelzamulett ließ die Autoren mutmaßen, daß der Mann »Lovernios« geheißen habe, »Fuchs«, nach dem gallischen *lovernios,* sinnverwandt mit dem walisischen *llwynog,* dem bretonischen *louarn* und dem kornischen *lowarn*.

Doch die Grundlage dieser Vermutungen ist lediglich ein fragloses Übernehmen der römischen Berichte über »Menschenopfer«. Die Autoren behaupten:

Ihre (der Kelten) Vorliebe für Menschenopfer entsetzte selbst die Römer, obwohl diese durch die grauenvollen Schlächtereien in den Amphitheatern abgehärtet waren. Bei den Kelten stand eine Kapitulation gegenüber dem Feind in der Kriegführung kaum in Frage. Kriegsgefangene wurden, wie wir von Julius Caesar erfahren, in der Regel den Göttern geopfert. Caesar berichtet, daß Gefangene in riesigen Korbkäfigen verbrannt wurden...

Zu Caesars Verteidigung muß man anführen, daß er nichts dergleichen behauptet. Er erklärt lediglich, daß vorzugsweise Gefangene geopfert wurden. Die in einer anderen klassischen Quelle angeführte Bemerkung, die Kelten würden keine Kriegsgefangenen machen, könnte lediglich eine Warnung an griechische oder römische Soldaten gewesen sein, keine Kapitulation in Erwägung zu ziehen, sondern bis zum bitteren Ende zu kämpfen. Doch das sind Spekulationen. Und wie wir gesehen haben, stammt der Bericht über den »Korbmenschen« nicht von Caesar selbst, sondern geht auf Poseidonios zurück.

Die Autoren Ross und Robins verweisen auch auf Traditionen in anderen keltischen Regionen. »In Schottland wurden die eindeutigsten Spuren von Menschenopfern in Zusammenhang mit Beltaine gefunden. Dieses Material wird von mündlichen Volkserzählungen der Waliser gestützt, und mehr als ein Hinweis darauf findet sich auch in Irland. In allen Fällen wurde das Opfer mit Hilfe eines verbrannten Stücks Kuchen aus Hafer- oder Gerstenmehl ausgewählt, den es zum Fest gab.« Dies bedeutet eine gelinde Abweichung von den Fakten, die ich bereits genannt habe. Die Erwähnung von verbranntem Hafer- oder Gerstenmehlkuchen soll jedoch lediglich die Thesen der Autoren erhärten, denn im Magen des Lindow-Mannes wurden Spuren von verbranntem Hafer- oder Gerstenmehlkuchen gefunden. Nirgendwo nennen die Autoren eine genaue Quelle oder Beweise für ihre Aussage.

Überraschend ist auch folgende Behauptung:

> Die Kelten kannten die Todesstrafe, verwandelten sie aber in eine religiöse Handlung und machten aus einer Hinrichtung eine Opferung... Gefangene wurden vor der Schlacht den Göttern versprochen und durften aus diesem Grund nicht verkauft oder weggegeben werden. Sie mußten geopfert werden. Menschen wurden geopfert, um den Gott der Trockenfäule und der Mißernte gnädig zu stimmen.

Vermutlich handelt es sich hierbei um eine phantasievolle Interpretation der Autoren von Caesars Bemerkung, daß die Gallier meist Verbrecher opferten.

Wiederum übernehmen die Autoren lediglich die Behauptungen des römischen Feldherrn, ohne sie zu hinterfragen.

Im Gegensatz zu diesen Thesen stellen wir fest, daß das keltische Rechtssystem sich gegen Todesstrafe und Sklaverei in der Form, wie sie bei den Griechen und Römern bekannt war, ausspricht. Auch hier müssen wir die Frage nach den Beweisen für die Aussage »die Kelten kannten die Todesstrafe« stellen – abgesehen von Caesars kurzer Bemerkung. In der Studie *The Brehon Laws* (1894) kommt Laurence Ginnell zu einem völlig anderen Schluß: »Es gibt vielfache und unterschiedliche Beweise dafür, daß die Iren dem Gefühl nach gegen die Todesstrafe eingestellt waren; und noch mehr sprachen sie sich dagegen aus, daß man das Gesetz selbst, ohne gerichtliche Entscheidung, in die Hand nahm.« Das soll nicht heißen, daß die Todesstrafe nie angewandt wurde. So heißt es im Kommentar zum *Senchus Mór*: »Heute wird niemand für seine absichtlich begangenen Verbrechen hingerichtet, solange eine *eric*-Strafe* verhängt wird.« Dr. Joyce erklärt: »Die Vorstellung, den Tod als rechtmäßige Strafe für Tötung zu verhängen, selbst wenn es sich um Mord handelte, konnte sich im Denken der Iren offenbar nicht festsetzen.« Auch Edmund Spenser, Sir John Davies und andere Engländer, die Irland im 16. und 17. Jahrhundert besiedelten, bezeichneten die Todesstrafe in Kommentaren über die *eric*-Strafe für Mord oder Totschlag als »unvereinbar mit den Gesetzen Gottes und der Menschen«.

Dr. Joyce ist der Meinung: »Es gibt keinen Bericht über Menschenopfer in Zusammenhang mit den irischen Druiden; und es gibt gute Gründe für die Annahme, daß direkte Menschenopfer in Irland überhaupt nicht praktiziert wurden.«

The Life and Death of a Druid Prince ist eine Streitschrift, aber sie enthält zu viele gedankliche Sprünge, um als der Weisheit letzter Schluß gelten zu können. Zwar ist Dr. I. M. Stead vom British Museum der Ansicht: »Es würde den Archäologen schwerfallen, ein noch überzeugenderes Beispiel [für Menschenopfer] zu finden». Doch genau diese sind notwendig, bevor wir zu der Schlußfolgerung gelangen können, die diese beiden Autoren ziehen.

Eine weitaus überzeugendere Erklärung ist der Gedanke, daß die Häufigkeit von Menschenopfern bei den Kelten eine bloße Propaganda der Römer war, mit der sie ihr imperialistisches Vorgehen bei der Eroberung der keltischen Länder und die Vernichtung der Druiden rechtfertigen wollten.

Außerdem kann man argumentieren, daß es weitaus mehr Belege für Menschenopfer in der griechischen und römischen Welt gibt. Im Gegensatz zur keltischen Literatur finden sich in den griechischen Schriften zahlreiche Hinweise auf Menschenopfer, so insbesondere die Tötung von Jungfrauen vor dem Beginn einer Schlacht. Das bekannteste historische Beispiel ist die rituelle Massenopferung persischer Gefangener vor der Schlacht bei Salamis 480 v. Chr. Aber auch bei den Römern finden sich viele eindeutige Hinweise auf Menschenopfer, allen voran 228 v. Chr. und während des Zweiten Punischen Kriegs (218 bis 201), um zornige Kriegsgötter gnädig zu stimmen. Titus Livius selbst berichtet, daß die Römer nach ihrer verheerenden Niederlage bei Cannae 216 v. Chr. Menschenopfer

* *Eric* oder *eriach*, eine Geldstrafe, die ein Mörder nach altirischem Recht der Familie seiner Opfers entrichten mußte [A.d.Ü.].

darbrachten. Dabei wurden zur Beschwichtigung der Götter auch zwei Kelten lebendig unter dem Forum Boarium begraben. Noch zu Zeiten Plutarchs (46 bis um 120 n. Chr.) wurden Menschenopfer dargebracht. Gegen Ende der Republik und in den Anfängen der Kaiserzeit wurden Kinder rituell geopfert, um die Geister der Verstorbenen zu beschwören. Unter der Herrschaft Claudius' wurden Gefangene fremder Stämme in Rom bei lebendigem Leib begraben, um die Kriegsgötter günstig zu stimmen. Kriegsgefangene wie der numidische König Jugurtha und der Keltenführer Vercingetorix wurden zusammen mit ihren Familien lange Zeit – im Falle Vercingetorix' sechs Jahre – in dem tief unter der Erde gelegenen Gefängnis Tullanium unter dem Kapitol gefangengehalten, bevor sie zu Ehren Mars' feierlich geopfert wurden. Sogar römische Patrizier wie die Anhänger von Lucius Sergius Catilina* (gestorben 62 v. Chr.) wurden rituell getötet. Noch im zweiten und dritten nachchristlichen Jahrhundert berichteten Tatian, Tertullian und Minucius Felix, daß während des Festes Latini Menschenopfer dargebracht wurden.

Wer die »Empfindlichkeit« der Römer in Hinblick auf Menschenopfer ins Feld führt, darf vor allem nicht die grausame und blutrünstige Sitte der römischen »Zirkusse« vergessen. Berichte über Gefangene und Sklaven, die sich vor den Augen begeisterter Zuschauer bis auf den Tod bekämpfen mußten, sind uns aus Rom ab dem dritten Jahrhundert v. Chr. bekannt. Zur Zeit des Kaisers Marcus Ulpius Traianus (Trajan, 98 bis 117), als das römische Reich angeblich seine »Blütezeit« erreicht hatte, wurden für eine Veranstaltung bis zu fünftausend Gladiatorenpaare aufgeboten, die sich in der Arena auf Tod oder Leben bekämpfen mußten. Als »Pauseneinlage« zwischen diesen Gemetzeln wurden Zehntausende von Verbrechern in die Arena geführt und zur Unterhaltung der Massen rituell abgeschlachtet. Decimus Junius Juvenalis, der Satiriker Juvenal, der zu dieser Zeit lebte, prägte den berühmten Ausspruch: »Die Menschen, die die Welt eroberten, interessieren sich nur für zwei Dinge – Brot und Spiele.«

In der Anfangszeit des Kaiserreichs mußten sich im Verlauf eines einzigen Tages dreihundert Gefangene im Circus Maximus bis auf den Tod bekämpfen; zwölfhundert vom Gesetz verurteilte

* Catilina bereitete einen Staatsstreich vor, der mit der Ermordung des Konsuls Cicero beginnen sollte. Der Plan wurde aufgedeckt, und Catilina verließ Rom und begann einen offenen Kampf gegen die Konsuln in Rom [A.d.Ü.].

Männer und Frauen wurden hingeschlachtet, meist, indem sie wilden Tieren zum Fraß vorgeworfen wurden. Als besondere Einlage wurde verkündet, daß zwanzig Mädchen dazu gezwungen würden, mit wilden Tieren zu kopulieren. Das Abschlachten von und durch wilde Tiere galt als ein besonders »spannendes« Element der römischen »Unterhaltung«. Als Titus Flavius Vespasianus (79 bis 81 n. Chr.) nach dem Tod seines Vaters Vespasian den Thron bestieg, beendete er den Bau des Kolosseums, den sein Vater begonnen hatte; zur »großen Eröffnung« wurden neuntausend wilde Tiere bei Kämpfen mit Männern und Frauen *(venationes)* getötet. Die Anzahl der Männer und Frauen, die dabei ums Leben kamen, ist uns nicht überliefert.

Selbst als Flavius Valerius Constantinus Augustus (Konstantin I., um 285 bis 337) Kaiser wurde – im Totenbett empfing er die christliche Taufe – und den Christen im Reich alle bürgerlichen Rechte zuerkannte, gestattete er weiterhin derlei blutrünstige Veranstaltungen. Sogar Papst Dionysius (259 bis 268) besaß angeblich Gladiatoren und wohnte den Spielen bei. Ironischerweise wurde diesen gewalttätigen Spektakeln erst ein Ende gesetzt, als Rom von den sogenannten »Barbaren« eingenommen wurde und ebendiese »Barbaren« die Praxis abschafften.

Vor diesem Hintergrund muß man die entsetzten und abwehrenden Bemerkungen der Römer zu Menschenopfern in Zusammenhang mit den Druiden als bedeutungslosen politischen Zynismus betrachten.

Und schließlich müssen wir Dr. Brunaux zustimmen:

Dem gegenwärtigen Forschungsstand zufolge beruht unser Wissen über Menschenopfer auf Texten, die dazu neigen, die wirklichen Fakten zu verzerren und ihre Häufigkeit zu steigern, um ihnen zu größerem Sensationswert zu verhelfen. In diesem Bereich kann die Archäologie trotz bedeutender Funde keine neuen Beiträge leisten. Das Fehlen beweiskräftigen Materials trotz immer zahlreicherer Ausgrabungen stützt wohl eher die Hypothese, daß diese Praxis große Seltenheit hatte. Die alten Ethnographen hatten keine der Vorgänge, die sie den Kelten zur Last legten, selbst beobachtet. Wenn sie, wie Poseidonios, Gallien bereisten, können sie lediglich Schädel über den Türen von Häusern und Heiligtümern gesehen haben, für die es gewisse archäologische Beweise gibt.

8
Die Weisheit der Druiden

Druidenschulen

Julius Caesar spricht davon, wieviel Zeit das Studium der druidischen Lehren in Anspruch nahm. In manchen Fällen, so Caesar, mußten die Schüler zwanzig Jahre lang bei ihren Lehrern bleiben. Ferner deutet er an, daß es in Britannien berühmte druidische Akademien gab. Pomponius Mela schreibt nach dem Verbot des Druidentums durch Rom, daß die Druiden ihre Schüler »heimlich, entweder in einer Höhle oder in einem abgeschiedenen Tal« um sich scharten. Mit Sicherheit gibt es genügend Beweise dafür, daß die Kaste der Druiden bei den Kelten für Erziehung und Ausbildung zuständig war. In Gallien, stellte Camille Jullian fest, versammelten die Druiden »die jungen Männer der gallischen Familien um sich und lehrten sie alles, was sie von der Welt, der menschlichen Seele und den Göttern wußten und woran sie glaubten. Einige dieser Schüler blieben bis zum Alter von zwanzig Jahren bei ihren Meistern; fest steht jedoch, daß jenen, die Priester werden sollten, mehr beigebracht wurde als den anderen.« Jullian glaubte, Caesar sei mit seiner Behauptung, das Studium eines Druiden würde zwanzig Jahre dauern, einem Irrtum unterlegen, und er habe in Wirklichkeit sagen wollen, daß die Schüler bis zum zwanzigsten Lebensjahr in Ausbildung waren. Diese Aussage Jullians läßt sich jedoch nicht durch inselkeltische Quellen erhärten.

Aus Irland besitzen wir greifbareres Material zu den Druiden- oder Bardenschulen. Dr. Douglas Hyde weist in *Literary History of Ireland* darauf hin, daß dort neben den Klosterschulen auch die traditionelleren Institutionen der »Barden« weiterhin Bestand hatten. »Man kann fast mit Sicherheit davon ausgehen, daß diese auf die Schulen der Druiden zurückgingen und auf Einrichtungen beruhten, die wesentlich älter waren als selbst die ältesten Schulen der Christen; anders als diese aber waren sie nicht an einen festen Ort gebunden oder in bestimmten Gebäuden untergebracht, sondern sie schienen ihren Standort immer wieder zu wechseln.« Dr. Hyde meint, diese Druiden- oder Bardenschulen hätten sich anfänglich um bestimmte Personen zentriert, und die Schüler seien ihrem Lehrer überallhin gefolgt. Dieses System, so Hyde, habe sich bis zum sechsten nachchristlichen Jahrhundert erhalten.

James Bonwick allerdings führt in seinem Buch *Irish Druids* ein Zitat aus den *Annales Ríoghachta Eireann* (Annalen der vier Meister) an, demzufolge es auf der Insel noch 927 n. Chr. eine große Schule mit dem Namen Mur Ollamhan (Stadt der Gelehrten) gab. Diese Aussage muß natürlich in den Bereich der Legende verwiesen werden; aufschlußreich ist jedoch die Existenz einer derart langen und beständigen Tradition einer Druidenschule. Giraldus Cambrensis behauptete, Brigit habe für ihre Gemeinschaft in Kildare einen Ort gewählt, an dem früher weibliche Druiden eine Schule unterhalten hätten. In der Tat gibt es in der irischen Mythologie viele Hinweise auf solche Schulen. So studierte etwa Cúchulainn unter Cathbad dem Druiden an einer Druidenschule.

Die Bardenschulen überlebten neben den klösterlichen Bildungseinrichtungen bis zur Zerschlagung der irischen Intellektuellenklasse im siebzehnten Jahrhundert. Aus diesen Schulen gingen die Dichter, Historiker, Brehons (Richter), Ärzte und andere gelehrte Berufe hervor. Die Ausbildung in diesen »Laienschulen« verlief parallel zu jener der Kloster- oder kirchlichen Schulen. Anders als die meisten seiner europäischen Nachbarn besaß Irland deshalb eine Tradition von Bildungsinstitutionen, die unabhängig von der Kirche waren. Die Leiter dieser Laienschulen hießen *druimcli* (Firstbalken), während der Vorsteher einer kirchlichen Schule *fer-leginn* (Gelehrter) genannt wurde und von einem Abt ernannt werden mußte.

Im Jahre 574 waren die Laienschulen bereits eine feste Institution; damals wurden im Abkommen von Druim Cett (County Derry) bereits Vorschriften für diese Schulen erlassen. Jene Schulen, die noch nicht ortsgebunden waren, bekamen eine feste Örtlichkeit zugewiesen; zudem wurden sie von der jeweiligen Clan-Versammlung finanziert. Seathrún Céitinn zufolge ging dieses neue System der Laienschulen auf Dallán Forgaill (um 540 bis 590) zurück, den *ard-ollamh* oder Obersten Barden von Irland. Sein berühmtestes uns erhaltenes Gedicht ist *Amra Cholium Chilli,* die Lobrede auf den Heiligen, der ebenfalls am Abkommen von Druim Cett beteiligt war. In jeder der fünf irischen Provinzen sollten eine Art schulisches Zentrum und dazu mehrere untergeordnete Schulen entstehen; und jeder, der eine Ausbildung benötigte, sollte sie auch bekommen.

Hierzu bemerkte Dr. Hyde:

Daß die Bardenschulen... eigentlich eine Fortsetzung der Druidenschulen waren und ihre Lehrpläne viel eindeutig Heidnisches enthielten, zeigt sich meines Erachtens zur Genüge in den eigenartigen Fragmenten metrischer Texte, die im *Buch von Leinster* und im *Buch von Ballymote* sowie in einem Manuskript des Trinity College und einem der Bodleian Library* erhalten sind; alle vier Texte wurden kürzlich zusammen in bewundernswerter Weise von Thurneysen ediert.

Rudolf Thurneysens Werk wurde in der von Ernst Windisch und Whitley Stokes zwischen 1884 und 1905 in Leipzig herausgegebenen Reihe *Irische Texte* veröffentlicht. Der darin enthaltene Lehrplan zeigt, daß ein Schüler in einem Unterrichtsjahr bestimmte mystische Inkantationen lernen mußte, die als *tenmlaida, imbas forosnai* und *dichetal do chennaub na tuaithe* bezeichnet werden, und in einem anderen Schuljahr das *cétnaid*. Eine weitere bereits erwähnte Inkantation war das *glam dicín*. Sie alle werden beschrieben als poetische Formen der Weissagung, mit deren Hilfe ein Dieb aufgespürt oder ein langes Leben erbeten werden kann oder, wie im Falle des *glam dicín*, um jemanden zu verspotten und zu bestrafen, der sich weigert, den Dichter zu bezahlen. In den Zeiten des Heidentums jedoch wurde das *glam dicín* von den Druiden benutzt, um ihre Autorität geltend zu machen. Dr. Hyde bemerkt:

Bei den Beispielen, die ich aus dem Buch mit den Instruktionen der Dichter angeführt habe, handelt es sich offensichtlich um Überreste magischer Inkantationen und furchterregender magischer Zeremonien, die noch aus der Zeit der Druidenschulen stammen und in die christliche Ära hineingetragen wurden; denn niemand, denke ich, kann behaupten, daß sie ihren Ursprung im christianisierten Irland haben.

Im fünfzehnten Jahrhundert wurden diese Bardenschulen von bestimmten Familien geführt, zum Beispiel der Familie Ó Cleirigh (O'Clery), die aus Connacht vertrieben wurde, und den Ó-Conratha-(Mulcorny-)Familien aus Roscommon und Clare. Die Familie Ó Cleirigh betrieb drei bekannte Schulen in Donegal, die vor allem für ihre Studien in Geschichte, Literatur und Dichtung berühmt waren.

---

* Trinity College ist die Universität in Dublin, die Bodleian Library ist die Bibliothek der Oxford University [A.d.Ü.].

Edward Campion berichtet in seinem Werk *Historie of Ireland* aus dem Jahre 1751, daß es sogar zu seiner Zeit noch traditionelle Akademien gab, die auf Recht und Medizin spezialisiert waren:

> Sie sprechen ein vulgäres Latein, das sie in ihren allgemeinen Schulen für Heilkunde und Rechtswesen lernen; dort beginnen sie als Kinder und werden sechzehn bis zwanzig Jahre unterwiesen, indem sie die Aphorismen des Hippokrates sowie das Gesetzeswesen und einige weitere Bruchstücke aus diesen Disziplinen auswendig lernen.

Die Behauptung, daß Latein als Unterrichtssprache benutzt wurde und daß »auswendig« oder nur durch mündliche Weitergabe gelernt wurde, widerlegte jedoch Professor Francis Shaw in seiner Arbeit »Irish Medical Men and Philosophers« (in *Seven Centuries of Irish Learning 1000–1700,* herausgegeben von Dr. Brían Ó Cuív, 1971). Er bemerkt zu diesem Punkt: »Die Ansicht, Latein sei im ausgehenden sechzehnten Jahrhundert die Unterrichtssprache der irischen Heilkundeschulen gewesen, ist unvereinbar mit den Beweisen, die die irischen Handschriften liefern.« Die meisten Medizinbücher wurden auf Irisch verfaßt. Wir werden an anderer Stelle noch darauf zurückkommen, daß die ältesten erhaltenen medizinischen Werke in irischer Sprache aus dem frühen vierzehnten Jahrhundert stammen und die größte Sammlung medizinischer Handschriften überhaupt aus der Zeit vor 1800 darstellen.

Im Jahre 1615 befahlen Beamte des Königs James I. von England, die den Stand der Bildung in Irland in Erfahrung bringen sollten, die Schließung der Laienschulen; doch erst gegen Ende des siebzehnten Jahrhunderts wurden im Zuge der englischen Eroberungen die meisten der alten Schulen tatsächlich unterdrückt. Dem war die Schließung der Klosterschulen vorausgegangen, die bereits im Jahre 1310 Angriffen ausgesetzt gewesen waren; damals wurde in Irland ein Gesetz erlassen, das religiösen Orden verbot, Personen aufzunehmen, die keine englischen Bürger waren. Ein weiteres Statut, das 1380 rechtskräftig wurde, verbot den Klöstern in Irland noch einmal ausdrücklich, Schüler irischer Herkunft aufzunehmen. Als Folge der 1539 einsetzenden Unterdrückung der Klöster gingen zahlreiche Iren auf das europäische Festland, um dort Schulen oder die irischen Akademien zu besuchen, die unter anderem in Paris, Leuven und Rom entstanden waren. Die Zerstörung der irischen Bildungseinrichtungen sowie die Penal Laws, die strengen Strafgesetze Wilhelms III., führten zur Entstehung einer neuen, spezifisch irischen Schulform – den *Hedge Schools* (Heckenschulen). Gegen Ende des siebzehnten und im frühen achtzehnten Jahrhundert sahen sich die irischen Lehrer gezwungen, ihre Schüler heimlich und meist an abgelegenen Orten im Freien zu unterrichten, oft im Schutz einer Hecke – daher der Name. Ein Schüler mußte Wache stehen, um vor herannahenden englischen Soldaten oder Informanten zu warnen. Der Lehrer war auf die Großzügigkeit der Bevölkerung angewiesen und lebte von dem, was die Schüler und ihre Angehörigen für ihn erübrigen konnten; oft half er im Zuge seiner Wanderungen auch bei der Feldarbeit mit. Der Künstler George Holmes schrieb in seinen *Sketches of some of the Southern Counties of Ireland collected during a tour in 1797* über das County Kerry: »In den unzivilisierten Teilen des Landes kann man viele [Menschen] antreffen, die zwar das Lateinische gut beherrschen, aber kein Wort Englisch sprechen. Auch Griechisch wird in den gebirgigen Gegenden von umherziehenden Lehrern unterrichtet.«

Im Laufe der Zeit wurden die Penal Laws gelockert oder laxer gehandhabt, und die Lehrer gingen dazu über, ihren Unterricht in Scheunen oder Hütten abzuhalten. Aber erst im neunzehnten Jahrhundert kamen die Restriktionen der Engländer zu Fall, so daß sich das irische Volk wieder ungehindert Bildung aneignen konnte.

Aus dem irischen Brehon-Rechtssystem wissen wir, daß sowohl die Barden- als auch die kirchlichen Schulen bestimmte Vorstellungen übernahmen, die Dr. Hyde zufolge ein Vermächtnis der früheren druidischen Schulen sein könnten. Der »Folgeband zum *Crith Gabhlach*« spricht von den »Sieben Graden der Weisheit«. »Die Grade der Weisheit der Kirche stimmen überein mit jenen der Dichter und der *feíne* oder Geschichtenerzähler: Doch Weisheit ist die Mutter beider Künste, und aus ihr[er] Hand schöpfen sie alle.« Der höchste Grad erforderte ein zwölf Jahre dauerndes Studium.

Der erste Grad wurde in einer Bardenschule nach zwei Jahren erreicht; er hieß *fochluc,* »weil seine Kunst so gering ist wie sein Alter« und jung wie ein kleiner Zweig *fochlacán* (Ehrenpreis). Im dritten Jahr erreichte der Schüler *mac fuirmid,* »so genannt, weil er ›im Begriff ist‹ *(fuirmithir),* eine Kunst zu erlernen«. Im vierten Jahr wurde er als *dos* bezeichnet, »entsprechend seiner Ähnlichkeit mit dem *dos* – einem jungen Baum«. Im fünften Jahr erreichte er den Grad *cana,* und im sechsten wurde er ein *cli* (*cleith* ist der

Sockel oder ein tragendes Element eines Hauses). Nach sieben bis neun Jahren Studium konnte ein Schüler es zum *anruth* oder »edlen Bach« bringen. Nach zwölf Jahren schließlich und unter der Voraussetzung, daß er alle Prüfungen bestanden hatte, wurde der Schüler zum *ollamh* oder Professor.

Das System der Grade in den kirchlichen Schulen war ähnlich. In jeder Kunst oder Profession war der *ollamh* der höchstmögliche Grad; ein Hausbauer wurde damit ebenso bezeichnet wie ein Goldschmied, Arzt, Jurist oder Richter.

Der Titel »Oberster Dichter Irlands« überlebte bis nach den anglo-normannischen Eroberungen. Bei feierlichen Anlässen trug der Oberste Dichter einen reichverzierten Umhang, der *tugen, taiden* oder manchmal auch *stuige* genannt wurde. Dazu heißt es im *Cormac's Glossary*:

Das Wort *tuigen* kommt von *tuige-en,* von *tuige* oder der Umkleidung [mit den Federn] eines Vogels *(én)*: denn aus weißen oder vielfarbigen Vogelfedern ist der Umhang der Dichter vom Gürtel abwärts gemacht, und aus den Hals- und Kopffedern von Erpeln vom Gürtel aufwärts bis zum Nacken.

Nicht nur der Oberste Dichter, sondern alle Poeten trugen ein *craebh-ciuil,* einen kleinen Zweig, an dem mehrere Glöckchen hingen, welche klingelten, wenn sie geschüttelt wurden. Der *ollamh* trug einen goldenen Zweig, der *anruth* einen silbernen, alle anderen einen aus Bronze.

Die Überlieferung zeigt, daß die vorchristlich-keltische Gesellschaft bereits lange vor dem Aufkommen des Christentums ein hochentwickeltes Bildungssystem aufweisen konnte.

Die Bücher der Druiden

»Sie sollen«, schrieb Julius Caesar in *Der Gallische Krieg* über die Druiden, »[dort] Verse in großer Zahl auswendig lernen; deswegen bleiben einige zwanzig Jahre in der Lehre. Sie halten es für Sünde, sie schriftlich niederzulegen, während sie fast in allen übrigen Angelegenheiten ... die griechische Schrift benützen ...«

Eine oberflächliche Interpretation oder ein Mißverständnis dieses berühmten Zitats hat sogar die ernsthaftesten Gelehrten manchmal zu dem Glauben verführt, die vorchristlichen Kelten seien Analphabeten gewesen. Bekanntlich stammen die uns erhaltenen irischen und walisischen Texte aus christlicher Zeit, als das religiöse Verbot der Druiden, keltisches Wissen schriftlich festzuhalten, nicht mehr von Bedeutung war. Irisch wurde daraufhin nach Griechisch und Latein zur dritten europäischen Schriftsprache.

Wenn wir im nächsten Abschnitt über die Philosophie der Druiden sprechen, werden wir uns mit der druidischen Vorstellung von Wahrhaftigkeit als der überragenden geistigen Kraft befassen, ein Gedanke, der für alle indoeuropäischen Völker von grundlegender Bedeutung war. Der Einfachheit halber sollten wir als Grund für das Verbot der Druiden, ihre Lehre schriftlich festzuhalten, an dieser Stelle nur folgendes festhalten: Die Lehre besagte, daß Wahrhaftigkeit und das [geschriebene] Wort gleichbedeutend waren und daß das Wort göttlich und heilig war und nicht entweiht werden durfte. Die Kelten glaubten an die magische Kraft des Wortes. »Wahrhaftigkeit ist die Grundlage der Rede, und alle Worte gründen in ihr.« Die Druiden glaubten, daß »durch Wahrhaftigkeit die Erde fortdauert«. Doch wie weit reichte dieses religiöse Verbot, von dem Caesar spricht?

Eine eingehendere Betrachtung der Schriften Caesars macht deutlich, daß nur das Wissen der Druiden (das »Wort«) vom Verbot der schriftlichen Fixierung betroffen war und daß die Kelten – in diesem Falle vor allem die keltischen Völker des Kontinents – das griechische Alphabet benutzten. Wir sollten hinzufügen, daß bei ihnen auch das etruskische und das lateinische Alphabet in Gebrauch waren. Dies läßt sich anhand früher keltischer Inschriften beweisen, insbesondere jenen, die in Norditalien *(Gallia cisalpina)* und Spanien gefunden wurden. Mit Inschriften auf Gedenksteinen aus dem vierten bis zweiten vorchristlichen Jahrhundert, wie etwa den Steinen von Briona, Todi und Saignon, befaßte sich Dr. Michel Lejeune in seinem Werk *Lepontica* (Paris, 1971). Keltische Grabinschriften sowie Herstellerzeichen auf Keramiken und anderen Gegenständen beweisen zur Genüge einen gewissen Grad der Schriftbeherrschung. Darüber hinaus wurde der berühmte Kalender von Coligny aus dem ersten vorchristlichen Jahrhundert lange Zeit als das umfassendste Dokument in gallischem Keltisch betrachtet. Doch 1983 wurde eine Tafel aus Blei gefunden, die bereits erwähnte Larzac-Inschrift, und 1992 entdeckte man in Nordspanien eine Bronzetafel. Diese beiden Funde lieferten den

Forschern längere und äußerst faszinierende Texte. Wie Caesar bemerkte, wurde damals in den keltischen Sprachen also tatsächlich bereits Schrift verwendet.

Oft vergessen wird auch die Tatsache, daß viele Kelten nach der Eroberung durch die Römer in deren Sprache zu schreiben begannen. Wenn sie die heidnische keltische Religion nicht völlig ablehnten, gingen diese Schreiber vermutlich davon aus, daß sich das druidische Verbot des Schriftgebrauchs nicht auf den literarischen Ausdruck in einer fremden Sprache bezog. Zudem wurden diese Autoren im Laufe der Zeit zunehmend als lateinische Schreiber betrachtet – ganz wie viele ihrer irischen, schottischen oder walisischen Kollegen unserer Zeit für englische Schriftsteller gehalten werden, weil sie in dieser Sprache schreiben. In der Tat entstand im ersten vorchristlichen Jahrhundert sogar eine »keltische literarische Schule«, die hauptsächlich auf Autoren aus dem cisalpinen Gallien zurückging. Auch Kelten aus Iberien, der Provençe und später aus dem eigentlichen Gallien leisteten bald Beiträge zur lateinischen Literatur. Dr. H. D. Rankin hat sich in *Celts and the Classical World* (1987) kurz mit den lateinisch schreibenden Kelten befaßt.

Die wichtigste Frage aber ist, ob irgendwelche Schriften zur keltischen Geschichte und Philosophie, zum Rechtssystem der Kelten oder ähnlichen Themen vom Verbot der Druiden ausgeschlossen waren.

Hierzu bemerkt Dr. Joyce: »Die gallischen Druiden gestatten ihren Schülern nicht, auch nur Teile ihrer Lehre niederzuschreiben, denn sie betrachteten dies als einen Akt der Entweihung. Bei den irischen Druiden findet ein derartiges Verbot allerdings keine Erwähnung.«

In den irischen Sagen lesen und schreiben die Druiden in einem besonderen irischen Alphabet – dem Ogham. Die Mythologie der Insel nennt als Erfinder dieser Schrift Ogma, der nicht nur der Gott der Beredsamkeit und des Wissens war, sondern bezeichnenderweise auch der Gott der Druiden. Der Großteil der erhaltenen Ogham-Inschriften datiert jedoch aus christlicher Zeit, und zwar aus dem fünften und sechsten Jahrhundert. Es sind 369 Inschriften bekannt, zumeist aus Irland, viele aber auch aus Wales und Schottland, einige aus Cornwall und von der Isle of Man, und einige wenige wurden auch im heutigen England entdeckt. Die am weitesten östlich gefundene Ogham-Inschrift stammt aus Silchester in

Hampshire, der ehemaligen Hauptstadt des keltischen Stammes der Atrebaten. Die Verbreitung dieser Inschriften, ausgehend von Munster – wo besonders viele gefunden wurden (und wo sie bezeichnenderweise der irischen Überlieferung zufolge ihren Ursprung haben) –, nach Osten fällt zeitlich zusammen mit dem Vorrücken der irisch-christlichen Missionare. Als Maghnus O'Duibhgeánnáin 1390 das *Buch von Ballymote* zusammenstellte, das auch eine Ausgabe des *Leabhar na gCeart* (Buch der Rechte) enthält, fügte er eine Abhandlung über das Ogham mit einem alphabetischen Schlüssel bei. Die »Buchstaben« der Ogham-Schrift bestehen aus kurzen Linien, die an einer senkrechten Grundlinie aufgereiht werden beziehungsweise diese kreuzen. Oft wurde das Ogham auch als »Druidenalphabet« oder »Baumalphabet« bezeichnet; letzteres deshalb, weil jeder irische Buchstabe für einen Baum steht, zum Beispiel A für *ailim* (Ulme), B für *beithe* (Birke), C für *coll* (Haselnuß) und so weiter.

Da alle diesbezüglichen Funde aus der christlichen Epoche stammen, ist argumentiert worden, das Ogham sei erst zu dieser Zeit entstanden und würde auf dem lateinischen Alphabet basieren. Andere Forscher hingegen, so etwa Dr. Barry Fell von der Harvard University, finden vermeintliche Ogham-Inschriften überall, selbst in Spanien und sogar in Amerika, und datieren sie bis in die Zeit um 500 vor Christus! Man kann allerdings mit Sicherheit davon ausgehen, daß es aus der Zeit vor 500 n. Chr. keine Ogham-Inschriften gibt. Allerdings ist die Frage, ob es Ogham auch schon zu einer früheren Zeit gegeben haben könnte, durchaus berechtigt.

Die Ogham-Schrift wird nämlich häufig in den alten irischen Mythen erwähnt. So heißt es in einer Niederschrift des *Immrain Brain* (Die Reise des Bran) aus dem achten Jahrhundert – wobei die Geschichte selbst jedoch eindeutig vorchristlichen Ursprungs ist –, Bran, der Sohn von Febal, habe fünfzig oder sechzig vierzeilige Gedichte in Ogham aufgeschrieben. Im *Táin Bó Cuailnge* (Rinderraub von Cooley) schickt Cúchulainn seinen Feinden Warnungen und Herausforderungen in Ogham. Druiden hielten magische Inkantationen und Zaubersprüche in Ogham fest. In der Geschichte von Midir dem Stolzen wird Eochaidh Airemh von einem Druiden namens Dalan mitgeteilt, daß seine Frau Étain nach Brí Leith verschleppt wurde; auch er schreibt in Ogham. Wir haben es hier also zweifellos mit einer literarischen Tradition zu tun.

Noch aufschlußreicher ist, daß wir in der Geschichte von Baile Mac Buain von einer Bibliothek aus »Ruten der Filí« erfahren, auf denen alte Geschichten und Sagen festgehalten sind. Dazu wurden die Ogham-Zeichen in Rinde oder Stöcke aus Haselnuß oder Espe eingeschnitzt. Diese Bibliotheken oder Tech Screpta werden auch im *Leabhar na Nuachonghbala* (Buch von Leinster) erwähnt, das um 1150 von Fionn Mac Gormain aus Glendalough zusammengestellt wurde. Mit Sicherheit kamen solche Bibliotheken ab dem sechsten Jahrhundert im Gefolge der Christianisierung auf, aber existierten die Tech Screpta in Irland auch schon in heidnischer Zeit?

Ein Hinweis findet sich im *Leabhar Buidhe Lecain*, dem Gelben Buch von Lecan, das Giolla Iosa Mór Mac Firbis um 1400 zusammenstellte und das viele frühere Texte enthält – beispielsweise ein weiteres Exemplar des *Leabhar na gCeart* (Buch der Rechte), eine politische Abhandlung über die Verfassung der irischen Königreiche, die im fünften nachchristlichen Jahrhundert von Benignus kompiliert worden sein soll. Diesem Werk zufolge verbrannte Patrick in seinem missionarischen Eifer 180 Bücher der Druiden. Aufgrund dieses Zerstörungswerks, so fügt Mac Firbis hinzu, »gingen die konvertierten Christen überall ans Werk, bis am Ende sämtliche Überreste des druidischen Aberglaubens völlig vernichtet waren«. Als Christ schreibt Mac Firbis dies natürlich in anerkennender Form. Sein Werk enthält viel frühes Material, das ursprünglich aus der Periode stammt, in der diese Bücher angeblich zerstört wurden. Somit können wir mit ziemlicher Sicherheit davon ausgehen, daß Mac Firbis zeitgenössische Quellen kopierte. Als Bekräftigung dieser Tatsache erfahren wir aus dem Werk *Life of Patrick*, verfaßt im siebten Jahrhundert von Murchu Moccu Machteni, und aus *Tripartite Life of St. Patrick* aus dem neunten Jahrhundert, daß Patrick in Tara vor dem Hochkönig Laoghaire mit den Druiden wetteiferte. Der König, so heißt es, unterbreitet den Vorschlag, eines von Patricks christlichen Büchern und ein Buch der Druiden zur Probe ins Wasser zu werfen. Nach einer Weile werden sie wieder herausgenommen, und dasjenige, das danach noch immer lesbar ist, so der Urteilsspruch, enthält die Wahrheit.

Die irisch-christlichen Quellen lassen kaum Zweifel daran bestehen, daß es in Irland bereits vor der Christianisierung Bücher gab und diese »heidnischen Werke« von den christlichen Missionaren verbrannt wurden. Falls dies zutrifft, war diese Zerstörung ein höchst sinnloser Akt. Beweise für die Existenz von Büchern vor der Ausbreitung des Christentums in Irland liefert uns ein christlicher Schriftsteller des dritten und vierten nachchristlichen Jahrhunderts, nämlich Aethicus von Istrien. Er verfaßte ein Werk mit dem Titel *Kosmographie der Welt (Cosmographia Arthici Istrii)*, von dem Paulus Orosius einen Teil in seine *Historiae adversus paganos* (»Geschichte gegen die Heiden«) aus dem Jahr 417 einfügte. Dort heißt es, Aethicus sei von Iberien nach Irland gesegelt, »wo er einige Zeit blieb und die dortigen Bücher untersuchte«. Er nennt diese Bücher *ideomochos*, wobei er impliziert, daß diese Literatur spezifisch für Irland und ihm völlig neu und fremd war. Auch spricht er von den *volumina* der Iren als einer Eigenheit des Landes. Wenn Aethicus also im dritten oder vierten nachchristlichen Jahrhundert in Irland Bibliotheken überprüfte, dann ist dies eine klare und unvoreingenommene Bestätigung der Hinweise späterer christlicher Autoren sowie zahlloser Referenzen aus Sagen auf die Existenz solcher Büchereien.

Das Gedenken vieler vorchristlicher Dichter und ihres Werkes wurde auch in der späteren irischen Literatur wachgehalten. Die drei noch vorhandenen Gedichte des Druiden Amairgen wurden bereits erwähnt. Es existieren aber auch Werke anderer Autoren, wie zum Beispiel Feirceirtné, der als Urheber von *Uraicept na nÉigeas* (Leitfaden für die Gebildeten), einer Abhandlung über Grammatik, gilt. Feirceirtné wetteiferte mit Neidé um die Position des Obersten Dichters von Irland. Sein Werk beginnt folgendermaßen: »Dies ist das Buch von Feirceirtné. Sein Ort ist Emain Macha; seine Zeit die Regierung von Conchobhar Mac Nessa; seine Person Feirceirtné der *filé*; sein Zweck, unwissenden Menschen Wissen zu geben.« Feirceirtné verfaßte auch ein Gedicht über den Tod von Cú Roí, und das *Leabhar Gabhála* schreibt ihm noch ein weiteres über den Hochkönig Ollamh Fodhla zu. Auch Neidé und sein Vater Adhna sollen berühmte Dichter und Gelehrte gewesen sein.

Als anmaßender Satiriker vom Hill of Howth wird Athairné beschrieben. Zusammen mit Neidé und Feirceirtné soll er jedoch auch den Gesetzteskodex *Breithne Neimhidh* zusammengestellt haben, der im Brehon-Rechtskodex enthalten ist.

Ein Exemplar des *Audacht Morainn* (Moranns Wille) ist ebenfalls erhalten geblieben; dies ist ein wichtiger Text, der Morann zugeschrieben wird, einem Richter, der um das Ende des ersten nachchristlichen Jahrhunderts lebte. In diesem Werk finden sich mehrere Verweise auf andere Autoren des ersten und zweiten Jahrhunderts n. Chr., deren Werke von späteren Schriftstellern erwähnt und in einigen Fällen zitiert werden (kurze Gedichte oder Prosafragmente); dazu zählen Namen wie Feradach, Modan, Ciothruadh und Fingin. Eine große Menge Gedichte und Prosatexte werden dem dritten nachchristlichen Jahrhundert zugeordnet, der Epoche der halblegendären Gestalten Cormac Mac Art, Fionn Mac Cumhail, Oisín, Fearghus und Caoilte.

Wäre es möglich, daß diese Texte, anstatt nur in der mündlichen Tradition überliefert zu werden, in die »Ruten der Filí« Eingang fanden und in den Tech Screpta verwahrt wurden, bis eilfertige christliche Missionare sie verbrennen ließen? Die uns erhaltenen Ogham-Inschriften konnten nur überdauern, weil sie in Stein geritzt wurden. Es ist offensichtlich, daß die hölzernen Stäbe, so sie denn existierten, leicht ein Raub der Flammen werden konnten oder, falls sie den christlichen Eiferern entgingen, im Laufe der Zeit vermoderten. Interessant ist auch, daß die noch existierenden Ogham-Inschriften in einer Form des »literarischen Irisch« gehalten sind, die bereits zur Zeit ihrer Entstehung archaisch war. Dies entspricht auch der Tatsache, daß die den *Annals of Ulster* zufolge erstmals im Jahre 438 kodifizierten irischen Gesetzbücher in einer ähnlich archaischen Sprachform mit der Bezeichnung *Bérla Féini* verfaßt wurden. Diese archaische Form läßt darauf schließen, daß der Text über viele Jahrhunderte unverändert weitergegeben wurde. Im Gegensatz zur Umgangssprache unterlagen die Texte keinen Veränderungen. Offenbar wurden sie bis zum Zeitpunkt ihrer Niederschrift nur in einer strengen Form mündlicher Tradierung weitergereicht. Dazu bemerkten Myles Dillon und Nora Chadwick in *Die Kelten* [S. 67]:

> [Andererseits war] Irland reicher an sorgfältig bewahrten mündlichen Überlieferungen aus der frühesten Periode unseres Zeitalters als jedes andere Volk Europas nördlich der Alpen. Aus diesem Grunde ist die Fundierung seiner Frühgeschichte mit Hilfe des überlieferten Materials weit über seine geographischen und politischen Grenzen hinaus von allgemeinem Interesse; sie wird an Bedeutung nur von der Welt der Griechen und Römer übertroffen.

Ein reicher Fundus an Literatur und Gelehrsamkeit ist von Irland zu uns gekommen. Dennoch muß man die Zerstörung der druidischen Bücher durch den christlichen Missionseifer bedauern, handelt es sich hier doch eindeutig um ein Verbrechen gegen das Wissen selbst.

Druiden als Philosophen

Keiner der klassischen Autoren bezeichnete die Druiden als »Priester«, doch viele Griechen und Römer benutzten zu ihrer Beschreibung den Terminus »Philosoph«. Dio Chrysostom trifft sogar eine klare Unterscheidung zwischen einem »Druiden« und einem »Priester«.

Was war die Philosophie der Druiden? Können wir das eine oder andere ihrer Axiome ergründen? Nora Chadwick bemerkte in ihrer Studie *The Druids*: »Das hervorstechende Merkmal der druidischen Lehre könnte man als Naturphilosophie und Naturwissenschaft zusammenfassen – die Natur des physikalischen Universums und seine Beziehung zum Menschen.« Und Diodorus Siculus schreibt: »Die Druiden verbanden die Betrachtung der Natur mit der Sittenlehre; sie glaubten an die Unzerstörbarkeit der menschlichen Seele und des Universums, wenn auch Feuer oder Wasser vorübergehend die Oberhand gewinnen.«

Die druidische Moralphilosophie ist viel diskutiert worden. Wollte man versuchen, sie aus den vorhandenen Quellen zu erschließen, so könnte man nur auf Diogenes Laertius verweisen, der behauptete, die oberste Maxime der Druiden sei, daß die Menschen »die Götter ehren, nichts Böses tun und Tapferkeit üben« sollten. In Zusammenfassung mehrerer Quellen läßt sich sagen, daß die Druiden lehrten, man solle in Harmonie mit der Natur leben, Schmerz und Tod nicht als etwas Böses betrachten, sondern sie als Teil des göttlichen Plans akzeptieren, und daß das einzige Übel in moralischer Schwäche bestehe. Aus den alt-irischen Texten geht hervor, daß den Druiden in erster Linie an Wahrheit und Wahrhaftigkeit gelegen war und daß sie *»An Fhírinne in aghaidh an tSaoil«* (Wahrhaftigkeit gegenüber der Welt) predigten. Professor Myles Dillon ist der Ansicht, daß »diese Auffassung von Wahrhaftigkeit als höchstem Prinzip und nachhaltiger Schöpfungskraft die [irische] Literatur durchdringt«.

Des weiteren bemerkt Dillon:

Wir finden in Irland auch Geschichten, in denen ein Akt der Wahrhaftigkeit magische Kräfte hat. (Es geht nicht um eine Frage der Tugend, die belohnt werden soll: Es geht um die magische Kraft der Wahrhaftigkeit selbst.) Viele von Ihnen werden die Geschichte des Kindes Cormac in Tara kennen, das hörte, wie König Lugaid Mac Con ein falsches Urteil sprach, als er der Königin die Schafe, die in ihren Garten gelaufen waren, als Strafe für diese Übertretung zusprach. Sofort begann das Gerichtsgebäude einzustürzen und den Hügel hinabzugleiten. Cormac rief: »Nein! Das ist ein falsches Urteil. Der Färberwaid im Garten wird wieder wachsen. Nur die Wolle der Schafe, die ebenso wieder wachsen wird, ist die Wiedergutmachung für den Waid!« Und alle riefen: »Das ist die Wahrheit.« Sofort hielt der Einsturz des Gerichtsgebäudes inne. Lugaid Mac Con mußte Tara verlassen, und Cormac wurde später König.

Was Cormac anbelangt, so erhielt er später eine Tasse, die in Stücke brach, wenn drei Lügen über sie gesprochen wurden, und wieder ganz wurde, wenn man drei Wahrheiten aussprach. Doch der vielleicht eindeutigste Hinweis auf die Kraft der Wahrhaftigkeit findet sich wohl in dem *audacht* oder Willen des berühmten Brehon Morann Mac Cairbre. Dieser hinterließ für den Hochkönig Feradach Finn Fachtnach (95 bis 117 n. Chr.) Instruktionen, die im *Leabhar na Nuachonghbala* (Buch von Leinster) aufgezeichnet sind:

Laß ihn die Wahrhaftigkeit vergrößern, sie wird ihn vergrößern.
Laß ihn die Wahrhaftigkeit stärken, sie wird ihn stärken.
Laß ihn über die Wahrhaftigkeit wachen, sie wird über ihn wachen.
Laß ihn die Wahrhaftigkeit lobpreisen, sie wird ihn lobpreisen.
Denn solange er über die Wahrhaftigkeit wacht, wird ihm das Gute zur Seite stehen und seine Herrschaft nicht enden.
Denn durch die Wahrhaftigkeit des Herrschers werden große Clans regiert.
Die Wahrhaftigkeit des Herrschers wendet viele Todesfälle von den Menschen ab.
Die Wahrhaftigkeit des Herrschers drängt die mächtigen Heere der Eindringlinge ins Feindesland zurück.
Die Wahrhaftigkeit des Herrschers gereicht jedem Gesetz zum Ruhm und füllt jedes Gefäß in seinem Land.
Durch die Wahrhaftigkeit des Herrschers wird alles Land fruchtbar und jedes Kind in Würde geboren.
Die Wahrhaftigkeit des Herrschers beschert hohes Getreide im Überfluß.

Mehrere sprachliche Begriffe dieser Vorstellung von Wahrheit beziehungsweise Wahrhaftigkeit haben überdauert. Faszinierend ist, daß das altirische Wort für Wahrheit [englisch: truth] gleichzeitig die Grundlage für die Begriffe Heiligkeit, Rechtschaffenheit, Treue/Redlichkeit [englisch: faithfulness], Religion und vor allem Gerechtigkeit bildet. Selbst im modernen Irisch kann man sagen: *»Tá sé/sí in áit na fhírinne anois«*, um auszudrücken, daß ein Mann beziehungsweise eine Frau gestorben ist. Wörtlich bedeutet der Satz: »Er/sie ist nun am Ort der Wahrh[aftigk]eit.« Dies ist eindeutig ein Lehrsatz der Druiden, denn wir finden eine exakte Parallele dazu im persisch-iranischen Parsismus. Die *Avesta* ist die heilige Schrift der Parsen; sie geht zurück auf das dritte oder vierte nachchristliche Jahrhundert und stellte eine Sammlung der alten Schriften und Überlieferungen des altpersischen Religionsstifters und Propheten Zoroaster dar, besser bekannt als Zarathustra (um 628 bis um 551 v. Chr.). In der *Avesta* ist *Asa*, Wahrh[aftigk]eit, der Name der Anderswelt oder des Paradieses, das jeder Mensch erlangen will. In den hinduistischen Veden ist Wahrh[aftigk]eit *(rta)* ein Land im höchsten Paradieszustand und die Quelle des heiligen Ganges. Das erinnert an den mystischen Teich von Segais, der zur Quelle der Flüsse Boyne und Shannon wurde. In diesen Teich fielen die Haselnüsse der Wahrh[aftigk]eit und Weisheit und wurden daraufhin von Fintan dem Salm gegessen, durch den wiederum Fionn Mac Cumhail zu Weisheit gelangte. Meiner Ansicht nach haben wir es hier mit Überresten eines einst gemeinsamen indoeuropäischen Gedankenguts zu tun.

Professor Dillon hat aufgezeigt, daß aus »Morann's Will« deutlich die hinduistischen Upanischaden herauszuhören sind. Die Upanischaden, ein Teil der vedischen Schriften, sind eine Sammlung von Abhandlungen über das Wesen des Menschen und der Welt. Auch in diesem Fall, so meine ich, haben wir ein Beispiel für die bemerkenswerte Entwicklung aus einer gemeinsamen indoeuropäischen Wurzel vor uns. Dillon weist darauf hin, daß die Hindukultur dieselbe Vorstellung von der magischen Kraft der Wahrh[aftigk]eit kennt. Als die Heldin Sita von einem bösen Jäger im Wald verfolgt wird, erklärt sie ihre Liebe zu Rama, der siebten Inkarnation des Gottes Vishnu. »Meine Wahrh[aftigk]eit möge mich retten!« ruft sie sodann, und der Jäger fällt tot zu Boden. *Satyakriya*, der Akt der Wahrhaftigkeit, kommt in der hinduistischen Literatur häufig vor. Dieselbe Auffassung von Wahrhaftigkeit findet sich auch in einigen erhaltenen Schriften des Heraklit von Ephesus (um 540 bis 480 v. Chr.); darin stellte er einen

Lehrsatz vor, nämlich, daß Natur und Universum vom *logos* beherrscht werden, dem Wort oder der Vernunft, was der Wahrhaftigkeit gleichkam und synonym mit der Gottheit war. Alles Geschehen war in Übereinstimmung mit dieser Wahrhaftigkeit, und das Ziel der Menschen war, in Harmonie mit ihr zu leben. Dieser Gedanke wurde auch von Stoikern und stoischen Platonisten wie Philon (um 30 v. Chr. bis 45 n. Chr.) übernommen, einem jüdisch-griechischen Philosophen aus Alexandria, dessen Werk die frühen Christen beeinflußte. Das Johannes-Evangelium wurde um 100 n. Chr. geschrieben; anders als die Evangelien nach Matthäus, Markus und Lukas stellt es ein einheitliches, auf einen Autor zurückgehendes Werk dar. Der Einfluß, den Philon oder andere von der Stoa geprägte Platonisten auf ihn hatten, kommt unverkennbar in seinen einleitenden Worten zum Ausdruck: »Im Anfang war das Wort *(logos)*, und das Wort *(logos)* war bei Gott, und Gott war das Wort *(logos)*.«

Augustinus erklärt in seinen *Confessiones*, ebendiese Vorstellung in den Werken der Platonisten gefunden zu haben.

Kehren wir also zurück zu dem grundlegenden indoeuropäischen Konzept, daß die Wahrhaftigkeit oder Wahrheit das Wort ist und dieses wiederum synonym mit der Göttlichkeit. Für die Druiden und Brahmanen bestanden das lebenspendende Prinzip und die bewahrende Kraft im Wort oder in der Wahrheit, der letzten Ursache allen Seins. In den Veden heißt es, daß »durch Wahrh[aftigk]eit die Erde fortdauert«. Diese frühe indoeuropäische Vorstellung gehörte auch zur Philosophie des Heraklit und fand über die Stoiker und Platonisten Eingang ins Neue Testament der Christen. In vielen keltischen Mythen wird eine Gestalt, die nicht wahrhaftig ist, bestraft; in der Regel wird sie mit einem Makel behaftet. Diese Vorstellung zieht sich durch zahlreiche europäische Kulturen; eine moderne Variante ist etwa die Kindergeschichte *Le avventure di Pinocchio,* die 1883 der Italiener Carlo Lorenzini, »Collodi« (1828 bis 1890), verfaßte: Pinocchios Nase wird mit jeder Lüge länger.

Die Bedeutung des Wortes zeigt sich auch darin, daß die Benennung von Dingen diese zum Leben erweckt. Re, der große Sonnengott und die erste ägyptische Gottheit, die aus dem Chaos der Urzeit auftaucht, erschuf sich selbst, indem er seinen Namen rief. Alles bleibt unbekannt, ohne Ort und Zweck, bis es einen Namen hat. Für Christen hat ein Neugeborenes keine Seele und kann das Reich Gottes nicht erlangen, bis es mit einem Namen getauft ist. Aus diesem Grunde besitzt das Wort göttliche Macht. Im Alt- wie im Neuirischen heißt *ainm* nicht nur Name, sondern auch Seele (im Gegensatz zum Körper) und Leben. Auf dieselbe Wurzel gehen die entsprechenden walisischen Wörter *enwi, enaid* und *einioes* zurück. Für die Kelten des Altertums wurde also die Welt, ebenso wie für andere Indoeuropäer, durch das Wort erschaffen, sie entstand aus dem Prozeß der Entwicklung der Sprache.

Wir haben bereits festgestellt, daß die Kelten als eines der ersten europäischen Völker eine Doktrin von der Unsterblichkeit der Seele kannten. Ammianus Marcellinus bemerkte: »Sie erklärten mit großer Verachtung für das sterbliche Los die Unsterblichkeit der Seele.« Und Lukan wandte sich in seinem Gedicht *Pharsalia* folgendermaßen an die Druiden: »Ihr sagt, daß die Schatten der Toten nicht das stille Land Erebus und die fahlen Hallen Plutos aufsuchen; ihr sagt, daß derselbe Geist woanders wieder einen Körper findet, und nach euren Gesängen ist der Tod nur die Unterbrechung eines langen Lebens.«

In der Alexandrinischen Schule herrschte Uneinigkeit darüber, ob die Kelten diese Lehre selbst entwickelt oder sie von den Griechen, vor allem von Pythagoras, übernommen hatten.

Der Grieche Alexander Cornelius Polyhistor (um 105 v. Chr.) war die Hauptquelle zu Pythagoras; sein Material benutzten Diogenes Laertius, Plinius der Ältere und Stephanus von Byzanz. Polyhistor schrieb ein Traktat zur Philosophie des Pythagoras mit dem Titel *De Symbolis Pythagoricis*; bei der Abfassung verwendete er seiner eigenen Aussage nach »pythagoreische Notizbücher«, die auf die Pythagoreer des vierten vorchristlichen Jahrhunderts zurückgingen. In Gelehrtenkreisen ist allerdings umstritten, inwieweit Polyhistors Quellen als authentisch zu betrachten sind. Er wirkte zwar zur selben Zeit wie Timagenes, doch scheinen seine Quellen älter zu sein als Poseidonius. Polyhistors Arbeiten waren zumindest eine der Quellen Klemens' von Alexandria, der um 150 n. Chr. in Athen geboren wurde und Leiter der Katechetenschule von Alexandria war; er starb zwischen 211 und 216. Klemens' Quelle wird ausgewiesen durch Kyrill von Alexandria, der dort von 412 bis 444 Erzbischof war und stellenweise dieselben Passagen wie Klemens in *Contra Julianum* anführt; dabei erklärt Kyrill nachdrücklich, daß diese Stellen Polyhistors Buch über Pythagoras entnommen sind.

Pythagoras lehrte im sechsten Jahrhundert v. Chr. eine Doktrin der Reinkarnation oder Seelenwanderung. Er behauptete, in einer früheren Inkarnation der Trojaner Euphorbos gewesen zu sein, der im Krieg um diese Stadt gefallen war.

Laut Diodorus Siculus ist Polyhistor der erste, der erwähnt, daß »die pythagoreische Lehre von der Unsterblichkeit der Seele bei den Galliern allgemein anerkannt wird«. Auch Timagenes scheint diesen Gedanken vertreten zu haben; unter Berufung auf ihn schreibt Ammianus Marcellinus: »Die Druiden, Männer von großem Geist und verbunden mit der kleinen Bruderschaft der Anhänger Pythagoras', forschten über geheime und erhabene Dinge; menschlicher Angelegenheiten uneingedenk, erklärten sie die Seele für unsterblich.«

Strabo sagte: »Die Druiden verbanden die Betrachtung der Natur mit der Sittenlehre; sie glaubten an die Unzerstörbarkeit der menschlichen Seele und des Universums, wenn auch Feuer oder Wasser vorübergehend die Oberhand gewinnen.« Die zynische, von seinem Soldatentum geprägte Bemerkung Caesars, diese Lehre sei verantwortlich für den Todesmut der Kelten in der Schlacht, findet sich auch bei Lukan.

Hippolyt (um 170 bis um 236 n. Chr.), ein bedeutender christlicher Autor, dessen griechisch verfaßtes Werk jedoch nur fragmentarisch erhalten ist, behauptete, die Druiden hätten die Lehren des Pythagoras durch die Vermittlung von dessen Sklaven Zalmoxis von Thrakien übernommen. Dem Griechen Herodot von Halikarnassos (um 490 bis um 429 v. Chr.) zufolge – er wird oft als »Vater der Geschichte« bezeichnet – war Zalmoxis der Sklave des großen Philosophen während der Zeit, als Pythagoras auf Samos lebte. Nach Aussage Hippolyts kehrte Zalmoxis reich und angesehen nach Thrakien zurück; er versprach seinem Volk Unsterblichkeit durch die neue Lehre und wurde daraufhin als ein Gott betrachtet.

Bei den Kelten waren es die Druiden, welche die pythagoreische Philosophie eingehend studierten; der Thraker Zalmoxis, ein Sklave des Pythagoras, war für sie zum Begründer dieser Lehre geworden, denn nach dem Tode des Pythagoras war er dorthin gekommen und hatte ihnen diese Philosophie gebracht. Die Kelten ehren die Druiden als Propheten und Wahrsager, denn gemäß der pythagoreischen Kunst sagen sie anhand der Zeichen und Zahlen Dinge voraus... Die Druiden praktizieren jedoch auch magische Künste.

An dieser Stelle taucht ein Problem auf. Natürlich war Hippolyt bekannt, daß Thrakien von den Kelten okkupiert worden war, als Cambaules 298 v. Chr. mit einem keltischen Heer dort einmarschiert war. Die Kelten siedelten für einige Zeit in dieser Region; der letzte thrakische König mit einem eindeutig keltischen Namen regierte im Jahre 193 v. Chr. Doch Pythagoras lebte im sechsten vorchristlichen Jahrhundert, das heißt, lange bevor die Kelten nach Thrakien kamen. Inwieweit können wir also der Überlieferung im Hinblick auf Zalmoxis Vertrauen schenken? War er Kelte oder Thraker? Obwohl Hippolyt nicht unmißverständlich klarstellt, auf welche Quelle seine Behauptung gestützt ist, zitieren Diogenes Laertius und später auch Klemens von Alexandria Passagen, die denen Hippolyts ähnlich sind.

Klemens sorgte für große Aufregung mit seiner Behauptung, nicht die Druiden hätten die Lehre des Pythagoras von der Unsterblichkeit der Seele übernommen, sondern es habe sich umgekehrt verhalten. Klemens gibt Polyhistor als seine Quelle an: »Alexander (Polyhistor) versucht darzulegen, daß... Pythagoras einer von jenen war, die den Kelten (Galatae) und den Brahmanen Beachtung schenkten und auf sie hörten.«

Diogenes Laertius jedoch widerspricht dem: »Einige sagen, das Studium der Philosophie habe seine Anfänge bei den Barbaren gehabt... Die Philosophie nahm ihren Ausgang bei den Griechen; schon der Begriff läßt sich in keine andere Sprache übersetzen.« Interessant ist in diesem Zusammenhang, daß die wörtliche Bedeutung des Begriffs »Philosophie« in sämtlichen modernen keltischen Sprachen »Mann der Weisheit« ist. Die griechische Bedeutung »Freund der Weisheit« kann man dazu durchaus als Parallele betrachten. Das Walisische kennt allerdings einen noch älteren Begriff, *athroniaeth*; er leitet sich ab von der Wurzel *athro* (Lehrer). Noch faszinierender ist vielleicht die Tatsache, daß das Altirische mehrere Wörter für »Philosoph« hatte – zum Beispiel *calleóir*, dessen Wurzel »Weissagung anhand von Augurien oder den Sternen« bedeutet; im schottischen Gälisch ist dieses Wort noch in der Form *càileadar* in Gebrauch, was soviel wie »Philosophie« oder »Sterndeuter« heißt; und das altirische *feallsamhacht* überlebt im Manx in der Form *fallogyssagh* (Astrologe). Wir werden an anderer Stelle noch weiter auf diese linguistischen Fragen eingehen.

Diogenes Laertius nennt als Hauptquelle für seine Aussagen über die Druiden einen gewissen Sotion. Dieser wirkte im zweiten vorchristlichen Jahrhundert und ist damit der älteste uns bekannte Vertreter des Gedankens, daß die Griechen die Vorstellung von der Unsterblichkeit der Seele von den Kelten übernommen hätten. Diogenes Laertius zitiert auch den anonymen Autor aus dem zweiten vorchristlichen Jahrhundert, dessen Werk *Magicus* irrtümlich Aristoteles zugeschrieben wurde. Wie Kendrick betont, zeigen solche lange vor der römischen Eroberung Galliens entstandenen Schriften, daß die Druiden auch außerhalb der keltischen Welt als Philosophen berühmt gewesen sein müssen.

Die Verbindung der Pythagoreer mit den Druiden wurde romantisch verklärt durch die Behauptung, ein Druide namens Abaris sei nach Athen gereist, um mit Pythagoras zu disputieren. So heißt es bei Strabo:

> Er kam nicht in Felle gekleidet wie ein Skythe, aber mit einem Bogen in der Hand, einem Köcher auf dem Rücken, einem Tuch um den Körper, einem goldenen Gürtel um die Hüften und mit einer Hose angetan, die von der Taille bis an die Knöchel reichte. Es fiel ihm leicht, mit den Menschen ins Gespräch zu kommen, und er war ein angenehmer Diskussionspartner; lebhaft in seiner Widerrede und verschwiegen im Umgang mit wichtigen Dingen; flink im Urteil und bereit, in jeder plötzlichen Notlage einzugreifen; zudem war er umsichtig, erkannte Sinnloses rasch, war bemüht bei seiner Suche nach Weisheit und begeistert von Freundschaft; dem Glück überließ er nur wenig, doch er genoß das Vertrauen aller und wurde wegen seiner Klugheit mit allem betraut. Sein Griechisch war so flüssig, daß man meinte, er sei im Lyceum erzogen worden und verkehre sein ganzes Leben lang mit der Akademie von Athen.

Im folgenden wird Abaris als Hyperboreer bezeichnet. Die Hyperboreer, »die jenseits des Boreas (Nordwinds) Wohnenden«, waren ein sagenhaftes Volk, das nach dem Glauben der Griechen im unzugänglichen Norden lebte. Sie verehrten Apoll, der sich im Winter zu ihnen zurückzog. Menschen, die in der besonderen Gunst der Götter standen, konnten nach griechischem Glauben unsterblich werden und dann bei den Hyperboreern leben. Den ursprünglichen Quellen zufolge ist Abaris jedoch kein Kelte und erst recht kein Druide. Erst John Wood behauptete 1747: »Die Britannier und Hyperboreer waren ein und dasselbe Volk ...« Wood berief sich hierbei offenbar auf Hekataios von Milet, der schrieb, die Hyperboreer würden auf den Britischen Inseln wohnen.

Bereits 1723 allerdings hatte Reverend Henry Rowlands in seinem Werk *Mona Antigua Restaurata* in einer etwas waghalsigen linguistischen Rechtfertigung behauptet, bei Abaris handle es sich um einen walisischen Druiden mit dem Namen »ap Rees«. John Toland vertrat in *A Critical History of the Celtic religion & etc.* die Ansicht, Abaris sei ein schottischer Gäle, obwohl es schottische Gälen zur damaligen Zeit noch gar nicht gab; und Toland war es auch, der sich für die Authentizität seines eigenen Berichts verbürgte, indem er den griechischen Begriff *chlamys* als »Tuch« übersetzte. Schließlich verfaßte John Wood, der Architekt der berühmten südenglischen Stadt Bath, im Jahre 1747 das Werk *Choir Gaure, Vulgarly Called Stonehenge, on Salisbury Plain Described, Restored, and Explained*, in dem er von einem mythischen keltischen Britannier namens Bladud berichtet, einem König, dessen Name laut Wood mit Aquila und Abaris gleichbedeutend ist. Nach seinem Aufenthalt in Griechenland, so Wood, sei Abaris nach Britannien zurückgekehrt und habe den Druidenorden gegründet. Abaris der Hyperboreer, dessen Besuch in Griechenland – zumindest der Überlieferung zufolge – dort noch lange in Erinnerung blieb, wurde für die englischen Altertumsforscher zum Äquivalent des Druiden Chyndonax von Dijon, den ihre französischen Kollegen phantasievoll als das Bild eines alten druidischen Philosophen und Weisen beschworen. Es existiert kein Hinweis eines klassischen Autors auf ein Treffen zwischen Abaris und Pythagoras; doch wir werden auf Abaris noch einmal zurückkommen.

Aber wie ähnlich waren die Lehre der keltischen Druiden und die des Pythagoras wirklich? Bei dieser Frage müssen wir uns als erstes vergegenwärtigen, daß von Pythagoras keine Schriften erhalten geblieben sind; tatsächlich ist nicht bekannt, ob er überhaupt etwas niedergeschrieben hat. Pythagoras ist eine geheimnisumwitterte, legendäre Gestalt, und die Überlieferungen zu seiner Person sind so widersprüchlich wie die über jeden beliebigen irischen Philosophen oder König aus vorchristlicher Zeit. Heraklit hielt ihn für einen Betrüger, und Xenophanes verspottete ihn wegen seiner Lehre über die Unsterblichkeit. Spätere Autoren berichten, Pythagoras habe sich die Seele als unsterblich vorgestellt, weil er sie für eine gefallene Gottheit gehalten habe, die in einen Körper eingeschlossen worden sei. Die Seele bestimme durch ihr Handeln, ob sie als Mensch, Tier oder Pflanze reinkarniert würde. So vertrat Empedokles, ein Anhänger des Pythagoras, die Meinung, er sei in seinem vorhergehenden Leben ein Busch gewesen. Xenophanes spottete, Pythagoras habe erklärt, daß er im Geheul eines geschlagenen Hündchens die Stimme eines Freundes wiedererkennen würde. Pythagoras lehrte, die Seele könne sich schließlich durch absolute Reinheit aus den weltlichen Verstrickungen befreien, das heißt, durch einen strikten Lebenswandel mit Schweigen, Selbsterforschung und Abstinenz (hauptsächlich von Fleisch und Bohnen). Die Theorie der Seelenwanderung *(metempsychosis)* war der damaligen philosophischen Tradition Griechenlands fremd. In Indien hatte sie allerdings weite Verbreitung gefunden; dort glaubte man, daß die Seele ihrem *Karma* entsprechend in nie endendem Kreislauf von einem Leben ins nächste wandern müsse, bis sie rein genug sei für die Aufnahme ins Nirvana. Diese Überzeugung existiert noch heute im Hinduismus, Jainismus und Buddhismus. Das Nirvana ist ein Zustand höchster Glückseligkeit, der den Menschen vom ewigen Zyklus von Tod und Wiedergeburt befreit. Es wird erreicht durch moralische Disziplin und die Praxis des Yoga, eine spirituelle Methode, die zu höherem Bewußtsein und zur Befreiung von Unwissenheit, Leiden und Wiedergeburt verhilft. Dies veranlaßte Alexander Pope in einer Schrift zu den Druiden zu folgender ironischer Aussage:

> Geh wie der Inder in ein anderes Leben ein,
> doch ohne deinen Hund, deine Frau und deinen Wein.

Die keltische Vorstellung von der Unsterblichkeit der Seele beruhte auf dem Glauben, daß der Tod lediglich einen Ortswechsel bedeute und das Leben in allen Formen und mit allen weltlichen Gütern in einer *anderen* Welt weitergehen würde, einer Welt der Toten, der sagenhaften Anderswelt. Wenn in jener Welt jemand starb, so wurde seine Seele in dieser wiedergeboren. Es fand also zwischen beiden Welten ein beständiger Austausch der Seelen statt; durch Tod in dieser Welt gelangte eine Seele in die Anderswelt und umgekehrt. Philostratos von Tyana (um 170 bis 249 n. Chr.) bemerkte, daß bei den Kelten die Feier einer Geburt von der Trauer über den Tod in der Anderswelt begleitet wurde und daß sie den Tod im Hinblick auf die dazugehörige Geburt in der Anderswelt freudig begrüßten. Einer der klassischen Schriftsteller meinte, der Glaube der Kelten an die Wiedergeburt in der Anderswelt sei so fest, daß manche bereitwillig Schuldscheine akzeptierten, die erst in der Anderswelt einzulösen waren. Als Quelle hierzu dient ein gewisser Valerius Maximus aus dem ersten nachchristlichen Jahrhundert; er sagte den Kelten nach: »Sie leihen sich gegenseitig Geldsummen aus, die in der nächsten Welt rückzahlbar sind, so sehr glauben sie daran, daß die Seelen der Menschen unsterblich sind.«

In der gesamten keltischen Welt finden sich in Gräbern aus vorchristlicher Zeit persönliche Gegenstände, Waffen, Lebensmittel und Getränke sowie andere Dinge, die dem Verstorbenen in der Anderswelt zu einem guten Neubeginn verhelfen sollten. Eines der besten Beispiele hierfür ist das 1968 entdeckte Grab eines keltischen Häuptlings, der um 550 v. Chr. im Alter von etwa vierzig Jahren bei Hochdorf am südwestlichen Rand des Schwarzwalds bestattet wurde. Der Leichnam maß etwa 1,80 Meter; er war in reich verzierte Gewänder aus Seide gehüllt und trug einen Hut aus Birkenrinde. Sein Umhang wurde von goldenen Broschen zusammengehalten; ferner hatte der Mann einen goldenen Armreif, einen goldverzierten breiten Ledergürtel und einen kunstvoll gearbeiteten Dolch aus Gold bei sich, und sogar seine Schuhe waren mit Gold geschmückt. Er war auf ein Lager aus Bronze gebettet, und neben ihm stand ein großer Kessel mit vierhundert Litern fermentiertem Met und neun Trinkhörnern, von denen eines neun Liter faßte. Zu den Grabbeigaben des Häuptlings zählten außerdem Waffen, Koch- und Eßgeschirr, Messer, ein vierrädriger Wagen aus Eschen-, Ulmen- und Ahornholz und eine große Anzahl Wandteppiche. Auch eine eiserne Nagelschere, ein Kamm aus Holz, Angelhaken und andere Geräte wurden gefunden. Daran kann man ermessen, wie reich die Kelten ihre hochrangigen Toten für die Reise in die Anderswelt ausstatteten. Außerdem wird aus derartigen Funden ersichtlich, daß die Kelten das Leben in der Anderswelt lediglich für eine Fortsetzung dieses Lebens hielten. Lukan behauptet in seiner *Pharsalia* sogar, die Kelten seien davon überzeugt, daß die Seele auch in der Anderswelt ihre körperliche Gestalt beibehielt.

Interessant ist, daß Vergil (Publius Vergilius Maro; 70 bis 19 v. Chr.) in seiner *Aeneis* einige Gedanken über ein Leben nach dem Tode vorstellt, die dem keltischen Glauben sehr nahekommen. Besser verständlich werden diese Ähnlichkeiten, wenn man bedenkt, daß Vergil in Andes bei Mantua, also in Gallia Cisalpina, geboren wurde und aus einer keltischen Familie stammt. Seine Werke zeugen von einer großen Liebe für seine Heimat. Dazu bemerkte Dr. Rankin: »Man muß den keltischen Einfluß im Leben Vergils nicht ableugnen.« Das heißt doch, daß der große Dichter von der keltischen Kunst, die um ihn noch lebendig war, wohl Kenntnis hatte.

In meinem Buch *The Celtic Empire* habe ich den Gedanken vorgetragen, daß möglicherweise weder die Kelten ihre Philosophie von den Griechen »ausliehen«, noch umgekehrt. Die Vorstellung von der Unsterblichkeit der Seele könnte sich nämlich auch in beiden Kulturen parallel entwickelt haben; noch plausibler wäre es jedoch anzunehmen, daß die Ähnlichkeiten zwischen den Lehren des Pythagoras und der Druiden zu oberflächlich sind, um überhaupt von Ähnlichkeiten zu sprechen. Auch Professor Piggott ist zu dem Schluß gekommen, daß die druidische Philosophie »ihrem Inhalt nach in der Tat überhaupt nicht pythagoreisch ist«. Die Pythagoreer gingen nämlich davon aus, daß alle Lebewesen dieser Welt in die Seelenwanderung miteinbezogen seien. Die Kelten hingegen glaubten an die Existenz zweier parallel existierender Welten und die Wiedergeburt der Seele in einem menschlichen Körper abwechselnd in der einen und der anderen Welt. Man könnte also argumentieren, daß die keltische und die pythagoreische Lehre sich gegenseitig ausschlossen. Allerdings finden sich in der inselkeltischen Literatur doch einige Hinweise darauf, daß Seelen durch verschiedene Lebensformen »wandern« konnten. Irischen Texten zufolge etwa überlebte Fintan die Sintflut, indem er sich in einen Salm verwandelt. Und in den walischen Texten heißt es, Gwion Bach nehme die Gestalt eines Hasen, Fisches, Vogels und eines Weizenkorns an, das von einem Huhn gefressen wird, bevor er schließlich als Taliesin auf die Welt kommt. Dieses Beispiel wird gerne von den Vertretern der Theorie der Seelenwanderung zitiert.

Allerdings muß man sorgfältig zwischen Seelenwanderung und einfacher Veränderung der Gestalt unterscheiden. Die Fähigkeit zur Gestaltsveränderung wiederum darf nicht verwechselt werden mit der Vorstellung, daß der Mensch Teil einer Einheit mit der Natur war, was einen Glauben an die Bewußtheit aller Dinge bedeutet. Bäume, Quellen, sogar Waffen und Werkzeuge waren für die Kelten lediglich Teile eines kosmischen Ganzen. Da Steine »älter waren als die Zeit«, wohnte ihnen Geist – Bewußtheit – inne. Deshalb konnte der Lia Fáil, der Schicksalsstein, vor Freude brüllen, wenn ein rechtmäßiger Herrscher seinen Fuß auf ihn setzte. Fergus' magisches Schwert Caladcholg hatte sein Äquivalent im walisischen Caladwlch, das durch die Korrumpierung der lateinischen Phonetik zum weltberühmten Excalibur wurde. Auch Conaire Mór besaß ein Schwert, welches singen konnte. Der Gott Ogma nahm es dem Fomorierkönig Tethra ab, als er ihn in der zweiten Schlacht von Magh Tuireadh tötete. Dieses Schwert namens Orna konnte sprechen und seine Großtaten aufzählen. Lugh hatte einen Speer, Luin, der brüllte, wenn eine Schlacht näherrückte; nach einem Wurf kehrte er nicht eher zurück, bis er den Feind niedergestreckt hatte. Als Lugh die Waffe auf einem Schlachtfeld zurückließ, nahm der Held Celtchair sie an sich. Vor dem Kampf drehte und wand sie sich in Celtchairs Händen, und wenn sie nicht Blut schmeckte, wandte sie sich gegen seinen Besitzer, sofern er nicht in einen Kessel mit Schlangengift getaucht wurde. Ochain »der Stöhner«, der Schild von Conchobhar Mac Nessa, stöhnte Warnungen, wenn sein Herr in Gefahr geriet. Und Manannán Mac Lir besaß ein Boot, das von selbst über das Meer steuern konnte. Aber es gab noch mehr unbelebte Dinge, die mit Vernunft ausgestattet waren und Warnungen aussprechen konnten.

Das Thema von Tod und Wiedergeburt zieht sich wie ein roter Faden durch die keltischen Sagen und Mythen. Der Gedanke der Wiederauferstehung von Kriegern findet sich im Zweiten Zweig des *Mabinogion* wie auch in der Geschichte der Schlacht zwischen den Tuatha Dé Danaan und den Fomoriern, wo Leichen zu neuem Leben erwachen, nachdem sie in einen Zauberkessel geworfen wurden. Auf dem Kessel von Gundestrup ist eine Szene dargestellt, in der ein Mann aus einer Gruppe von Kriegern von einem Gott in einen solchen Kessel getaucht wird. Die anderen tragen symbolisch einen Baum – vielleicht den *crann beatha*, den Lebensbaum?

In einer Nacht des Jahres wurde die Anderswelt für die Menschen sichtbar – zum Fest Samhain (31. Oktober/1. November), wenn sich die Pforten zur Anderswelt öffneten, damit die Bewohner Rache nehmen konnten an jenen, die im Diesseits lebten und ihnen Böses angetan hatten. Dieser alte Glaube überlebt in christlichen Zeiten in veränderter Form als Halloween, der Abend vor Allerheiligen (1. November). In der heutigen Vorstellung ist dies die Nacht, in der Hexen, Dämonen und Geister der Hölle arglose Seelen zu umgarnen versuchen.

Die Anderswelt der Kelten wird vom dunkel brütenden Fegefeuer der Fomorierinseln bis hin zum schönen, sonnendurchfluteten Land der ewigen Jugend oder der Verheißung sehr unterschiedlich geschildert.

Einem gewissen Athenaeus (um 220 n. Chr.) zufolge, der Poseidonius zitiert, hatten manche gallische Kelten so wenig Angst vor dem Tod, daß sie sogar ihr Leben verkauften, um damit Schulden zu bezahlen und ihren Familien Geld zu beschaffen. Auf eine solche Praxis wird zumindest in einem Glossar Bezug genommen, das Lactantius Placidus zugeschrieben wird, einem Grammatiker des sechsten nachchristlichen Jahrhunderts; er behauptet darin, es sei bei den Galliern Brauch gewesen, das eigene Leben für Geld zu verkaufen, woraufhin die betreffende Person nach einem Jahr des guten Lebens feierlich exekutiert wurde. Eine derart außergewöhnliche Sitte ist jedoch in keiner anderen Quelle, und schon gar nicht in einer keltischen, verzeichnet.

In einer Kultur, in der der Glaube an ein Weiterleben nach dem Tod so stark ist, liegt jedoch der Gedanke, das eigene Leben zu opfern, durchaus im Bereich des Möglichen. Dergleichen findet sich ja sogar noch in unserer modernen Zeit; man denke etwa an die Selbstverbrennungen buddhistischer Mönche in Vietnam als Protest gegen das Vorgehen der Vereinigten Staaten in ihrem Land. Aber falls Selbstopferungen auch in der altkeltischen Welt praktiziert wurden, dann sicherlich nur als vereinzelte Geste und nicht in der Form eines verbreiteten »gallischen Brauchs«, wie Lactantius Placidus behauptet.

Die Ähnlichkeit hinduistischer Gesetze, Bräuche und anderer Dinge mit entsprechenden irischen Gepflogenheiten wird als Unterstützung der Hypothese vom indoeuropäischen Ursprung beider Kulturen betrachtet. Auch Dillon und Chadwick sind der Auffassung, daß Druiden und Brahmanen einen gemeinsamen indoeuropäischen Ursprung haben. Es wurde zudem die Möglichkeit diskutiert, daß die Lehre von der Unsterblichkeit der Seele eine den »Ariern« gemeinsame Vorstellung sein könnte, die sich im dritten vorchristlichen Jahrtausend von den russischen Steppen kommend in den Ansiedlungen der Indoeuropäer verbreitete. Die *Veden* belegen, daß das Ziel von Hinduismus, Buddhismus und Jainismus die Befreiung aus dem ewigen Kreislauf von Tod und Wiedergeburt ist. Demnach scheint der Gedanke sehr naheliegend, daß die druidische Variante von der Unsterblichkeit der Seele tatsächlich aus einer allgemeinen indoeuropäischen Vorstellung geboren wurde, die sich parallel zur Philosophie des Hinduismus und natürlich auch der *metempsychosis* des Pythagoras mit eigenen kulturellen Merkmalen weiterentwickelte.

Zwischen den Griechen und Römern herrschte auf jeden Fall Einigkeit darüber, daß sie die Druiden für die Aufrichtigkeit ihres Glaubens und ihrer Lehre allgemein bewunderten. So schreibt etwa Diodorus Siculus: »Sie sind sehr aufrichtig und integer, ganz ohne die Verschlagenheit und Schurkerei, die bei uns verbreitet sind, und zufrieden mit bescheidener Vergütung; Exzeß und Luxus sind ihnen fremd.« Strabo bestätigt diese Aussage mit der Bemerkung, daß »die Druiden für die Gerechtesten gehalten werden«. Sicherlich wurde die Philosophie der Kelten von den Druiden in Form eines moralischen Systems vermittelt, das auf dem Unterschied von Recht *(fas)* und Unrecht *(nefas)*, Gesetzlichkeit *(dleathach)* und Ungesetzlichkeit *(neamhdleathach)* basierte und dem mit Hilfe der bereits erwähnten Tabus *(geasa)* Geltung verschafft wurde. Auch hier lassen sich wieder zahlreiche Vergleiche mit Entwicklungen im Hinduismus feststellen.

In vielen alten Kulturen spielen Wortspiele und Rätsel eine wichtige Rolle, und so auch in der inselkeltischen Literatur. Klassische Autoren erwähnen manchmal sehr verwirrt, daß die Druiden mit Hilfe von Rätseln lehrten. So gibt es einen Bericht über einen Wettstreit zwischen Marbán, dem »Oberpropheten von Himmel und Erde«, und Dael Duiled, dem Ober-*ollamh* von Leinster. Aus der Geschichte »Die Bewaldung von Ailbe« sind mehrere Rätsel erhalten.

> Was ist süßer als Met? – Ein vertrauliches Gespräch.
> Was ist schwärzer als der Rabe? – Der Tod.
> Was ist weißer als Schnee? – Die Wahrheit.
> Was ist schneller als der Wind? – Der Gedanke.
> Was ist schärfer als das Schwert? – Das Verstehen.
> Was ist leichter als ein Funke? – Das Herz einer Frau zwischen zwei Männern.

Meiner Meinung nach kann man die Diskussion über die Philosophie der Druiden nicht abschließen, ohne darauf hinzuweisen, daß die Kelten einige der faszinierendsten frühchristlichen Denker hervorbrachten. Zu diesen Philosophen zählen sowohl Hilarius von Poitiers, ein gallischer Kelte (um 315 bis um 367), der als einer der herausragenden frühen Kirchenlehrer gilt und unter anderem das Werk *De Trinitate* (Über die Dreieinigkeit) verfaßte, als auch

Johannes Scotus Eriugena (um 810 bis um 880), der bedeutendste Philosoph der westlichen Welt in der Zeit zwischen Augustinus und Thomas von Aquin.

Doch zeitlich zwischen diesen zwei bemerkenswerten keltischen Philosophen steht ein dritter, der bezeichnenderweise beschuldigt wurde, die »Naturphilosophie der Druiden« wiederbeleben zu wollen.

Bei dem Fraglichen handelt es sich um Pelagius (um 354 bis 420), einen Kelten, der für gewöhnlich mit dem Beinamen »Brito« bedacht wurde, was darauf schließen ließe, daß er aus Britannien stammte. Ein Zeitgenosse verspottete ihn jedoch mit der Bemerkung, er sei »voll irischen Haferbreis«, was einige Gelehrte zu der Annahme veranlaßte, Pelagius sei Ire gewesen. Diese Meinung vertrat unter anderem Heinrich Zimmer in *Pelagius in Ireland* (Berlin, 1901). Der Name ist wohl eine hellenisierte Form des keltischen Namen »Morgan«, was »im Meer gezeugt« bedeutet. Pelagius' Zeitgenosse Eusebius Hieronymus, der ihn auch persönlich kannte, beschrieb ihn als einen gedankenvollen, ernsten und gleichmütigen Menschen. Pelagius war offensichtlich kein geweihter Priester, sondern ein *veluti monarchus*, der nach klösterlicher Disziplin lebte. Er wurde schon früh wegen seiner Weisheit geachtet.

Um das Jahr 380 reiste Pelagius nach Rom. Die laxe Moral der dortigen Christen bedrückte ihn, und er machte dafür direkt und in aller Öffentlichkeit die Schriften des Augustinus verantwortlich. Dieser lehrte die göttliche Prädestination und die Doktrin, daß der Mensch seit dem Sündenfall Adams mit der Erbsünde befleckt sei. Weil dies durch Gott vorherbestimmt sei, habe der Mensch in dieser Angelegenheit keinen freien Willen. Im Gegensatz dazu vertrat Pelagius die Ansicht, daß der Mensch grundsätzlich durch sein eigenes Tun zum Heil gelangen könne, und lehnte die Doktrin der Prädestination ab. Pelagius war davon überzeugt, daß Augustinus' Theorien die gesamte Moralität gefährdeten. Denn falls alles vorherbestimmt und die Menschen mithin nicht für ihr Tun verantwortlich seien, gebe es nichts, was sie von einem Leben in Sünde abhalten könne. In der ersten von Pelagius bekannt gewordenen Schrift um das Jahr 405 heißt es: »Wenn ich muß, kann ich.«

Um der Plünderung Roms durch Alarichs Westgoten im Jahre 410 zu entgehen, verließ Pelagius die Stadt. Zusammen mit einem Kollegen namens Caelestius, der seine philosophischen Anschauungen teilte und in einem Text als Ire bezeichnet wird, schiffte er sich nach Karthago ein. Dort trennte er sich von Caelestius und reiste weiter nach Palästina.

Doch Augustinus war durch die Kritik an seinem Werk so verärgert, daß er einen seiner Freunde, den Diakon Osorius Paulus in Mailand, dazu überredete, Caelestius wegen Ketzerei anzuklagen und auf diese Weise die Lage für ein Vorgehen gegen Pelagius zu sondieren. Unter Leitung von Auretius trat in Karthago eine Synode zusammen und beschuldigte Caelestius in den folgenden sieben, als Ketzerei betrachteten Punkten:

- Adam wäre auch gestorben, wenn er nicht gesündigt hätte,
- Adams Sünde schadete nur ihm selbst,
- Neugeborene befinden sich im selben Zustand wie Adam vor seinem Sündenfall,
- für Adams Sündenfall ist nicht die ganze Menschheit verantwortlich,
- die Befolgung der Gesetze verschafft ebenso Zutritt zum Himmelreich wie das Evangelium und der Ritus der Kirche,
- schon vor dem Erscheinen Christi auf Erden waren die Menschen ohne Sünde und konnten in die Anderswelt eingehen,
- auch ungetaufte Kinder können das ewige Leben erlangen.

In diesem Zusammenhang ist interessant, daß die Kelten zwar mit Sicherheit ein Wort für Schuld oder Verantwortlichkeit kannten, der christliche Gedanke der Sünde ihnen aber offensichtlich nicht vertraut war. Sowohl im Altirischen als auch im Walisischen ist das Wort für Sünde (*pecad* im Irischen und *pechod* im Walisischen) von dem lateinischen Begriff *peccatum* abgeleitet und wird ausschließlich im christlichen Sinn verwendet – im Gegensatz zum altirischen *cin* oder *lochtach,* was Schuld oder Sträflichkeit bedeutet, oder dem walisischen *euogrwydd.* Die neue, christliche Vorstellung von Sünde scheint dem keltischen Denken offenbar fremd gewesen zu sein, was meines Erachtens auch durch die pelagianische Argumentation verdeutlicht wird. In der keltischen Kirche war die Beichte nicht zwingend vorgeschrieben; ein eventuell notwendiges Eingeständnis von Schuld wurde gegenüber einem »Seelenfreund« eigener Wahl abgeleistet. Hierzu schreibt Father Joseph MacVeigh in *Renewing the Irish Church* (1995): »Der Seelenfreund *(anam chara),* der für junge Mönche und Konvertiten die Rolle eines spirituellen Führers und Beraters – nicht aber die eines Beichtvaters – einnahm, zwar Teil der druidischen Praxis.« Sünde und das Bedürfnis, sie zu beichten, waren demnach der keltischen Welt fremd.

Der Gedanke des Seelenfreundes oder geistig-spirituellen Ratgebers entstammte der vorchristlichen keltischen Gesellschaft, in der diese Rolle gewöhnlich von einem Druiden bekleidet wurde. Es mag bezeichnend sein, daß noch in der frühchristlichen keltischen Welt auch Frauen diese Rolle übernahmen. Dafür gibt es zahlreiche Beispiele – Ita von Cluan Credill etwa war die Seelenfreundin von Brendan. Auch Kolumban hatte eine Seelenfreund*in*. Erst später, als er längere Zeit in Frankreich und Italien verbrachte und von den römischen Vorstellungen beeinflußt war, ordnete er an, daß Männer nur männliche Seelenfreunde haben durften.

Leslie Hardinge hat auf die großen Ähnlichkeiten zwischen Druiden und frühchristlichen keltischen »Heiligen« hingewiesen:

Was ihre gesellschaftliche Position und ihren politischen Einfluß betrifft, scheinen die mächtigen Heiligen in manchen Fällen die Nachfolge der Druiden angetreten zu haben. Oberflächlich betrachtet waren Druidentum und Christentum einander ähnlich. Beide kannten Jahreszeiten, in denen Feuer feierlich gelöscht und dann von einer symbolischen Flamme wieder entzündet wurden. Beide tauften Kinder und verliehen dem neuen Erdenbürger im Rahmen dieser Zeremonie seinen Namen. Beide nahmen für sich in Anspruch, magische Heilpraktiken anzuwenden, Ereignisse vorhersagen und Krankheiten von Menschen auf Pflanzen oder andere Objekte transferieren zu können. Beide wirkten als Lehrer für Heranwachsende und Ratgeber für Könige. Wie der Druide konnte auch der christliche Seelenfreund einen Sünder verbannen. Beide verfluchten ihre Feinde; [St.] Senan rief einmal aus: »Stärker ist der Zauber, den ich gebracht habe, und besser meine Botschaft.«

Wie Caelestius sich in Karthago vor Auretius verteidigte, ist nicht bekannt. Er wurde in den sieben gegen ihn vorgebrachten Anklagepunkten für schuldig befunden, wegen seines Glaubens an die Lehre des Pelagius verurteilt und exkommuniziert.

Durch diesen Erfolg bestärkt, begannen Augustinus und seine Anhänger nun, Pelagius selbst anzugreifen. Dieser lebte im Jahre 415 als ein beliebter und hochgeschätzter Mann in Palästina. Er war sehr bekannt und offenbar ein persönlicher Freund des heiligen Hieronymus, der sich damals in Bethlehem aufhielt. Hieronymus war lange Zeit in Gallien gewesen und beherrschte die keltische Sprache so gut, daß er das gallische Keltisch mit dem keltischen Dialekt der Treverer vergleichen konnte. Augustinus schrieb für ihn ein Traktat, das als *De Peccatorum Meritis* (Über das Verdienst der Sünde) bekannt wurde und in dem er vor dem Pelagianismus warnte. Dann, noch immer im Gefühl des Triumphes gegen Caelestius schwelgend, traf Osorius in Jerusalem ein. Hieronymus schlug sich auf die Seite Augustinus' und klagte Pelagius vor einem Konzil an, das im Juni 415 unter Leitung von Johannes von Jerusalem stattfand. Er schien plötzlich schockiert zu sein von der Lehre des Pelagius, daß der Mensch die Sünde hinter sich lassen könne, wenn er es nur wolle. Doch die Klage wurde abgewiesen. Unbeeindruckt setzte Augustinus jedoch weiterhin seine Bemühungen fort. Im Dezember 415 wurde in Diospolis (Lydda) erneut eine Synode einberufen, an der vierzehn Bischöfe teilnahmen; als Ankläger fungierten Heros von Arles und Lazarus von Aix. Aber auch dieses Gremium befand Pelagius nicht der Ketzerei schuldig.

Darüber geriet Augustinus offensichtlich in Rage. Zweimal war sein Gegner Pelagius nun schon von jeglicher Schuld freigesprochen worden; und nun veröffentlichte er auch noch eine Abhandlung mit dem Titel *De Libero Arbitrio* (Über den freien Willen), um seine Ansichten zu erklären. Der Kern seiner Lehre war die Willensfreiheit des Menschen. Doch Augustinus schaffte es schließlich, die Bischöfe von Karthago und Milevius von seinem Standpunkt zu überzeugen und Pelagius noch einmal anklagen zu lassen. Die beiden Bischöfe wandten sich an Papst Innozenz I., der sich höchst geschmeichelt fühlte, daß die afrikanischen Würdenträger – die die Gebote aus Rom bislang kaum beachtet hatten – nun in einer wichtigen Entscheidung den römischen Bischof als höchsten Richter anerkannten. Innozenz befand Pelagius für schuldig. Sein Nachfolger Zosimus machte diese Verurteilung jedoch sofort wieder rückgängig und erklärte, er habe Pelagius' Werke, insbesondere *Libellus Fidei* (Über den Glauben) gründlich studiert. Wutentbrannt rüsteten Augustinus und seine Anhänger von neuem zum Feldzug gegen Pelagius. Dieses Mal umgingen sie die theologische Autorität und wandten sich statt dessen an den politischen Machthaber: Am 30. April 418 überredeten sie Kaiser Honorius (395 bis 423 n. Chr.) in Ravenna, durch eine politische Verurteilung Pelagius' – nämlich die Konfiszierung seines gesamten Besitzes – eine theologische Entscheidung vorwegzunehmen.

Daraufhin blieb Zosimus nichts mehr übrig, als den kaiserlichen »Wink mit dem Zaunpfahl« zu akzeptieren. Widerwillig sprach auch er sich nun gegen Pelagius aus.

Bezeichnenderweise erhob sich innerhalb der Kirche massiver Widerstand gegen diesen Schritt. Augustinus und seine Anhänger konnten sich nicht auf der ganzen Linie durchsetzen. Selbst neunzehn der italienischen Bischöfe, allen voran Julian von Eclanum in Apulien, weigerten sich, Pelagius zu denunzieren. Die Kirche des Ostreichs übernahm das Urteil erst 431 mit dem Konzil von Ephesos, und die keltische Kirche galt bis fast an ihr Ende als »durchsetzt mit pelagianischer Ketzerei«. Das zweite Konzil von Orange im Jahre 592 bekräftigte die Verurteilung des Pelagianismus nicht zuletzt deswegen, weil dieser in der keltischen Kirche noch immer eine starke Anhängerschaft hatte.

Ab dem Jahr 420 ist von Pelagius selbst nichts mehr vernehmbar, doch 428 taucht sein Freund Caelestius in Konstantinopel auf, wo er bei Bischof Nestor um Hilfe nachsucht. Das weitere Schicksal dieses bemerkenswerten Philosophen ist unbekannt.

Daß sich bei Pelagius Elemente der druidischen Philosophie wiederfinden, ist nicht unwahrscheinlich, denn er war zweifellos von seiner Kultur geprägt und vermittelte deren soziale Werte im Rahmen der neuen Religion. Ebendieser Punkt veranlaßte Augustinus, Pelagius und seine Anhänger des Versuchs zu bezichtigen, die »Naturphilosophie der Druiden« erneuern zu wollen; deshalb müssen wir uns die Frage stellen, worin die Aussage dieser Philosophie bestand.

Die pelagianische Lehre besagt im wesentlichen, daß der Mensch für sein gesamtes Tun verantwortlich ist und daß er trotz einiger bestimmender äußerer Faktoren letztendlich Wahlfreiheit besitzt. Wenn der Wille nicht absolut frei ist, wenn keine Wahlmöglichkeit zwischen Gut und Böse besteht, dann gibt es und kann es keine Sünde geben. *(Si necessitatis este, peccatum non este; si voluntatis, vitari potest.)*

Nach der Lehre des Pelagius wird der Mensch ohne Charakter *(non pleni)* und ohne eine Neigung zum Guten oder Bösen geboren. Der Mensch muß dazu erzogen werden, Gut und Böse zu unterscheiden *(ut sine virtute, ita et sine vitio)*. Weiter argumentiert Pelagius, völlig im Gegensatz zu Augustinus, daß der Mensch insofern nicht von Beginn an durch Adams Sünde verdammt ist beziehungsweise war, als die Erbsünde nur ein Beispiel für das Böse in der Vergangenheit ist, das uns beeinflussen oder in die Irre führen kann *(non propagine sed exemplo)*. Die Möglichkeit, frei zu wählen bedeutet, daß sich der Mensch bei jeder von ihm getroffenen Wahl, in jedem Augenblick seines Lebens und unabhängig von seinem vorhergehenden Schicksal, für das Gute oder das Böse entscheiden kann.

Es dürfte bezeichnend sein, daß Pelagius von einer Triade ausging – *posse, velle, esse.* »Wir unterscheiden drei Dinge – die Fähigkeit, den Willen, die Handlung. Die Fähigkeit liegt in der Natur; sie muß als von Gott gegeben betrachtet werden, denn er hat sie seinem Geschöpf, dem Menschen, verliehen. Der Wille und die Handlung hingegen verweisen auf den Menschen, denn sie fließen aus dem freien Willen.« In seiner Schrift *Libellus Fidei* wiederholt Pelagius, daß »der freie Wille ganz allgemein bei allen Menschen vorhanden ist«. Im Gegensatz zu Augustinus behauptet er, es sei »der menschliche Wille, der das Tun des Menschen bestimmt, der der ausschlaggebende Faktor für die Rettung des einzelnen ist und der die Menschen sich für Gut oder Böse entscheiden läßt«.

Man könnte argumentieren, daß Pelagius mit seiner Leugnung des »göttlichen Einflusses« in diesem Punkt die christliche Lehre von der Gnade durch eine solche von der Natur ablösen wollte. Doch er hat diesen Gedanken offenbar nicht bis zum letzten logischen Schluß verfolgt, der in einer Ableugnung der Buße bestanden hätte, die im christlichen Glauben eine so zentrale Rolle einnimmt. Die damaligen Christen des weströmischen Reiches betonten den übernatürlichen Charakter des Christentums als wirkende Kraft innerhalb der subjektiven Welt und entwickelten eine Doktrin der Sünde und der Gnade. Pelagius und die keltische Kirche, die mehr mit der östlichen orthodoxen Kirche und den frühgriechischen Christen wie Johannes Chrysostomus und Origenes gemeinsam hatten, setzten sich dafür ein, die menschliche Willensfreiheit zu erhalten; ferner wandte sich Pelagius dagegen, die Sünde als naturgegeben zu akzeptieren, und entwickelte die Lehre von der Dreieinigkeit, der Wiedergeburt und dem übernatürlichen Wesen des Christentums in einer objektiven Welt.

Gleichzeitig mit Pelagius verfaßten auch mehrere andere keltische Philosophen Traktate, die heute unterschiedslos als »pelagianisch« kategorisiert werden. Diese Autoren scheinen vor allem im Bereich der Sozialphilosophie Gemeinsamkeiten aufzuweisen, was meiner Ansicht nach nahelegt, daß Pelagius eine vorchristlich-keltische Philosophie vertrat. Auch die Werke jenes anonymen britannisch-keltischen Schreibers, der in Gelehrtenkreisen »der sizilianische Britannier« genannt wird, weil seine Schriften offenbar in Sizilien verfaßt wurden, werden oft als pelagianisch bezeichnet. In einer *Tractatus de Divitiis* betitelten Schrift über den Reichtum behauptet er, die Menschheit sei dreigeteilt in Reiche, Arme und hinlänglich Vermögende *(divitiae, paupertas, satis)*. Er schreibt: »Stürze den Reichen, und du wirst keinen Armen finden ... denn die wenigen Reichen sind die Ursache für die Armut der Vielen.« Das ist eine für das Italien des fünften Jahrhunderts höchst revolutionäre Botschaft – aber auch eine Botschaft, die die egalitären Kelten ohne weiteres akzeptieren konnten, kannten sie doch ohnehin weder absoluten Privatbesitz noch das Erstgeburtsrecht und verfügten über ein Beamtentum, das bis hin zum König gewählt wurde!

Auch der britannisch-keltische Bischof Fastidius meinte in seiner um 411 verfaßten Schrift *De Vita Christiana* (Über das christliche Leben):

> Hältst du dich für einen Christen, wenn du die Armen unterdrückst? ... Wenn du dich bereicherst, indem du andere arm machst? Wenn du dein Essen den Tränen anderer abringst? Ein Christ ist, wer ... niemals die Unterdrückung eines Armen zuläßt ... dessen Tür allen offensteht, dessen Tisch jeder Arme kennt, dessen Essen jedem angeboten wird.

Solche Lehren waren es, die der Orthodoxie in Rom Kopfzerbrechen bereiteten und deretwegen Pelagius noch heute als Ketzer angesehen ist – ungeachtet des philosophischen Revisionismus der Kirche, die sich längst von der augustinischen Prädestinationslehre entfernt hat. Meines Erachtens ist es durchaus denkbar, daß Pelagius keine neue Lehre entwickelte, sondern als Angehöriger der keltischen Kultur lediglich eine Philosophie vertrat, die auf die Druiden zurückging und bereits vor dem Aufkommen des Christentums existiert hatte. Und daß er in Irland und Britannien so viele Anhänger hatte, war nicht etwa in einer neuen Lehre begründet, wie man in Rom glaubte, sondern darin, daß die Kelten ihrer eigenen gesellschaftlichen und kulturellen Ordnung treu blieben. Insbesondere erregte es Roms Mißtrauen, als während des sogenannten »finsteren Mittelalters« viele Philosophen Irland verließen und ihre Lehren auf dem europäischen Festland verbreiteten. So bemerkte Heiric von Auxerre (um 876): »Den Gefahren der See trotzend, wandern Philosophen *en masse* aus Irland ab und kommen in unser Land ...«

Ich halte es keineswegs für einen Zufall, daß Eriugena (»der in Irland Geborene«) mit *De Praedestinatione,* seiner ersten uns bekannten Abhandlung aus dem Jahr 850, seine Gönner in Verlegenheit brachte und sie zu der Behauptung veranlaßte, diese Schrift erwecke gewisse Aspekte des Pelagianismus zu neuem Leben. Dabei verwiesen sie insbesondere auf Eriugenas Widerlegung des sächsischen Mönchs, Dichters und Philosophen Gottschalk von Orbais (um 803 bis um 869). Dieser hatte in seinem ebenfalls *De Praedestinatione* betitelten Werk die Aussage Augustinus' bekräftigt, daß die Erlösung durch Christus beschränkt sei, daß nur die Auserwählten ins Paradies eingehen könnten und diese bereits vorherbestimmt seien. Diese Prädestination stellte Eriugena in Abrede, woraufhin sein Werk 855 und 859 von zwei Synoden verurteilt wurde. Bezeichnend ist auch, daß Eriugena in seinem etwa zwischen 864 und 866 verfaßten Werk *De Divisione Naturae* mehr griechische oder christlich-orthodoxe Denker zitierte als solche der römischen Kirche. Wie wir bereits gesehen haben, ließen sich die philosophischen Vorstellungen der griechischen Kirchenväter leichter mit jenen der keltischen Kirche in Einklang bringen als das Gedankengut der römischen Kirche. Für Eriugena wie für die Pelagianer ist Vernunft von vornherein höher zu bewerten als Autorität. Eine Autorität, die nicht durch Vernunft, durch eine auf Wahrh[aftigk]eit beruhende Logik, gestützt wird, ist stets schwach, während eine solche Vernunft andererseits keine Absicherung durch eine Autorität benötigt. Eriugena scheint den druidischen Aphorismus »Die Wahrh[aftigk]eit gegen die Welt!« zu wiederholen.

Johannes Scotus Eriugena wurde von Rom nicht verurteilt; noch heute gilt er als der bedeutendste Philosoph der westlichen Welt in der Zeit zwischen Augustinus und Thomas von Aqin. Bertrand Russell faßt seine Analyse Eriugenas in *Philosophie des Abendlandes* (1946) mit den Worten zusammen: »Seine geistige Unabhängigkeit ... ist für das neunte Jahrhundert überraschend.«

In Irland war vielleicht seine neuplatonische Auffassung etwas so Übliches wie bei den griechischen Kirchenvätern des vierten und fünften Jahrhunderts. Wenn wir mehr über das irische Christentum vom fünften bis zum neunten Jahrhundert wüßten, würden wir Johannes Scotus möglicherweise weniger erstaunlich finden.

Leider hatte Russell nur wenig Kenntnis von dem riesigen Schatz irischer Quellen aus jener Epoche, und er bewahrte bis zuletzt die bedauerliche, vorurteilsbehaftete Einstellung eines Engländers, der an den Kelten nur wenig von Wert entdecken kann. Russell behauptete sogar, St. Patrick sei Engländer gewesen und übersah, daß der Schutzpatron Irlands ein britannischer Kelte war. Seiner Theorie zufolge flohen europäische Gelehrte während des Mittelalters vor den Hunnen, Goten und Vandalen nach Irland und hätten dort unterrichtet – und nur aus diesem Grunde sei Irland ein Zentrum der europäischen Gelehrsamkeit geworden. Diese Meinung ist völlig aus der Luft gegriffen und widerspricht sämtlichen historischen Fakten. Viele junge Gelehrte gingen zu jener Zeit an die damals schon alten Akademien in Irland, um bei irischen Lehrern zu studieren.

Nichts weist jedoch darauf hin, daß ausländische Gelehrte dort in anderer Funktion denn als Lernende tätig waren. Andererseits verließen zahlreiche irische Lehrer und Missionare ihr Land, um auf dem europäischen Festland Kirchen, Klöster und Bildungseinrichtungen zu gründen und das Christentum zu verbreiten. Aus diesem Blickwinkel erweist sich Russell, wiewohl er einer der größten Denker unseres Jahrhunderts ist, als in seiner eigenen Kultur gefangen und davon überzeugt, daß von den »barbarischen Iren« nichts kommen kann, was von Wert sein könnte.

Zu Eriugena bemerkt Russell weiter, das patriarchalische Gedankengut des Christentums habe in sein Denken Eingang gefunden, ohne jedoch ausdrücklich dargelegt zu sein:

Seine Anschauung, die Schöpfung sei zeitlos, ist natürlich auch ketzerisch und zwingt ihn zu erklären, daß der Schöpfungsbericht der Genesis allegorisch zu verstehen sei. Das Paradies und der Sündenfall sind nicht wörtlich zu nehmen. Wie allen Pantheisten macht ihm die Sünde Schwierigkeiten. Er ist der Auffassung, daß der Mensch ursprünglich frei von Sünde gewesen sei, und ohne Sünde kannte er auch keinen Unterschied der Geschlechter. Das widerspricht natürlich dem Wort »und er schuf einen Mann und ein Weib«. Nach Johannes war es nur eine Folge der Sünde, daß die Menschheit in Männer und Frauen geschieden wurde. Im Weib verkörpert sich des Mannes sinnliche und gefallene Natur. Schließlich wird der Unterschied der Geschlechter wieder verschwinden und wir werden einen rein geistigen Körper haben. Sünde ist irregeleiteter Wille, ist die fälschliche Annahme, etwas sei gut, das nicht gut ist. Daß sie bestraft wird, ist natürlich; diese Strafe besteht in der Entdeckung, daß sündige Wünsche eitel sind. Aber die Strafe währt nicht ewig. Wie Origenes vertritt Johannes die Auffassung, daß sogar die Teufel erlöst werden, wenn auch später als andere Wesen.

Bei Pelagius, Fastidius und anderen Verfassern »pelagianischer« Werke lassen sich Spuren der druidischen Philosophie also durchaus finden. Der aufmerksame Beobachter könnte nun einwenden, daß sich in den verschiedenen Ansätzen dieser Autoren offensichtliche Widersprüche auftun. Wir wissen, daß die Kelten für ihre Prophezeiungen, ihre Wahrsagung mit Hilfe des Vogelflugs und ihre Voraussagen künftiger Ereignisse berühmt waren. Die keltische Mythologie und Folklore kennt zahllose Druiden, die das Schicksal von Menschen weissagen, und erst die Versuche dieser Menschen, diesem Schicksal zu entgehen, führen sie dazu, daß sie ihm begegnen. Dies scheint im Widerspruch zu stehen zu der grundlegenden Vorstellung der pelagianischen Philosophie, die sich in den Worten des Dichters W. E. Henley (1849 bis 1903) wie folgt zusammenfassen läßt:

> Ich bin der Herr meiner Seele,
> Der Meister meines Schicksals

Doch die Angelegenheit ist etwas komplexer. Grundsätzlich gibt es zwei Argumentationsstränge. Das einfachste und vernünftigste Argument ist, daß in einer Zivilisation, die sich über anderthalb Jahrtausende und fast ganz Europa erstreckte, verschiedene philosophische Anschauungen entstehen konnten und sicher auch entstanden. Es ist also wahrscheinlich zutreffender, von druidischen Philosophien als von der druidischen Philosophie zu sprechen; ebenso von jenen, die Schicksal oder Prädestination akzeptierten und solchen, die davon Abstand nahmen. Nichts ist jedoch immer klar umrissen; seriöse Astrologen etwa geben zu bedenken, daß die Astrologie nicht notwendigerweise ein Argument für die Prädestination darstellt, sondern sagen, daß ein Wissen über astrologische Einflüsse gelegentlich Wahlmöglichkeiten offenbart. Und ebendiese Wahlfreiheit ist es, was dem Pelagianismus am meisten am Herzen liegt.

Druiden als Rechtspfleger und -verwalter

Den *Annals of Ulster* zufolge ernannte der Hochkönig Laoghaire (428 bis 463 n. Chr.) eine aus neun herausragenden Persönlichkeiten bestehende Kommission, die die Gesetze Irlands, welche jahrhundertelang nur mündlich tradiert worden waren, studieren, revidieren und schriftlich fixieren sollte. Die alten Chronisten behaupten, es sei Ollamh Fódhla gewesen, ein Hochkönig des achten vorchristlichen Jahrhunderts, der den Iren das erste Gesetzessystem gab. Von den besagten neun Männern waren drei christliche Führer, von denen einer Patrick war. Die Kommission brauchte drei Jahre, um die Fénechas, die Gesetze des Ackerbauern, zu studieren, die heute allgemein als Brehon-Gesetze bekannt sind. Das Wort »Brehon« leitet sich ab aus *breitheamh,* was »Richter« bedeutet. Die Brehons vorchristlicher Zeit waren Druiden.

Eine der wichtigsten Funktionen der Druiden, die sowohl Strabo als auch Caesar erwähnte, war die der Rechtsprecher in den keltischen Gerichtshöfen. Strabo berichtet, sie seien mit sämtlichen öffentlichen und privaten rechtlichen Entscheidungen betraut gewesen. »Die Druiden«, schreibt er, »werden für die Gerechtesten gehalten.« Caesar behauptet, daß die druidischen Richter das höchste Ansehen in der keltischen Gesellschaft genossen, und bestätigt, daß nur die Druiden in allen privaten und öffentlichen Angelegenheiten unanfechtbar waren. Er fügt hinzu, daß zu der großen Druidenversammlung im Gebiet der Carnuten in Gallien (Chartres) Menschen aus allen Teilen des Landes angereist kamen, um den Druiden ihre Streitfälle zur Schlichtung vorzulegen. Ferdinand Lot hat darauf aufmerksam gemacht, daß dieser Umstand auf eine gewisse rechtliche und politische Einheit der keltischen Stämme Galliens schließen läßt.

Caesar bemerkt, daß im Jahre 52 v. Chr. *Vergobret* »gemäß dem staatlichen Brauch von den Druiden« zum Oberrichter der Haeduer erwählt wurde. *Vergobret* ist jedoch eher ein Titel oder eine Tätigkeitsbeschreibung als ein Name; das Wort besteht aus den Teilen *vergo* (wirksam) und *breto* (Urteil), das gleichbedeutend ist mit dem Altirischen Wort *brethach,* auf das der Begriff *breitheamh* oder Brehon zurückgeht.

Daß Druiden auf dem Schlachtfeld zwei sich gegenüberstehenden Armeen Einhalt gebieten konnten, verdeutlicht, daß sie auch auf »internationaler« Ebene als richterliche Autorität anerkannt wurden; dies bestätigt auch Diodorus Siculus: »Oft, wenn schon in der Schlachtaufstellung die beiden Heere gegeneinander anrücken mit gezogenen Schwertern und vorgestreckten Lanzen, treten diese Männer in die Mitte und bewegen die Heere, vom Angriff abzusehen, gleich als wenn sie durch ihren Gesang wilde Tiere bezauberten.« Auch Strabo berichtet über die Druiden: »(...in früheren Zeiten) schlichteten sie Kriege und stifteten Frieden zwischen Heeren, die sich schon zur Schlacht rüsteten«.

Die Rolle der Druiden als Vermittler und Botschafter zwischen Stämmen und Völkern ist in verschiedenen Quellen belegt. Die Botschafterinnen (Druidinnen), die zwischen den keltischen Volcae und dem karthagischen Heerführer Hannibal einen Vertrag aushandelten, wurden bereits erwähnt. Wir wissen ferner, daß um 197/196 v. Chr. Einwohner der Stadt Lampsacos in der griechischen Kolonie Marseille eintrafen und um ein Bündnis nachsuchten. Durch den Einfluß der gallischen Kelten bei ihren Verwandten in Kleinasien – den Tolistoboii des Sangarios-Tals – konnten die Marseiller die Galater überreden, Antiochos III. von Syrien nicht gegen die Lampsacener zu unterstützen. Angesichts der für die damalige Zeit riesigen Entfernungen ist dies erstaunlich. Laut Henri Hubert zeigt dieser Vorfall, »daß die Griechen aus Marseille und Lampsacos wußten, daß sie selbst zwischen sehr weit voneinander entfernt wohnenden keltischen Völkern eine Art Zusammengehörigkeitsgefühl vorfinden würden«.

Aber wie entstand dieses Gefühl der »Zusammengehörigkeit«? Hubert hat darüber keinen Zweifel:

> Diese auch über große Entfernungen hinweg bestehende Solidarität der keltischen Völker läßt sich hinlänglich erklären durch ein Gefühl der Verwandtschaft, der gemeinsamen Herkunft und dem Leben in einer relativ begrenzten Welt, deren Teile sämtlich miteinander in Verbindung standen. Zudem hatten die Kelten zumindest eine Institution, die einen effektiven Zusammenhalt gewährte, nämlich die Druiden, eine priesterliche Klasse, der auch die Traditionspflege anvertraut war. Der Einfluß der Druiden beschränkte sich nicht auf die kleinen keltischen Völker, Stämme oder *civitates*; vielmehr stellten sie eine Art internationale Einrichtung innerhalb der keltischen Welt dar...

Mit anderen Worten: Der Druide als Gesetzesvertreter war überall gleichermaßen anerkannt, ob in Galatien, Gallien, Britannien oder Irland, und selbst Könige hatten sich ihm zu beugen.

Dio Chrysostom weist unzweifelhaft darauf hin, daß die Druiden in rechtlichen Dingen selbst vor einem König Vorrang hatten, wenn er schreibt, daß »die Könige kein Vorhaben planen oder ausführen durften, so daß letztlich jene (die Druiden) regierten, und die Könige waren ihre Untergebenen und die, die ihr Urteil ausführten«.

Die kurzen, aber dennoch expliziten Bemerkungen der klassischen Autoren legen auch den Schluß nahe, daß die keltischen Völker ein hochentwickeltes Rechtssystem besaßen, das in all ihren Siedlungsbereichen gültig war und von den Druiden verwaltet wurde.

Die Frage, die sich hier stellt, nämlich, ob diese Aussage durch keltische Zeugnisse und Überlieferungen erhärtet werden kann, läßt sich mit einem einfachen Ja beantworten.

Es sind uns zwei keltische Rechtssysteme überliefert, denen wir vieles entnehmen können: das irische Brehon-Gesetzessystem und die walisischen Gesetze von Hywel Dda. Ein Vergleich dieser beiden Kodices zeigt, daß sie sich aus einer gemeinsamen Basis entwickelt haben, so daß man davon ausgehen kann, daß einstmals ein allgemeines keltisches Recht existiert haben muß. Neben dem irischen und walisischen Recht finden sich aber noch Belege für weitere keltische Gesetzessysteme. Geoffrey of Monmouth erwähnt das legendäre Molmutine Law in Cornwall, das zum Schutz der Schwachen gegen Unterdrückung diente. Domnuil I. von Alba in Schottland ließ zwischen 858 und 862 in Forteviot und Fortriu die alten Gesetze von Dàl Riada verkünden, offenbar eine besondere Version des Brehon-Gesetzes. Als das Königreich Alba sich später das Reich der Strathclyde-Britannier und der Kumbrier einverleibte, mußten Rechte ausgearbeitet werden, um Unstimmigkeiten zwischen dem Rechtswesen der gälischen und der brythonischen Kelten zu beseitigen. Wir kennen ein Dokument aus dem elften Jahrhundert mit dem Titel *Leges inter Bretonnes et Scotos,* in dem ähnliche Begriffe verwendet werden wie im Brehon-Gesetzessystem und in den Gesetzen von Hywel Dda. Dazu meint Professor Kenneth Jackson: »Dies könnte auf eine uralte gemeinsame brythonische Rechtstradition hinweisen.«

Das irische Rechtssystem ist der älteste vollständig erhaltene Gesetzeskodex Europas; zudem gehen seine Anfänge auf indoeuropäisches Brauchtum zurück und nicht auf das römische Recht. Somit stellt es auch das älteste erhaltene keltische Rechtssystem dar und darüber hinaus eines, in dem die Druiden noch erwähnt werden. Aus diesem Grund werden wir uns bei der Frage, welche druidischen Gesetze überdauert haben, irischen Quellen zuwenden.

Wie bereits zu Beginn dieses Unterkapitels erwähnt, wissen wir aus irischen Zeugnissen, daß der Hochkönig Ollamh Fódhla im

Jahre 714 v. Chr. zur Festigung seines Herrschaftsanspruches Gesetze erließ und ein Rechtssystem entwarf. Er begründete das große Féis Temhrach, das Fest von Tara, das alle drei Jahre stattfand und an dem die Gesetze diskutiert und revidiert wurden. Mythos oder nicht, ist diese Geschichte nicht weniger glaubwürdig als die Legenden um andere Gesetzesgeber früherer Zeiten. In der hinduistischen Legende war Manu der göttlich inspirierte Gesetzgeber, der eine Überschwemmung überlebte und die Gesetze ersann, die zwischen 200 vor und 200 n. Chr. kompiliert wurden. Moses, der zweite große, göttlich inspirierte Gesetzesbringer, soll seine Gesetze für die Hebräer im dreizehnten vorchristlichen Jahrhundert aufgestellt haben. Die Griechen hatten der Sage nach ein System der individuellen Rache, bis Drakon 621 v. Chr. das Sonderrecht erhielt, erstmalig das Recht von Athen zu kodifizieren und neue Gesetze auszuarbeiten. Dazu kommentierte Demades (um 380 bis 319 v. Chr.), der Kodex sei eher mit Blut abgefaßt worden als mit Tinte, denn er war äußerst streng, zum Beispiel war die Todesstrafe nicht nur für Mord, sondern für eine ganze Reihe von kleinen Verbrechen vorgesehen (daher der Ausdruck *drakonische Strafe*). Die Ausübung dieser Gesetze oblag den Archonten, einem ernannten Ratskörper, und es war Solon (um 640 bis 558 v. Chr.), einer der Archonten, der versuchte, Drakons System zu mildern. Doch Peisistratos (um 612 bis 527 v. Chr.), einer der großen Tyrannen (*tyrannos* bedeutet König) Athens, machte Solons Reformen wieder rückgängig.

Auch die Römer hatten einen göttlichen Gesetzgeber, nämlich Numa Pompilius, den legendären Nachfolger des Romulus (715 bis 673 v. Chr.), der von der Göttin Egeria beraten wurde. Seine Gesetze wurden angeblich im Jahre 450 v. Chr. auf zwölf Tafeln niedergeschrieben, von denen jedoch nur die Patrizierpriester Kenntnis hatten.

Wie immer man zu der Überlieferung bezüglich Ollamh Fódhla auch stehen mag – Dr. Joyce hat aufgezeigt, daß das Féis Temhrach eine Versammlung war, bei der bis in historische Zeit regelmäßig Gesetze erlassen wurden. Die vielleicht berühmteste dieser Rechts-Konferenzen fand im Jahre 697 n. Chr. statt. Damals erließ Adomnán (624 bis 704), der Abt von Iona, sein »Gesetz der Unschuldigen« (eine Art Vorläufer der Genfer Konvention), welches untersagte, Alten, Frauen, Kindern und Angehörigen des Klerus – letztlich also jedem, der kein Krieger war – in Kriegszeiten etwas anzutun. Dieses Gesetz wurde nicht nur in Irland verbindlich, sondern auch in den Königreichen der Pikten und Scoten, und bei seiner Verordnung waren einundfünfzig Könige und Häuptlinge sowie vierzig führende Vertreter der Kirche Zeugen.

Den irischen Quellen zufolge waren die Gesetze und ihre Durchsetzung den *filí* anvertraut, die zweifellos Druiden waren. Um es noch einmal zu verdeutlichen: Die Bezeichnung »Druiden« ist eine Art Sammelbegriff für die gesamte intellektuelle Kaste der Kelten, und die *filí,* die Dichter, waren ein Teil dieser Kaste. John Davies, der Generalstaatsanwalt des englischen Königs James I. in Irland, verfaßte einen Bericht über das irische Rechtssystem; darin heißt es, daß seit »der Zeit, als der Poet Amergin (Amairgain) vom weißen Knie das erste Urteil in Erin verkündete, nur den *files* oder Dichtern das Recht zustand, Urteile auszusprechen...«

Doch wie Quellen berichten, kam es zur Zeit des Conchobhar Mac Nessa, des Königs von Ulster, zwischen den Dichtern Feirceirtné und Neidé zu einem Streit, den sie öffentlich austrugen. Neidé, ein Sohn des Adhna, des Ober-Ollamh von Irland, erhob Anspruch auf den *tugen,* den Umhang seines Vaters. Feirceirtné, ein Barde von Cú Roí, dem König von Munster, forderte ihn heraus. Der Wettstreit der beiden ist wiedergegeben in »The Dialogue of the Sages« (Der Dialog der Weisen), dessen erste Version sich im *Book of Ballymote* findet, einem Werk, das Maghnus Ó Duibhgeánnáin 1390/91 aus älteren Texten zusammenstellte. Conchobhar Mac Nessa von Ulster verfolgte den Disput, doch er fand die Sprache der beiden Gegner so theoretisch, daß weder er noch seine Häuptlinge sie verstanden. Daraufhin wurde eine Versammlung einberufen und beschlossen, daß das gesamte Rechtswesen von den *filí* auf besondere Richter übertragen werden sollte und daß die Rechtsberufe allen offenstehen sollten, die dafür die nötigen Voraussetzungen mitbrachten. Wiewohl wir uns hier noch immer im Bereich der Legende befinden, muß diese Geschichte dennoch auf ein historisches Ereignis in Irland zurückgehen, durch welches das Recht auf der Insel reformiert wurde. Die Überlieferungen um Conchobhar Mac Nessa stehen eindeutig in Zusammenhang mit einer vorchristlichen Epoche in der Eisenzeit; das bedeutet also, daß diese Rechtsreformen in sehr alter Zeit stattfanden.

Damals entstand eine neue Klasse von Richtern, die heute allgemein als Brehons bezeichnet werden. *Cormac's Glossary* zufolge war *aignesa* eine weitere Bezeichnung für einen Brehon. Dieses Wort scheint von dem Begriff *aignes* hergeleitet zu sein, was »plädieren« oder »seine Sache vorbringen« bedeutet. Dr. Joyce merkt hierzu an: »Die Überlieferung spricht von mehreren bedeutenden Richtern, von denen einige Frauen waren.« Auch hier wird also die wichtige Rolle der Frau in der alten keltischen Gesellschaft hervorgehoben. Von einigen dieser Richter, die in anderen Quellen »Druiden« genannt werden, sind die Namen bekannt. Cennfaela, der Druide von Cormac Mac Art aus dem dritten nachchristlichen Jahrhundert, galt als einer der gelehrtesten Richter Irlands. Es gibt auch Hinweise auf das Amt des *Aire Échta,* des Oberrichters, den jeder Stamm hatte. Berichten zufolge soll Aonghus Mac Airt für die Dési in dieses Amt gewählt worden sein. Den Brehon-Gesetzen entsprechend bestand seine Aufgabe hauptsächlich darin, »das Unrecht in seinem Volk gutzumachen und die Schwachen und Armen zu schützen«. Es ist auch ein Vorfall aus der irischen Tradition bekannt, der die Beobachtungen von Diodorus Siculus und Strabo bezüglich der Rolle der Druiden im internationalen, das heißt stammesübergreifenden, Recht belegt: Finnchaemh, der Druide des Königs Dáithí von Connacht, wurde als Botschafter zu Feredach von Alba gesandt, um einen Streit zwischen den beiden Herrschern zu schlichten. Aber auch eine der prominentesten Richterinnen ist namentlich bekannt – Brigh, ein Name, der Autorität, Tugend und Standhaftigkeit impliziert.

In *Cormac's Glossary* heißt es, daß die Richter beim Urteilsspruch zur Rechtfertigung ihrer Entscheidung ein *fasach,* einen Präzedenzfall oder eine Maxime, anführen mußten. Jeder, der ein Urteil nicht anerkannte, wurde gesellschaftlich geächtet und »soll weder von Gott noch von Menschenhand bezahlt werden«. Dies bestätigt Caesars Beobachtung, daß jene, die das Urteil der Druiden mißachteten, aus der Gesellschaft ausgestoßen wurden. Noch in seiner Reisebeschreibung *Western Islands of Scotland* aus dem Jahre 1695 berichtet Martin, er habe einen Mann getroffen, der einen Vertrag gebrochen habe und deshalb geächtet worden sei – ein Überbleibsel des alten Gesetzes. Dieser uralte Brauch des Ausstoßens aus der Gesellschaft, der in den Brehon-Gesetzen als *dibert* bezeichnet wird, überlebt im modernen Irisch als *sligdhíbirt,* was soviel wie »Ächtung« bedeutet, wörtlich aber die Art und Weise der Verbannung beschreibt. *»Ar díbirt ort!«* ist eine unverhohlene Aufforderung an jemanden, sich »nicht mehr blicken zu lassen«.

Natürlich waren es auch die Iren, die der englischen Sprache das Wort »boycott« (Boykott oder boykottieren) schenkten, um damit eine wirksame Maßnahme der Ächtung zu beschreiben. Captain Charles Cunningham Boycott (1832 bis 1897) war um 1880 der englische Verwalter für die Anwesen des Earl of Erne in Lough Mask, County Mayo. Er wurde zum Symbol für die kolonialen englischen Gutsbesitzer und ihre Verwalter, die nur fünfundzwanzig Jahre zuvor durch eine herzlose Politik und zügellose Habgier zu einer künstlich erzeugten Hungersnot in Irland beigetragen hatten, der zwischen 1844 und 1848 zweieinhalb Millionen Menschen zum Opfer fielen. Die Irish Land League lehnte es ab, gegen Leute wie Boycott mit Gewalt vorzugehen, und beschloß statt dessen, das alte irische *dibert,* die gesellschaftliche Ächtung, als neue soziale und politische Waffe einzusetzen. Nach dem erfolgreichen Einsatz dieses Druckmittels fand das Wort »boycott« bald Eingang in die englische Sprache.

Im fünften Jahrhundert wurden die neuen christlichen Vorstellungen in das römische Recht eingearbeitet, das durch das römische Weltreich weite Verbreitung gefunden hatte und der westlichen Welt noch heute als Rechtsbasis dient. Es war unumgänglich, daß durch die Christianisierung der Insel auch das irische Brehon-Gesetzessystem überarbeitet würde. Wie wir gesehen haben, wurde diese Revision von Laoghaire von Tara vorgenommen, der eine Kommission aus neun prominenten Persönlichkeiten ernannte, die das Gesetz studieren, revidieren und schriftlich fixieren sollte. Es ist ein verbreiteter Irrglaube, daß der heilige Patrick die Kodifizierung der Gesetze veranlaßte. Patrick wird zwar neben Benignus und Cáirnech als eines der drei christlichen Mitglieder der Kommission genannt, doch er besaß nicht die Autorität, um eine Festschreibung des Rechts fordern zu können. Drei Brehons, nämlich Dubhtach Maccu Lugir, Rossa und Fergus, werden als Rechtsberater des Komitees genannt, und Dubhtach wird in anderen Quellen auch als Laoghaires Oberster Druide bezeichnet. Neben Dara, dem König von Ulster, und Corc, dem König von Munster, gehörte auch Laoghaire selbst diesem Komitee an.

Als das bürgerliche Gesetz Irlands schließlich im *Senchus Mór* kodifiziert wurde, war es für das ganze Land verbindlich und wurde als *Cáin Law* bezeichnet – im Gegensatz zum *Urradus Law,* das lediglich in jener Provinz Gültigkeit besaß, in der es in Kraft war. Das irische Strafrecht wurde später im *Book of Acaill* festgelegt. Aber die »Gesetzes«-Sprache, die *Bérla Féini,* war bereits im fünften Jahrhundert archaisch, was zeigt, wie alt das Brehon-System schon damals war. Durch die Kodifizierung entstanden keine neuen Gesetze, sondern sie schrieb nur jene fest, die bereits in Gebrauch waren, und fügte biblisches oder kanonisches Recht hinzu. In der Einleitung zum *Senchus Mór* heißt es:

> Was vereinbar war mit dem Wort Gottes im geschriebenen Gesetz und im Neuen Testament und mit dem Gewissen der Gläubigen, wurde in den Gesetzen der Brehons von Patrick und den Geistlichen und Häuptlingen von Erin bestätigt; und dies ist das *Senchus Mór.*

Diese beiden Gesetzeswerke überleben in ihrer vollständigen Form im *Leabhar na hUidre,* dem Buch der dunkelfarbigen Kuh aus dem elften und zwölften Jahrhundert.

Das Brehon-Rechtssystem ist weltweit einzigartig; darüber hinaus ist es durch seinen Grundgedanken, nämlich die Kompensation für das Opfer oder seine Familie anstelle der bloßen Rache am Täter, eines der faszinierendsten Gesetzeswerke aus alter Zeit. Diese Kompensation leisten zu müssen, galt als Strafe genug für den Gesetzesbrecher. Der Täter oder seine Familie mußte die in Mitleidenschaft Gezogenen entschädigen.

Das Brehon-Recht überdauerte in Irland trotz zahlreicher Unterdrückungsversuche von seiten der Engländer bis ins siebzehnte Jahrhundert. Das heißt jedoch nicht, daß die Gesetze nie mehr verändert wurden. Wie wir aus den Hinweisen auf das Féis Temhrach, das Fest von Tara, und das von Druim Ceatt ersehen konnten, gab es regelmäßige Versammlungen der Landesführer, bei denen neue Gesetze diskutiert und beschlossen wurden, wenn Bedarf dafür bestand. Der Dichter Edmund Spenser, einer der ersten englischen Kolonisten in Munster, schrieb gegen Ende des sechzehnten Jahrhunderts entsetzt, daß das Brehon-Recht in Irland praktisch ungehindert weiterexistiere und sogar von vielen englischen Kolonisten bei der Rechtsprechung anstelle des importierten englischen Rechts herangezogen werde. Erst Sir John Davies, der Generalstaatsanwalt des englischen Königs James I. in Irland, schaffte es, dieses einzigartige Rechtssystem zu unterdrücken. Er schrieb:

> Es gibt kein Volk unter der Sonne, das gleiches und unparteiisches Recht mehr liebt als die Iren oder zufriedener mit einer Vollziehung ist, sogar wenn es gegen sie selbst gerichtet ist, denn sie genießen Schutz und Vorteil von diesem Recht, wenn sie es in gerechter Sache wünschen.

Doch trotz dieser Bemerkung entschied sich Sir John dafür, daß das Gesetz, das die Iren »lieben« sollten, nicht ihr eigenes sein solle, sondern das ihrer Eroberer. Er verurteilte deshalb das irische Recht schlechthin, insbesondere aber die Gesetze, die den Landbesitz regelten, und stellte fest, diese würden sich so sehr vom englischen Recht unterscheiden, daß man sie nur als absolut barbarisch bezeichnen könne. Konsequenterweise begann er, jegliche Spuren des Brehon-Rechts auszumerzen. Dazu bemerkte der Vorsitzende Richter Sir William Parsons: »Wir müssen ihre (gemeint sind die Iren) Regierungsform, ihre Trachten, ihre Regelung des Grundbesitzes, ihre Sprache und ihre Lebensgewohnheiten verändern. Andernfalls wird es sich als unmöglich erweisen, sie den Gesetzen und dem englischen Reich gefügig zu machen.«

Gegen Ende des siebzehnten Jahrhunderts war das Brehon-Recht fast verschwunden. Ende des achtzehnten, mit Sicherheit Anfang des neunzehnten Jahrhunderts war man sich in Irland im allgemeinen nicht mehr der Tatsache bewußt, daß ein eigenes, schriftlich fixiertes Rechtssystem für die Insel jemals existiert hatte. Aber trotz der Androhung hoher Strafen wurden Gesetzestexte aufbewahrt. Dr. W. K. O'Sullivan, der 1873 Eugene O'Currys Werk *On the Manners and Customs of the Ancient Irish* herausgab, schrieb dazu in der Einleitung:

> In der ersten Hälfte des achtzehnten Jahrhunderts galt der Eigentümer eines irischen Buches als verdächtige Person, was häufig zu seinem Ruin führte. In einigen Teilen des Landes war die Gefahr, in die man sich mit dem Besitz irischer Schriften begab, sogar noch zu Zeiten wach, an die ich mich selbst zurückerinnern kann; und ich habe Manuskripte gesehen, die, nur um der Gefahr ihrer Entdeckung durch die ortsansässige Miliz zu entgehen, so lange vergraben waren, daß die Schrift verblaßt und die Ränder zerschlissen waren.

Aber trotz systematischer Verbrennungen und anderer Akte der Vernichtung überlebte eine große Zahl irischer Bücher und Handschriften. Ironischerweise überdauerten viele Gesetzbücher, vergessen in öffentlichen Büchereien und sogar in privaten Bibliotheken der anglo-irischen Aristokratie.

Charles Graves (1812 bis 1899), der Großvater des berühmten Dichters Robert Graves, befaßte sich eingehend mit dem irischen Rechtssystem. Graves stammte aus Dublin, hatte am dortigen Trinity College studiert, war Professor für Mathematik und anglikanischer Bischof von Limerick, Ardfert und Aghadoe. Ferner galt er als Experte der Ogham-Schrift und wurde 1860 zum Präsidenten der Royal Irisch Academy ernannt. Im Februar 1852 wandte er sich an die Regierung in London mit der Bitte, eine Kommission einberufen zu dürfen, um das Brehon-Recht zu übersetzen und herauszugeben. Seine Petition wurde unterstützt von James Henthorn Todd (1805 bis 1869), dem Begründer der Irish Archaeological Society und königlichen Professor für Hebräisch am Trinity College in Dublin. Zur allgemeinen Überraschung ernannte die Regierung am 11. November 1852 tatsächlich eine königliche Kommission und erteilte ihr den Auftrag, die Transkription, Übersetzung und Herausgabe der *Ancient Laws and Institutes of Ireland* zu leiten und auszuführen. Zwischen 1865 und 1901 wurden sechs Bände veröffentlicht.

Im irischen Recht finden sich weitere Belege zur Stützung der Hypothese vom gemeinsamen indoeuropäischen Ursprung und darüber hinaus erstaunlich enge Verbindungen zwischen dem Brehon-Rechtssystem und den *Manavadharmasastra,* den hinduistischen Gesetzen des Manu. Ferner weisen Dillon und Chadwick darauf hin, daß die Metren der *Rigveda* auch in den Kadenzen des irischen Rechts wiedererkennbar sind, womit »das Alter der keltischen Überlieferung und die Gemeinsamkeit im Erbe der Druiden und Brahmanen bestätigt« sind. Wir haben einige der Ähnlichkeiten bereits erwähnt.

Das walisische Recht wurde erst viel später kodifiziert als das irische. Es heißt, der walisische Herrscher Hywel Dda (910 bis 950) habe sich diesbezüglich an seinen obersten Rechtsberater Blegywyrd ab Einon gewandt, den Archidiakon von Llandaf, der im Ruf eines großen Gelehrten und Experten der walisischen Rechtstradition stand. Hywel forderte ihn auf, die existierenden Gesetze schriftlich zu fixieren. Die einleitenden Bemerkungen der meisten Gesetzbücher stimmen darin überein, daß Blegywyrd eine Versammlung aus Bischöfen, Gelehrten und je sechs Vertretern der verschiedenen Landesteile (vermutlich gewählte Führer) einberief, die die Gesetze vierzig Tage lang prüften und diskutierten. Anschließend wurden die Empfehlungen dieser Kommission niedergeschrieben und waren als Kodex für das ganze Königreich Wales verbindlich. Die meisten erhaltenen walisischen Gesetzbücher stammen aus der Zeit zwischen 1200 und 1500. Aber abgesehen von einem kurzen Jahrzehnt staatlicher Unabhängigkeit unter Owain Glyn Dwr zu Beginn des fünfzehnten Jahrhunderts gehörte

Wales schon seit dem Ende des dreizehnten Jahrhunderts zu England. Mit den 1536 und 1542 erlassenen Gesetzen zur Annexion des Landes – sie wurde später »Union« genannt – konnte das einheimische Rechtssystem wirkungsvoll unterdrückt werden. Ironischerweise publizierte ausgerechnet die englische Records Commission im Jahre 1841 eine zweibändige Studie mit dem Titel *Ancient Laws and Institutes of Wales*, die von Aneurin Owen übersetzt und herausgegeben wurde.

Beide Rechtssysteme deuten auf eine gemeinsame keltische Wurzel hin; allerdings finden sich im walisischen Recht wegen des größeren Einflusses des römischen Rechts und später des Christentums weniger Verweise auf gemeinsame indoeuropäische Wurzeln als im irischen Recht.

Dies ist nicht der Ort, um diese Rechtssysteme eingehend zu behandeln; eine solche Diskussion würde ein eigenes Buch erfordern. Worauf ich hier jedoch hinweisen wollte ist, daß die irische und die walisische Überlieferung die klassischen Autoren bestätigt, die von einem hochentwickelten Rechtssystem bei den alten Kelten sprechen, und davon, daß die Verwalter und Pfleger dieses Rechtssystems in vorchristlicher Zeit die Druiden waren.

Druiden als Historiker

Es versteht sich eigentlich von selbst, daß die Druiden als die intellektuelle Kaste der Kelten auch deren Quelle von Geist und Weisheit, Dichtung und Literatur darstellten und die Wahrer und Vertreter von Genealogie, Geschichte und Brauchtum ihres Volks waren. Einige Autoren der Antike stellten die Barden offenbar als eine von den Druiden unterschiedliche Gruppe dar, doch wie wir bereits gezeigt haben, ist dies unzutreffend. Allerdings liefert Timagenes uns den ersten Hinweis auf die Rolle der Druiden als Historiker der Kelten. Wie schon erwähnt, lebte Timagenes um die Mitte des ersten vorchristlichen Jahrhunderts in Alexandria. Er sammelte viele Überlieferungen der Kelten und wird von Diodorus Siculus und Ammianus Marcellinus als Autorität zu diesem Thema zitiert. Timagenes sagt nicht nur, daß die Druiden in der Geschichte der Kelten äußerst bewandert waren, sondern er berichtet auch eine der druidischen Lehren über den Ursprung der Kelten. Wie ich bereits aufgezeigt habe, befindet er sich damit durchaus mit modernen historischen und archäologischen Ansichten im Einklang.

Von Tacitus wissen wir, daß die gallischen Druiden im Jahre 69 n. Chr. genau darüber informiert waren, wie die cisalpinen Kelten unter der Führung von Brennus in den Jahren um 390 bis 387 vor unserer Zeitrechnung Rom besiegten und die Stadt einnahmen – mit der erwähnenswerten Ausnahme des Kapitolhügels. Dreihundert Jahre später beklagten die gallischen Druiden, daß ihre Vorfahren sich nach der Zahlung eines Lösegeldes wieder zurückzogen, so daß die Römer ihre Stadt wiederaufbauen und damit das Reich schaffen konnten, das nun die keltische Zivilisation zerstörte. Es ist faszinierend, wenn auch nicht überraschend, daß solch detailliertes Wissen mündlich tradiert werden konnte.

In der irischen Mythologie werden die Druiden eindeutig als die Sachwalter von Geschichte und Genealogie ihres Volks dargestellt.

Einige der ältesten geschichtlichen Überlieferungen zu den Kelten erfahren wir von dem römischen Historiker Livius (59 v. Chr. bis 17 n. Chr.). Er entstammte einer Familie, die im Gefolge der römischen Eroberung von Gallia Cisalpina die keltischen Gebiete dieser Region kolonisiert hatte. Livius wurde in Patavium (Padua) geboren und wuchs zu einer Zeit auf, als Keltisch dort noch die gängige Sprache war. Zweifellos kannte er traditionelle druidische Historiker und schrieb auch einige ihrer Geschichten nieder. Es ist sogar allgemein anerkannt, daß eine seiner Quellen ein Kelte war, der damals lateinisch schrieb, aber aus seiner Herkunft kein Geheimnis machte, nämlich Cornelius Nepos (um 100 bis 25 v. Chr.). Dieser brüstete sich damit, daß sich seine keltischen Vorfahren schon lange vor der Eroberung von Veji (396 v. Chr.) in der Poebene angesiedelt hatten. Er selbst gehörte dem Stamm der Insubrer an und verfaßte eine *Chronica* betitelte Universalgeschichte. Wie ich bereits in meinem Buch *The Celtic Empire* dargelegt habe, war Nepos nur einer von vielen Kelten aus Gallia Cisalpina, die sich einen Namen machten, indem sie lateinisch schrieben. Heute betrachten wir diese Männer fälschlicherweise als römische Autoren – so auch Dichter wie Catull oder Historiker wie Trogus Pompeius (27 v. Chr. bis 14 n. Chr.), ein Kelte vom Stamm der Vocontii in Gallia Cisalpina, der eine Weltgeschichte in vierundvierzig Bänden verfaßte. Waren diese keltischstämmigen, lateinisch schreibenden Autoren aber auch Erben der druidischen Tradition? Meiner Ansicht nach ist dies so gut wie sicher.

Daß Livius keltische Überlieferungen verwendete, als er die Gründe für die frühe Ausbreitung dieses Volkes in das cisalpine Gallien aufzeichnete, steht außer Frage. Er berichtet von einer Überbevölkerung in Gallien, die Ambicatos (»Der sich überall zum Kampf stellt«), den König der Bituriger (»Könige der Welt«), zu dem Befehl an seine Neffen veranlaßte, mit einigen Stämmen neue Siedlungsgebiete zu erschließen. Sein Neffe Sigovensos (»Der erobern kann«) zog daraufhin nach Deutschland, während Bellovesos (»Der töten kann«) nach Norditalien abwanderte.

Es bedarf noch umfassender Forschungen, um in den lateinischen Schriften der cisalpinen gallischen *literati* noch weitere keltische Überlieferungen ausfindig zu machen. Das Faszinierende an Livius' Texten ist laut Camille Jullian, daß sie fast alle mehr aus keltischen Epen bestehen als aus römischen Überlieferungen. So erwähnt Livius eine ungewöhnliche Episode im Rahmen eines römischen Feldzugs gegen die Kelten im Jahre 345 v. Chr., die auffallende Ähnlichkeit mit einem Vorfall in dem irischen Epos *Táin Bó Cuailnge* – dem Rinderraub von Cooley – aufweist.

Die Form altirischer Sagen und Epen war die der Prosaerzählung mit Versen für die Dialoge. Hierzu bemerkt Professor Dillon: »Diese Mischung aus Prosa und Vers ist auch die älteste indische Erzählform. Beispiele im Sanskrit belegen, wie sich die Heldenepik aus Dialogen in Versform, bei denen die Geschichte dem kreativen Erinnerungsvermögen des Erzählers überlassen wurde, über Prosaerzählungen mit Dialogen in Versform zum Versepos des alten Indien und von Homers *Ilias* entwickelte.« Daß sich diese Form auch in alten keltischen Überlieferungen findet, wird laut Dillon bekräftigt »durch Sir Ifor Williams' Erklärung des *englynion* im walisischen *Red Book of Hergest.* Er [Williams] meint, die Dialoge in Versform zwischen Llywarch Hen und seinen Söhnen Gwen und Maen gehören zu verlorengegangenen Sagen, deren Prosapart (wie ich denke) vielleicht nie niedergeschrieben, sondern nur mündlich tradiert wurde.«

Als das irische Recht kodifiziert wurde, war die Geschichtsschreibung bereits zum Vorrecht besonders geschulter Fachleute geworden. Das *Senchus Mór* stellt fest, daß der Historiker oder *ollamh* eine besondere Ausbildung in Chronologie, Synchronismus, Altertumskunde und Genealogie aufweisen mußte. Er – oder sie –

mußte mindestens 350 historische Berichte und Liebeserzählungen auswendig beherrschen und sie auf Wunsch sofort rezitieren können. Ferner mußte er/sie über die Privilegien, Rechte, Pflichten, Restriktionen und Tribute des Hochkönigs und sämtlicher Provinz- und Kleinkönige Bescheid wissen. Im *Leabhar na gCeart* (Buch der Rechte) heißt es sogar: »Der gelehrte Historiker, der die Prärogative und Prohibitionen dieser Könige nicht kennt, ist nicht zu offiziellen Besuchen oder zum Verkauf seiner Werke berechtigt.«

Zu dieser Zeit war der Beruf des Historikers bereits überwiegend eine Domäne der Männer geworden. Henri Hubert spricht in diesem Zusammenhang von dem christlichen »Prozeß, der den Frauen Macht raubte, und das ging überall mit ihrem Verlust des Privilegs einher, Herkunft weiterzugeben«.

Der Titel des männlichen Historikers lautete nun *seanchaí,* ein Wort, das auch im heutigen Irisch noch die Bedeutungen »Bewahrer der Tradition, Historiker, Rezitator der alten Überlieferungen, Geschichtenerzähler« hat. Jeder Häuptling beschäftigte einen *seanchaí* für die Genealogie seines Geschlechts, die mit dem Beginn der christlichen Ära auch schriftlich festgehalten wurde. Die meisten dieser Stammbäume und Familiengeschichten wurden äußerst gewissenhaft geführt, bis die Engländer im siebzehnten Jahrhundert ihre verheerenden Eroberungen begannen, in deren Verlauf die einheimische Intelligenz und die führenden Familien Irlands zerschlagen oder ins Exil getrieben wurden. Auch die meisten schriftlichen Aufzeichnungen wurden damals zerstört. Einige wenige überlebten jedoch; etwa der Stammbaum der MacCarthy Mór, der Nachfahren der Eoghanacht-Könige von Munster, die nach der Eroberung durch Wilhelm III. 1691 nach Frankreich flohen. Der französische Staat erkannte ihre Titel an und bewilligte ihnen seinerseits die Titel Duc de Clancarthy und Comte MacCarthy Reagh de Toulouse. *Debrett's Peerage** nennt die heutigen Mac Carthy Mór als Familie mit einem der ältesten nachweisbaren Stammbäume Europas, der sich in der männlichen Linie über 51 Generationen bis auf König Eoghan Mór (gestorben 192 n. Chr.) zurückverfolgen läßt.

Hier taucht wieder eine interessante Parallele zur hinduistischen Kultur auf. In der Hindu-Gesellschaft gab es eine Klasse von Hof-

* Eine Auflistung der britischen Aristokratie [A.d.Ü.].

dichtern *(sutas),* die aber auch als Wagenlenker für die Krieger fungierten. Der Wagenlenker der Hindu-Gesellschaft war ein intimer Freund des Kriegers, und eine ebensolche Beziehung findet sich auch in den irischen Sagen – das beste Beispiel hierfür sind Cúchulainn und Loeg Mac Riangabra. Der irischen Sage zufolge rühmten die Wagenlenker die Kühnheit ihrer Krieger. Das *Satapatha Brahmana* berichtet, daß die Dichter am ersten Abend des Pferdeopfers ein Loblied auf den König und seine Krieger singen mußten, wobei sie gewöhnlich die Genealogie und die Taten des Herrschers rühmten. Professor Dillon weist darauf hin, daß auch die *Rigveda* Lobesdichtungen kennt; dort werden sie *narasami,* »Lob des Kriegers«, genannt. Ähnliche Gedichte finden sich aber auch in irischen Quellen, so etwa mehrere zum Ruhme von Labraid Loingsech, dem kriegerischen Vorfahren der Lagin (in Leinster). In diesem Zusammenhang verweist Dillon auf ein langes Gedicht, das einer als *fursundud* (Erleuchtung) bezeichneten Gattung angehört und eine Genealogie enthält, die bis auf Adam zurückreicht. Ferner existieren in Lobesdichtungen Genealogien für die Eoghanacht-Könige von Munster. Professor Dillon schreibt:

Ich bin der Ansicht, daß diese ältesten irischen Gedichte echte *narasasyah* sind (sie stammen aus einer Zeit vor der Entwicklung der klassischen irischen Metren, manche sogar aus der Zeit vor dem Gebrauch von Reimen), und daß sie bei der Krönung des Königs gesungen wurden oder bei ähnlich feierlichen Anlässen, etwa beim Fest von Tara, das vom Hochkönig abgehalten wurde.

Dillon erinnert sich, daß Joseph Vendryès im Jahre 1932 vor der Académie Française einen Vortrag mit dem Titel »The Courtly Poetry of Ireland and Wales« (Die höfische Dichtung von Irland und Wales) hielt, bei dem Sylvain Lévi, einer der großen Sanskrit-Experten seiner Zeit, im Publikum saß. Lévi war von Vendryès' Ausführungen derart fasziniert, daß er ihm einen Brief (abgedruckt in *Revue Celtique,* Band L) schrieb, in dem er bemerkte, die keltischen Gedichte seien »fast ein Kapitel aus der Geschichte Indiens unter einem anderen Namen«.

Einer der letzten Repräsentanten dieser irischen Tradition der Genealogen und Historiker war Dubhaltach Mac Firbisigh (1585 bis 1670), dessen Familie den Ó-Dubhda-(O'Dowd-) Häuptlingen von Sligo als Chronisten diente. Er stellte sein berühmtes Werk

Genealogies of the Families of Ireland um 1650 zusammen, doch als Galway in die Hand von Cromwells Soldaten fiel, floh er nach Dublin und stellte sich unter den Schutz von Sir James Ware. Dieser beauftragte ihn, einige alte irische Annalen ins Englische zu übersetzen. Doch mit dem Tode von Sir James verarmte Mac Firbisigh und mußte erneut fliehen. Er wurde auf der Straße von Dublin nach Sligo von einem englischen Soldaten ermordet.

Ein weiterer berühmter irischer Historiker, der im Verlauf von Cromwells Eroberung den Tod fand, war Seathrún Céitinn (um 1570 bis um 1649). Sein Hauptwerk trägt den Titel *Foras Feasa ar Eirinn* (geschrieben etwa 1629/1631). Es ist insofern von hohem Wert, als er dafür Quellen verwendete, die während der Verwüstungen durch Cromwells Soldaten zerstört wurden. Von besonderem Interesse ist eine Passage, in der Céitinn anhand einer weit älteren Quelle beschreibt, wie die Historiker eine Rolle übernahmen, die wir heute als die eines Kriegsberichterstatters bezeichnen würden:

Jeder Hauptmann trug auf seiner Standarte sein eigenes Signum, so daß jede Einheit sich von den anderen leicht durch jene *seanchaí* unterscheiden ließ, deren Pflicht es war, den Häuptlingen zur Verfügung zu stehen, wenn sie sich in die Schlacht stürzten. Diese *seanchaí* mußten auch die Leistungen der Kämpfer verfolgen, damit sie später einen wahrhaften Bericht von deren Großtaten geben konnten.

Man kann sich ohne weiteres vorstellen, daß sich solche Szenen auch bei den vorchristlichen Kelten abspielten.

Viele irische Annalen und Chroniken überdauerten die Verwüstungen durch die englischen Eroberer, wenngleich man erschaudern möchte angesichts des Reichtums, der zerstört wurde. Der Wert dessen, was verlorenging, läßt sich ermessen an den Werken, die trotz aller widrigen Umstände erhalten blieben.

Viele Gelehrte haben sich mit der Genauigkeit der irischen Annalen beschäftigt, insbesondere mit dem Thema, ob oder wie man zweifelsfrei von der Exaktheit dieser alten Bücher sprechen kann – denn es findet sich in nichtirischen Quellen nur wenig erhärtendes Material über interne irische Angelegenheiten. Hierzu stellte Dr. Hyde in seiner *Literary History of Ireland* fest:

Glücklicherweise besitzen wir trotz des Schweigens der fremden Autoren zu irischen Angelegenheiten durch die Hilfe der modernen Wissenschaft äußerst wertvolle Beweise, die die Glaubwürdigkeit unserer Annalen untermauern. Ich spreche von Aufzeichnungen über Naturereignisse. Wenn wir nämlich mit modernen wissenschaftlichen Methoden zurückrechnen und feststellen, daß etwa das Auftreten eines Kometen oder einer Sonnen- oder Mondfinsternis auf Tag und Stunde genau von den Chronisten festgehalten wurde, dann können wir fast mit Sicherheit annehmen, daß diese Phänomene zur Zeit ihres Auftretens von Augenzeugen beschrieben wurden, deren Aufzeichnungen von jenen späteren Chronisten, deren Bücher wir heute besitzen, herangezogen wurden. Niemand würde behaupten, daß derart genau beschriebene Naturereignisse wie historische Erzählungen nur oral tradiert und erst Jahrhunderte später schriftlich festgehalten wurden. Die *Annals of Ulster* etwa berichten ab dem Jahr 444 von Irland und seiner Geschichte, obwohl das schriftliche Exemplar erst vom fünfzehnten Jahrhundert datiert. Für die Zeitspanne von 496 bis 884 sind darin achtzehn Sonnen- und Mondfinsternisse und Kometen verzeichnet, die auf Tag und Stunde genau mit den Berechnungen moderner Astronomen übereinstimmen. Es ist unmöglich, solche Aufzeichnungen anzufertigen, wenn nicht schriftliche Unterlagen von Augenzeugen über derartige Phänomene existieren; das zeigt die Tatsache, daß der im Jahre 675 geborene Bede bei seinem Bericht über die große Sonnenfinsternis, die nur elf Jahre vor seiner Geburt stattfand, um zwei Tage vom exakten Datum abwich. Die Annalen von Ulster hingegen geben nicht nur den genauen Tag, sondern sogar die richtige Stunde an – und das belegt, daß ihr Kompilator Cathal Maguire entweder zum Original oder zu einer Kopie des ursprünglichen Berichts eines Augenzeugen Zugang hatte.

Es läßt sich mit Gewißheit sagen, daß die alten, mündlich tradierten geschichtlichen Überlieferungen der irischen Druiden im fünften nachchristlichen Jahrhundert aufgezeichnet wurden. Wie im Abschnitt über die Bücher der Druiden besprochen, besteht aber auch Grund zu der Annahme, daß es schon früher eine Schrift gab. Der früheste uns bekannte irische Historiker ist jedoch Sinlán Moccu Min (gest. 607 n. Chr.), ein Abt des Klosters von Bangor, einem der großen irischen Bildungszentren. Viele europäische, auch einige angelsächsische Prinzen sowie Abkömmlinge reicher Familien wurden zur Ausbildung dorthin geschickt.

Sinlán besaß ein Exemplar des *Chronikon* von Eusebios (um 260 bis um 340 n. Chr.), der Bischof von Caesarea in Palästina war. Eusebios wurde durch seine Kirchengeschichte, das erste Werk dieser Gattung, berühmt. Das in zwei Büchern verfaßte *Chronikon* war der Entwurf einer Geschichte der ganzen zu Eusebios' Zeiten bekannten Welt. Es enthielt Zeittafeln und Auflistungen von Herrschern bis in seine Zeit. Zwar existiert der ursprüngliche griechische Text nur mehr in Fragmenten, doch eine lateinische Adaptation des heiligen Hieronymus (um 342 bis 420 n. Chr.) gilt als eine bedeutende Quelle für das Studium des Altertums.

Sinlán fertigte nicht nur eine Kopie von Eusebios' *Chronikon* an, sondern parallel dazu auch eine Chronik von Ereignissen in Irland von früheser Zeit bis zu seiner eigenen Epoche. Damit unternahm er den ersten uns bekannten Versuch eines irischen Historikers, Daten der irischen Geschichte einer universalen Chronologie gegenüberzustellen. Dr. Eoin MacNeill versuchte zwar, diese große Leistung Eusebios' zu schmälern, vermutlich aber nur deshalb, weil sein akademischer Rivale Dr. Joyce sie verteidigte.

Von der nichtirischen keltischen Literatur hat leider nur wenig Material überdauert. In Wales läßt sich aber zumindest eine Tradition von Historikern feststellen. Gildas (um 500 bis um 570) verfaßte einen Augenzeugenbericht über die Verwüstungen der Angelsachsen mit dem Titel *De excidio et conquestu Britanniae* (Über den Niedergang und die Eroberung Britanniens), der jedoch nur einen geschichtlichen Rückblick darstellt. Der erste walisische Historiker ist Nennius (um 800). Er scheint ein Schüler von Elfoddw gewesen zu sein, einem Bischof von Gwynedd, der im Jahre 809 starb. Nennius verfaßte eine lateinische *Historia Brittonum,* die noch heute eine der Hauptquellen der britannisch-keltischen Geschichte darstellt. Als nächstes führen Fragmente und Ausschnitte aus dem Leben von Heiligen uns zu den *Annales Cambriae* (um 955), einer lateinisch verfaßten Geschichte der britannischen Kelten, und zu der Kompilation *Brut y Tywysogion* (Chronik der Fürsten) aus dem dreizehnten Jahrhundert. Hier muß auch Geoffrey of Monmouth (um 1100 bis um 1155) erwähnt werden, dessen lateinische *Historia regum Britanniae* (Geschichte der britannischen Könige) als ebenso kontrovers wie einflußreich gilt. Geoffrey behauptete, er sei lediglich ein Übersetzer, der dieses Werk aus einer britannisch-keltischen Sprache ins Lateinische übertrug:

> Walter, der Archidiakon von Oxford, ein Mann, der in der Kunst der öffentlichen Rede geschult und in der Geschichte fremder Länder bewandert ist, überreichte mir ein sehr altes Buch in der britannischen Sprache. Diese gut komponierte, zeitlich wohlgeordnete Erzählung stellte alle Taten jener Männer dar, beginnend mit Brutus, dem ersten König der Britannier, bis zu Cadwallader, dem Sohn von Cadwallo. Auf Walters Ersuchen hin habe ich es unternommen, dieses Buch ins Lateinische zu übersetzen ...

Moderne Gelehrten haben diese Zeilen als glatte Lüge abgetan, weil ein walisischer Text, der als Original für Geoffreys Geschichte gelten könnte, nicht auffindbar ist. Damit setzt man jedoch voraus, daß ein derartiges Buch sowohl den Zahn der Zeit als auch die Verheerungen der Engländer überstanden haben müßte. Zudem spricht Geoffrey von »der britannischen Sprache«, womit neben dem Walisischen natürlich auch das Kornische oder Bretonische gemeint sein kann. In der Bibliothek des Vatikans befindet sich die Kopie eines Gedichts in lateinischen Hexametern von John of Cornwall, versehen mit dem Datum 8. Oktober 1474. John lebte jedoch im zwölften Jahrhundert; außerdem ist aus der Handschrift ersichtlich, daß es sich um die Übersetzung eines älteren kornischen Werkes handelt. Das beweisen die Anmerkungen in Altkornisch, deren Form auf das zehnte Jahrhundert datiert wurde. Darüber hinaus hat dieser Teil auch eine deutliche Ähnlichkeit mit dem Abschnitt »Merlins Prophezeiungen« in Geoffreys Werk. Tatsächlich wird das ganze Gedicht »Merlins Prophezeiungen« genannt.

Eine Episode der sagenhaften, epischen *Historia regum Britanniae* springt dem Leser ins Auge. Tacitus spricht von der Überlieferung der gallischen Druiden im Jahre 69 n. Chr., in der von der Einnahme Roms durch die Kelten unter Brennus 390/387 v. Chr. die Rede ist. Die Söhne von Dunwallo Molmutius heißen bei Geoffrey Belinus und Brennius. Sie streiten sich über die Nachfolge im britannischen Königtum. Belinus wird König von Britannien, und die Brüder versöhnen sich schließlich wieder. Die Römer bedrohen den Frieden, und Brennius marschiert an der Spitze einer Armee nach Rom und erobert und plündert die Stadt. Die Überlieferung stimmt also überein mit den geschichtlichen Fakten – natürlich nicht im Detail, aber doch in den grundlegenden Punkten. Geoffrey teilt uns ferner mit, daß Brennius ein Heer senonischer Gallier anführte. Die Senonen waren keine britannischen Kelten – es ist faszinierend festzustellen, daß dieses Volk, einer der wichtigsten keltischen Stämme im cisalpinen Gallien, an der historischen Plünderung Roms beteiligt war. Das Gebiet der Senonen lag nördlich von Ancona, ihre Hauptstadt war Senigallia (Sena Gallica). Es heißt, Brennius habe sich nach dem Fall Roms in Italien niedergelassen; es existiert jedoch keine ihn betreffende Überlieferung für die Zeit nach der Einnahme Roms. Doch die reinen Fakten sind im wesentlichen korrekt. Wie die meisten Mythologien enthält auch die *Historia regum Britanniae* einige erkennbare historische

Tatsachen, und diese waren zweifellos das Resultat jahrhundertelanger mündlicher Überlieferung durch die Druiden.

Besonders interessant an den grundlegenden Fakten der Plünderung Roms in der Überlieferung sowohl der gallischen Kelten des ersten als auch der britannischen Kelten des zwölften Jahrhunderts ist die bloße Tatsache, daß diese Fakten überlebten. Obwohl es cisalpine Gallier waren, die Rom plünderten, verbreitete sich die geschichtliche Überlieferung nicht nur bis ins transalpine Gallien, sondern sogar bis ins keltische Britannien und ging in die Geschichte dieser so unterschiedlichen keltischen Völker ein – ein weiterer überzeugender Beweis dafür, wie eng die keltische Welt verbunden war durch das gemeinsame Band, das die Klasse der Druiden darstellte.

Druiden als Dichter und Musiker

Bei den Autoren des Altertums ist häufig von der Liebe der Kelten zur Dichtung und Musik die Rede. Diodorus Siculus und Athenaeus erwähnen in einem Zitat von Poseidonius eine Klasse professioneller Sänger. So schreibt Diodorus: »Außerdem haben sie lyrische Dichter, die sie Barden nennen. Diese singen zur Begleitung von Instrumenten, die einer Lyra ähnlich sind, Eulogien oder auch Satiren.« Im Gegensatz zu den griechischen und lateinischen Klassikern treffen die keltischen Quellen meist keine Unterscheidung zwischen Barden und Druiden. Wie wir gesehen haben, wurden die Druiden in der späteren walisischen Literatur als Dichter und Musiker bezeichnet. Das bringt uns wieder zu unserem Hauptargument zurück, nämlich, daß die Druiden eine intellektuelle Kaste bildeten und somit manche von ihnen auch Dichter und Musiker waren, wie die inselkeltischen Quellen belegen.

In früheren Kapiteln haben wir uns mit einigen Aspekten der Poetik befaßt. Wie aus den Quellen hervorgeht, wurden die Dichtungen nicht rezitiert, sondern gesungen. Athenaeus erläutert mit Hilfe eines Zitats von Poseidonius, wie extrem wortgewandt und geistreich die Poeten sein mußten, um aus dem Stegreif ein Gedicht zu ersinnen. Er berichtet von einem Fest, das von dem gallischen Häuptling Louernius (der Fuchs) abgehalten wurde.

Ein keltischer Dichter traf verspätet ein und begegnete Louernius; sofort komponierte er ein Lied, das dessen Größe verherrlichte und seine eigene verspätete Ankunft beklagte. Louernius war sehr erfreut und ließ sich einen Beutel Gold geben, den er dem neben dem Wagen laufenden Dichter zuwarf. Dieser fing den Sack auf und sang ein weiteres Lied, in dem er besang, daß die bloßen Spuren, die der Wagen des Häuptlings auf der Erde hinterließ, der Menschheit Gold und Großzügigkeit schenkten.

Es wäre nicht angemessen, in einem Werk, das sich ausschließlich mit den Druiden befaßt, ausführlich auf die frühe irische und walisische Dichtkunst einzugehen. Dennoch muß man in diesem Zusammenhang auf die faszinierenden Epigramme hinweisen, die frühe keltisch-christliche Dichter hinterließen und die darauf schließen lassen, daß sie damit eine sehr alte, einst als Lehrmethode eingesetzte Tradition übernommen hatten.

Man kann mit einiger Berechtigung die These vertreten, daß sich in manchen Texten der keltischen Christen – die diese Traditionen von den Druiden übernahmen – Gedanken von Zen-Meistern finden lassen. Manche der Strophen wären in einem Band mit Zen-Gedichten nicht fehl am Platze.

Siadhal Mac Feradach, bekannt unter seinem lateinischen Namen Sedulius Scottus (um 820 bis um 880), war ein bemerkenswerter irischer Dichter, von dem gesagt wurde, seine Texte seien zu allen Zeiten stets als Aussagen von großer Menschlichkeit verstanden worden. Handschriftliche irische Bemerkungen am Rand eines griechischen Texts in der Bibliothek von Dresden wurden von Professor Ludwig Traube in seiner Untersuchung *Sedulius Scottus* (München, 1906) als Kommentare Siadhals identifiziert:

Téicht do Róim
múr saído bec tobai;
in rí con-daigi i fus
maini mbera latt ni foghai.

Der Gang nach Rom
Bringt kaum Gewinn, nur endlos Schmerz;
Den Meister, den du siehst in Rom
Triffst du daheim oder gar nicht.

Professor James Carney ist ebenso wie Frank O'Connor – der das obenstehende Gedicht ins Englische übertrug – der Meinung, daß der Vierzeiler »durchaus von Sedulius stammen könnte«. Er fügt hinzu: »Abgesehen von der Tatsache, daß er ein Priester und sehr bescheiden war, paßt er genau in das Muster des irischen Barden- oder Hofdichters, des Nachfolgers der Druiden, der aus dem irischen Leben bis ins siebzehnte Jahrhundert hinein nicht wegzudenken war.«

Ein weiteres irisches Gedicht aus dem neunten Jahrhundert ist ein gutes Beispiel für die althergebrachte Art des Lehrens, die an das japanische Haiku erinnert und *Deibhidh* genannt wird:

Traurig, wenn gelehrte Söhne
Im immerwährenden Fegfeuer brennen
Und er, der nie ein Wort gelesen,
Sich ewiger Herrlichkeit erfreut.

Ein irisches Gedicht aus dem zehnten Jahrhundert liest sich in der Übersetzung folgendermaßen:

Es braucht zu viel Zeit und große Müh
Dem Tode zu entrinnen,
Wo doch der Tod zu guter Letzt
Uns unversehens holen wird.

Diese Form des epigrammatischen Gedichts, das *Deibhidh*-Versmaß, existiert auch im Walisischen, insbesondere als *englynion,* wie die folgenden Beispiele aus dem vierzehnten Jahrhundert zeigen:

Kein Grund zur Eifersucht,
Weil ein anderer mich liebt.
Der Wind mag an den Ästen rütteln,
Die Wurzeln zerstört allein ein Axtstreich.

Und:

Kein Verräter ist der Salm.
Er kehrt nach Haus zurück.
Wenn du des Suchens dorten müde bist,
Findest die Antwort du hier.

In *The Penguin Book of Welsh Verse* (1967) bemerkt Anthony Conran, daß sich das *englynion* nur mit großen Schwierigkeiten übersetzen läßt. »Ohne die Betonung des Reims und des *cynghanedd* (eine sehr zarte Betonung, die aufgrund der unterschiedlichen sprachlichen Struktur und Betonung des Englischen – und des Deutschen – nicht wiedergegeben werden kann) geht meist jede Poesie verloren.« Conran äußert sich auch zu der Ähnlichkeit zwischen dem *englynion* und der japanischen Haiku-Form. Das Haiku besteht aus siebzehn Silben, der *englynion* hingegen aus dreißig. Das irische Äquivalent des *cynghanedd* ist das *dán dírech,* ein metrisches System mit zahlreichen Alliterationen und Reimen in jeder Zeile. Professor Carney zufolge stellte diese traditionelle Versform eine bedeutende Lehrmethode der Druiden dar.

Klassische Autoren erwähnten auch, daß die Kelten Lyren, Trommeln, Pfeifen und andere Instrumente besaßen. Auf keltischen Keramiken, die auf das siebte vorchristliche Jahrhundert zurückgehen, sind verschiedene Instrumente abgebildet, unter anderem ein Saiteninstrument, das wie eine Lyra aussieht. Auch Trompeten waren bekannt; ein hervorragendes Exemplar einer Bronze-Trompete wurde in der Nähe von Navan in der Grafschaft Armagh gefunden (heute im National Museum in Dublin). Griechische und römische Schriftsteller wiesen zudem darauf hin, daß sich Vokalmusik ebenso wie der Tanz großer Beliebtheit erfreuten. Wir wissen, daß die Inselkelten regelmäßig Wettstreite in der Musik und der Dichtkunst abhielten, und nichts deutet darauf hin, daß dies nicht auch bei den Kontinentalkelten der Fall war. Auf keltischen Töpferwaren aus dem siebten vorchristlichen Jahrhundert sind tanzende Gestalten zu sehen, und bei Neuvy-en-Sullias in Frankreich wurden tanzende Figuren aus Bronze gefunden.

Die keltische Mythologie liefert uns zahlreiche Hinweise auf Musik und Musiker, insbesondere in Beschreibungen von der Anderswelt. Als eine Göttin Bran Mac Febal dazu verlocken will, zu ihr in die Anderswelt zu kommen, erzählt sie: »Dort gibt es nichts Hartes oder Rauhes, nur süße Musik, die dem Ohr schmeichelt.« Ein Krieger, der in Tara zu Cormac geht, trägt einen Zweig mit drei goldenen Äpfeln. Sobald der Zweig geschüttelt wird, erklingt eine liebliche Musik, die alle Verwundeten in friedlichen Schlaf versinken läßt. Der Dagda hatte einen Harfenisten, dessen Musik die Menschen zum Lachen, zum Weinen und zum Einschlafen bringen konnte. Im *Táin Bó Cuailnge* finden sich mehrere Bemerkungen über die Harfenisten von Caínbile von *aes Ruaidh,* die als »Männer von großem Wissen und prophetischen und magischen Kräften« beschrieben werden.

Was wissen wir von der alten keltischen Musik? Wiederum scheint das früheste Material aus Irland zu kommen. Die ältesten Manuskripte mit musikalischen Notationen stammen allerdings erst aus dem elften Jahrhundert mit dem Meßbuch von Drummond und dem zwölften Jahrhundert mit einer philosophischen Abhandlung über Musik. Doch als diese Notationen aufgezeichnet wurden, hatten sich in der irischen Musik bereits mehrere Veränderungen vollzogen. Professor Aloys Fleischmann vertritt in seinem Werk *Music in Ireland* (1952) die Ansicht, daß nach dem fünften nachchristlichen Jahrhundert Kirchengesang aus Gallien in Irland eingeführt wurde, der im zwölften Jahrhundert durch lateinische Texte ersetzt wurde. Aus diesem Grund stellt sich die Frage, ob sich in der irischen Musik überhaupt noch Relikte aus vorchristlicher Zeit finden lassen. Als sich im Frühmittelalter unter dem Einfluß der römischen Kirche die »westliche« Musik herausbildete, verhinderte in Irland das Aufeinanderprallen der Kulturen der einheimischen Kelten und der fremden Eroberer, daß die Musik sich natürlich weiterentwickelte; somit blieben in Irland viele der alten Musikformen erhalten, unter anderem auch die Fünftonleiter.

Die irische Musikwissenschaftlerin Fanny Feehan ist der Meinung, daß zwischen der *sean nós*-Form des Gesangs, die sich vor allem in Conamara erhalten hat, und der indischen Musik Ähnlichkeiten bestehen. In einem Artikel mit dem Titel »Suggested Links Between Eastern and Celtic Music« (1981; zu deutsch etwa »Mögliche Verbindungen zwischen östlicher und keltischer Musik«) schreibt sie:

Der Osten und der Westen sind ähnlich hinsichtlich der Verzierungskunst im Gesang. Ich spielte einmal einer indischen Professorin für Musik eine Claddagh-Aufnahme vor, auf der Máir Aine (Ní Dhonnacha) »Bárr an tSléibhe« singt. Die Musikexpertin weigerte sich zu glauben, daß es sich um ein irisches Lied handelte, bis ich ihr das Plattencover zeigte. Sie behauptete, das Lied habe eine seltsame Ähnlichkeit mit einem (nord)indischen Raga über ein junges Mädchen, das in die Berge gelockt wird; und sie demonstrierte die Verwandtschaft, indem sie es mir vorsang. Die Professorin interessierte sich für die Tonart, die Stimmlage und für bestimmte Noten, die sowohl für den Raga als auch für »Bárr an tSléibhe« charakteristisch sind.

Mich selbst erinnert dieser Bericht an eine Diskussion mit dem griechischen Komponisten Christos Pittas, der mir in den siebziger Jahren die Aufnahme einer thrakischen Volksmusik vorspielte, ohne zu erklären, worum es sich handelte. Für mich stammte die Weise eindeutig aus der *sean nós*-Musik von Conamara, obwohl bestimmte Klänge nicht »so ganz stimmten«. Als ich die tatsächliche Herkunft der Melodie erfuhr, war ich völlig verblüfft.

Nachdem der irische Komponist Seán Ó Riada (1931 bis 1971) in Paris serielle Musik studiert hatte, kehrte er in seine Heimat zurück und machte sich daran, die Überreste der ursprünglichen irischen Volksmusik zu sammeln, die zu der Zeit gerade zu einer Art anglo-irischer Balladenmusik verwässert wurde. Über dieses Unterfangen schrieb Christos Pittas (in *Hibernia,* 4. Februar 1971):

> Es gelang Ó Riada, eine lebendige kulturelle Tradition aufzudecken, die den meisten Europäern unbekannt war. Einige Philosophen beurteilen Gesellschaften und Länder gerne nach ihren musikalischen Traditionen, und es deutet auf eine große Kultur hin, daß Irland eine Musik mit ausgeprägter Individualität und Tiefe hat.

Eine der ältesten noch erhaltenen Formen keltischer Musik ist der *marbhnaí* oder »Todesgesang«, der gelegentlich auch *caoine* (Totenklage) genannt wird. Fanny Feehan bemerkte, daß das *Marabhna Luimni,* das vermutlich um 1635 komponiert wurde, dem Stil nach an den indischen Raga erinnert und vorwiegend drei oder vier Noten verwendet. Dieser Vergleich zum Raga wird immer wieder gezogen, genauso wie auch zum Grundkonzept des Jazz: Es gibt ein Thema, über das improvisiert wird. Doch so gut die Musiker die Melodie auch kennen, wird sie nie auf genau die gleiche Art und Weise wiederholt. Weder die irischen noch die indischen Zuhörer wissen genau, was sie erwartet, erkennen aber jede kleinste Abweichung vom Hauptthema.

Als Hüter der intellektuellen und somit auch der künstlerischen Traditionen der Kelten entwickelten die Barden als Angehörige der Druidenkaste eine Musikkultur, die über Jahrtausende bis zu der angenommenen indoeuropäischen Wurzel zurückgeht und die noch heute verblüffende Ähnlichkeiten zur indischen Musik aufweist.

Druiden als Ärzte

Plinius war der erste klassische Autor, der näher auf das umfassende medizinische Wissen der Druiden einging. Von ihm erfahren wir, daß es in den rund fünfzig Jahren vor der Eroberung durch die Römer und der Unterdrückung der Druiden in Gallien herausragende Ärzte gab, die einen ausgezeichneten Ruf genossen und zahlreiche Studenten anzogen. So nennt Plinius neben dem berühmten Crinias von Marseille auch Charmis, der aus derselben Stadt stammte. In ihrer Berufsausübung vereinten die beiden Medizin und Astrologie, und Charmis machte durch diese Art der Diagnose ein Vermögen.

Der Humanist James J. Tierney, der 1967 das Werk des irischen Geographen Dicuil herausgab, ist folgender Meinung: »Es kann kaum Zweifel daran bestehen, daß das medizinisch-magische Wissen der Druiden, dem Plinius in seiner *Naturalis historia* so großen Wert beimißt, die wirkliche Basis ihrer Macht und ihres Einflusses darstellte; alles andere war lediglich ein ideologischer Überbau.«

Wie umfassend das medizinische Können der Kelten war, konnte ich schon als Jugendlicher bei einem Besuch im Brighton Museum in der Grafschaft Sussex feststellen. Eines der bedeutendsten Ausstellungsstücke war der sogenannte »Ovingdean Trephined Skull«, ein trepanierter Schädel, den ein Fischer im Januar 1935 vor der Küste von Ovingdean in seinem Netz fand. Der Schädel wies über dem Gehirn zwei große, runde Löcher auf, die absichtlich gemacht worden waren. Der Fund wurde auf die vorchristlich-keltische Zeit datiert. Bemerkenswert daran ist, daß die frühen Chirurgen die Löcher zu unterschiedlichen Gelegenheiten hineingebohrt hatten; der Art, wie der Knochen um die beiden Bohrungen heilte, ist zu entnehmen, daß der Patient die Operationen überlebte, allerdings einige Wochen nach der zweiten an einer Blutvergiftung starb. In Frankreich wurden ähnliche Schädel entdeckt. Die Durchführung einer Trepanation, ohne daß der Patient dabei stirbt, verlangt großes medizinisches Können, und dies entspricht Plinius' Aussagen über das *»genus vatum medicorumque«* in Gallien.

Sogar in altirischen Aufzeichnungen findet sich eine Erwähnung der Trepanation; dort wird berichtet, daß ein junger irischer Häuptling namens Cennfaelad bei der Schlacht von Magh Rath oder Moira im Jahr 637 n. Chr. durch einen Schwerthieb einen Schädelbruch davontrug. Daraufhin wurde er zur Medizinschule in Tomregan gebracht, wo der verletzte Teil des Schädels sowie ein Teil seines Gehirns entfernt wurden. Nach seiner Genesung war der Verstand des Häuptlings angeblich noch schärfer als zuvor, und er wurde zu einem großen Gelehrten, der das *Uraicept na n-eces* (Lehrbuch der Poeten) verfaßte; dieses Werk existiert noch in einer Abschrift. Einige Gesetzeskommentare zum *Book of Acaill* werden ebenfalls Cennfaelad zugeschrieben, und angeblich gründete er auch die berühmte Bardenschule in Derryloran, County Tyrone.

Die Druiden tauchen in vielen irischen und walisischen Märchen als Heiler auf, und in den Sagen ist von Ärzten und Ärztinnen die Rede. Dian Cécht ist der irische Gott der Heilkunst. Der Teil des Brehon-Gesetzbuchs, der mit Medizin befaßt ist, enthält unter anderem »Die Urteile des Dian Cécht«, die Professor Binchly dem Stil nach auf das sechste nachchristliche Jahrhundert datiert. Das heißt, daß der alte heidnische Gott der Heilkunst selbst in frühchristlicher Zeit noch in einem Gesetzeswerk als medizinische Autorität genannt wurde. Als Nuada bei der ersten Schlacht von Magh Tuireadh seine Hand verlor, gab Dian Cécht ihm eine silberne; doch sein Sohn Miach, der ein noch besserer Arzt war, ersetzte die silberne Hand durch eine aus Fleisch und Blut. In einer Geschichte führt Miach sogar eine Augentransplantation durch, doch irgendwann wird er von seinem Vater Dian Cécht in einem Anfall von Eifersucht getötet. Auch Miachs Schwester Airmid, die beim Hüten der geheimen »Heilquelle« half, war für ihr Können als Ärztin bekannt. Angeblich identifizierte sie die 365 Heilkräuter. In anderen Geschichten werden Bebinn und Binn, die Töchter Modarns, als berühmte Ärztinnen genannt.

Den irischen Quellen zufolge waren die Druidenärzte nicht nur in der Heilkräuterkunde bewandert, sondern auch in der Chirurgie, und sie beherrschen Operationen wie Kaiserschnitte, Amputationen und Eingriffe am Gehirn. Der irischen Mythologie zufolge kommen sowohl Goll Mac Morna als auch Furbaide durch einen Kaiserschnitt zur Welt.

Wir erfahren, daß das Heer Conchobhar Mac Nessas während der *Táin*-Kriege von einem medizinischen Korps unter der Leitung von Fingín Fáithliaig begleitet wurde. Jeder Arzt hatte eine Tasche mit Medikamenten bei sich, die *lés* hieß. In einer weiteren halb-legendären Geschichte wird ein Häuptling von Munster namens Tadhg Mac Cian bei der Schlacht von Crinna im Jahr 226 n. Chr. verwundet und von einem kundigen Druidenarzt geheilt, der ebenfalls Fingín Fáithliaig heißt. Möglicherweise handelt es sich bei dieser Parallele lediglich um eine Namensverwechslung; andererseits kann es von Bedeutung sein, daß *fáithliaig* eine Zusammensetzung aus *fáith* (Seher) und *liaig* (Egel) ist; im Englischen ist das Wort *leech* (Egel) noch heute als veraltetes Wort für einen Doktor bekannt und wird in alten Texten vielfach als Bezeichnung für Druidenärzte verwendet.

In vorchristlicher Zeit wurden in den meisten Gesellschaften Europas einschließlich Griechenland und Rom kaum Vorkehrungen für die Behandlung Kranker aus den armen Bevölkerungsschichten getroffen. Kranke, Schwache und Alte wurden häufig getötet, um von ihren Leiden befreit zu werden. In diesen Gesellschaften galt Krankheit als ein Fluch, der von übernatürlichen Mächten auferlegt wurde, und man bemühte sich eher darum, die erzürnten Gottheiten zu besänftigen, als den Erkrankten Linderung zu verschaffen. Die Griechen hatten natürlich medizinische Kenntnisse. Hippokrates von der Insel Kos (um 460 bis 370 v. Chr.) ist in der heutigen Medizin noch wegen des »Hippokratischen Eids« bekannt, doch über sein Leben selbst wissen wir gar nichts. Es gibt nicht einmal Beweise, daß er die als *Corpus Hippocraticum* bekannten sechzig medizinischen Abhandlungen, die etwa zwischen 430 und 330 v. Chr. zusammengestellt wurden, tatsächlich selbst verfaßte. Im dritten vorchristlichen Jahrhundert stieg Alexandria zu einem Zentrum der Medizin auf, wo Herophilos Drogen einsetzte und Erasistratos nahe daran war, den Blutkreislauf zu verstehen, der schließlich 1628 von William Harvey entdeckt wurde. Die Werke Galens von Pergamon (129 bis 199 n. Chr.) bildeten die Grundlage für große Bereiche des medizinischen Wissens in Europa. Dennoch gab es in Griechenland kein medizinisches System der Gesundheitsversorgung, auf das alle Menschen unabhängig von ihrem gesellschaftlichen Stand per Gesetz Anspruch hatten. Dem Volksglauben zufolge richtete erstmals die römische Heilige Fabiola (gestorben um 399 n. Chr.) ein Hospiz für Kranke und Bedürftige in Porto bei Rom ein und gründete damit das erste Krankenhaus in Europa.

Doch zu der Zeit bestanden in Indien ähnliche Institutionen schon seit langem. In den *Charaka-Samhita* (Annalen von Sarace) erfahren wir, daß Asoka (um 273 bis 232 v. Chr.), der Kaiser von Indien, sich von den Kriegen und dem Kampf um die Macht so angewidert fühlte, daß er der Gewalt abschwor, sich dem Buddhismus zuwandte und die ersten Krankenhäuser für gebrechliche Arme einrichtet. Den irischen Quellen zufolge ging das erste Krankenhaus Irlands auf Macha Mong Ruadh zurück, die halblegendäre irische Königin (gest. um 377 v. Chr.). Angeblich errichtete sie bei Emain Macha (Navan) ein Hospiz, das Bróin Bergh (Haus des Kummers) hieß. Gleichgültig, ob es sich dabei um eine Legende handelt oder nicht – wir wissen, daß es zu Beginn der christlichen Zeit überall in Irland Krankenhäuser gab, die sich zum Teil mit allgemeinen Gebrechen befaßten, zum Teil aber auch auf bestimmte Krankheiten spezialisiert waren, wie etwa die Hospitäler für Leprakranke. Zu der Zeit, als das Rechtssystem kodifiziert wurde, gab es ein fortschrittliches, anspruchsvolles medizinisches System, dessen Existenz zum Großteil auf die von Plinius aufgezeichneten Gedanken der Druiden zurückzuführen ist.

In der Zeit der »karolingischen Renaissance« im achten und neunten Jahrhundert genossen die irischen Medizinschulen in ganz Europa großes Ansehen, unter anderem diejenige in Tuaim Brecain (Tomregan, County Cavan), die im sechsten nachchristlichen Jahrhundert von dem Arzt Bracan Mac Findloga, einem Schüler des heiligen Finian von Clonard, gegründet worden war. Ähnliche Institutionen gab es auch in Clonmacnoise, Cashel, Portumna, Clonard und Armagh. Doch wie bereits gesagt, waren diese christlichen Einrichtungen die direkten Nachfolger der Druiden-Medizinschulen.

Unter dem Brehon-Gesetzessystem war allen Bedürftigen Krankenpflege garantiert; darunter fiel die Heilbehandlung, aber auch finanzielle Zuschüsse und nahrhafte Lebensmittel. So steht im *Senchus Mór:* »Alle Klassen in diesem Gebiet haben denselben gesetzlichen Anspruch auf Krankenpflege.« Die Kosten für die Behandlung von Verwundeten, die aufgrund einer Gesetzesüberschreitung verletzt worden waren, wurden aus der Strafe erstattet, die der Täter entrichten mußte. Aus dem Gesetz geht eindeutig hervor, daß jeder, der einem anderen ungerechtfertigterweise eine Verletzung zufügte, für die Behandlung dieser Person aufkommen mußte, sei es in einem Krankenhaus oder einem Privathaushalt. Das »Law of Torts« sah vor, daß »einem Arbeiter, der aufgrund unnötigen Profits ... eine Verletzung davontrug, volles Krankengeld« gezahlt werden mußte. Die Einstellung hinter dieser Vorschrift entspricht wiederum völlig dem philosophischen Gedankengut frühkeltisch-christlicher Autoren wie Fastidius und dem »Sizilianischen Britannier«, die als »Pelagier« abgetan wurden und angeblich versuchten, die »Philosophie der Druiden« neu zu beleben. Doch das Brehon-Gesetz sah nicht nur vor, daß Krankenpflege geleistet werden mußte, sondern auch, daß die Gesellschaft den Angehörigen eines kranken oder verwundeten Mannes Essen und Schutz zur Verfügung stellen mußte, bis er genesen war.

Das Brehon-Gesetzessystem stellt darüber hinaus unmißverständlich klar, daß die Behandlung Kranker ausschließlich qualifizierten Ärzten vorbehalten war; wenn man »Quacksalber« beim Praktizieren erwischte, erhielten sie eine schwere Strafe. Dazu bemerkt Dr. Sophie Bryant in ihrem hervorragenden Werk *Liberty, Order and Law under Native Irish Rule* (1923): »Den Iren war bewußt, daß Kranke sich leicht täuschen lassen und sich auf der verzweifelten Suche nach einem Heilmittel an jeden Strohhalm klammern.«

Andererseits trugen qualifizierte Ärzte die volle Verantwortung für die Behandlung ihres Patienten, und wenn sie – sei es durch Nachlässigkeit oder durch Unwissen – eine Verschlechterung von dessen Zustand herbeiführten, waren sie gesetzlich verpflichtet, Wiedergutmachung zu leisten. Außerdem mußte dem Gesetz zufolge jeder Arzt vier Medizinstudenten ausbilden. Dazu schreibt Dr. James J. Walsh: »Die Vorkehrungen zur Krankenpflege in diesen Institutionen sind sehr interessant, denn sie beinhalteten gleichzeitig die Ausbildung junger Männer in der medizinischen Praxis und erinnern daher, zumindest in gewisser Hinsicht, an unser (modernes) System der ärztlichen Ausbildung.« Er fährt fort:

> Wie wir in unserer heutigen Zeit wohl wissen, gibt es keine bessere Vorgehensweise als diese, um einen praktischen Arzt heranzubilden – das heißt, um ihm ein fundiertes klinisches Wissen in der Medizin zu vermitteln; und gleichzeitig gibt es auch nichts Besseres für den Patienten, denn der Arzt steht sozusagen auf dem Prüfstand vor seinen eifrigen Studenten, die allmählich Erfahrungen in der Medizin sammeln, und somit ist er gezwungen, sich alle Mühe zu geben und sein Können unter Beweis zu stellen...

Interessanterweise wurde auch anerkannt, daß jeder Arzt für eine gewisse Zeit quasi von seiner Praxis beurlaubt werden mußte, um sich neue Methoden und Kenntnisse anzueignen. Der jeweilige ortsansässige Clan mußte sicherstellen, daß der Arzt dabei »nicht von den Sorgen und Kümmernissen des Alltags gestört wird und sich dem Studium und der Arbeit an seinem Beruf widmen kann«. Jede Region mußte über ein Krankenhaus verfügen. Das Gesetz machte hierzu detaillierte Vorgaben: Das Hospital mußte vier

Türen besitzen, an einem fließenden Gewässer liegen und ohne Kosten oder Besteuerung von der Gemeinde unterhalten werden. Orts- und Stadtnamen geben Aufschluß darüber, daß es im alten Irland zahlreiche Krankenhäuser gab, zum Beispiel An Spidéal (Spiddal, Spital usw.). Auch die Organisation dieser Krankenhäuser war gesetzlich genau geregelt.

An diesen Hospitälern praktizierten die örtlichen Ärzte und ihre Studenten. Rund um die Uhr war ein Hausmeister – im modernen Sprachgebrauch ein Verwalter – im Einsatz, um Hunde fernzuhalten, aber auch Geistesgestörte (für die es eigene Einrichtungen gab) sowie alle, die die Ruhe der Kranken und Verwundeten stören konnten.

In den irischen Annalen finden sich viele Erwähnungen von Pest und Krankheiten, die wie in den meisten frühen Gesellschaften auf böswillige Dämonen zurückgeführt wurden. Nach der Christianisierung wurden die Druiden – denen man mittlerweile die Rolle von Zauberern nachsagte – von den Christen für die Krankheiten verantwortlich gemacht.

In den *Annales Ríoghachta Éireann* (Annalen der vier Meister) steht unter dem Jahr 986 der Eintrag: »Im Osten Irlands wurde von Dämonen eine druidische oder magische Krankheit hervorgerufen, die Menschen vor den Augen anderer sterben ließ.« Auch Adomnán führt in seinem *Life of Colmcille* Seuchen auf den Einfluß von Dämonen zurück.

Maeldor Ó Tinnri, »der beste Arzt Irlands«, starb im Jahr 860 n. Chr. Sein Name ist der erste in einer ganzen Reihe berühmter christlicher irischer Ärzte in historischer Zeit. Im zehnten Jahrhundert gab es regelrechte Arztfamilien; so wurden die O'Callanans, die O'Cassidys, die O'Lees, die O'Hickeys (*ichidhe* bedeutet »Heiler«) und die O'Shiels als Familien genannt, die traditionell Ärzte waren. Der berühmte Chemiker, Arzt und Physiologe Jan Baptiste Baron Van Helmont aus Vilvoorde (1580 bis 1644) schrieb in seinem Werk *Confessio Authoris* (1648), daß zu seiner Zeit die irischen Ärzte aufgrund ihres Wissens und ihrer Ausbildung als die besten in ganz Europa galten:

> Diese Ärzte erhalten ihre medizinischen Kenntnisse vorwiegend aus Büchern, die bestimmten Familien gehören und die ihnen von ihren Vorfahren vererbt wurden. Darin stehen die Symptome der verschiedenen Krankheiten sowie die Mittel, die sie kurieren; und diese Mittel sind vernakular – das heißt, sie stammen aus ihrem eigenen Lande. Aus die-

sem Grunde sind die Iren im Krankheitsfall besser versorgt als die Italiener, obwohl diese in jedem Dorf einen Arzt haben.

Ein typisches Beispiel für die irischen Ärzte, von denen Van Helmont spricht, war sein Zeitgenosse Niall Ó Glacan (um 1590 bis 1655). Er stammte aus Donegal und hatte eine der altirischen Tradition entsprechende Ausbildung erhalten. 1628 ging er nach Frankreich und behandelte dort in der Gegend von Clermont und Toulouse Pestkranke. Daraufhin schrieb er *Tractatus de Peste* (Toulouse, 1629). Er wurde zum persönlichen Leibarzt des französischen Königs Ludwig XIII. und zum Professor für Medizin an der Universität Toulouse ernannt. Nach dem Tod Ludwigs XIII. wurde er zum Professor für Medizin in Bologna berufen, wo er seine berühmte Medizinstudie *Cursus Medicus* verfaßte.

Selbst nachdem die Engländer im siebzehnten Jahrhundert die irischen Medizinschulen unterdrückt und die irische Intellektuellenschicht zerstört hatten, standen irische Ärzte in vielen europäischen Ländern, in denen sie Zuflucht gesucht hatten, in hohem Ansehen. Einer der faszinierendsten dieser späteren Mediziner war Barry Edward O'Meara (1786 bis 1836), der Napoleon bei seinem Exil auf der Insel St. Helena als Leibarzt diente.

Es gibt eine Vielzahl noch erhaltener medizinischer Texte in irischer Sprache. Bei einigen handelt es sich um Übersetzungen ins Irische von Werken, die Hippokrates zugeschrieben werden oder die von Galen, Herophilos, Rhazes, Avicenna, Serapion, Dioskorides oder anderen stammen. Cormac Mac Duinnshléibhe (um 1420 bis 1480), dessen Familie traditionell den Leibarzt der Ó Domhnaill-Häuptlinge stellte, wurde im Ausland in den neuen Schulen der »arabischen« Medizin ausgebildet. Er übersetzte mehrere der neuen Texte ins Irische. Doch der Großteil der erhaltenen Werke ist ursprünglich in Irisch abgefaßt. Das älteste noch existierende Medizinbuch in Irland stammt aus dem Jahr 1352 und befindet sich in der Royal Irish Academy; dabei handelt es sich offensichtlich um die Kopie eines weitaus älteren Texts. Das British Museum besitzt noch ältere medizinische Bücher. Im *Leabhar Buidhe Lecain,* dem Gelben Buch von Lecan, finden sich vier medizinische Abhandlungen. Die Mehrzahl dieser Werke stammt aus dem vierzehnten bis sechzehnten Jahrhundert, etwa die Bücher der O'Hickeys, der O'Lees, der O'Shiels und das *Book of Mac Anlega* von 1512 (Sohn des Arztes). Diese Bände bilden die größte Sammlung medizinischer Literatur vor 1800, die es in irgendeiner Sprache gibt. Deswegen ist es meiner Ansicht nach ein Skandal, daß bislang kein Versuch unternommen wurde, diese Fülle an medizinischem Wissen systematisch zusammenzustellen, zu redigieren und herauszugeben; mit Sicherheit würden damit neue Erkenntnisse über die altkeltische Medizin gewonnen. Und wer weiß, wieviel »vergessenes« Wissen in diesen vernachlässigten Texten zutage treten würde?

Eines ist sicher: Die alten irischen Ärzte hatten eigensprachliche Bezeichnungen für alle Krankheiten und Leiden, und das deutet auf eine lange einheimische medizinische Tradition hin.

Interessanterweise findet die Geschichte über das *Book of the O'Lees,* das 1443 zusammengestellt wurde, eine Parallele in der walisischen Mythologie. Angeblich erhielt nämlich O'Lee (der Name stammt von *liaig,* Egel, was soviel wie Arzt bedeutet) das Buch von Gestalten der Anderswelt. In der Geschichte von Meddygon Meddfai werden die drei Söhne, die ein sterblicher Mann mit einer Geistfrau der Anderswelt zeugt, durch das Wissen ihrer Mutter zu den größten Ärzten von Wales.

Das *Book of the O'Hickeys* von 1352 enthält eine faszinierende Aufforderung an Ärzte: »Insbesondere, daß sie ihre Aufgabe hingebungsvoll erfüllen in Fällen, in denen sie wegen der Armut der Patienten keine Bezahlung erhalten.« Dies entspricht zweifellos den Grundsätzen des faszinierenden irischen Gesetzessystems zur medizinischen Praxis.

Aber auch wenn diese großartigen medizinischen Textbücher vernachlässigt werden – in den irischen Sagen finden sich Erwähnungen von Behandlungspraktiken. Eine beliebte Kur, die Dian Cécht in der zweiten Schlacht von Magh Tuireadh anwandte, war das medizinische Bad. Auch der Druide Eremon von Leinster empfahl ein Bad, das aus der Milch von 159 weißen, ungehörnten Kühen bereitet wurde, um die Wunden von Kriegern zu heilen. Fingan, der Druidenarzt von Conchobhar Mac Nessa, verordnete verletzten Kriegern Bäder mit Heilkräutern. In *Cormac's Glossary* werden medizinische Bäder *(forthrucud)* zur Behandlung von Leprakranken *(doinnlóbru)* empfohlen.

Eine Weiterentwicklung der medizinischen Bäder war das Heißluftbad, das in Irland noch bis vor kurzem als Mittel gegen Rheuma verwendet wurde. Diese Bäder nahm man in einem *Tigh 'n alluis,* einem »Schwitzhaus«. Ein alter, für diesen Zweck bestimmter Bau findet sich noch auf Inishmurray in der Donegal Bay, und im letzten Jahrhundert wurden mehrere solcher Gebäude beschrieben, vor allem im Norden Irlands. Dabei handelt es sich um kleine Steinhäuser von etwa eineinhalb bis gut zwei Meter Länge. Darin wurde ein Torffeuer entfacht, das so lange brannte, bis das Haus wie ein Ofen aufgeheizt war. Dann wurde das Feuer entfernt, und der in Decken gehüllte Patient kroch hinein und nahm auf einer Bank Platz. Er mußte bei geschlossener Tür so lange in der Hitze sitzenbleiben, bis er völlig naßgeschwitzt war. Gleich nach dem Herauskommen wurde er in kaltes Wasser getaucht und abgerieben, bis er wieder warm war. Dann wurde er dazu aufgefordert zu meditieren *(dercad)*, um *sitcháin* (einen Zustand des Friedens) zu erreichen. Möglicherweise hatte dieser Vorgang, der in vielen Teilen der Welt noch heute als religiöse Handlung vollzogen wurde, bei den Kelten eine ähnlich spirituelle Bedeutung.

Diese Art von Bädern wurde so berühmt, daß sie auf dem Kontinent Nachahmung fand. So schrieb Professor Henry Hennessy im *Kilkenny Archaeological Journal* für das Jahr 1885/1886: »Es fällt auf, daß die Bäder, die in Irland und Großbritannien als türkische Bäder bezeichnet werden, in Deutschland und Böhmen römisch-irische Bäder genannt werden. Ich sah derartige ›Römisch-irische Bäder‹ 1879 in Prag und Nürnberg.« Dr. William J. Walsh, Erzbischof von Dublin (1841 bis 1921), sah solche Bäder um die Jahrhundertwende in Trier, Prag und Metz.

Im Abschnitt über Trepanation sind wir bereits auf das große chirurgische Wissen eingegangen, das die Iren besaßen. Es ist erwiesen, daß irische Chirurgen Hautverletzungen nähen konnten, etwa die Kopfwunde von Conchobhar Mac Nessa, die mit einem Goldfaden vernäht wurde. Außerdem verwendeten die irischen Ärzte ein Stethoskop – ein Horn, das *gipne* oder *gibne* genannt wurde und das in *Cormac's Glossary* als *adarc lege* (Horn des Arztes) bezeichnet wird. Chirurgische Sonden *(fraig)* werden ebenfalls erwähnt.

Die Druiden kannten auch Schlafmittel *(deoch suain)*. Im siebten Jahrhundert waren irische Ärzte und ihre druidischen Vorgänger auch außerhalb Irlands wegen ihrer Kenntnisse in der Heilpflanzenkunde berühmt. Einige Abhandlungen über die medizinischen Eigenschaften von Kräutern und ihre Verwendung bei unterschiedlichen Krankheiten erschienen in der Übersetzung von Whitley Stokes in *Revue Celtique* (ix, 224); Joseph O'Longan weist in seiner Übersetzung (Manuskript in der Royal Irish Academy) auch nach, daß astrologische Beobachtungen von den Ärzten allgemein als Hilfsmittel bei der medizinischen Prognose eingesetzt wurden. Neben Heilkräutern kamen auch tödliche Gifte zur Anwendung. Der Satiriker Cridenbél wurde mit der Pflanze *eccineol* vergiftet; man weiß zwar nicht, um welche Pflanze es sich hier handelt, aber offensichtlich hatte sie eine tödliche Wirkung. Ailill, der Sohn des Laoghaire Lorc, wurde von Cobthacht Coel Breg vergiftet.

Ein direktes Vermächtnis der Druiden war die Verwendung von »heilenden Steinen«, die im Volksgebrauch noch heute existieren. Angeblich verwendete Columcille einen derartigen Stein, um eine Heilung herbeizuführen. In *Tour of the Western Islands of Scotland* von 1695 berichtet Martin, daß »heilende Steine« dort noch vielfach benutzt wurden.

Das medizinische Wissen, das uns durch irisch-keltische Quellen bekannt ist, kann hier nur ansatzweise erläutert werden. Doch das noch existierende Beweismaterial deutet darauf hin, daß Plinius der Ältere die Wahrheit schrieb, als er von der Bedeutung der Druiden als Mediziner sprach.

Druiden als Seher

Als Dio Chrysostom sagte, die Druiden seien »gut bewandert in der Kunst des Sehens und des Prophezeiens«, hielt er lediglich eine damals allgemein bekannte Tatsache fest. Schon aus den frühesten griechischen und römischen Texten erfahren wir, daß die Druiden Augurien praktizierten sowie die Zukunft vorhersagen und »die Natur deuten« konnten. Der Ruf der Druiden als Seher, Propheten, Wahrsager und Auguren wurde von einem keltischen Autor des ersten vorchristlichen Jahrhunderts bestätigt. Trugus Pompeius war ein cisalpinischer Kelte vom Stamm der Vocontii, von dessen Werk *Historiae Philippicae* Justinus eine Kurzversion verfaßte. Der keltische Philologe Professor Horst Schmidt hat nachgewiesen, daß es eine Reihe gallischer Namen mit der Vorsilbe *trog* gibt, und bringt dies mit dem irischen *trog/truag* und dem walisischen *tru* in Verbindung, was soviel wie »elend« bedeutet. Trogus schrieb auf Lateinisch; von seinen vierundvierzig Geschichtsbüchern existiert nur noch der Auszug Justinus'. Darin stellt Trogus mit offensichtlichem Stolz und Nachdruck fest: »In der Kunst der Augurien übertreffen die Gallier alle anderen.«

Die Griechen und Römer berichteten ausführlich über die Methoden der Druiden, die Zukunft vorherzusagen. Im folgenden Abschnitt werden wir uns mit ihrem Ruf als Astronomen und Astrologen beschäftigen. Den klassischen Verfassern zufolge suchten die Kelten nach Omen auch in den Todeszuckungen von Menschenopfern, den Eingeweiden von geopferten Tieren und im Vogelflug.

Sowohl Strabo als auch Diodorus Siculus verwenden dieselbe Quelle, nämlich Poseidonios, wenn sie über das Wahrsagen aus dem Todeskampf eines Menschenopfers sprechen. Tacitus schreibt: »Die Druiden fragen die Götter in den zuckenden Eingeweiden von Menschen um Rat.« Alle Autoren, die Menschenopfer erwähnen, deuten an, daß der Zweck der Opferung lediglich darin bestand, Prophezeiungen anzustellen, und nicht auch darin, die Götter gnädig zu stimmen. Caesar ist offenbar der Meinung, daß die Druiden nur mit Hilfe von Menschenopfern Macht über die übernatürlichen Kräfte zu gewinnen glaubten. Wir sind bereits in Zusammenhang mit den Ritualen der Druiden auf dieses Thema eingegangen.

Das Weissagen mit Hilfe der Eingeweide von Opfertieren und anhand der Größe, Form, Farbe und Zeichnung von Leber und Gallenblase war allerdings nicht nur auf die Kelten beschränkt, sondern wurde vielfach auch von den Etruskern und Römern ausgeübt. Die dort *haruspices* genannten Wahrsager hatten in Rom eine eigene Schule, und ihre Kunst war als *Etrusca disciplina* bekannt, was auf einen Ursprung bei den Etruskern hindeutet.

Daß Tiere zum Zweck des Wahrsagens eingesetzt wurden, wird von irischen Schriften bestätigt; dabei kam dem Stier eine besondere Bedeutung zu. Wir haben bereits über das *tabhfheis* als druidisches Ritual gesprochen. Die Kelten brachten dem Stier eine besondere Verehrung entgegen, vermutlich wegen seiner Kraft, seiner Virilität und seiner kämpferischen Eigenschaften. In Gournay-sûr-Abonde (Oise) finden sich zahlreiche Beweise für eine rituelle Schlachtung von Rindern. Das Opfern von Stieren wird auch von Plinius erwähnt, der in der berühmten Passage über die Mistel berichtet, daß die Druiden zwei weiße Stiere opferten.

Der Stierkult war in der keltischen Welt weit verbreitet; Abbildungen von Tarvos Trigaranus, dem dreigehörnten Stier, wurden in Gallien, Britannien und Irland gefunden. Auch in den irischen Sagen werden Stiere häufig erwähnt. Der bekannteste ist Donn Cuailnge, der Braune Stier von Cuailnge, von dessen Geschichte in dem großen Epos *Táin Bó Cuailnge* berichtet wird. Auch der gallische Eigenname Donnotauros (»Der braune Stier«) ist nachgewiesen.

In dem Werk *Foras Feasa ar Éirinn* (Geschichte Irlands), das Seathrún Céitinn unter Verwendung zahlreicher irischer Quellen schrieb, die später unter Cromwell vernichtet wurden, erwähnt er den druidischen Brauch, die Zukunft mit Hilfe der Häute von geopferten Stieren vorherzusagen. Dazu errichteten die Druiden ein Gerüst aus Ebereschenholz, über das sie eine Stierhaut ausbreiteten. Die Innenseite zeigte zum Himmel, um die notwendige Aura heraufzubeschwören.

Lewis Spence schreibt: »Im *taghairm* besitzen wir ein verblüffendes Beispiel für ein Relikt dieses druidischen Rituals, das im Hochland und auf den Inseln Schottlands bis in jüngste Zeit durchgeführt wurde.« Das Wort *taghairm* bedeutete ursprünglich »Echo«, nahm aber im Laufe der Zeit den Sinn von »Wahrsagen durch die Vermittlung von Dämonen« an. Es ist sinnverwandt mit dem altirischen *togairm,* Beschwörung. Spence zufolge hüllte sich der Seher in die Haut eines frischgeschlachteten Stiers und legte sich bei einem Wasserfall oder am Fuß eines Abgrunds auf die Erde, um zu meditieren *(dercad).* Nach einiger Zeit suchten die Geister ihn auf und berichteten ihm, was er wissen wollte. Dieses Ritual wurde auch von Martin 1695 bei seiner Reise durch die westlichen Inseln beobachtet. In diesem Zusammenhang kann man auch die walisische Geschichte »Der Traum von Rhonabwy« erwähnen, in der Rhonabwy sich in der Haut einer gelben Färse schlafen legt und Artus' letzte große Schlacht vorhersagt.

Auch andere Tiere wurden geopfert. Als König Conaire und sein Gefolge in Da Dergas Herberge zu Gast sind, veranlaßt eine Reihe von schlechten Omen den König, seinen Druiden Fer Caille zu bitten, ein Schwein zu opfern, um die Zukunft vorherzusagen. Dies wird getan, und Fer Caille berichtet von der bevorstehenden Zerstörung der Herberge.

Die bekannteste Methode, mit der die Druiden in die Zukunft sahen, ist wohl die von Diodorus Siculus beschriebene – das Wahrsagen aus dem Flug der Vögel. Auch in Griechenland und Rom war es üblich, den Flug oder das Verhalten von Vögeln zu deuten.

So wurden die Wörter *Augurium* und *Auspizium* gleichbedeutend als Wahrsagen aus dem Verhalten von Vögeln verwendet. Die römischen Heere führten stets heilige Hühner mit sich; wenn diese beim Füttern über das Fressen herfielen, wurde dies als gutes Omen gedeutet. Vor der Seeschlacht bei Drepanum 249 v. Chr. weigerten sich die Hühner zu fressen, und die Römer wurden besiegt. Das Weissagen aus dem Verhalten von Vögeln wurde an einer römischen Schule für Auguren gelehrt.

Keltische Quellen bestätigen, daß das Weissagen aus dem Vogelflug weit verbreitet war. In einer irischen Version der *Historia Brittonum* des walisischen Historikers Nennius findet sich ein altes Gedicht über sechs Druiden, die in Breagh-magh »das Beobachten von Vögeln« praktizieren. Laut Giraldus Cambrensis gelang es dem walisischen Fürsten Gruffydd ap Rhys ap Tudor zu Anfang des zwölften Jahrhunderts, die Vögel am See Llangorse bei Brecknock zum Singen zu bringen, weil er der rechtmäßige Herrscher über Wales war. Dem walisischen Volksglauben zufolge besitzen »die Nachkommen eines Menschen, der vom Fleisch eines Adlers gekostet hat, bis zur neunten Generation die Gabe des zweiten Gesichts«.

Bei den Vorarbeiten zu seinem Werk *History of the Druids* kam John Toland im Jahr 1697 nach Finglass in der Nähe von Dublin, wo er zwei irischen Herren begegnete. Diese versicherten ihm, ihr soeben begonnenes Geschäft würde in ihrem Sinne verlaufen, weil sie einen Raben gesehen häten, in dessen Federkleid einige weiße Federn steckten. Allerdings meinten sie, mit ihrem Unterfangen nicht fortfahren zu können, bis sie herausgefunden hätten, in welche Richtung der Vogel fliegen würde. Ein altes Manuskript im Dubliner Trinity College, von dem O'Curry berichtet, enthält Verweise auf die Omen von Vögeln und deren Bedeutung, etwa das Krächzen von Raben, das Zwitschern von Zaunkönigen und der Flug der Krähe. Ein Rabe krächzte, kurz bevor der heilige Cellach, Bischof von Killala, ermordet wurde. Krächzende Raben galten als ein schlechtes Vorzeichen.

Der Name des Zaunkönigs – im heutigen Englisch *wren* – wurde in *Cormac's Glossary* als *drui-en* angegeben – der Vogel der Druiden. Mit Sicherheit gab es in Irland den Namen *drean* für Zaunkönig, und in *Life of St. Moling* wird die im *Glossary* erläuterte etymologische Ableitung bestätigt. Der Zaunkönig hatte eindeutig eine besondere Bedeutung, und am St. Stephen's Day (26. Dezember) wurde der Vogel in Irland, Schottland, auf der Isle of Man und sogar in Teilen von Essex und Devon in England von Dorfjungen gejagt und getötet und dann in einer Prozession durch das Dorf getragen; dabei baten die Jungen um Geld, um den Vogel zu begraben, und sangen dazu ein Lied, das in jedem Ort, in dem dieser Brauch existierte, nachgewiesen wurde:

Der Zaunkönig, der Zaunkönig, König aller Vögel
Wurde am Stefanstag im Busch getötet,
So klein er ist, so groß ist seine Ehre
Und deswegen, gute Leute, gebt uns etwas.

Neben Augurien werden in keltischen Schriften noch andere Methoden des Wahrsagens überliefert. So war Traumdeutung ein beliebtes Mittel, um die Zukunft vorherzusagen. Der Druide Dubhdiadh interpretierte Domhnalls Traum am Vorabend der Schlacht von Magh Rath (Moira) und prophezeite die Niederlage und den Tod Congals.

Eine weitere Form des Wahrsagens hieß *coelbreni* oder »Omenstäbe«. Dazu verwendeten die Druiden Stäbe – in einigen Fällen Haselnußstecken mit Ogham-Inschriften –, die sie zu Boden warfen und den Fall interpretierten. Mit dieser Methode stellte der Druide Dalan fest, wo Étain sich befand, nachdem sie von Midir dem Stolzen entführt worden war. Dazu versah Dalan vier Eibenstöcke mit Ogham-Inschriften und warf sie zu Boden. Im Fernen Osten wird diese Art des Wahrsagens noch heute praktiziert, insbesondere in einigen Teilen Chinas, wo sie als I Ging bekannt ist. Eine Variante dieser Methode wird in der walisischen Literatur erwähnt; dort finden sich rätselhafte Verweise auf einen Rahmen, der *peithynen* (im heutigen Walisisch ein Dachreiter) genannt wird; gelegentlich wurde er als »Rad des Druiden« oder »Erheller« bezeichnet.

In seinem Werk *The Philosophy of Ancient Britain* (1927) bildete Sir John Daniel eine alte Illustration dieser Konstruktion ab. Seiner Ansicht nach war das *peithynen* ein System des Wahrsagens, für das mit Inschriften versehene Holzstäbe notwendig waren. Die Stäbe wurden zu einer Art Rad geformt, das gedreht wurde und damit Antwort auf Fragen gab. Edward Davies schreibt in *Celtic Researches* (1804), daß die Gedichte, die gemeinhin Llywarch Hen zugeschrieben werden, jedoch aus dem neunten Jahrhundert stammen, Verweise auf das *peithynen* enthalten.

Taliesin, der große Dichter aus dem sechsten Jahrhundert, wurde sowohl Druide als auch Prophet genannt. In der Übersetzung eines Gedichts, das ihm zugeschrieben wird, sagt er:

> Ich bin Taliesin,
> Der Oberste Barde des Westens.
> Mir ist vertraut jeder Zweig an den Bäumen
> In der Höhle des Obersten Sehers.

Lewis Spence glaubt in diesen Zeilen einen Verweis auf das *peithynen* zu entdecken, doch es bedarf einiger Phantasie, um diese Verbindung herzustellen.

Das Rad-System scheint in irischen Quellen eine Bestätigung zu finden, nämlich in einer Geschichte, in der der berühmte Druide Mug Ruith aus Dairbre in Munster offenbar diese Methode des Wahrsagens verwendet. So heißt es in *Cóir Anmann:* »Magh [Mug] Ruith bedeutet *Magus rotarum,* der Zauberer der Räder, denn er stellt seine *taiscéladh druidhechta,* seine magische Beobachtung, mit Hilfe von Rädern an.« Doch wie wir gesehen haben, war Mug Ruith ein Sonnengott, und das Rad ist ein Sonnensymbol. Mug Ruiths Tochter Tlachtga fertigte laut einem Text, der in O'Gradys *Silva Gadelica* zitiert wird, ein *roth ramhach* oder ruderndes Rad zum Zweck des Wahrsagens.

Der irische Historiker Ruariadh Ó Flaithbheartaigh (Roderic O'Flaherty, 1629 bis 1718) berichtet in seiner lateinischen Geschichte *Ogygia,* daß die Druiden die Zukunft aus Baumwurzeln prophezeiten. Auch das Deuten von Wolkenformationen war bekannt; im Mittelalter wurde sogar das altirische Wort *néladoir* (Wolkendeuter) als Bezeichnung für Astrologen verwendet. Beim Fest Samhain bestieg der Druide von Dáithí den Cnoc nan Druad (Hügel des Druiden), heute Mullaroe in Skreen, Sligo, und blieb die ganze Nacht bis zum Sonnenaufgang dort. Bei seiner Rückkehr berichtete er dem König, die Wolken hätten ihm gesagt, daß er einen Eroberungsfeldzug nach Alba, Britannien und Gallien unternehmen werde.

Fionn Mac Cumhail, dessen Daumen den Salm des Wissens berührte, als der Fisch vom Druiden Finegas zubereitet wurde, brauchte nur noch an diesem Daumen zu lutschen, um zu erfahren, was er wissen wollte. Dieses Motiv findet sich mehrfach in den Geschichten über Fionn; es stellt eine interessante Art des Wahrsagens dar.

In *Cormac's Glossary* und anderen Werken werden drei Rituale des Wahrsagens beschrieben – *imbas forosnai, teinm laegda* und *dichetal do chennaib*. Beim *imbas forosnai*, dem »Handflächen-Wissen«, kaute der Druide ein Stück auf besondere Art zubereitetes Fleisch und meditierte dann, wobei er die Handflächen auf seine Wangen legte. *Teinm laegda* wurde anders ausgeführt, diente aber dem gleichen Zweck. Aus *Cormac's Glossary* wissen wir, daß der heilige Patrick *imbas forosnai* und *teinm laegda* offiziell verbieten ließ, *dichetal do chennaib* aber weiterhin gestattete, weil dieser Form der Prophezeiung kein Ritual voranging.

Das *dichetal do chennaib* hätte Jack Kerouac (1922 bis 1969), ein amerikanischer Schriftsteller bretonischer Herkunft, wohl als »spontane Prosa« bezeichnet. Dabei rezitierte der *filí* seine Gedichte, und zwar laut dem Brehon-Gesetz »ohne zuvor meditiert oder auch nur darüber nachgedacht zu haben«.

Aber trotz Patricks kirchlichem Verbot schrieb das Brehon-Gesetzessystem vor, daß man den Abschluß des *anruth* nur erhielt, wenn man die drei Formen *imbas forosnai, teinm laegda* und *dichetal do chennaib* beherrschte. Im elften Jahrhundert berief Domhnall Uí Neill von Ulster einen Rat ein, um die Höhe der Wiedergutmachung zu bestimmen, die dem Dichter Erard Mac Cosse gezahlt werden sollte. Flann von Monasterboice, der Oberste Brehone, schätzte den Schaden und bestimmte, daß dieser Ersatzanspruch auch für alle zukünftigen Dichter gelten solle, sofern sie die drei Formen der Prophezeiung beherrschten – was heißt, daß diese drei Formen selbst sechshundert Jahre nach Patricks angeblichem Verbot noch in Gebrauch waren.

In der irischen und walisischen Sagenwelt bildet die Kunst, die Zukunft weiszusagen, oft einen wesentlichen Bestandteil der Geschichte. Sehr häufig widerfährt den Helden der Sagen das prophezeite Schicksal durch ebenjene Abenteuer, die sie auf sich nehmen, um ihm zu entrinnen. Bei einigen Prophezeiungen – etwa dem Tod des Diarmuid bei der Festung Banbán – erscheinen die vorausgesagten Ereignisse derart unglaubwürdig, daß sie scheinbar nie eintreten können. Doch die Menschen mißachten die Weissagungen der Druiden auf ihre eigene Gefahr hin.

Die Göttin Brigit gilt als bewandert in der Dichtkunst und der Prophezeiung und ist somit die Göttin des Wahrsagens. In den irischen Mythen und Sagen finden sich zahlreiche Prophezeiungen. In einigen der frühen Hagiographien von Brigits christlicher Namensschwester erfahren wir, daß ein Druide den Ruhm der heiligen Brigit voraussah, noch ehe sie geboren wurde. Und am Hof von Crimthann prophezeite ein Druide die Geburt des heiligen Ciaran von Clonmacnoise.

Eochaidh von Connacht bittet einen Druiden, ihm mit Hilfe einer Prophezeiung den besten Ort für seinen neuen Palast zu nennen. Cathbad, der Druide von Conchobhar Mac Nessa, macht mehrere Weissagungen, etwa die Geburt und den Ruhm seines Sohnes und die Zukunft von Deirdre, die die schönste Frau der Welt werden, aber den Tod vieler Helden herbeiführen sollte. Ein anderer Druide prophezeite Cumhail, daß, sollte er heiraten, die nächste Schlacht seine letzte sein würde. Cumhail vollzog seine Hochzeit in aller Heimlichkeit, aber die Prophezeiung erfüllte sich dennoch. Die Druidin Biróg verkündet Balor bei der Geburt seiner Tochter, sein eigener Enkel werde ihn töten. Daraufhin schließt Balor seine Tochter Ethlinn in einen Kristallturm auf der Insel Tory ein, um zu verhindern, daß sie mit einem Mann in Kontakt kommt. Doch die Prophezeiung bewahrheitet sich trotzdem. In einem anderen Märchen erfahren wir, daß ein Druide König Dara sagte, sein Sohn namens Lugaidh würde ihm auf den Thron folgen. Doch Dara hat fünf Söhne, und der Druide gibt ihm den Rat, sie alle Lugaidh zu nennen, um die Thronfolge sicherzustellen.

Die Druiden deuteten auch Träume. Im Jahr 637 n. Chr. zog der irische Hochkönig Domhnall Mac Aedh bei Magh Rath (Moire) in der Nähe von Lisburn in Ulster in eine Schlacht gegen Domhnall Breac, den König von Dàl Riada. Vor der Schlacht hatte Domhnall von Irland einen Traum, den er sich von einem Druiden interpretieren ließ. Dieser klärte ihn über die Bedeutung des Traums auf, und der irische König ging siegreich aus der Schlacht hervor. Diese Geschichte ist vor allem deswegen so faszinierend, weil das Christentum zum Zeitpunkt dieses Ereignisses bereits festen Fuß in Irland gefaßt hatte und Domhnalls Vater Aedh der König war, der die Synode von Druim Ceatt leitete. Die historischen Verweise auf Traumdeutungen durch Druiden werden auch durch Erwähnungen in den Sagen belegt – etwa von Cesarn, dem Obersten Druiden eines Königs der Firbolg, der die Träume des Königs deutete und ihn vor nahenden Feinden warnen konnte.

Druiden als Astronomen und Astrologen

Seit Anbeginn ist sich der Mensch der Naturphänomene bewußt gewesen. Frühe Kulturen erkannten, daß Sonne und Mond gemeinsam Einfluß auf die Gezeiten ausüben, daß die Sonne die Abfolge der Jahreszeiten bewirkt, Licht und Wärme spendet und die Ernten reifen läßt. Die Menschen bemerkten auch, daß die Phasen des Mondes in einigen Fällen bestimmte Auswirkungen auf gewisse Individuen und deren mentale Eigenschaften haben konnten. Aus diesen anfänglichen Beobachtungen entwickelte sich der Glaube, daß die Bewegungen der »Sterne« – denn für solche wurden sie damals gehalten – einzelne Menschen und Ereignisse auf der Erde beeinflußten. Anfänglich waren Astrologie und Astronomie ein einziger Wissenszweig; Aristoteles verwendete ausschließlich das Wort »Astrologie« und sprach nie von »Astronomie«. Beides galt als ein und dieselbe Naturwissenschaft. Noch im siebzehnten Jahrhundert wurden astronomische und astrologische Abhandlungen gemeinsam in Büchern abgedruckt. Erst im achtzehnten Jahrhundert, während des »Zeitalters der Vernunft«, wurde diese eine Wissenschaft in zwei Disziplinen aufgespalten. Doch selbst die Begründer der modernen Astronomie, Tycho Brahe (1546 bis 1601) und Johannes Kepler (1571 bis 1630), verstanden sich auch als Astrologen.

Historiker, die sich mit Astrologie befassen, sind allgemein der Ansicht, daß diese ihren Ursprung in Babylonien hatte und über Griechenland nach Europa gelangte. Doch nicht alle Griechen waren bereit, das neue Wissen aus dem Osten anzuerkennen. So glaubte etwa Euxoxos von Cnidos (um 408 bis um 388 v. Chr.) nicht, daß die Sterne das Leben eines Menschen beeinflußten. Im Römischen Reich breitete sich die Astrologie erst im ersten vorchristlichen Jahrhundert aus, und zwar durch Marcus Manilius' berühmtes Werk *Astronomica,* das sich mit Astrologie beschäftigt. Wenig später schrieb Cicero: »Niemand kann den Himmelskörpern Vernunft absprechen, es sei denn, er ist selbst nicht im Besitz der Vernunft.« Doch die materialistischere römische Gesellschaft stand der Astrologie skeptischer gegenüber als die Griechen, und deshalb fand sie in Rom nie eine ähnlich weite Verbreitung.

Gegen Ende des vierten Jahrhunderts sprach Augustinus, der Bischof von Hippo, der Astrologie jegliche Daseinsberechtigung ab, und viele Christen machten sich seine Haltung zu eigen. Interessant ist in diesem Zusammenhang, daß er selbst in der Astrologie sehr bewandert war und in seiner Schrift *De Doctrina Christiana* argumentiert hatte, daß astrologische Kenntnisse unabdingbar seien, um die Heilige Schrift sowie kalendarische Systeme zu verstehen. Als er dann *De Civitate Dei* verfaßte, verwarf er die Astrologie, aber sein Vokabular verriet sein Wissen zu diesem Thema. Augustinus' Theorie, Erlösung oder Verdammnis sei dem Menschen vorherbestimmt, ging nicht weit genug, um die Sichtweise zu akzeptieren, daß diese Vorherbestimmung in den Himmelskörpern zu erkennen sei – trotz der Einwände, im ersten Buch Mose sei eindeutig erklärt, daß Gott die Sterne ans Firmament setzte, um den Menschen zu *leiten*.

Die Einstellung Augustinus' wurde nicht vom gesamten Christentum übernommen, doch kam es immer wieder zu Angriffen gegen die Astrologie. Im zwölften Jahrhundert schrieb Manuel Comnenus seine berühmte Verteidigungsschrift, in der er die Vereinbarkeit von Christentum und Astrologie nachwies. Der Benediktiner Placidus de Titus (Placido Tito, 1603 bis 1668) galt als einer der führenden Astrologen seiner Zeit, zusammen mit Abbé Jean-Baptiste Morin (1583 bis 1659), der als Astrologe im Dienst Kardinal Richelieus stand, dem französischen Prälaten und Staatsmann.

In einem Punkt stimmten die vorchristlichen griechischen und römischen Beobachter überein – gleichgültig, ob sie der keltischen Kultur gegenüber negativ oder positiv eingestellt waren –, nämlich, daß die Druiden in ihrem Studium der Astronomie und Astrologie sehr weit fortgeschritten waren. Caesar, der natürlich Poseidonios als Quelle verwendete, berichtete, die Druiden besäßen »ein großes Wissen über die Gestirne und ihren Lauf, über die Größe der Welt und der Erde, die Natur der Dinge«. Cicero erwähnt zwar nicht ausdrücklich, daß der Druide Divitiacus, den er persönlich kannte, die Zukunft aus den Sternen las, schreibt aber an seinen Bruder Quintus:

Weissagungen sind sogar bei den barbarischen Völkern bekannt, denn es gibt in der Tat in Gallien Druiden; ich selbst kannte einen von ihnen, Divitiacus vom Stamm der Haeduer, deinen Gast, der voll des Lobes für dich ist; er erklärte, in der Lehre unterrichtet zu sein, welche die Griechen Naturphilosophie nennen, und er konnte mit Hilfe von Augurien und Schlußfolgerungen die Zukunft vorhersagen.

Strabo, Caesar, Diodorus Siculus, Cicero, Plinius und Tacitus sprechen alle anerkennend vom Wissen der Kelten im Bereich der Astronomie. Pomponius Mela erwähnt das große Ansehen, das die Druiden wegen ihrer »Betrachtung der Sterne« genossen. Er sagt, die Druiden kannten »die Größe und Gestalt der Welt, den Lauf der Himmel und der Gestirne«. Dann berichtet er von der Überzeugung der Druiden, daß die Gezeiten durch die Tätigkeit des Mondes hervorgerufen würden, und fährt fort, als Begründung dafür würden sie die Mitternachtssonne nennen. Die Erde sei ihrer Vorstellung zufolge eine Scheibe – eine Ansicht, die zur damaligen Zeit weit verbreitet war.

Hippolyt erklärt, daß die Druiden »bestimmte Ereignisse durch pythagoreische Berechnungen vorhersagen können«. Plinius berichtet, die Druiden würden die Phasen des Mondes verfolgen, bis die günstigste Zeit kam, um Misteln zu schneiden.

Jordanes zitiert in seiner Schrift *Getica* ein verlorengegangenes Werk von Flavius Magnus Aurelius Cassiodorus (um 490 bis 583), in dem im ersten vorchristlichen Jahrhundert der Stamm der Geten erwähnt wird. Laut Jordanes/Cassiodorus waren die Geten in der Natur- und Moralphilosophie bewandert und kannten den »Lauf der zwölf Bilder des Tierkreises und der Planeten, die durch sie hindurchgehen, und die gesamte Astronomie«. Angeblich kannten sie auch die Namen von 365 Sternen. Im weiteren Verlauf des Abschnitts heißt es, daß die Geten diese Dinge von einem Weisen namen Dicenus erfuhren, was – wie Professor Piggott einräumt – möglicherweise der Name eines Druidenlehrers war. Mit der keltischen Endung »os« erhält man den Namen Dicenos, der stark an die brythonische Bezeichnung für »Weise« erinnert, die heute allerdings eine etwas andere Bedeutung hat, nämlich »schlau, gerissen« (walisisch *dicellos*).

Jordanes zufolge bildete Dicenus »Novizen edler Geburt und großer Weisheit aus und gab ihnen Unterricht in Theologie, wobei er ihnen auftrug, bestimmte Gottheiten und heilige Orte zu verehren«.

An dieser Stelle sollte erwähnt werden, daß unter den Gelehrten noch keine Einigkeit darüber besteht, ob die Geten ein keltischer oder ein germanischer Stamm waren. Ihr Heimatgebiet sowie der Zeitpunkt ihres Auftauchens legen allerdings nahe, daß sie zur keltischen Welt gehörten. Cassiodorus erwähnt auch Varros Text *De Astrologia*; damit meint er allerdings nicht Publius Terentius Varro, der ein Kelte aus Gallia Narbonensis war, sondern Marcus Terentius Varro (116 bis 27 v. Chr.), der aus Reate im Gebiet der Sabiner stammte. Einige Gelehrte verlegen seinen Geburtsort allerdings weiter nach Nordosten in die Nähe von Ancona, was wiederum im Gebiet der keltischen Senonen läge. Die Ähnlichkeit der Namen könnte eine Verbindung zwischen dem Kelten Publius und Marcus aus Reate nahelegen, doch andererseits läßt dessen Ruf, »ein überaus gelehrter Römer« zu sein, nicht auf keltischen Ursprung schließen.

Die Griechen und Römer rühmen zwar die Kelten für ihr Wissen auf dem Gebiet der Astronomie und Astrologie – aber gibt es auch Beweise von den Kelten selbst, daß sie in diesem Bereich genügend bewandert waren, um ein eigenes Kalendersystem zu erstellen?

Der älteste uns erhaltene keltische Kalender stammt aus Gallien und wird auf das erste vorchristliche Jahrhundert datiert. Dies ist der Coligny-Kalender, heute im Palais des Arts in Lyon zu sehen. Er wurde vor der römischen Eroberung Galliens erstellt und ist weitaus kunstvoller als der rudimentäre Julianische Kalender; so weist er einen präzise ausgearbeiteten Fünfjahreszyklus auf, in dem die Mondphasen mit dem Sonnenjahr in Übereinstimmung gebracht werden. Er ist ein Meisterwerk der kalendarischen Berechnung und ein überzeugender Beweis für Ciceros Behauptung, die Druiden besäßen großes Wissen im Bereich der Astronomie. Der Kalender ist auf gallisch abgefaßt, und neben den Monaten stehen entweder die Buchstaben MAT oder ANM. Selbst ohne Sprachexperte zu sein, erkennt man diese Bezeichnungen als Abkürzung für *Maith* (irisch) oder *Mad* (walisisch), was soviel wie »gut« bedeutet; ANM steht für *An Maith* (irisch) oder *Anfad* (walisisch) – also »nicht gut«. Der Monat in der Mitte des Winters hieß Giamon, der in der Mitte des Sommers Samon; beide Bezeichnungen kann man in den heute noch existierenden keltischen Sprachen wiedererkennen.

Der Kalender selbst besteht aus zweiundsechzig aufeinanderfolgenden Monaten, die in Abschnitte von jeweils neunundzwanzig oder dreißig Nächten unterteilt sind – die Zeitabschnitte werden wie bei den Kelten üblich nach Nächten berechnet. Wie Caesar damals schrieb: »Sie bestimmen alle Zeiträume nicht nach der Zahl der Tage, sondern nach der der Nächte. Die Geburtstage, den Beginn der Monate und Jahre berechnen sie so, daß erst auf die Nacht der Tag folgt.«

Plinius erklärt, die Druiden hätten eine bestimmte Art, die Zeit zu messen, und schreibt: »Sie messen die Monate und Jahre nach dem Mond, und auch ihre Zeitalter *(saeculi)* von dreißig Jahren.« Dies stimmt genau mit dem Coligny-Kalender überein.

Dillon und Chadwick erklären dazu:

> ...doch offenbart der Kalender von Coligny ein beachtliches Maß an astronomischen Kenntnissen und beweist die Gelehrsamkeit der Druiden. Darüber hinaus ähnelt dieser gallische Kalender dem der Hindus auch in der Aufteilung der Monate in helle und dunkle Hälften sowie mit seinen Monaten von dreißig Tagen in einem Dreijahreszyklus, an dessen Ende ein eingeschalteter Monat hinzugefügt wurde.

In *Origin and Growth of Religion as Illustrated by Celtic Heathendon* bemerkte John Rhŷs, daß bei den Kelten eine Woche aus neun Nächten bestand. In Zeitberechnungen spielt die Zahl neun vielfach eine wichtige Rolle, und in den Gesetzen von Hywel Dda bezeichnete der neunte Tag des Monats oft den Anfang oder das Ende eines Zeitabschnitts. Die gleiche Beobachtung stellten auch die Gebrüder Rees an und machten auf das Beweismaterial in der inselkeltischen Literatur aufmerksam, demzufolge die Zahl Neun einen wichtigen Zeitabschnitt darstellte. Unter anderem erklären sie, daß die Zeit, in der der Mond während des Erntemonds besonders hell leuchtete, *y nawnos olau* (neun helle Nächte) hieß, und im Irischen bezeichnen die Ausdrücke *nómad* und *noínden* neun Zeitabschnitte. Die Brüder Rees legten auch dar, daß aus drei Wochen zu je neun Nächten ein Monat mit Siebenundzwanzig Nächten entsteht, und in der keltischen Mythologie ist Siebenundzwanzig wiederum eine bedeutsame Zahl – sie verweist auf die siebenundzwanzig Konstellationen des Mondzodiakus, wie in der hinduistischen Mythologie, wo der Mond – Soma – siebenundzwanzig Sterngattinnen hat.

An diesen Punkt stellt sich die Frage, ob die Kelten das astronomische und astrologische Wissen, das sie zweifellos besaßen, selbst entwickelt oder über die Griechen von den Babyloniern bezogen hatten. Wie bereits gesagt, gehen die Historiker allgemein davon aus, daß die Astrologie auf diesem Wege nach Europa gelangte.

Hekataios von Milet, der um 500 v. Chr. lebte, schrieb den Hyperboreern die Fähigkeit zu, kalendarische Berechnungen anzustellen; überdies siedelte er sie auf den Britischen Inseln an. Doch Professor Piggott bemerkt dazu:

Es ist durchaus denkbar, daß einige Elemente der griechischen Mathematik rund 600 v. Chr. durch die Marseiller Kontakte in die keltische Welt gelangten; dies würde Hippolyts Aussagen über »pythagoreische« Berechnungen unterstreichen, auch wenn es sich im eigentlichen Sinne nicht um solche handelte. Überhaupt betrafen die pythagoreischen Doktrinen, welche die Druiden übernahmen, vermutlich weitaus weniger das esoterische Geheimnis der Seelenwanderung, sondern vielmehr recht weltliche Fragen wie die Größe des Quadrats über der Hypotenuse eines rechtwinkeligen Dreiecks.

Doch diese Argumentation läßt die riesigen Megalithanlagen und Steinkreise wie etwa Stonehenge außer acht, die unter Zuhilfenahme sehr genauer astronomischer Kenntnisse errichtet wurden. Natürlich kann man diese Anlagen nicht als keltisch beschreiben; schließlich entstanden sie lange vor der Zeit, in die wir die Ausbreitung der keltischen Zivilisation mit Sicherheit datieren können. Der Baubeginn lag etwa zu Anfang des zweiten Jahrtausends vor Christus. Wenn man sich der These der Proto-Kelten von Professor Christopher und Jacquetta Hawkes anschließt, könnte man allerdings argumentieren, daß diese Anlagen von den Vorfahren der Kelten errichtet wurden. Als ein vergleichbares Beispiel wird oft die Umwandlung der angelsächsischen Königreiche in die englische Nation als Übergang von den Proto-Kelten zu den eigentlichen Kelten bezeichnet. Es gibt jedoch mehrere Theorien zu der Frage, wer die Megalithanlagen errichtete. Wie ich bereits aufgezeigt habe, glauben manche Gelehrte an die These eines aus Nordafrika eingewanderten vorkeltischen Volks, das einer nicht indoeuropäischen Kultur angehörte und später von den Kelten beherrscht und absorbiert wurde, wobei diese sich das Wissen dieses Volkes aneigneten.

Als erster erkannte offenbar Dr. John Smith, der Erfinder der Pockenimpfung, die Anordnung von Stonehenge nach astrologischen Gesichtspunkten. 1771 veröffentlichte er *Choir Gaur, the Grand Orrery of the Ancient Druids.* Das »Orrery« (Planetarium) im Titel bezieht sich auf Charles Boyle, 1713 Graf von Orrery, Irland, für den eine Uhrmechanik gebaut wurde, die die Laufbahnen der Planeten um die Sonne zeigte. Dr. Smith stellte mehrere Berechnungen an und erkannte, daß die Hauptachse von Stonehenge entsprechend dem Sonnenaufgang zur Sommersonnenwende ausgerichtet war. Er behauptete, daß »der Erz-Druide, wenn er in seinem Chorstuhl steht und die rechte Seite des Tempels entlangblickt..., [am Tag der Sommersonnenwende] die Sonne aufgehen sieht...« 1796 schrieb Henry Wansey:

Einen besseren Platz zur Beobachtung der Himmelsgestirne kann man nicht finden als Stonehenge, wo der Horizont auf allen Seiten fast drei Meilen weit entfernt ist. Doch bis wir die Methoden kennen, anhand deren die alten Druiden Sonnen- und Mondfinsternisse mit derartiger Genauigkeit vorhersagten, wie Caesar es schreibt, können wir den theoretischen Gebrauch von Stonehenge nicht erklären.

1943 veröffentlichte Neven Henaff (1908 bis 1983), ein bretonischer Chemiker, der sich jahrelang mit den mathematischen Gegebenheiten beim Bau von Stonehenge und mit dem Coligny-Kalender beschäftigt hatte, seine ersten Ergebnisse in der *Zeitschrift für Celtische Philologie.* Nach dem Erscheinen von Professor R. J. C. Atkinsons Werk *Stonehenge* (1960) setzte er sich erneut mit dem Thema auseinander; die Ergebnisse dieser Arbeit erschienen posthum in *Carn,* Bände 47 und 48. Henaff trug die These vor, daß die Zahl der Steine in Stonehenge und ihre Anordnung in Gruppen mathematisch den im Coligny-Kalender vorgegebenen Zahlen entsprachen. »Das heißt, daß die Volkstradition und die primitiven Archäologen, die Stonehenge immer wieder mit den Druiden in Zusammenhang brachten, von Anfang an recht hatten.«

1963 stellte Dr. Gerald S. Hawkins, Professor für Astronomie an der Boston University und Forschungsmitglied am Observatorium von Harvard, die Spekulation an, daß Stonehenge als riesiges Instrument zu astronomischen Zwecken gedient haben könnte. In seinem Buch *Stonehenge Decoded* (1966) wies er mit dem Einsatz modernster wissenschaftlicher Methoden nach, daß die Steine nur mit Hilfe umfassender astronomischer Kenntnisse und mathematischer Gelehrsamkeit so angeordnet werden konnten, daß sie gewissermaßen einen »astronomischen Computer« bildeten. Daraufhin entbrannte eine Debatte, die zur Entstehung der neuen »Wissenschaft« der Archäo-Astrologie führte, dem Studium der prähistorischen Astronomie; sie beschäftigt sich vor allem mit der astronomischen Ausrichtung von Bauwerken im keltischen Raum. Nach Stonehenge konnte auch bei New Grange, Callinish, Carnac und anderswo nachgewiesen werden, daß die jeweiligen Erbauer ihre Anlagen nach spezifischen Stellungen von Sonne, Mond und Sternen ausrichteten. In *Stonehenge of the Kings* von 1967 widerlegte der Archäologe Patrick Crampton erstmalig die gängige Meinung, daß die britannischen Kelten vor der Ankunft der Römer keinerlei Kenntnisse einer anspruchsvolleren Bauweise gehabt hätten. Als Beweis führte er Ausgrabungen bein Clickhimin an und wies im folgenden hin auf eine Tradition anspruchsvoller architektonischer Werke, die sich kontinuierlich von der Zeit der Errichtung Stonehenges bis zur römischen Eroberung gehalten haben. Doch gleichgültig, ob diese großen astronomischen Anlagen von Vorkelten oder Proto-Kelten errichtet wurden – wir wissen, daß sie in die keltische Kultur Eingang fanden und daß die handwerklichen Fertigkeiten für ihre Errichtung von den späteren Kelten übernommen wurden.

Zu den phantastischsten astronomischen Bauwerken gehören wohl die drei großen Tumuli von New Grange, Knowth und Dowth im Boyne-Tal in Irland. Mit Hilfe der Radiokarbonmethode konnte die Holzkohle, die die Erbauer von New Grange in der Hauptkammer und dem Durchgang verwendeten, auf etwa 3200 v. Chr. datiert werden. Bei dieser Anlage fallen die ersten Strahlen der aufgehenden Sonne am Tag der Wintersonnenwende (21. Dezember) durch einen absichtlich angelegten Schlitz im Dach in die Grabkammer und erleuchten diese siebzehn Minuten lang. Hat die Zahl Siebzehn eine besondere Bedeutung? In der irischen Mythologie zweifellos. In vielen Geschichten ist von siebzehn Tagen, dem siebzehnten des Monats, von siebzehn Jahren die Rede. So erhielt Maelduin von Druiden den Rat, nur siebzehn Männer auf seine sagenhafte Reise mitzunehmen. Mil landete am siebzehnten Tag des Mondes in Irland, und die Schlacht von Tailtiu fand ebenfalls am siebzehnten Tag des Mondes statt. Der siebzehnte Geburtstag eines Menschen hieß *aimsir togu* und bedeutete den Beginn des Mündigkeitsalters, mit dem Jungen zu Männern wurden. Hier kann man auch anführen, daß die Veden die Himmel in siebzehn Regionen unterteilten: »Prajapati ist das Jahr, also ist Prajapati siebzehn.« Außerdem galt bei den Iren die siebzehnte Generation als diejenige, bis zu der man die Verwandtschaft richtig berechnen konnte. Für die Bedeutung der Zahl Siebzehn gibt es zu viele Beispiele, um sie alle anzuführen.

Natürlich waren die Erbauer der Megalithanlagen sehr viel weiter entwickelt als jede Gesellschaft, die wir mit unserem gegenwärtigen Kenntnisstand als keltisch oder auch nur mit einiger Gewißheit als proto-keltisch bezeichnen können. Es gibt jedoch ein vielfach übersehenes Beispiel dafür, daß die Kelten durchaus großes Wissen in der höheren Mathematik besaßen. Der aus Ungarn gebürtige amerikanische Mathematiker John von Neumann (1903 bis 1957) entwickelte in seiner Studie *The Theory of Games* (1943) eine Reihe mathematischer Theorien, um statistische Logik zur Wahl der Strategie insbesondere bei Brettspielen wie etwa Schach anzuwenden. Dabei wies er nach, daß die Entwicklung solcher Spiele die Kenntnis der höheren Mathematik voraussetzt. Wir wissen, daß in der griechischen und römischen Welt Spiele wie Dame und Backgammon bekannt waren, daß aber Schach, das vermutlich in Indien entstand, erst nach der Antike in Europa eingeführt wurde.

Allerdings ist uns auch bekannt, daß die alten Kelten neben Spielen mit Würfeln und Steinen mehrere Brettspiele entwickelten, denn diese wurden von Archäologen in Großbritannien und Irland in großen Mengen gefunden. Bei der Ausgrabung des Bestattungshügels eines Häuptlings aus dem ersten vorchristlichen Jahrhundert in Welwyn Garden City, Hertfordshire, wurde nicht nur ein vollständiger Satz von Spielfiguren entdeckt, sondern auch die Überreste eines Spielbretts. Das Holz selbst hatte sich zwar aufgelöst, doch die Größe des Bretts konnte anhand der metallischen Halterungen ermittelt werden. Die Steine bestanden aus vierundzwanzig farbigen Glasstücken. Manche Gelehrte vertraten die Ansicht, dieses Spiel weise eine Ähnlichkeit mit »Mensch ärgere dich nicht« auf, das wie Schach ursprünglich aus Indien stammt; allerdings wird es mit Würfeln und Steinen gespielt.

Aus der irischen und der walisischen Mythologie sind uns mehrere Brettspiele bekannt. Vom ersten – *búanbach* – kennen wir nur den Namen sowie die Tatsache, daß es sich dabei um ein Brettspiel handelte. Der Name könnte gut mit der Tochter Danus in Zusammenhang stehen, die Búanann, »die Immerwährende« hieß und als Göttin der Krieger galt; in Gallien wurde sie auch Buanu genannt.

Das zweite Spiel heißt »hölzerne Weisheit«, auf Irisch *fidchell* und auf Walisisch *gwyddbywyll*. Offenbar handelt es sich dabei um eine Art Schachspiel, bei dem ein König *(banán)* zur Seite des Bretts flüchten muß, während die gegnerischen Figuren *(fian /*

gwerin) versuchen, ihn davon abzuhalten. In der Sagenwelt spielen die Götter, Könige und Helden dieses Spiel endlos; angeblich wurde es von Lugh erfunden. Ein berühmtes *fidchell*-Spiel wurde zwischen dem Gott Midir dem Stolzen und dem König Eochaidh ausgetragen, und zwar um die schöne Étain. In der walisischen Sage »Der Traum von Rhonabwy« wird das berühmte *gwyddbywyll* von Artus und Owain mit Goldfiguren auf einem silbernen Brett gespielt. Kaum haben sie zu spielen begonnen, da ereignen sich seltsame Dinge, und Owain möchte das Spiel beenden, um sich mit diesen übernatürlichen Ereignissen zu befassen. Doch Artus nimmt nichts von dem wahr, was um ihn herum vorfällt, und drängt nur immerfort: »Spiel weiter!«

Über das dritte Brettspiel besitzen wir etwas mehr Informationen. Es heißt »schwarzer Rabe«, auf Irisch *brandubh* und auf Walisisch *tawlbwrdd*. Das hölzerne Brett mit den Vertiefungen für die Steine, das in Ballinderry, County Westmeath, gefunden wurde, gilt als ein *brandubh*-Brett aus vorchristlicher Zeit. Es ist in neunundvierzig Quadrate unterteilt (sieben mal sieben), und bezeichnenderweise wird uns gesagt, daß der Palast des Hochkönigs in Tara »zu jeder Seite sieben Ausblicke gestattete«. In die Mitte kommt eine Königsfigur, die von vier Verteidigungsfiguren bewacht wird (möglicherweise die vier Provinzkönige?). An den Rändern des Bretts sind acht gegnerische Figuren aufgereiht. Der Sinn des Spiels wird in einem alten Gedicht erläutert, in dem Irland als »vielfarbiges *brandubh*-Brett« beschrieben wird; Tara stellt das zentrale Quadrat dar, und die darumliegenden Quadrate repräsentieren die vier Provinzhauptstädte Cashel, Croghan, Naas und Oileach.

Die Spiele dienten jedoch nicht nur der Unterhaltung. Alwyn und Brinley Rees wiesen in ihrem Buch *Celtic Heritage* (1961) darauf hin, daß sie auch eine symbolische Bedeutung in Zusammenhang mit Religion und Königtum hatten – ganz wie die Brettspiele auf dem indischen Subkontinent, wo Könige und sogar der Dalai Lama derartige rituelle Spiele pflegten, um ihren Anspruch auf die Führungsrolle durchzusetzen oder zu behaupten. Wenn wir uns Neumanns Argumenten anschließen, dann bestätigt die Entwicklung solcher Brettspiele auch, daß die Kelten mathematische Philosophen waren. Laut der Studie der Brüder Rees stellt *brandubh,* und mehr noch die walisische Variante *tawlbwrdd* den Kosmos dar – ein mikrokosmisches Symbol, das dem Menschen seinen Platz in der Welt zeigt, der häufig eine feindliche Anderswelt gegenübersteht.

Interessant ist, was Dr. Kevin Danaher in seinem Thesenpapier »Irish Folk Tradition and the Celtic Calender« (1981) berichtet. Dort heißt es: »In Irland hat sich aus ältester bis in die jüngere Vergangenheit und in vielen Fällen bis in unsere Gegenwart hinein ein Rahmenwerk von Bräuchen, Sitten und Glauben erhalten, das in seiner Vielschichtigkeit und Kongruenz eine Art Volkskalender darstellt.« Dazu führt der Autor die Festtage, Volksbräuche und andere Dinge an und belegt, daß zwischen ihnen jeweils eine bestimmte Anzahl von Tagen liegt. Sodann erklärt er:

Es gibt keinen Grund zu bezweifeln, daß diese kalendarischen Berechnungen jahrein, jahraus durch das Beobachten der Himmelskörper – der siderischen oder wahrscheinlicher der solaren – angestellt und berichtigt wurden. Vermutlich oblag die Aufgabe, das Datum der Feiertage zu bestimmen, einer bestimmten Gruppe oder Klasse der Bevölkerung, und es ist durchaus denkbar, daß die Verbindung dieser Feste mit Lagerfeuern Überreste eines Systems von Signalfeuern darstellen, mit denen das Nahen des Jahreszeitenwechsels verkündet wurde. Dieser war nicht nur als Festtag von großer Bedeutung, sondern hatte auch die Funktion, den Bauern mitzuteilen, daß die Zeit gekommen war, um eine bestimmte landwirtschaftliche Tätigkeit zu beginnen.

Des weiteren erläutert Dr. Danaher: »Die wenigen uns bekannten Bemerkungen der antiken Autoren in bezug auf die keltische Zeitrechnung deuten auf ein lunares System hin«, erklärt jedoch auch: »Das alte irische System der vier Jahreszeiten geht ausschließlich auf das Sonnenjahr zurück.« Offenbar wurde ein neues System übernommen, mit dem von der lunaren zur solaren Berechnung übergegangen wurde. Mit Verweis auf Professor Patrick Wayman von der School of Cosmic Physics am Dublin Institute for Advanced Studies schreibt Dr. Danaher: »Berechnungen haben ergeben, daß dieser Übergang in Irland in der Zeit zwischen 690 und 820 n. Chr. vor sich ging.« Schon früher hatte Dr. Danaher *The Year In Ireland: Irish Calendar Custom* (Dublin, 1972) veröffentlicht, in dem er seine Ansichten zu diesem Thema erläuterte.

Angesichts dieser Beweislage neige ich dazu, der Aussage des Hekataios von Milet Glauben zu schenken, derzufolge die alten Kelten ein eigenes Wissen über kalendarische und astronomische Dinge besaßen, das auch astrologische Kenntnisse umfaßte. Wir könnten auch noch einen Schritt weitergehen und behaupten, daß die nordeuropäische oder keltische Astronomie/Astrologie keine über Griechenland aus Babylon »importierte« Wissenschaft war, sondern die Weiterentwicklung einer einheimischen Tradition.

Allerdings ist nicht völlig klar, wie dieses keltische System der Astrologie aussah, und wir können auch nicht sagen, wie die Kelten den Tierkreis betrachteten. Den britannischen Kelten war der Tierkreis, wie er uns heute vertraut ist, ab dem zweiten nachchristlichen Jahrhundert bekannt. Im Museum von Newcastle gibt es eine in Stein gemeißelte Darstellung des Tierkreises, die auf die Mitte des zweiten nachchristlichen Jahrhunderts datiert wird und deren Symbole auch für uns heute gut erkennbar sind.

Trotz der geringen Information, die wir über dieses System besitzen, deutet das in Irland noch existierende Material darauf hin, daß Astrologie sowohl im vorchristlichen Irland als auch zur Zeit des keltischen Christentums praktiziert wurde, bis im vierzehnten Jahrhundert das neue arabische System Eingang fand. Zudem belegt das uns erhaltene Material, daß das alte astrologische System der hinduistischen Astrologie ähnlich war und auf dem Mond beruhte. Wie Heinrich Zimmer schon 1879 in seinem Werk *Altindisches Leben* demonstrierte, bestehen mehrere Parallelen zwischen der Astronomie des Coligny-Kalenders und dem astrologischen/astronomischen System der Veden beziehungsweise der Hindukultur. Dieses System war interpretativ und prädiktiv, und seine alten Prinzipien wurden erstmals in den Veden erwähnt, wo sie *jyotish* (Sanskrit für »Wissenschaft des Lichts«) genannt wurden.

A. H. Allcroft wandte jedoch ein:

> Es ist seltsam, daß es so wenige Überlieferungen geben sollte, wenn sich das Druidentum tatsächlich derart intensiv mit der Astronomie befaßte... nichts deutet darauf hin, daß das Beobachten der Sterne durch die Druiden mehr bedeutete als die sehr schlichte und recht nutzbringend angewandte Astronomie, die uns auf jeder Seite von Hesiods *Werke und Tage* und Vergils *Georgica* erläutert wird, und mit der offenbar jeder griechische und römische Landwirt vertraut war... Anscheinend ist der heutige Glaube, daß zur Lehre der Druiden auch Astronomie oder Astrologie bzw. beides gehörte, ein Auswuchs der letzten zwei Jahrhunderte.

Dies entspricht natürlich nicht der Wahrheit.

Zur Erklärung muß hier allerdings gesagt werden, daß Hesiod im siebten Jahrhundert v. Chr. schrieb und somit einer der frühesten uns bekannten griechischen Dichter ist. *Werke und Tage* ist ein Gedicht in 828 Hexametern, das die landwirtschaftlichen Tätigkeiten im Verlauf des Jahres beschreibt; dazu gehört auch ein Almanach mit den günstigen beziehungsweise ungünstigen Tagen des Monats. Allcroft übersieht in seinen Ausführungen einen interessanten Punkt, nämlich, daß Vergil – Publius Vergilius Maro (70 bis 19 v. Chr.) – in Gallia Cisalpina geboren wurde und vermutlich aus einer keltischen Familie stammte. In *Eclogae* setzt sich Vergil mit der Besitznahme von Land auseinander, womit er auf die Aneignung keltischer Länder durch die römischen Eindringlinge nach der Eroberung des cisalpinen Gallien anspielt. Wenn Vergil selbst Römer und somit einer der »Gewinnler« gewesen wäre, hätte er sich vermutlich weniger kritisch über diese Besitznahme geäußert. Interessanter noch ist die Tatsache, daß es sich bei dem von Allcroft erwähnten Werk *Georgica* (Landwirtschaft) um ein Gedicht handelt, das eine Parodie auf Hesiods *Werke und Tage* darstellt. Allerdings schreibt Vergil darin auch von Menschen, die innerhalb eines göttlichen Plans in Übereinstimmung mit der Natur leben; sie empfinden ein tiefes Mitgefühl für alles Lebende und betonen, daß der Mensch mit der Natur zusammenwirken muß. Diese Vorstellungen entsprechen auch eher den religiösen Auffassungen der Kelten als dem religiösen Gedankengut des römischen Imperiums.

Lewis Spence hingegen war anderer Meinung: »Meine eigenen Nachforschungen stimmen voll und ganz mit Mr. Allcrofts Ergebnissen überein.« Seltsamerweise tendierten sowohl Allcroft als auch Spence dazu, den Coligny-Kalender zu übergehen, und zwar ohne jede Begründung; sie erklären lediglich, er gehöre nicht zum ursprünglichen keltischen Kulturgut. Offenbar widerrief Spence eine seiner früheren Behauptungen, die er möglicherweise nur widerstrebend aufgestellt hatte, nämlich: »Die Astrologie bildete anscheinend ein bedeutendes Element der späten cymrischen [walisischen] Mystik.« Diese Feststellung traf Spence in *The Magic Arts in Celtic Britain,* vier Jahre, bevor er Allcroft zustimmte.

Zur Unterstützung von Allcrofts und Spence' These wurde die Frage gestellt, warum die Astronomie/Astrologie – wenn sie tatsächlich so weit verbreitet war – keine Spuren in der keltischen Sprache, insbesondere in Form eines spezifischen Vokabulars, hinterließ. Im Mittel- und im heutigen Irisch besteht der astronomische Fachjargon vorwiegend aus Fremdwörtern – so sind *astralaíocht* für Astrologie und *stoidiaca* für Zodiakus/Tierkreis zum Beispiel direkt aus dem Griechischen entlehnt. Selbst der umgangssprachliche Ausdruck für eine Sonnen- oder Mondfinsternis – im Englischen *eclipse* –, wurde ins Irische als *éiclips* übernommen. Am schlagkräftigsten aber ist wohl die Feststellung, daß die meisten Planeten keinen ursprünglich irischen Namen haben; im elften Jahrhundert kannten die Iren die Planeten unter den Namen Sathurn, Jóib, Mearchair, Mars und Véineas – die allesamt aus dem Lateinischen stammen. Doch wenn die Druiden die Himmelsgestirne bereits jahrhundertelang studiert hatten, bevor die griechische und lateinische Kultur den keltischen Wortschatz beeinflußte, wo sind dann die einheimischen, ursprünglichen Bezeichnungen für die Himmelskörper geblieben?

Diese Frage verlangt nach einer eingehenderen Beschäftigung. Wie die Autoren des Altertums anmerkten, verehrten die Druiden die Macht des Wortes. Wörter besaßen Lebenskraft und Macht. Wir haben bereits über das religiöse Verbot der Druiden gesprochen, Wissen in einer keltischen Sprache schriftlich zu fixieren, wie auch darüber, daß dieses umfassende, althergebrachte Wissen erst dann allmählich aufgezeichnet wurde, als das Christentum mit diesem Verbot brach. Somit könnte man argumentieren, daß die einheimischen Namen für die Planeten – die Namen, die im Leben der Menschen eine so zentrale Rolle spielten – weiterhin einem Verbot unterlagen, einem *geis,* dem in der keltischen Gedankenwelt eine außerordentliche Bedeutung zukommt. Die Menschen durften die Gestirne im normalen Gespräch nur mit einem Euphemismus benennen, und als dann die Fremdwörter aufkamen, war es ein leichtes, diese nicht verbotenen Ausdrücke zu verwenden. Aber gibt es für diese These auch Beweise? Meiner Ansicht nach durchaus.

Es ist zwar richtig, daß im Irischen alle ursprünglichen Namen für die Planeten verlorengingen, doch zumindest die alten Bezeichnungen von Merkur und Venus lassen sich mit Hilfe des Manx rekonstruieren, einer dem Irischen eng verwandten Sprache. Das Manx entwickelte sich im fünften und sechsten Jahrhundert n. Chr. vom Irischen weg. Im Manx gibt es zwei Namen für Merkur – *Yn Curain* und *Yn Crean,* also authentisch gälische Wörter. Auch für die Venus gibt es zwei Namen – *Yn Vadlag* und *Yn Vaytnag.* Wie Dr. Robert Thompson, ein Fachmann für das Manx, berichtet, stellten diese Begriffe keine regionalen Dialektabweichungen dar – auf der Insel Man gibt es einen Nord- und einen Süddialekt –, sondern sie wurden in beiden Dialekten synonym verwendet.

Das Verbot, die Namen der Gestirne auszusprechen, zeigt sich am besten am Beispiel des Mondes. In den gälischen Sprachen gibt es mehrere Wörter für den Mond. Dr. Tomás De Bhaldraithe, der das moderne irisch-englische Wörterbuch zusammenstellte, stellte die Behauptung auf, daß der Mond einen Eigennamen hatte – den Namen eines Gottes oder, wahrscheinlicher, einer Göttin –, der von den Druiden zu einem Tabu-Wort erklärt wurde, das heißt, er durfte nie ausgesprochen oder niedergeschrieben werden. Zur Zeit der Regierung Königin Elizabeth' I. bemerkte William Camden, daß die Iren sich mit dem Blick zum Neumond niederknieten, um das Vaterunser zu beten, was wohl auf eine vorchristliche Andachtsform zurückging. Es durften allerdings nur Euphemismen für den Mond verwendet werden. Heute wird der Mond meist mit dem Wort *gealach* (Helligkeit) bezeichnet. Im Griechischen trug die Mondgöttin Selene auch den Namen Phoebe (Helligkeit). Es gibt auch noch andere Bezeichnungen für den Mond – aus dem Altirischen kennen wir *ésca (aesca),* das jedoch nur noch im Manx in der Form *eayst* überlebt hat. In einem früheren Kapitel habe ich erklärt, daß *éicse* das Wort für Weisheit, Wissen, Dichtung und Weissagung war. Es ist interessant, daß dieser Begriff große Ähnlichkeit mit *éisce* aufweist, einer anderen Form für *ésca,* was nicht nur Mond, sondern auch Wasser bedeutet. Zufälligerweise ist Stoma, die Mondgottheit der Hindus, auch der Name des mystischen Tranks der Oberhoheit, von dem wir gesprochen haben. Ist dies ein weiteres Symbol der Reinigung durch Wasser?

Aufschlußreich ist auch, daß das altirische Wort für »günstig« im Sinne von »unter günstigen Vorzeichen« *esclae* heißt und eine Zusammensetzung der Wörter für »Mond« und »Tag« darstellt. Das würde darauf hindeuten, daß um astrologischen Rat ersucht wurde.

Ferner ist bedeutsam, daß die Wurzel von Uisneach – dem Namen des Hügels, der als »Nabel Irlands« galt – ebenfalls *uis/esc* lautet, was im heutigen irischen Wort für Wasser – *uisce* – sehr leicht erkennbar ist. Uisneach (Ráthaconradh, County Westmeath) ist der Ort, an dem die ersten Druidenfeuer entzündet wurden und wo der große »Grenzstein« (Aill na Mirenn) die Stelle markierte, an der die fünf Provinzen Irlands aufeinandertrafen. Hier errichtete Ruathal Techtmhair einen seiner vier Paläste, und hier wurde auch eines der großen Feste gefeiert. Der irischen Tradition zufolge ist Uisneach der mystische Berg Killaraus, von dem Geoffrey of Monmouth zufolge Merlin die Steine nahm, aus denen er angeblich Stonehenge baute. Der Gerechtigkeit halber sollte man anfügen, daß einige Artus-Gelehrte den Berg aufgrund der phonetischen Ähnlichkeit eher in Kildare ansiedeln. War Uisneach ein Ort, an dem man nach Weisheit suchte? War er ein Mond-Observatorium? Warum wurde er zum »Nabel Irlands« erwählt, wenn nicht aufgrund von astronomischen Beobachtungen?

Ein weiteres altirisches Wort für Mond war *ré,* und auch dies lebt im Manx noch fort, nämlich als Zusammensetzung mit *shollys* für Licht, woraus *rehollys* entsteht, Mondlicht. Und das altirische *lùan* wird heute in *An Lùan* verwendet, dem Namen des Mond-Tags beziehungsweise Montags. Man geht davon aus, daß dies kein Lehnwort aus dem Lateinischen *(luna)* ist, sondern vielmehr ein einheimisches irisches Wort für Strahlung. Das heißt also, es gab im Irischen vier unterschiedliche Wörter für den Mond, und bei keinem von ihnen handelte es sich um Eigennamen, sondern alle waren Euphemismen.

Um ein Beispiel für ein noch existierendes keltisches Tabuwort zu geben, kehren wir erneut zum Manx zurück. Sobald Fischer von der Insel Man ein Boot betraten, war es tabu, den Mond mit *eayst* zu benennen. Bis die Männer wieder zum Ufer zurückkehrten, bezeichneten sie den Mond als *ben-reine ny hoie* (Königin der Nacht). Ähnlich war es bei den Fischern auf den Hebriden. Außerdem durften die Fischer von Man die Sonne nicht *grian* nennen, sondern nur *glory na laa* (Herrlichkeit des Tages). Es ist erwähnenswert, daß es im Irischen auch mehrere Namen für die Sonne gibt. So finden wir nicht nur das moderne Wort *grian,* das in Varianten auch im Alt- und Mittelirischen existiert, sondern wir kennen auch *ló-chrann* (Haupt des Tages), das im heutigen Irisch hell, leuchtend, glänzendes oder leitendes Licht bedeutet und noch jetzt im schottischen Gälisch verwendet wird. Außerdem gibt es *réan-lá* (Licht des Tages), das im Manx *ree yn laa* heißt. Überdies wird das Wort *sol* verwendet, doch sind sich die Philologen hier nicht einig, ob dies ein lateinisches Lehnwort ist oder es eine ursprünglich irische Wurzel hat, die früher in allen vom Indoeuropäischen abstammenden Sprachen verwendet wurde. Im alten Irland hieß eine Sonnenuhr *solam,* und bei diesem Wort handelte es sich nach Meinung von Dr. Joyce nicht um eine Entlehnung vom lateinischen *solarium,* sondern um ein einheimisches Wort. Die gallische Sonnengottheit Grannos (in latinisierter Form Grannus) scheint verwandt mit dem irischen *grian,* was Dr. Miranda Green allerdings bezweifelt: »Versuche, den Namen Grannus philologisch mit einem irischen Wort für die Sonne *(grían)* in Zusammenhang zu setzen, sind zum Scheitern verurteilt.« Allerdings führt sie keine Gründe für diese Behauptung an. Wie bereits erwähnt, verwendeten die Bretonen von Morbihan den Euphemismus »Schuhmacher« (bretonisch *kere*) für die Sonne, und wir sprachen auch über die Stellung von Lugh des Langen Arms als Sonnengottheit in anderen indoeuropäischen Kulturen.

Was das spezifische Vokabular betrifft, so kann man feststellen, daß das Wort *stodiaca* (Zodiakus/Tierkreis) erst im siebzehnten Jahrhundert in die irische Sprache einging. Im Altirischen (im gälischen Maundeville-Manuskript) gibt es den Ausdruck *reithes grían* für Tierkreis; er bedeutet »Sonnenrad« – und das ist praktisch das gleiche linguistische Konzept, mit dem der Tierkreis im Sanskrit bezeichnet wird: *rasai chakra,* Rad der Konstellation. Der irische Begriff *roth* (walisisch *rhod*) deutet eine Scheibe oder Kugel an. Später, insbesondere im Mittelirischen, wurde der Tierkreis *crois gréine* – Gürtel der Sonne – bezeichnet. Diese Form ist noch im Manx erhalten, nämlich als *cryss greiney,* wenngleich A.W. Moore in *The Folklore of the Isle of Man* einen noch älteren Ausdruck erwähnt – *Cassan-ny-greiney,* »der Fußpfad der Sonne«. Im schottischen Gälisch existiert die spätere Form noch als *grianch-rios.* Es gibt im Altirischen auch einen alten Ausdruck für Horoskop – *tuismeá,* was soviel wie Anfang *(tuismed)* bedeutet, vom Augenblick des Geborenwerdens an. Ein Horoskop zu erstellen hieß auf irisch *fios a bhaint as na réaltaí* – Wissen von den Sternen erwerben. Im Altirischen finden wir auch den Ausdruck *éolus leis an réltainn* – den Lauf durch die Sterne bestimmen. Ein noch poetischerer Ausdruck für das Horoskop findet sich im schottischen Gälisch: *suid-haedchadh man reull aig ám bhreith* – die Fundamente nach den Sternen legen.

Mit anderen Worten, es gab durchaus einheimische astrologische und astronomische Begriffe, und es waren die später übernommenen Lehnwörter, aufgrund deren Allcroft und Spence behaupteten, Astronomie und Astrologie seien »Kulturimporte« einer späteren Zeit. *Astrolaice* und *astrolaic* (Astrologie und Astrologe) waren sicherlich Entlehnungen. In mehreren mittelirischen Texten findet sich *néladóir* als Bezeichnung für einen Astrologen. In erster Linie heißt dieses Wort »Wolkendeuter«, doch in einem irischen Text über lateinische Deklinationen aus dem Mittelalter wird in einem Glossar deutlich erklärt, daß der Begriff *néladóracht* soviel wie »Weissagen aus den Sternen« bedeutet. Interessanterweise kennen wir sogar noch ein mittelalterliches Wort für Astrologe, nämlich *eaystrolach.* Es ist von *écsa* abgeleitet, einem der Euphemismen für den Mond und ein Begriff, der im Manx als *easyt* fortbesteht. In dieser Sprache existiert auch ein weiteres altes Wort für Astrologe: *fysseree,* sinnverwandt mit dem altirischen *fisatóir,* einem Deuter von Visionen. Die gleiche Wurzel findet sich in *fisicecht* wieder, der Bezeichnung für die Naturwissenschaft.

Offenbar gingen im Irischen viele der alten spezifischen Ausdrücke im Bereich der Astrologie und Astronomie verloren, doch dem Glossar in *An Irish Corpus Astronomiae* (1912) von F. O'Connor und R. M. Henry zufolge gibt es im Manx und im schottischen Gälisch noch einige dieser Wörter, die uns einen Hinweis auf die ursprünglichen irischen Begriffe geben. Ein typisches Beispiel dafür ist *éiclips,* das wie bereits erwähnt vom griechischen *ekleipsis* abstammt (was ursprünglich »Versagen« bedeutete), vom Lateinischen übernommen wurde und von dort ins Irische einging. Doch im Manx ist noch *doorey* erhalten, die Verdunkelung, und im schottischen Gälisch bedeuten *dubaraich* und *dubharachd* Finsternis. Diese Wörter geben uns Hinweise auf die ursprünglichen irischen Wörter. Der Begriff *dorchaigid* wird in vielen frühirischen Manuskripten verwendet, etwa im *Leabhar na Nuachonghbala,* wo es Sonnen- beziehungsweise Mondfinsternis bedeutet. Das *Leabhar Breac* (Das gefleckte Buch von Duniry), das 1400 zusammengestellt wurde, enthält eine Transkription der »Passions and Homilies« aus dem zwölften Jahrhundert, in der eine Sonnenfinsternis als *co rosdorchaig grian* bezeichnet wird.

Weitergehende Nachforschungen führen zu einheimischen Wörtern und Begriffen für astronomische Phänomene wie etwa die Sonnenwende, die *grien tairisem* hieß – die Zeit des »Sonnenstillstands«. Im modernen Irisch verwandelte sich dieses Wort zu *grianstad,* »das Anhalten der Sonne«; die Tag- und Nachtgleiche hieß *deiseabhair na grene,* die Zeit, in der die Sonne nach Süden blickt. Im Irischen verwendet man noch heute die Begriffe *geiseabhan* für »die Sonnenseite« und *deiseach* für »nach Süden gerichtet«.

Sogar Namen von Sternbildern und Tierkreiszeichen lassen sich wiederentdecken, zum Beispiel *Med* für das Sternbild der Waage.

Diese Ausführungen beweisen, daß sich Allcroft und Spence lediglich von einem oberflächlichen Blick auf den modernen Wortschatz verwirren ließen, in dem die ursprünglichen keltischen Begriffe im astrologischen/astronomischen Bereich durch lateinische ersetzt wurden. Das verleitete Allcroft und Spence zu dem Glauben, es habe keine eigensprachliche Tradition gegeben. Dabei sind im Irischen, zumindest im Vergleich zu der Anzahl von Lehn- und Fremdwörtern in anderen europäischen Sprachen, in diesem Begriffsfeld sogar überraschend viele spezifische Ausdrücke erhalten geblieben. So sind im Englischen etwa von den 183 astrologischen beziehungsweise astronomischen Begriffen 125 arabischen, neun arabisch-lateinischen, drei persischen, 26 griechischen und 14 lateinischen Ursprungs.

Wenn man das Irische als Beispiel für eine keltische Sprache betrachtet, die weniger stark vom Lateinischen beeinflußt wurde als etwa das Walisische, läßt sich erkennen, daß viele Begriffe aus der einheimischen Tradition überlebt haben. So gibt es ein Wort für Zenit *(buaic)*, Parallaxe *(saobhdhiall)*, Nebel *(néal)*, Penumbra *(leathscàl)*, Einflußgebiet *(meall)* und so weiter. Der Polarstern hieß im Altirischen *réalta eolais*, Stern des Wissens – ein sehr hellsichtiger Begriff. Ein Komet hieß *réalta na scuaibe*, ein Stern mit einem Besen. Solche Ausdrücke belegen, daß die Sterne in der alt-irischen Welt sehr genau untersucht wurden.

Ebenso ist auch erwiesen, daß diese astronomische/astrologische Tradition von den Druiden an die neuen christlichen Intellektuellen überging. In dem Werk *Social History of Ancient Ireland* bemerkt P. W. Joyce, daß die Astrologie vielfach verwendet wurde, um den günstigsten Tag zum Baubeginn eines neuen Hauses zu bestimmen. Dies wird auch in einem Manuskript aus dem achten nachchristlichen Jahrhundert bestätigt, auf das O'Curry in *Manners and Customs of the Ancient Irish* verweist. Dort ersucht der mythische Architekt Gobhan Saer symbolisch um astrologischen Rat, bevor er zu bauen beginnt. Der Praxis, in den Sternen nach dem günstigsten Moment zu forschen, bevor ein Projekt in Angriff genommen wird, folgten sogar noch die frühen Kirchenväter in Irland. In Whitley Stokes' Studie *Three Homilies* erstellt Columcille ein Horoskop, um herauszufinden, wann sein Pflegesohn am besten mit seiner Ausbildung beginnen solle. Auch bei der Frage, zu welchem Zeitpunkt

Columcille selbst seine Ausbildung in Angriff nehmen solle, war ein Druide um Rat ersucht worden; um zu einer Entscheidung zu gelangen, befragte dieser eingehend die Gestirne.

In einem Märchen will Cúchulainn, während er bei einem Fest sitzt, die Zeit wissen und sagt zu seinem Wagenlenker Loeg: »Geh hinaus, betrachte die Sterne am Himmel und stelle fest, wann Mitternacht ist.« In einer historischen Geschichte über den Hochkönig Conn wird berichtet, daß dieser mit seinen Druiden Mael, Bloc und Blucine vor Sonnenaufgang zum Festungswall von Tara ging und den Himmel betrachtete, um zu sehen, ob von den himmlischen Gestirnen Feinde auf Irland herabsteigen würden. Sogar Lewis Spence bemerkte, daß diese Textstelle »eine eindeutig astrologische Bedeutung« hat. Wie dem Coligny-Kalender deutlich zu entnehmen ist, wurde auf günstige und ungünstige Tage geachtet. Bei Druim Dil (Drumdeel in der Nähe von Clonmel) gab es einen Druiden, der Geburtshoroskope erstellte. Eoghan von Munster begegnete einem Druiden, der anhand seines Horoskops erkannte, daß der König in der nächsten Schlacht getötet werden würde; aber wenn er zu jener Zeit einen Sohn zeugte, würde dieser ein großer, mächtiger König werden. Dieser Druide hatte eine Tochter namens Moncha, und ihr befahl er, mit Eoghan zu schlafen. Sie wurde schwanger, und Eoghan wurde getötet. Um zu verhindern, daß die Geburt vor der entsprechenden Planetenkonfiguration stattfand, setzte sich Moncha rittlings auf einen Felsen in einem Bach. Dadurch kam das Kind im richtigen Augenblick auf die Welt, aber sein Kopf war abgeflacht, weil Moncha sich so stark gegen den Stein gepreßt hatte, um die Geburt zu verzögern. Deswegen erhielt das Kind den Namen Fiachu Muilleathan, Flachkopf. Damit war das Horoskop in Erfüllung gegangen.

In irischen Annalen – etwa den *Anals of Tighernach* (elftes Jahrhundert), den *Annals of Ulster* (fünfzehntes Jahrhundert) und den *Annals of Clonmacoise* (das Original ging verloren, existiert aber noch in einer englischen Übersetzung aus dem siebzehnten Jahrhundert) – finden sich Hinweise auf astronomische Phänomene, die den hohen Wissensstand der einheimischen Astronomen belegen.

Das *Saltair na Rann* (Psalmenbuch der Vierzeiler) aus dem zehnten Jahrhundert erklärt, daß jeder gebildete Ire die Namen der Tierkreiszeichen kennen sollte, und zwar in der richtigen Reihenfolge und mit dem Tag, in dem die Sonne in das jeweilige Zeichen eintritt. Ferner heißt es dort, daß die Sonne dreißig Tage und zehneinhalb Stunden in jedem Zeichen steht. Das bedeutet letztlich: Eine irische Quelle belegt, daß im zehnten Jahrhundert jeder gebildeten Person in Irland die Grundbegriffe der Astronomie beziehungsweise Astrologie geläufig sein sollten.

Daß astrologisches Wissen in Irland weit verbreitet war, belegt auch ein früheres Werk von Cormac Mac Cuileannain (836 bis 908), nämlich das berühmte *Sanas Chormaic* beziehungsweise *Cormac's Glossary,* das Kuno Meyer 1912 in Dublin herausgab. Darin heißt es unter anderem, jeder intelligente Mensch könne das ganze Jahr hindurch anhand der Position von Mond und Sternen nachts die Zeit schätzen. Das bedeutet, daß die Iren die jahrhundertealten keltischen Traditionen im Bereich der Astronomie und Astrologie geerbt hatten.

Der heilige Virgilius von Salzburg war eigentlich ein irischer Mönch namens Fergal, der seine Ausbildung im berühmten Kloster von St. Canice in Aghaboe, County Laois, erhalten hatte. Aufgrund seiner astronomischen Schriften wurde eine Klageschrift über ihn an Papst Zacharias (741 bis 752) gerichtet, und zwar ausgerechnet von dem englischen Heiligen Bonifatius von Crediton, der sich als »Hammer der keltischen Kirche« einen Namen machte – nicht nur wegen seines missionarischen Eifers, sondern auch wegen seiner Fehde mit Fergal, der zum Abt von Salzburg ernannt worden war. Bonifatius protestierte gegen Fergals Schriften und empörte sich darüber, daß dieser seine Diözese dem keltischen Kirchenbrauch entsprechend leitete. St. Virgilius erhielt Unterstützung von Dubdáchrích (Dobdagrecus), der in Irland die Bischofsweihe empfangen hatte und Abt eines Klosters am oberbayerischen Chiemsee geworden war.

Obwohl Fergals kosmographische Spekulationen erwiesenermaßen schockierend waren, wies der Papst Bonifatius' Beschwerde zurück. Leider ist von allen Texten in Zusammenhang mit Fergals Thesen nur noch der Brief des Papstes an Bonifatius erhalten, datiert vom 1. Mai 748 (?), der folgende Aussage enthält: »...daß es unter der Erde eine andere Welt und andere Menschen oder eine andere Sonne und einen anderen Mond gibt.« Dieser Satz wurde dahingehend interpretiert, daß Fergal die Welt für eine Kugel hielt – sieben Jahrhunderte vor Kolumbus. Auf jeden Fall überstand Fergal die Angriffe Bonifatius' unbeschadet und wurde 1233 von Papst Gregor IX. heiliggesprochen.

Einige Jahrzehnte nach Fergal wirkte Dungal, ein Schüler des berühmten Klosters Bangor, in County Down. Im Jahr 810 ereigneten sich zwei Sonnenfinsternisse. Auf Bitten Karls des Großen hin schrieb Dungal eine Abhandlung, in der er dieses Phänomen erklärte; daraus geht klar hervor, daß er die Neigung der Ebene der Mondumlaufbahn zu der der Ekliptik kannte. Dann erläutert er das astronomische Prinzip der Sonnen- und Mondfinsternis und beschreibt, daß es dazu nur kommen kann, wenn sich der Mond auf der Ebene der Ekliptik befindet. Später gründete Dungal eine Schule, aus der die Universität von Padua hervorging.

Zu dieser Zeit machte sich auch Diciul, ein weiterer berühmter irischer Astronom, einen Namen unter den Gelehrten Europas, und zwar mit seiner im Jahr 825 veröffentlichten geographischen Abhandlung. Sie ist insofern von großer Bedeutung, als sie einen Bericht über die Entdeckung Islands und die Besiedlung der Insel durch irische Mönche enthält, und zwar mindestens 65 Jahre, bevor die Skandinavier dort landeten. Diciuls noch existierendes astronomisches Werk *De Mensura Orbis Terrarum* ist ein Denkmal irischer Gelehrsamkeit im neunten Jahrhundert. Die Abhandlung geriet jedoch in Vergessenheit, bis sie 1879 von dem deutschen Gelehrten Ernst Dümmler in der Bibliothek in Valenciennes identifiziert wurde. Sie wurde schließlich 1907, zusammen mit einer Untersuchung von Mario Esposito, herausgegeben, der über ihre Bedeutung hinsichtlich Astronomie, Astrologie und Lateinstudien im Mittelalter schrieb. Esposito brachte dabei auch seine Verwunderung zum Ausdruck, daß das Werk noch nie veröffentlicht worden war – wahrscheinlich wäre er noch überraschter, wenn er wüßte, daß Diciuls Werk acht Jahrzehnte später immer noch weitgehend ignoriert wird. Dabei schrieb Diciul vieles über die Drehung der Planeten und ihre Einflüsse und stellte außerdem einige faszinierende Spekulationen über die Existenz eines Südpolarsterns an. Er kann als ein weiterer Beweis für die führende Position gelten, die irische Astronomen/Astrologen im Europa des Mittelalters einnahmen.

Weitere Belege aus dem neunten Jahrhundert, die Zeugnis ablegen vom Wissensstand der alten Iren im Bereich der Chronologie wurden von d'Arbois de Jubainville als Notizen auf einer alten Handschrift in der Bibliothek von Nancy entdeckt.

Da die arabische Astronomie/Astrologie erst im vierzehnten Jahrhundert nach Irland kam, vermischte sich die lange, einheimische Tradition offenbar im Zuge der Christianisierung mit griechisch-römischen Einflüssen.

Im vierzehnten Jahrhundert arbeiteten zahlreiche irische Gelehrte als Professoren an den Universitäten von Bologna, Padua und Montpellier, und von diesen Zentren aus breiteten sich die Grundgedanken der arabischen Medizin, Philosophie und Astrologie in ganz Europa und nach Irland aus. Neben den bereits erwähnten irischen Medizinbüchern findet sich eine große Anzahl von Abhandlungen über Astronomie, Astrologie, Darstellungen der Tierkreiszeichen und Ausführungen über die Planeten und ihre Einflüsse. Allerdings können wir zu diesem Zeitpunkt natürlich nicht mehr von einer genuin irischen Astrologie sprechen, denn diese Abhandlungen entsprechen bereits den neuen arabischen Kenntnissen.

In seinem Aufsatz »Irish Medical Men and Philosophers« stellt Professor Francis Shaw fest: »Die Schwestern der arabischen Medizin waren die arabische Philosophie und die arabische Astrologie... Aus diesen Schulen bildete sich die irische Medizintradition des vierzehnten, fünfzehnten und sechzehnten Jahrhunderts heraus.« Wie bereits gesagt, erklärte Joseph O'Longan in einem unveröffentlichten Werk (es befindet sich jetzt in der Royal Irish Academy), daß die Astrologie zur damaligen Zeit einen Bestandteil der medizinischen Diagnose und Prognose darstellte.

Der walisische Text *Hanes Taliesin* aus dem sechzehnten Jahrhundert enthält Anspielungen auf *llyvfran serryddiaeth,* die »Bücher der Sterne«, und auf diese Schrift bezieht sich Edward Davies 1809 in seinem Werk *Mythology and the Rites of the British Druids.* Allerdings muß man diesen Autor mit sehr großer Vorsicht genießen. Dennoch: In der walisischen Mythologie wird sowohl Gwydion, dem Sohn des Don, als auch Gwyn, dem Sohn des Nudd, und Idris dem Riesen die »Fähigkeit im Lesen der Sterne« nachgesagt. In seiner berühmten *Historia regum Britanniae* spricht Geoffrey of Monmouth von einer Akademie mit zweihundert Astrologen in Caerleon-upon-Usk. Und wie auch Spence einräumt, finden sich »in allen mystischen Texten von Wales weitere Anspielungen auf Astrologie und Sternkunde«. Zwar stammen die walisischen Verweise aus einer späteren Epoche, doch es gibt genügend Belege aus der Zeit vor dem vierzehnten Jahrhundert, die aufzeigen, daß Allcroft und Spence sich irrten, und insgesamt findet sich ausreichend Beweismaterial, um die Aussagen der Römer und Griechen über das Wissen der Kelten und insbesondere der Druiden in diesem Bereich zu bestätigen. Und ist es etwa ein Zufall, daß der alte Manx-Ausdruck *fallogyssagh* aus *falsaght* und *loayr* (zu deutsch: reden) nicht nur einen Philosophen bezeichnete, sondern ganz spezifisch einen Astrologen?

Dies ist nicht der richtige Ort, um sich mit der Philosophie der Astrologie zu befassen. Wie die meisten Gesellschaften der Frühzeit betrachteten die alten Kelten die Astrologie lediglich als einen weiteren natürlichen Einfluß oder als ein Werkzeug, mit dem die Menschen sich selbst und ihren Platz im Universum besser verstehen konnten.

Druiden als Magier

In der keltischen Literatur und Überlieferung werden uns die Druiden als Magier beschrieben, als Zauberer, die mit übernatürlichen Kräften ausgestattet sind. In seinem *Life of St. Patrick* aus dem siebten Jahrhundert bezeichnet Muirchú Patricks druidische Gegner in Tara als *magi*, und Adomnán nennt Broichán, den Druiden von Bruide Mac Maelchon, ausdrücklich einen Magier. Das heißt, daß die Druiden zu der Zeit, als das Christentum in Irland und Britannien Fuß faßte, unter der Bezeichnung *magus* beziehungsweise *magi* bekannt waren. Wie wir wissen, bildeten die *magi* im Persien der Antike die Priesterkaste, und die *magian*-Priester waren die Exponenten des Zoroastrismus. Von ihrer angeblichen Macht über übernatürliche Wesen leitet sich unser Wort »Magie« ab. Die *magi* hatten also ursprünglich eine ähnliche Funktion wie die Druiden. Erst durch die Degenerierung dieses Begriffs durch das Lateinische wurden die *magi* zu dem, was wir heute unter einem »Magier« verstehen. Im *Book of Armagh* wird dieses Wort in abschätzigem Sinn für die Druiden verwendet. In einem Gedicht im *Book of Taliesin* werden die Weisen aus dem Morgenland, die das neugeborene Christuskind aufsuchen (Matthäus 2), als *Derwyddon* bezeichnet, das ist die Übersetzung des griechisch-lateinischen »magi«.

Diese Verbindung stellt auch Plinius her, wenn er schreibt: »Die Druiden – wie sie (die Kelten) ihre *magi* nennen.« Auch Hippolyt nennt *magi* und Druiden in einem Atemzug. Plinius fügt hinzu: »Sogar heute noch unterliegt Britannien ganz dem Bann der Magie, und das Volk vollführt ihre Riten mit so großem Aufwand, daß man das Land beinahe als Ursprung der persischen Bräuche bezeichnen könnte.«

Es gibt zweifellos zahlreiche Beweise für Magie in den Mythen und Sagen Irlands und Wales'. Vielfach geht es dabei um die Fähigkeit, den Ablauf der Ereignisse durch die Anrufung übernatürlicher Wesen zu beeinflussen oder die Naturgesetze mittels Zauberkraft zu manipulieren. Auch in dieser Hinsicht besteht kein Unterschied zwischen der keltischen Kultur einerseits und der griechischen und römischen Kultur andererseits, in der sich Beschwörungsformeln, Bann- und Zaubersprüche, Verwünschungen und andere Rituale entwickelten, mit denen der natürliche Ablauf menschlicher Ereignisse beeinflußt und kontrolliert werden sollte. In historischer Zeit wurden in Griechenland und Rom die offiziellen religiösen Praktiken vom alltäglichen, im Volk verbreiteten Gebrauch von Zauber unterschieden. In Griechenland verlor sich die Bedeutung der Magie, doch im Römischen Reich spielte sie eine immer größere Rolle – möglicherweise eine Reaktion auf die materialistische Einstellung der Gesellschaft, die man als Folge der imperialistischen Moral beschreiben könnte. Doch mit dem Aufkommen des Christentums wurde die Magie energisch verdammt, oder besser gesagt: jede Magie, die nicht im Dienst des Christentums stand.

Lewis Spence bemerkte: »Es ist fast unmöglich, eine Seite in einem Werk der frühirischen Literatur zu finden, auf der nicht von dem Druiden und seinen magischen Kräften die Rede ist...« Die gängige Bezeichnung für einen Zauberer lautete im Irischen *corrguinech*, und seine Zauberkraft oder Magie hieß *corrguine*. In der Geschichte der Schlacht von Magh Tuireadh (Moytura) heißt es, daß der *corrguinech* beim Aussprechen seines Banns auf einem Bein stand, einen Arm ausgestreckt hielt, ein Auge schloß und dann den *glám dichenn*-Fluch aussprach, um seinen Feinden Unheil zuzufügen. Auch Lugh Lámhfada verwendete diese Methode vor einer Schlacht, und Cúchulainn schrieb seine drohende Ogham-Botschaft an Medb ebenfalls mit dem Ritual des einen Beins, der einen Hand und dem einen Auge.

In den alten irischen Sagen konnten die Druiden einen dichten Nebel heraufbeschwören, der die Landschaft verhüllte, und einen Sturm, um ihre Feinde zu vernichten oder in alle Winde zu zerstreuen. Es gibt viele Beispiele für die Fähigkeit der Druiden, die Naturgewalten für ihre Zwecke gefügig zu machen. So sagte

Muirchú, daß die Druiden von Laoghaire schwere Schneefälle und Dunkelheit schickten, um Patricks Vormarsch auf Tara aufzuhalten. Broichán, der Oberste Druide des Piktenkönigs Bruide, rief einen entsetzlichen Sturm herauf, um Columcille daran zu hindern, den Loch Ness zu überqueren. Mathgen schickte Berge gegen seine Feinde, um sie zu erdrücken, und Mug Ruith ließ alle Quellen versiegen, erhielt jedoch Wasser für seine eigene Armee, indem er einen Pfeil in die Luft schoß; an der Stelle, wo dieser landete, bildete sich ein Bach. Cathbad verwandelte eine Ebene in »ein großes, gewelltes Meer«, um Deirdre an der Flucht zu hindern.

Der *ceo druidechta*, der magische oder druidische Nebel, kommt in vielen irischen Sagen vor. Nebel überwältigten Laoghaire den Siegreichen und Conall Cernach, und als die Dé Danaans Irland eroberten, verhüllten sie sich selbst in einen Zaubernebel. In *Life of St. Moling* erfahren wir, daß Mothairén, der Freund des Heiligen, einen Nebel herbeirufen kann, um die christlichen Missionare vor ihren Feinden zu schützen – ein weiterer Beweis dafür, daß die Christen die Macht und Fähigkeiten der Druiden übernahmen.

Außer Nebel konnten die Druiden auch einen *dichteltair* oder *fe-fiada* erzeugen, einen Umhang, der ihnen zu Unsichtbarkeit verhalf und sie vor Feinden schützte. In einer irischen Version der *Aeneis* legt Venus einen solchen Umhang um den Helden Odysseus, um ihn beim Betreten der Stadt der Phaiaken zu schützen. Im Laufe der Zeit wurde *fe-fiada* gleichbedeutend mit »Schutzmantel«. Bezeichnenderweise hieß die Hymne des heiligen Patrick ebenfalls *fe-fiada*. Viele der frühen keltischen Christen, die die Fähigkeiten der Druiden übernahmen – oder, wie ich behaupte, viele der Druiden, die im Lauf der Zeit zum Christentum übertraten –, besaßen magische Kräfte. Als die Mutter des heiligen Finnchua von einem Heidenkönig verfolgt wurde, beschwor sie einen *celtchair dhichlethi* herauf, einen Umhang oder Nebel der Dunkelheit, in dessen Schutz sie entkam.

In einigen Texten finden sich Verweise auf einen Zauberstab, *slat an draoichta* (Druidenstab), einen Zweig, an dem kleine Glöckchen hingen. Einen ähnlichen Zweig besaßen auch die Barden. Mannanán Mac Lir trug einen magischen Apfelbaumzweig mit silbernen Glöckchen. Als Sencha, der Oberste Barde von Ulster, seinen Stab schwenkte, verstummte das Dröhnen der

Schlacht. Neidé trug einen ähnlichen Stab in »Der Dialog der beiden Weisen«. In *The Fairy Faith in Celtic Countries* (1911) beschäftigt sich W. Y. Evans Wentz eingehend mit druidischer Magie und erwähnt auch den Stab, den die Druiden angeblich verwendeten. Dieser Stab war zweifellos wie bei den Barden ein Symbol ihres Amts.

Eine weitere Gabe, die man den Druiden zuschrieb, war die Fähigkeit, ihre Gestalt zu verwandeln. Als der Druide Fer Findail eine Jungfrau entführte, nahm er dazu die Gestalt einer Frau an. Die Druidin Badb, Tochter des Druiden Calatín, überlistete Cúchulainn, indem sie die Gestalt Niamhs annahm, die den Helden während seiner Krankheit gepflegt hatte, und führte dann seinen Tod herbei. Amairgen und Taliesin konnten angeblich zahlreiche Gestalten annehmen. Druiden waren auch in der Lage, die Identität anderer Menschen zu verändern. So verwandelte Fer Doirche die schöne Sibh, die seine Liebe zurückwies, in ein Reh. Weitere Beispiele sind etwa die Druidin Dalb, die drei Männer und ihre Ehefrauen in Schweine verwandelte, und Aoife, die Frau des Lir, die ihren Stiefkindern die Gestalt von Schwänen gab.

Auch »druidischer Schlaf« wird erwähnt, der einer Art hypnotischem Zustand gleicht. Als Bodb seine Tochter bei einer Lüge ertappt, läßt er sie in einen solchen Schlaf versinken, woraufhin sie die Wahrheit enthüllt. Des weiteren besaßen die Druiden den »Trank des Vergessens«, unter dessen Wirkung Menschen sogar ihre engsten Freunde und Geliebten vergaßen.

Dazu meint J. A. MacCulloch:

> Ein überzeugender Beweis dafür, daß Zaubersprüche in heidnischer Zeit verwendet wurden, ist die Tatsache, daß sie bei keltischen Völkern noch heute angewandt werden. Dieser zeitgenössische Gebrauch erläutert auch das Wesen solcher Sprüche. In der Bretagne werden sie innerhalb bestimmter Familien weitergegeben und vor Außenseitern sorgsam geheimgehalten. Dabei werden die Namen der alten Götter durch Heilige ersetzt, doch in einigen Fällen werden Krankheiten als Wesen in Menschengestalt angesprochen. Ähnliche Sprüche finden sich im schottischen Hochland; sie werden oft von einem männlichen Familienmitglied an einen weiblichen Nachkommen und von diesem wiederum an einen männlichen tradiert. Und auch in Irland sind Zaubersprüche weit verbreitet. Mit ihrer Hilfe werden nicht nur Krankheiten kuriert, sondern sie bringen auch Fruchtbarkeit und Glück und können dem, der sie ausspricht, sogar die Besitztümer anderer Menschen übertragen; in Fällen von schwarzer Magie können sie zu Krankheit und Tod führen. In Irland

konnten Zauberer »Mensch und Tier zu Tode reimen« – dies erinnert an die Macht der Satire, wenn sie von einem *filí* oder Druiden gesprochen wurde. Sie rief Flecken auf dem Gesicht des Opfers hervor oder führte sogar zu seinem Tod.

Die frühen keltisch-christlichen Autoren, die von den magischen Fähigkeiten der Druiden überzeugt waren, schrieben den »Heiligen« der keltischen Kirche die gleichen Kräfte zu. Offenbar besaßen die »Heiligen« allerdings größere Zauberkraft als die Druiden – Patrick kann Schneestürme und Dunkelheit vertreiben und Druiden vernichten, indem er vom Himmel ein Feuer herabkommen läßt. Der Sieg der christlichen Missionare über die Druiden wird in der einheimischen Literatur als ein magischer Sieg beschrieben. In den Hagiographien früher Heiliger wie Fechin von Fore, Ciaran, Columcille, Moling und anderen finden sich viele, die die Elemente beherrschen, Heilung bewirken, Unsichtbarkeit herbeiführen, ihre Gestalt verändern und andere Zauberkünste vollbringen können. Doch letztlich werden all diese Fähigkeiten auf Christus zurückgeführt. So schreibt Columcille: »Christus ist mein Druide.« Diese Tradition setzte sich sogar noch nach der Reformation fort. So heißt es in William Walkers Buch *Six Saints of the Covenant* (herausgegeben von Dr. Hay Fleming), die presbyterianischen Geistlichen konnten Weissagungen aussprechen, Heilungen bewirken, in der Luft schweben, die Ungläubigen verfluchen und Magie bewirken. Wie MacCulloch bemerkt: »Die Grundgedanken primitiver Glaubensvorstellungen überdauern alle Veränderungen in der Religion, und die Menschen schreiben den heidnischen Druiden, den keltischen Heiligen und den alten Hexen magische Fähigkeiten ebenso bereitwillig zu wie den presbyterianischen Geistlichen.«

9
Das wiederwachende Interesse an den Druiden

Nach der Ausbreitung des Christentums in den keltischen Ländern wurde der Einfluß der Druiden in der keltischen Gesellschaft beständig geschmälert, bis sie schließlich nur mehr als Gestalten der keltischen Literatur existierten. Im Maße, in dem die keltischen Völker sich neuen Eroberern unterwerfen mußten, die die keltische Sprache und Kultur auszumerzen versuchten, war auch das Wissen dieser Völker zunehmend nur mehr jenen geläufig, die sich ihre Eigensprachlichkeit erhalten konnten. Außerhalb der keltischen Kulturen fielen die Druiden vollkommen dem Vergessen anheim.

So lautet zumindest die herkömmliche Darstellung des Niedergangs der Druiden. Ich behaupte allerdings – und ich hoffe, dies genügend deutlich gemacht zu haben –, daß der Begriff »Druide« sich in der vorchristlich-keltischen Gesellschaft auf eine bestimmte Schicht bezog, nämlich die der Intellektuellen. Doch als sich das Christentum etablierte, veränderte sich die Bedeutung des Begriffs »Druide«, weil er mit der heidnischen Gesellschaft assoziiert war, und nur mehr für Zauberer, Magier, prophetische Dichter und Barden verwendet wurde.

In Wahrheit »verschwand« die Kaste der Druiden ebensowenig wie die der indischen Brahmanen; vielmehr veränderte sich im Zuge der neuen religiösen und kulturellen Werte die Bezeichnung für die Schicht der Gelehrten. Es gibt Anzeichen dafür, daß das Kastensystem bei den Kelten ohnehin im Verfall begriffen war, was etwa aus ihren Rechtsordnungen hervorgeht; in der Tat gilt dies auch für andere indoeuropäische Gesellschaften jener Zeit. Einige Überreste blieben jedoch erhalten; so lassen sich vor allem in Irland bis zum siebzehnten Jahrhundert noch intellektuelle Führungsrollen bestimmter Familien erkennen, indem etwa Berufe wie der des Arztes, Richters oder Barden erblich tradiert wurden. Kurz gesagt: Die Schicht der Intellektuellen blieb bestehen, doch wurde sie nach dem Aufstieg des Christentums nicht mehr als Druidenkaste bezeichnet.

Doch heute werden die Druiden zu romantischen Gestalten einer Phantasiewelt verklärt. Wie ist dieses neue Bild entstanden?

Mitte des vierzehnten Jahrhunderts setzte die Renaissance ein (die allerdings erst seit dem neunzehnten Jahrhundert mit diesem Begriff bezeichnet wird). Damals erwachte das Interesse an den alten griechischen und römischen Autoren und dem Wissen der damaligen Welt, die nun »Antike« genannt wurde. Die Werke von Caesar, Plinius und anderen wurden wiederentdeckt. Caesars *Commentarii de Bello Gallico* (die Schrift über seinen Krieg in Gallien) und seine *Commentarii de Bello Civilis* (seine Schrift über den römischen Bürgerkrieg) wurden 1511 in Venedig neu herausgegeben. Und in diesen Werken, die den Gelehrten aufgrund der Erfindung des Buchdrucks plötzlich allgemein zugänglich waren, wurde die nicht-keltische Welt die Druiden erstmalig wiederentdeckt.

Zunächst wurden die Druiden zusammen mit den alten Kelten beziehungsweise Galliern im Frankreich des sechzehnten Jahrhunderts zu geachteten historischen Figuren. Anstatt sich als die germanischen Eroberer der Gallier zu bezeichnen, verehrten die Franken diese nun als ihre Vorfahren. Professor Piggott bemerkte hierzu: »Die vorrömische Vergangenheit wurde zum Ausgangspunkt eines nationalen Mythos erklärt.«

Im Jahre 1532 publizierte Jean le Fèvre *Les Fleurs et Antiquitez des Gaules, où il est traités des Anciens Philosophes Gaulois appelez Druides.* Bezeichnenderweise fiel die Veröffentlichung dieses Werks zeitlich zusammen mit dem Einigungsvertrag zwischen Frankreich und der Bretagne, der am 18. September desselben Jahres in Kraft trat. An diesem Tag wurde die Bretagne endgültig als autonome Provinz in den französischen Staat eingegliedert. Nach jahrhundertelanger Unabhängigkeit war das Land militärisch Frankreich unterlegen, als die bretonische Armee 1488 bei Saint Aubin du Cormier besiegt wurde. Als Folge dieser Niederlage mußten die Bretonen einer Heirat gekrönter Häupter zustimmen, und bald danach entstanden Pläne, ihr Land Frankreich einzuverleiben. Bis zu dieser Zeit war die Bretagne ein florierender Handelsstaat gewesen. Die begeisterte Rückbesinnung der Franzosen auf ihre keltischen Vorfahren ließ sich unschwer als ein zynisches politisches Manöver erkennen, mit dem die Union gestärkt werden sollte durch die Parole: »Wir sind jetzt alle Kelten!«

In der Folge erschienen in Frankreich zahlreiche Bücher über die Gallier und die Druiden. Die meisten griffen als Quelle auf einen Text zurück, der einem babylonischen Priester namens

Berossus zugeschrieben wurde und im Jahre 1498 von Annius von Viterbo gedruckt worden war. In Wahrheit handelte es sich bei diesem Werk um eine Fälschung, doch Annius behauptete, es sei eine Weltgeschichte, die Berossus im dritten Jahrhundert v. Chr. verfaßt habe. Tatsächlich hat es einen Priester dieses Namens gegeben, der in griechischer Sprache eine Geschichte Babyloniens verfaßte, doch sind davon lediglich einzelne Zitate erhalten. Auch die sonstigen Werke dieses Gelehrten finden sich nur fragmentarisch als Zitate bei anderen Autoren. Berossus soll jedoch den Griechen die babylonische Astrologie vermittelt und um 280 v. Chr. auf Kos eine Astrologenschule gegründet haben. Der von Annius gedruckte Text der Weltgeschichte wird heute allerdings nicht mehr für echt gehalten. Annius – der die fragliche Schrift wohl selbst verfaßte – erwähnt in seinem Buch einige griechische und römische Verweise auf die Druiden. Dabei verwendet er allerdings Namen aus verschiedenen griechischen und lateinischen Texten, die er fälschlicherweise auf reale Persönlichkeiten bezieht – so etwa Dryius, Bardus, Celtae oder Samothes (die spätere Bezeichnung für *semnotheoi*).

Der Enthusiasmus für diese Werke hielt sich bis ins siebzehnte Jahrhundert. Im Jahre 1615 publizierte François Meinhard ein lateinisches Werk, dessen Titel sich etwa mit *Der Mistelzweig der Druiden als Symbol der Jurisprudenz* übersetzen läßt. 1623 sorgte Doktor Jean Guenebault mit seiner Schrift *Le Réveil de L'Antique Tombeau de Chyndonax, Prince de Vacies, Druides, Celtiques, Dijonnois* für Aufruhr bei den Altertumsforschern. Er behauptete darin, 1598 sei in seinem Weinberg bei Poussat nahe Dijon eine Truhe mit einer gläsernen Urne entdeckt worden. Diese weise eine Inschrift in fragwürdigem Griechisch auf, welche Guenebault selbst folgendermaßen übersetzte: »Dieses Grab im heiligen Wald des Gottes Mithras enthält den Körper des Hohenpriesters Chyndonax. Mögen die Götter meine Asche vor jeglichem Schaden bewahren.« Guinebault erhob den Anspruch, damit die sterblichen Überreste eines Erzdruiden entdeckt zu haben. In solchen Vorgängen liegt der beginnende Mythos der neuzeitlich-romantischen Vorstellungen von den Druiden begründet.

Die Druiden wurden sogar als Vorfahren der Germanen hingestellt. Solchermaßen argumentierte Elias Schedius in seiner Schrift *De Dis Germanis*, die mit dem Untertitel »Die Religion der alten Germanen, Gallier, Bretonen und Vandalen« versehen war und

1648 in Amsterdam erschien. Darin zeichnet er das Bild des Druiden im düsteren Eichenhain, mit Eichenlaub bekränzt, in ein wallendes Gewand gehüllt und ausgestattet mit einem bluttriefenden Opfermesser; neben ihm die finster dreinblickende Priesterin, von deren Hüfte ein menschlicher Schädel baumelt, während sie mit zwei Schlegeln aus den Oberschenkelknochen eines Menschen grimmig die Trommel schlägt. Schon im Jahre 1650 folgte auf Schedius' Werk eine ähnliche »Studie« von Esaias Pufendorf mit dem Titel *Dissertatio de Druidibus*. Auch hier wurden dunkle druidische Eichenhaine beschrieben, die blutgetränkt waren und enthauptete Leichname beherbergten.

Ende des sechzehnten Jahrhunderts wurden die klassischen Autoren ins Englische übertragen und damit einem größeren Publikum zugänglich gemacht. Philemond Holland bearbeitete die Werke von Plinius und Ammianus Marcellinus, Clement Edwards übersetzte Caesar. Allmählich entwickelte sich in der englischen, französischen und deutschen Literatur die neue, romantische Vorstellung von den Druiden. Erstmalig tauchte sie im Jahre 1618 in dem Theaterstück *Bonduca* (eine Korrumpierung von Boadicea) von John Fletcher auf. Einige Jahre später, 1624, erklärte Edmund Bolter, »Bonduca« habe sich mit der Errichtung von Stonehenge ihr eigenes Denkmal gesetzt. Vier Jahre darauf traten die Druiden durch Michael Draytons *Polyolbion* als ehrwürdige Barden oder Poeten in die englische Literatur ein und begannen in den Werken von John Milton und anderen zu erscheinen.

Thomas Smith vertrat in seinem Werk *Syntagama de Druidum moribus ac institutis* (1644) die Ansicht, Abraham sei der Stammvater der Druiden gewesen. Ihm schloß sich im Jahre 1655 Edmund Dickinson an mit dem Ruf: »Sehet die Priester der Eiche! Sehet die Stammväter der Druiden! Von diesen entsprang die Sekte der Druiden, die mindestens bis zu den Zeiten Abrahams zurückreicht.«

Die Vorstellung von den Kelten als »zivilisierten« Menschen stieß jedoch zu jener Zeit weithin auf Unverständnis. Dies galt vor allem für England, das damals gerade eine wahrhaft barbarische »ethnische Säuberung« in Irland durchführte. William Shakespeare äußerte sich darüber folgendermaßen in seinem Drama *Richard II.* (2. Akt, 1. Szene):

Nun von dem Krieg in Irland!
Man muß die strupp'gen Räuberbanden tilgen,
Die dort wie Gift gedeih'n, wo sonst kein Gift
Als sie allein das Vorrecht hat zu leben.

Dies war die Zeit von Oliver Cromwells »Endlösung« für Irland. Seine Eroberung des Landes kostete gut einem Drittel der Bevölkerung das Leben. Weitere hunderttausend irische Männer, Frauen und Kinder wurden als zwangsverpflichtete Arbeitskräfte in die Neue Welt, vor allem nach Barbados, eingeschifft. Ihre Lebens- und Arbeitsbedingungen waren noch schlechter als die der schwarzen Sklaven, mußten diese doch von den Kolonisten gekauft werden, während irische Arbeiter kostenlos von der britischen Regierung zur Verfügung gestellt und deshalb oft skrupellos zu Tode strapaziert wurden. Englische Soldaten umzingelten irische Dörfer und trieben sämtliche Bewohner zusammen, derer sie habhaft werden konnten; anschließend wurden die Gefangenen auf Schiffe transportiert und in die Kolonien verbracht. Niemand konnte den Menschen Beistand leisten, denn die Reste der irischen Armee, etwa vierzigtausend Mann, hatten nach ihrer Kapitulation vor Cromwells Heer die Erlaubnis bekommen, sich auf das europäische Festland abzusetzen, wo sie nun in den Armeen Frankreichs, Spaniens oder Österreichs dienten.

Der letzte Schritt war die Order, daß sich bis zum 1. Mai 1654 alle Iren in einem »Reservat« westlich des Flusses Shannon in der Provinz Connacht einzufinden hatten. Jeder Ire, der nach diesem Datum östlich des Shannon angetroffen wurde, mußte mit seiner sofortigen Hinrichtung rechnen. Und jeder englische Soldat, der seinem Kommandeur den Kopf eines irischen »Rebellen« brachte, wurde mit fünf Pfund belohnt – wobei niemand genau darauf achtete, was einen Menschen zum »Rebellen« machte.

Unter solchen Umständen überrascht es nicht, daß englische Autoren in ihren Berichten über Irland nur wenig Erwähnenswertes in der Kultur und Geschichte des Landes fanden. Zudem galten auch die Schotten, Waliser und die Einwohner von Cornwall schon seit langem als minderwertig. Schließlich wäre es von den Engländern – die sich als die Eroberer bestenfalls mit den Römern verglichen – unklug gewesen, den Völkern, die sie bereits unterworfen hatten oder im Begriff waren zu unterjochen, »Kultur« zuzubilligen. Das Ausmaß dieses Vorurteils kann man einigen

Aufzeichnungen von Inigo Jones (1573 bis 1652) zu Stonehenge entnehmen, die sein Schwiegersohn John Webb nach Jones' Tod unter dem Titel *The Most Remarkable Antiquity of Great Britain, vulgarly called Stone-Heng, Restored* im Jahre 1655 veröffentlichte:

Was die Druiden angeht... sicherlich wurde Stoneheng nicht von ihnen erbaut; mir ist nichts bekannt, daß sie in der Architektur beflissen waren (was in diesem Fall vorrangig beachtet werden muß) oder in irgend etwas sonst, was hierfür dienlich wäre. Denn Schulen für Architektur und Planung waren ihnen unbekannt; auch öffentliche Lesungen in der Mathematik kannten sie nicht: nichts aus dem Gebiet der Malerei, nicht ein Wort zur Bildhauerei findet sich bei ihnen, noch von sonst einer Wissenschaft (die Philosophie und Astronomie ausgenommen), die geeignet wäre, das Urteil eines Architekten zu bilden...

Die keltische Bevölkerung Britanniens, die von den Vorfahren der Engländer, den Angelsachsen, erobert, niedergemetzelt und gewaltsam aus ihrem Land vertrieben worden war, galt als »... wild und barbarisch; Menschen, die nicht einmal Kleidung kannten... und keinerlei Wissen besaßen..., um stattliche Gebäude oder so bemerkenswerte Bauwerke wie Stoneheng zu errichten...«. Jones schließt: »Es möge deshalb ein Wort genügen: Stoneheng ist kein Werk der Druiden oder der alten Britannier; das Wissen der Druiden bestand mehr in Kontemplation denn in praktischem Tun, und die alten Britannier zeichneten sich hauptsächlich dadurch aus, daß sie in jedweden Künsten vollkommen ungebildet waren...« Der lächerliche Schluß, den Inigo Jones zog, um das Rätsel zu lösen, das seine Voreingenommenheit aufwarf, lautete: »Stoneheng ist meiner Ansicht nach ein Werk der Römer, und sie allein haben es begründet...«

Dennoch wurden Jones' Vorstellungen nicht einfach verworfen; Thomas Twining und Thomas Hearne unterstützen seine Theorie sogar noch im darauffolgenden Jahrhundert, nämlich 1723 respektive 1729. Und noch im Jahre 1733 reimte der Dichter Samuel Bowden:

> Das wache Auge ergötzen die Relikte des alten Avebury,
> Dessen hehre Ruinen von römischer Größe zeugen.

Doch alsbald schwenkte die Meinung von den Römern auf die Dänen um. Dr. Walter Charleton behauptete 1663 in seiner Veröffentlichung *Chorea Gigantum*, die Wikinger hätten Stonehenge erbaut; diese Aussage wurde von mehreren Gelehrten bekräftigt. Auch der Dichter John Dryden pflichtete ihm in einer Lobeshymne bei:

> ... Menschen, die Steine in Ewigkeit errichten
> magst du wohl neue Kraft verleihen.
> Durch dich rühmen die Dänen (nach allzu kurzer Herrschaft)
> sich dauerhafterer Eroberung als das Sachsenvolk
> Stone-Heng, einst als Tempel gesehen, hast du
> als Thron erkannt, wo Könige als unsere Erdengötter
> gekrönt ...

Daraufhin erschien Inigo Jones' Schwiegersohn erneut auf der Bildfläche, um sich gegen die Dänen-Theorie auszusprechen und seine Meinung zu wiederholen, daß die Römer die Erbauer von Stonehenge gewesen seien.

1649 hatte John Aubrey eine Studie über das alte Wiltshire verfaßt. Dabei hatte er sich zum einen sehr auf Caesar gestützt, zum anderen aber auch Berichte aus der Neuen Welt eingewoben mit dem Resultat, daß die Kelten aus seiner Sichtweise als eine Mischung aus hochmütigen Barbaren und »edlen Wilden« erschienen; letztere Vorstellung wurde damals vor allem mit den amerikanischen Indianern assoziiert. Später, nachdem Aubrey sich eingehender mit Stonehenge befaßt hatte, unterwarf er sich »demütig einem besseren Urteil, welches besagt, daß die Steine mit einiger Wahrscheinlichkeit Tempel der Druiden waren ...«. Er fuhrt fort:

> Ich gehe davon aus, daß die Druiden die bedeutendsten Priester oder der hervorragendste Priesterorden der Britannier waren; es ist so gut wie sicher, daß diese altehrwürdigen Monumente ... Tempel der Priester des hervorragenden Ordens der Druiden waren und ... aus jener Zeit stammen. Ich muß gestehen, daß diese Untersuchung nicht mehr ist als ein Tappen im dunkeln; aber wenn ich das Problem auch nicht ganz erhellen konnte, so kann ich doch versichern, daß ich es aus tiefster Dunkelheit befreit habe und es nur mehr von einem leichten Nebel umgeben ist; und daß ich in diesem Essay weiter gegangen bin als irgend jemand sonst ...

Mit Sicherheit war Aubrey der Wahrheit näher als Inigo Jones oder dessen Schwiegersohn John Webb. Und er hatte seine Theorien mit Edward Lhuyd (1660 bis 1709) durchgesprochen, dem berühmten Keltenforscher am Ashmolean Museum der Universität Oxford, der ihm beipflichtete: »Ich nehme an, es handelt sich um

Stätten für Opfer und andere religiöse Riten der Heidenzeit, und ich betrachte die Druiden als unsere heidnischen Priester aus alter Zeit«, schrieb Lhuyd. Sein 1707 veröffentlichtes Hauptwerk *Archaeologia Britannica* wurde zu einem Grundstein der neueren keltischen Linguistik. Er konnte allerdings nur einen ersten, *Glossography* betitelten Band dieser Studie herausgeben und starb vor Beendigung des zweiten. Dennoch stellt seine *Archaeologia Britannica* die erste Studie zur komparativen keltischen Philologie dar.

Im Jahre 1693 wandte sich Aubrey bezüglich seiner neuen Theorie, daß alle Megalithanlagen druidische Tempel seien, an Professor James Garden aus Aberdeen. Dieser fand Aubreys Theorie zwar interessant, wandte jedoch ein, es gebe »nichts in den Namen der Monumente oder in den damit in Zusammenhang stehenden Überlieferungen, was sich in besonderer Weise auf die Druiden beziehen würde«.

Aubrey plante, seine Gedanken in einem Buch darzulegen, das er »Templa Druidum« nennen wollte, arbeitete seine Ausführungen aber dann in ein Kapitel seiner *Monumenta Britannica* ein. Bei seinem Tod 1697 war sein Werk jedoch erst in Auszügen veröffentlicht, und zwar in dem vorgenannten Buch sowie in Edmund Gibsons Edition von *Camden* aus dem Jahre 1695.

Einen weiteren kurzlebigen Anspruch, die Identität der Erbauer von Stonehenge zu kennen, erhob der deutsche Gelehrte Georg Keyseler. Er publizierte 1720 eine Schrift mit dem Titel *Antiquitates Selectae Septentrionales et Celticae*, in der er behauptete, die Sachsen hätten Stonehenge errichtet; als Begründung gab er die Ähnlichkeit zu megalithischen Grabkammern in Schleswig-Holstein an, der Urheimat der Angeln, Sachsen und Jüten.

Mittlerweile herrschte also große Verwirrung bezüglich der Erbauer von Stonehenge. Walter Pope hatte schon 1676 gedichtet:

> Ich werd' die Steine nie vergessen,
> Die im Rund auf Salisburys Ebene steh'n.
> Wenn auch kaum erwiesen, wer sie dort errichtet,
> Die Römer, Merlin oder die alten Dänen.

Im siebzehnten und achtzehnten Jahrhundert zogen die Altertumsforscher für ihre Vorstellungen von den Druiden die auf Poseidonios beruhenden Schriften Caesars, Strabos und Laertius' heran. Die Hinweise auf Menschenopfer, vor allem die berühmte Verbrennung bei lebendigem Leibe in einer kolossalen, aus Ruten geflochtenen Figur, wurden immer wieder zitiert. Einige Autoren scheuten sich nicht, auch eigene Interpretationen hinzuzufügen, so etwa Aylett Sammes in seinem Werk *Britannia Antiqua Illustrata* von 1676; darin übernehmen die Druiden die Rolle der phönizischen Barden und Philosophen, die laut Sammes im vorrömischen Britannien die Macht innehatten. Sammes war es auch, der in seinem Buch das berühmte Bild des »Korbriesen« aufnahm, das immer wieder als Beweis für die These der Menschenopfer herangezogen wurde. Auch Reverend Henry Rowlands, ein Vikar aus Anglesey, beschäftigte sich in seiner Publikation *Mona Antiqua Restaurata* aus dem Jahr 1723 ausgiebig mit den Menschenopfern der Kelten. Rowlands ist auch der erste Autor, der Abaris, von dem wir bereits gesprochen haben, für einen Druiden hielt.

Überhaupt trug Henry Rowlands wesentlich zur Entstehung des neuzeitlichen romantischen Bildes von den Druiden bei. Ihm zufolge stammen sie von Noah ab. Zudem meinte er, sie seien »der Herkunft nach nahe den Quellen der wahren Religion« und hätten »die Riten und Bräuche dieser wahren Religion rein und unverfälscht« den Briten vermittelt. In Rowlands' Darstellung werden die Druiden zu patriarchalischen, alttestamentarischen Gestalten, die in ihren heiligen Eichenhainen mit Steinhaufen und -kreisen als Altären den Gottesdienst versahen. Der Aspekt des Menschenopfers war dabei belanglos, denn für Rowlands folgten die Druiden lediglich den Traditionen des Alten Testaments, denen zufolge Jehovah auf Steinaltären geopfert wurde.

Das erste ernstzunehmende Werk über die Druiden war John Tolands »Geschichte der Druiden«, die er 1726 in drei Briefen an Lord Molesworth niederschrieb. In seiner Jugendzeit hatte Toland mit Aubrey über dessen Arbeit zum Thema Druiden gesprochen und dessen Theorie bezüglich der Steinkreise übernommen. 1740 wurde Tolands Werk mit dem Titel *Critical History of the Celtic Religion* veröffentlicht; die späteren Editionen waren mit *The History of the Druids* überschrieben. Er war von seinen Thesen derart hingerissen, daß er in sein Buch sogar Beschreibungen von Druiden mit kurzgeschorenem Haar, langen Bärten und weißen Umhängen aufnahm.

Mit Sicherheit hatte Toland irische Quellen studiert; er listete sogar eine Reihe von Personen auf, die er für berühmte irische Druiden hielt. Obwohl seine Schreibweise der Namen ungewöhnlich ist, sind sie leicht erkennbar.

Der Druide Trosdan, der ein Mittel gegen die Giftpfeile britischer Invasoren fand. Cabadius, der Großvater des höchst berühmten Helden Cuculand; Tagues, der Vater von Morna, der Mutter des nicht minder berühmten Fin Mac Cuil; Dader, der von Eogan getötet wurde, dem Sohn von Olill Olom, König von Munster; dieser Eogan war verheiratet mit Moinic, der Tochter des Druiden Dill... Dubcomar, der Oberste Druide des Königs Fiacha; und Lugadius Mac-Con, der abgedankte König von Irland, wurde von dem Druiden Firchisus hinterlistig mit einer Lanze durchbohrt. Ida und Ono, die Herren von Corcachlann bei Roscomon, waren Druiden; von ihnen übergab Ono seine Festung Imleach-Ono an Patric, und der machte daraus das Gotteshaus Elphin, das seither ein episkopalischer Bischofssitz ist. Schon sein Name Lamderg, Blutige Hand, sagt uns, was für ein Mann dieser Druide war, der dem Volksmund zufolge verzaubert in dem Berg zwischen Bunncranach und Fathen im County Dunegall lebt. Ebensowenig dürfen wir, auch wenn nicht korrekt in der Reihenfolge, Lagicinus Barchedius, den Erzdruiden des Königs Niall der neun Geiseln, vergessen, der einen äußerst grausamen Krieg gegen König Eocha von Munster führte, weil dieser seinen Sohn erschlug.

Aus Tolands Liste läßt sich entnehmen, daß er hinterlassene Werke der irischen Literatur kannte, was für einen Engländer seiner Zeit ungewöhnlich war.

Ab der Mitte des achtzehnten Jahrhunderts zeichnet sich eine veränderte Haltung gegenüber den Druiden ab: In den Gedichten der Vorromantiker John Thomson (1700 bis 1748), William Collins (1721 bis 1759) und Thomas Gray (1716 bis 1771) werden sie als ehrwürdige, die Natur verehrende Gestalten beschrieben.

Hierzu kommentiert Professor Piggott:

Um die Mitte des achtzehnten Jahrhunderts schien zunehmend die Ansicht um sich zu greifen, daß weder geschmackliche Maßstäbe noch das Zeitalter der Vernunft für Gefühl und Verstand wirklich angemessene und befriedigende Normen schaffen konnten; und angesichts des Mißtrauens in die absolute Gültigkeit der Doktrinen der Aufklärung erschien für die Betrachtung der fernen Vergangenheit ein neues, gefühlsbetontes und romantisches geistiges Klima angebracht. Im Gefolge dieses Stimmungsumschwungs konnten sich die wehrlosen Druiden verändern und sich entsprechend romantisch geben.

Oberflächlich betrachtet hatte die keltische Welt nun zu einem »Frieden« mit England gefunden. In Cornwall hatte es seit 1549 keinen Aufstand mehr gegeben. Irland war 1690/91 durch die Eroberung Williams III . unterworfen worden. In Wales war es seit der

Zeit der Tudors nicht mehr zu Unruhen gekommen, und die Erhebung der schottischen Jakobiten war im Jahre 1746 unterdrückt worden. Aus diesen Gründen war die englische Öffentlichkeit um die Mitte des achtzehnten Jahrhunderts empfänglicher für ein romantisches Bild der Druiden, die nun auch mit den großen Steinkreisen wie zum Beispiel Stonehenge in Verbindung gebracht wurden.

Am einflußreichsten für die Prägung dieses neuen Druiden-Bildes war wohl William Stukeley, ein Arzt aus Lincolnshire. Stukeley wurde 1689 geboren und besuchte zwischen 1719 und 1724 jährlich Stonehenge. Er war ein leidenschaftlicher Altertumsforscher und trug mit zur Entstehung der *Society of Antiquaries* bei. Ferner begann er ein Buch über »Die Geschichte der Tempel der alten Kelten« zu schreiben; später veränderte er den Titel zu *The History of the Religion and Temples of the Druids*. Doch er kam nur langsam voran. 1729 gab er den Arztberuf auf und wurde anglikanischer Priester. 1740 schließlich veröffentlichte er das Werk *Stonehenge, a temple restored to the British Druids* (zu deutsch etwa: Stonehenge, ein den britischen Druiden zurückerkannter Tempel), in dem er sich den Theorien Aubreys anschloß. Er war in den Besitz einer Abschrift von dessen Manuskript »Templa Druidum« gelangt und hatte sich davon Notizen gemacht. Stukeley war es auch, der auf der Basis von Aubreys Feldarbeit die Druiden nicht nur in Stonehenge, sondern auch in die neuzeitliche Folklore einführte – und zwar auf eine Art und Weise, die in der Öffentlichkeit großen Anklang fand und bis heute nachwirkt. Seiner phantasievollen Vorstellung zufolge beteten die Druiden in Stonehenge eine große Schlange namens »Dracontia« an. Ferner »entdeckte« er ein patriarchalisches Priestertum, das von Abraham »etwa zu seiner Zeit oder bald danach über die phönizische Kolonie bis nach Britannien reichte; daher der Ursprung der Druiden...«. Und er schwelgte: »...die Druiden Britanniens... trieben ihre Forschungen trotz aller Mühsal zu solchen Höhen, daß wir modernen Menschen eigentlich beschämt im gleißenden Licht ihrer Gelehrsamkeit und ihres Glaubens stehen müßten.«

1743 veröffentlichte Stukeley seine Untersuchung *Abury, a Temple of the British Druids, with Some Others Described*, eine Studie der Megalithanlage von Avebury.

William Blake (1757 bis 1827), selbst Sohn eines irischen Immigranten in England, fühlte sich vom Thema der Druiden und von Stukeleys Ansatz sehr angezogen. »Der Schlangentempel« ist ein

Kupferstich zu seinem Gedicht *Jerusalem*, in dem auch er Stonehenge und Avebury mit den Druiden und ihrer Schlangenanbetung in Zusammenhang bringt. Blakes irische Abstammung irritiert viele, die ihn für den Inbegriff des englischen Dichters und Mystikers seiner Zeit halten. Dessenungeachtet entspricht es den Tatsachen, daß ein gewisser John O'Neil sich zu Anfang des achtzehnten Jahrhunderts in Dublin in finanziellen und politischen Schwierigkeiten befand. Er entging seiner mißlichen Lage durch die Heirat mit Ellen Blake, die in Rathmines, Dublin, einen illegalen Alkoholausschank betrieb, und deren Namen er annahm. Sein Sohn James Blake emigrierte nach England und verheiratete sich dort, während ein weiterer Sohn nach Malaga auswanderte und sich dort im Weinhandel etablierte. Sein Unternehmen florierte noch zu Anfang unseres Jahrhunderts, als Dr. Carter Blake aus Malaga den Dichter W. B. Yeats in die Blakesche Familiengeschichte einweihte: James Blake hatte sich als Strumpfwarenhändler in London niedergelassen, und dort wurde im Jahre 1757 sein zweiter Sohn William geboren.

William Blake war mit dem walisischen Lexikographen William Owen Pughe befreundet, der 1792 Iolo Morganwg bei der Gründung des »Gorsedd of Bards of Britain« unterstützte (oder, je nach Auslegung, ihn erneut ins Leben rief). Blake zeichnete die Druiden zu seinen *Prophetic Books* mit Visionen von Stonehenge und Avebury. Er glaubte schließlich, daß England das Heilige Land sei und »Jerusalem« nicht weit von Primrose Hill gelegen habe! »Alles beginnt und endet an Albions alter, druidischer Felsenküste« schwärmte er und behauptete in völliger Verwirrung bezüglich der Vorfahren von Kelten und Angelsachsen, das Druidentum sei ein rein englisches Phänomen. »Deine Ahnen stammen ab von Abraham, Heber, Shem und Noah, welche Druiden waren, wie die über die ganze Erde verstreuten Druidentempel (die Patriarchensäulen und Eichenhaine sind) bis auf den heutigen Tag bezeugen.« Die Druiden »Englands«, so Blake, waren in grauer Vorzeit mit missionarischem Eifer aufgebrochen, um auf der ganzen Welt ihre heiligen Haine zu errichten und die eine wahre Religion zu stiften.

Blakes Beeinflussung durch Literatur und Altertumsforschung zeigt sich am deutlichsten in *Jerusalem, the Emanation of the Giant Albion*, das er im Jahre 1804 zu schreiben begann und das als sein hervorragendstes Gedicht gilt. Darin geht es um das Thema, wie der Mensch (Albion) seine verlorene Seele wiedergewinnen kann.

Blake verwendet die Druiden hier als Symbol der Gottheit, allerdings in ihrer blutrünstigen Ausformung. In einem der hundert Bilder, mit denen er das Gedicht illustrierte, stellt er Christus an eine »heilige druidische Eiche« geschlagen dar.

Oh, ihr Söhne des mächtigen Albion
Die diese Eichenhaine pflanzten, diese Schlangentempel
bauten...
Wo unter dem todbringenden Baum Albion schlief
Und des Druiden goldenes Messer
In geronnenem Menschenblut wütete
Als Opfergabe menschlichen Lebens.

Druidische Elemente finden sich auch in vielen Illustrationen Blakes, so zum Beispiel sein berühmter »Korbriese«. Natürlich kann man argumentieren, daß seine visionäre Kunst überhaupt nichts mit den Druiden oder den alten Kelten zu tun habe und nur ein Produkt seiner blühenden Phantasie sei. Blake würde dem zustimmen, finden wir doch im selben Gedicht auch die folgenden Zeilen:

Eine Welt muß ich erschaffen, um nicht Sklave
anderer zu werden.
Nicht denken und vergleichen – schaffen muß ich.

John Wood, der im Jahre 1704 geborene Architekt von Bath, trat sogar noch enthusiastischer in Stukeleys Fußstapfen; 1747 veröffentlichte er seine Schrift mit dem Titel *Choir Gaure, Vulgarly called Stonehenge, on Salisbury Plain, described, Restored and Explained*. Das Wort *Gaure* stammt vom britannisch-keltischen *gwary* ab und bezeichnet einen Ort, an dem Theaterstücke aufgeführt werden. Es läßt sich auch in dem mittelalterlichen kornischen Begriff *plen-an-guaire* wiedererkennen. Ein *plen-an-guaire*, ein mittelalterliches Amphitheater, steht noch heute in St. Just in Penwith; früher wurden dort die kornischen »Mysterienspiele« aufgeführt.

Wood schwärmte:

Caesar! Selbst Julius Caesar, der höchste Priester Jupiters und der Stadt Rom, beweist unleugbar, daß Britannien eine großartige Schule des Wissens besaß... in der die Druiden der westlichen Welt sich in ihrer Profession vervollkommnen konnten... das verehrungswürdige, gewaltige Werk auf der Ebene von Salisbury, das der Volksmund dem Propheten Merlin zuschreibt... schien mir die Überreste eines druidischen Tempels zu sein... äußerlich einem Säulentempel gleich... ebensowenig konnte ich dem Gedanken entrinnen, daß Britannier und Hyperboreer ein und dasselbe Volk waren.

Wood wurde, was die Druiden anbelangte, zum Fanatiker. Zu seinen neuen Gebäuden in Bath schuf er auch den Grand Circus, der als »eines der originellsten Konzepte des Städtebaus in Europa« sowie als »zu seiner Entstehungszeit beispiellos und einmalig« bezeichnet wurde. Doch laut Professor Piggott »besteht offenbar die aufregende Möglichkeit, daß auch der Grand Circus etwas mit den Druiden zu tun hat... Er ist angelegt als ein vollendeter Kreis von etwa hundert Metern Durchmesser mit drei symmetrisch angeordneten Zugängen: eine ungewöhnliche Gestaltung, die weder das Kolosseum noch sonst ein klassisches Bauwerk zum Vorbild hat.« In Inigo Jones' Buch über Stonehenge aus dem Jahr 1655, das 1725 – dem Jahr, als Wood den Circus entwarf – neu aufgelegt wurde, ist ein Plan von Stonehenge abgedruckt: ein Kreis von etwa hundert Metern Durchmesser mit drei symmetrisch angeordneten Lücken. Dazu meint Professor Pigott: »Es mag sehr wohl sein, daß sich die Druiden, Stonehenge, der Circus Maximus und das Kolosseum in Woods Verwirrung zu der grandiosen architektonischen Idee vermischten, mit der er seine geliebte Heimatstadt beehrte.«

Um Ausschreitungen religiöser Moralapostel wegen des Wiederaufkommens einer ehrwürdigen heidnischen Priesterschaft vorzubeugen, wurde den Druiden kurz nach dem Erscheinen von Woods Publikation auch von christlicher Seite Anerkennung gezollt, nämlich durch William Cooke, den Rektor von Oldbury und Didmarton in Gloucestershire. Cooke veröffentlichte 1754 einen Diskurs mit dem Titel *An Enquiry into the Druidical and Patriarchal Religion*. Darin vertrat er die Ansicht, daß die Druiden Stonehenge zwar schon vor der Geburt Christi errichtet hätten, doch wegen ihrer hochentwickelten Moral würden sie sich ethisch nicht von Christen unterscheiden. Allerdings wiederholte er damit nur Argumente, die bereits Reverend Henry Rowlands vorgebracht hatte.

Am 9. Oktober 1783 schrieb der für gewöhnlich sehr zynische Dr. Samuel Johnson (1709 bis 1784) an eine gewisse Mrs. Thrale, er glaube, daß Stonehenge ein »wenigstens zweitausend Jahre altes druidisches Monument ist; wahrscheinlich das älteste Bauwerk von Menschenhand auf der Insel«.

An diesen Arbeiten der Altertumsforscher entzündete sich die Phantasie von Dichtern wie Blake. Nachdem die Exzesse der Reformation sowie die Fraktionierung und das Sektierertum des frühen siebzehnten Jahrhunderts in Glaubensfragen zu einer offeneren Debatte geführt hatten, und nicht zuletzt auch wegen Haarspaltereien und Intoleranz, erschien das Gedankengut einer alten und wahrhaften »Naturreligion« vielen Intellektuellen, vor allem Schriftstellern und Künstlern, attraktiv. Stukeley selbst verfaßte 1758 ein unveröffentlichtes Gedicht mit dem Titel »The Druid«, das er bezeichnenderweise mit einer Zeile von Vergil beginnt, durch dessen keltische Herkunft einige Naturvorstellungen seines Volkes in die lateinische Lyrik eingegangen waren. Alexander Pope schrieb 1733:

> Sie waren auch nicht blind im Zustand der Natur;
> Herrscht in der Natur doch Gottes Reich.

Nun wurden die Druiden als große Weise gepriesen, die im Schatten mächtiger Eichen Weisheit verströmten. Thomas Gray (1716 bis 1771) faßte diese Vorstellung von ihnen in seinem Gedicht »The Bard« zusammen, in dem er sie als prophetische Poeten beschreibt. Damit lehnte er sich dem Anschein nach mehr an die walisische Dichtung an; ob ihm deren Bildersprache aber überhaupt geläufig war, ist ungewiß.

Die Druiden waren also zu Kindern und Interpreten der Natur geworden – allerdings nicht für alle. George Richards veröffentlichte 1791 sein Werk *The Aboriginal Britons*, in dem er an die Berichte von Menschenopfern erinnerte:

> Mit grausig-blut'gen Riten flößten die Druidenpriester
> Heiligen Schrecken der wilden Seele ein.

Dr. John Ogilvie aus Aberdeen hingegen romantisierte in seinem anonym publizierten Werk *The Fane of the Druids* (zu deutsch etwa: Der Tempel der Druiden) das Bild des Erzdruiden:

> Wiewohl die Zeit mit Silberlocken sein Haupt umkränzte
> Sein Gang doch aufrecht war und fest sein Schritt...
> Der würdevolle Bart, der auf die Brust ihm wallte
> Und ernste Erhabenheit verlieh;
> Die Robe in reinstem Weiß, zwar schlicht genäht
> Und doch ein Sinnbild des allerreinsten Geistes

Auch im neunzehnten Jahrhundert verstummten die Spekulationen über Stonehenge und die Druiden nicht. Henry Browne spottete in seiner Schrift *An Illustration of Stonehenge and Abury* (Avebury) aus dem Jahre 1854: »Sollen wir ihre (gemeint sind die Steine) Errichtung den Britanniern zuschreiben, den Barbaren? – was für ein dummer Gedanke!« Aber noch dümmer war Brownes eigene Theorie, sie seien zu Zeiten Adams errichtet und von der Sintflut niedergerissen worden! 1880 fertigte der berühmte Ägyptologe W. M. Flinders Petrie eine genaue Karte von Stonehenge an und behauptete, die Anlage sei vor der Invasion der Römer entstanden. 1884 schloß sich T. A. Wise dieser Ansicht an und meinte, die Anlage sei »ein wichtiger Ort der Druiden« gewesen. Schließlich gelang es John Lubbock, dem späteren Lord Avebury, ein genaueres Entstehungsdatum festzustellen – nämlich die Zeit um 1500 v. Chr. Aber erst im Jahre 1945 machte die Archäologin Jacquetta Hawkes in ihrem Buch *Early Britain* darauf aufmerksam, daß zur Errichtung von Stonehenge Kenntnisse der höheren Mathematik erforderlich waren.

Während all dieser Vorgänge in England – oder besser gesagt, während diese Strömungen in den englischsprachigen Regionen Großbritanniens ihren Einfluß geltend machten –, wurden auf eine ähnliche Art die Druiden auch in Frankreich wiederentdeckt. Es wurde bereits erwähnt, wie die Franzosen nach der Vereinigung der französischen mit der bretonischen Krone die alten keltischen Gallier rasch zu ihren Vorfahren erklärten und die Kelten und Druiden als würdige Vertreter der patriotischen Mythologie bezeichneten.

1703 hatte Abbé Paul-Yves Perzon *L'Antiquité de la Nation et la Langue des Celtes* veröffentlicht, und von diesem Zeitpunkt an fand die Bezeichnung »Kelte« allmählich wieder Eingang in die französische Alltagssprache. 1727 erschien Jean Martins Werk *Religion des Gaulois*. Als noch einflußreicher erwies sich Simon Pelloutiers *Histoire des Celtes* (1740), in dem wiederum die Religion der germanischen Franken mit derjenigen der Kelten gleichgesetzt wurde. Dieses Werk war allerdings eindeutig politisch motiviert, denn es versuchte zu beweisen, daß zwischen Franzosen und Bretonen keine nationalen Unterschiede bestanden. Zu dieser Zeit versuchte der zentralistische französische Staat den autonomen Status der Bretagne – der ihr im Einigungsvertrag garantiert worden war – einzuschränken. Das bretonische Parlament wies nicht nur die französische Rechtsprechung zurück; in Nantes waren auch mehrere bretonische Politiker wegen ihres Eintretens für die bretonische Unabhängigkeit hingerichtet worden. Viele Bretonen standen auf der Seite der britischen Kolonisten in Nordamerika, die sich von der englischen Krone lossagen wollten, und als der amerikanische Unabhängigkeitskrieg ausbrach, traten rund dreihundert Bretonen als Offiziere in die amerikanische Revolutionsarmee ein. Armand Tuffin de la Rouerie wurde von George Washington zum General ernannt. Bei der Rückkehr in ihre Heimat waren diese Männer erfüllt vom Glauben an die Republik und an die Menschenrechte; es ist also kein Zufall, daß die Französische Revolution in Nantes und Rennes ihren Anfang nahm. Leider erwies sich die französische Republik, die als Folge der Revolution gegründet wurde, als mindestens ebenso zentralistisch wie die frühere Monarchie: 1790 wurde das bretonische Parlament abgeschafft, trotz der Proteste führender bretonischer Republikaner wie dem Marquis Lafayette aus der herrschenden Familie von Cornouaille, der sich im bretonischen Parlament heftig gegen dessen Abschaffung aussprach, und Armand Kersaint.

Während die bretonischen Republikaner unter der Führung von Armand Tuffin de la Rouerie, dem früheren General im amerikanischen Unabhängigkeitskrieg, einen Unabhängigkeitskrieg gegen die französischen Republikaner kämpften und es gleichzeitig mit französischen und bretonischen Royalisten aufnahmen, veröffentlichte La Tour d'Auvergne sein Buch *Origines Gauloises* (1796), in dem er behauptete, die Megalithanlagen seien von den Druiden errichtet worden. Sein Beitrag zur Keltologie bestand unter anderem darin, das bretonische Wort *dolmen* (stehender Stein) als archäologischen Fachausdruck in die französische Sprache einzubringen.

Vor diesem Hintergrund entwickelte sich das Bild, das sich die Öffentlichkeit von den Druiden und den alten Kelten machte. Im Jahr 1806 beschloß Abbé de Tressan, sein Werk über heidnische Mythologie durch ein Kapitel über die Druiden zu ergänzen; darin entwarf er in Anlehnung an Ossian ein gallisch-druidisches Paradies. Dieser »Ossian«, das Pseudonym von James MacPherson (1736 bis 1796)*, hatte 1773 in seinem Buch *History of Great Britain* über die Druiden geschrieben und sie in einem neuen, romantischen Licht dargestellt.

---

* „Ossian" war der Name eines irischen Helden und Dichters aus dem dritten nachchristlichen Jahrhundert, der in keltischen Sagen verherrlicht wurde und von dem nur wenige Gedichtfragmente erhalten sind. James Macpherson gab seine eigenen Gedichte als Übersetzungen gälischer Lieder dieses Ossian aus [A.d.Ü.].

Diesen Ausführungen kann man entnehmen, daß die Druiden von ihrer Herkunft losgelöst und in keinerlei Zusammenhang mit ihren direkten kulturellen Nachfahren gestellt wurden. Somit drängt sich die Frage auf, was in den keltischen Regionen vor sich ging, während die Engländer und Franzosen so großzügig mit ihren Vorfahren umgingen.

Am stärksten hatten sich die druidischen Traditionen in Wales erhalten, wo die Druiden allerdings als Barden dargestellt wurden. Dabei wissen wir, daß sie in den frühesten walisischen Überlieferungen als Seher und Dichter bezeichnet wurden. Aus dem zwölften Jahrhundert existierten noch die Gerichtshöfe der Barden, die die Vorschriften für die Sänger regelten und die Kriterien für Lieder und Vortragsweisen durch Wettbewerbe und Preisverleihungen überwachten. Aus dieser Zeit, als die Kelten politisch noch unabhängiger waren, stammt auch das Eisteddfod, eine Art Musikfest, das nicht nur in Irland, Schottland und Wales bekannt ist, sondern auch in allen anderen keltischen Ländern. So konnten alle Barden und Musiker nach Wales reisen und an dieser Veranstaltung teilnehmen, die offenbar als ein pan-keltisches Ereignis galt. Doch als die englische Regierung insbesondere ab dem sechzehnten Jahrhundert die keltische Kultur zunehmend zu unterdrücken versuchte, verloren diese Versammlungen an Prestige und wurden fast in den Untergrund getrieben. Dennoch erwies es sich als sehr schwierig, sie völlig zu unterdrücken. 1568 erteilte die Regierung Königin Elizabeth' I. einigen Walisern die Vollmacht, in Caerwys, Clwyd, ein Eisteddfod abzuhalten, bei dem Lizenzen an die Barden verteilt werden sollten, um sie von umherziehenden Bettlern zu unterscheiden. Die Barden versammelten sich bis ins achtzehnte Jahrhundert hinein auch weiterhin in Tavernen und an bestimmten anderen Orten.

Dies war auch eine Zeit, in der Forschung und Literatur in Wales eine Blüte erlebten. 1704 veröffentlichte Theophilus Evans (1693 bis 1767) das Buch *Gweledigaetheu y Bardd Cwsc* (Visionen des schlafenden Barden), das zu einem der bedeutendsten walisischen Prosa-Klassiker wurde.

Im Jahr 1764 veröffentlichte der Dichter und Geistliche Evan Evans (1731 bis 1788) *Specimens of the poetry of the Antient Welsh Bards*, das neben Übersetzungen auch einen lateinischen Aufsatz über mittelalterliche Dichter und ihr Werk enthielt. Evans war unter seinem walisischen Namen Ieuan Fardd, manchmal auch Ieuan

Brydaydd Hir, bekannt, obwohl er heute meist bei seinem anglisierten Namen genannt wird, um ihn von dem Dichter Ieuan Brydaydd Hir Henaf zu unterscheiden, der im vierzehnten Jahrhundert wirkte. Evan Evans erklärte – vielleicht etwas zu leidenschaftlich –, daß in der walisischen Dichtung eine druidische »Literatur« entdeckt worden sei, die zwar verschlüsselt sei, aber durchaus erkennbar für alle, die sie sehen wollten.

Relativ bald darauf, nämlich 1784, erschien Edward Jones' *Musical and Poetical Relics of the Welsh Bards and Druids,* und 1802 folgte *The Bardic Museum of Primitive British Literature*, das im Grunde einen ergänzenden Band zu seinem Vorgänger darstellte. Jones bezeichnete sich selbst als »Barden des Prinzen von Wales«. Diese Sammlung enthielt auch »A Druidical Song« und *»Y Derwydd* – Der Druide«. Die Bemühungen der walisischen Gelehrten jener Epoche führten 1751 zur Gründung der Cymmrodorion Society in London; diese Gesellschaft, die sich die Veröffentlichung alter walisischer Texte zur Aufgabe gemacht hat, existiert noch heute.

Im Mai 1789 wurde in der walisischen Stadt Corwen ein großes Eisteddfod abgehalten, das Thomas Jones, ein begeisterter Barden-Verehrer, zusammen mit Gwyneddigion organisiert hatte. Diese Organisation war eine weitere bedeutende walisische Gesellschaft mit Sitz in London, die 1771 gegründet worden war und sich radikaler zeigte als die Cymmrodorion Society. So verlegte Gwyneddigion etwa *Y Cylch-grawn Cymraeg*, die erste walisische Zeitung, die sich mit gesellschaftlichen und politischen Themen beschäftigte. Im gleichen Jahr wurde ein weiteres Eisteddfod in Bala abgehalten, das ebenfalls offiziell von Gwyneddigion mitfinanziert wurde.

Zu den Londoner Mitgliedern von Gwyneddigion gehörte Edward Williams (1747 bis 1826), ein Steinmetz aus Glamorgan, der ein leidenschaftliches Interesse für das Altertum und die walisische Literatur aufbrachte. Er publizierte unter dem Pseudonym Iolo Morganwy (Iolo von Glamorgan). Seine Gedichte in walisischer und englischer Sprache kann man nur als radikal und ihrem Wesen nach sogar als republikanisch bezeichnen. Wie viele Männer seiner Zeit, die sich für Altertum und Literatur begeisterten, war Williams fasziniert von der Diskussion über die Druiden und das generelle Interesse für Naturreligion zu seiner Zeit.

William Cookes Buch aus dem Jahre 1754 hatte zur Entstehung einer weiteren These über die Druiden geführt, denn seine Argumente machten großen Eindruck auf einen walisischen Schriftsteller, der als Verfasser eines der skandalträchtigsten Bücher der Welt in die Literaturgeschichte eingehen sollte.

1749 wurde der Schriftsteller John Cleland (1709 bis 1778) wegen Schulden in das Londoner Gefängnis Newgate eingeliefert. Während seines Aufenthalts dort bot ein Verleger namens Drybutter vom Verlag Fenton Griffiths ihm die Summe von zwanzig Guineen an, wenn er einen schlüpfrigen Roman schriebe. Daraufhin verfaßte Cleland *Die Memoiren der Fanny Hill* (1749); mit dem Geld, das er dafür erhielt, konnte er seine Schulden begleichen und wurde aus dem Gefängnis entlassen. Der Roman galt lange Zeit als extrem kontrovers und war heftig umstritten, und noch 1963 – als *Fanny Hill* in den Vereinigten Staaten veröffentlicht wurde –, war das Buch in Großbritannien als obszöne Schrift verboten. Cleland aber hatte mit dem Schreiben des Romans einen einträglichen Beruf für sich entdeckt und ließ *Fanny Hill* noch *Memoirs of a Coxcomb* (1751; zu deutsch etwa »Memoires eines Gecken«) und *Memoirs of the Celebrated Miss Maria Brown: the Life of a Courtesan* (1766) folgen.

Darüber hinaus war Cleland jedoch auch ein begeisterter Sprachkundler, und 1766, unter dem Einfluß von William Cooke, schrieb er *The Way to Things by Words and to Words by Things; being a sketch of an attempt at the retrieval of the antient Celtic to which is added a succint account of Sanscrit or learned language of the Brahmins* (zu deutsch etwa: »Der Weg zu Dingen über Wörter und zu Wörtern über Dinge; ein Versuch, die alte keltische Sprache wiederzufinden, dazu ein kurzer Bericht über das Sanskrit oder die Gelehrtensprache der Brahmanen«). In diesem eindrucksvollen, aber irreführenden Werk behauptete Cleland, das Keltische sei die Ausgangssprache aller europäischen Sprachen gewesen. Er schrieb dieses Buch lange bevor die deutsche Linguistik sich mit dieser Frage befaßte, was zu der Hypothese über die mittlerweile anerkannte gemeinsame indoeuropäische Wurzel führte. Man könnte natürlich sagen, daß Cleland zumindest in die richtige Richtung wies, als er die Ähnlichkeiten zwischen Stammwörtern bemerkte, und daß ihm als einem der ersten die Verwandtschaft des Keltischen mit dem Sanskrit auffiel.

In diesem Buch, das mit einer siebenseitigen Einleitung und lediglich 123 Textseiten einen relativ geringen Umfang hatte, bezeichnete Cleland die Druiden als die Bewahrer und Vermittler der uralten Weisheit einer alten, vereinten europäischen Gesellschaft.

Auf diese Studie ließ Cleland 1768 eine längere Abhandlung folgen; sie trug den Titel *Specimens of an Etimological Vocabulary or Essay by means of the analitic method to retrieve the antient Celtic* (zu deutsch etwa: »Beispiele eines ethymologischen Wortschatzes oder analytischer Aufsatz, um die alte keltische Sprache wiederzufinden«). Dieses Werk war doppelt so umfangreich wie die vorhergehende Studie, wiederholte aber letztlich deren Themen über die keltischen Sprachen und die Druiden.

Cleland, dem die Werke William Cookes als Anregung gedient hatten, beeinflußte seinerseits wiederum Rowland Jones, der behauptete, die Kinder Gomers seien die ursprünglichen Druiden gewesen und Jafet ein Erz-Druide. Zwischen 1764 und 1771 veröffentlichte Rowland Jones eine Reihe von Büchern, zuletzt *The Circles of Gomer.* Zu den Forschern, die unter seinen Einfluß gerieten, gehörten der Lexikograph William Owen Pughe und der radikale Dichter Iolo Morganwg. Pughe war mit William Blake befreundet und stellte 1803 ein ausgefallenes zweibändiges walisisch-englisches Wörterbuch zusammen.

Iolo Morganwgs Ausgangspunkt für eine Studie war die Feststellung, daß es in Wales eine ununterbrochene Bardentradition gebe. In diese These verwob er mehrere Hinweise aus der walisischen Literatur und behauptete dann, er könne nachweisen, daß die Tradition der literarischen Druiden von Glamorgan ununterbrochen fortgedauert habe. Mit Hilfe seiner blühenden literarischen Phantasie entwarf er einen Ritus, den er für ein druidisches Ritual ausgab, und am 21. Juni 1792 wurde in Primrose Hill in London das Gorsedd* Beirdd Ynys Prydain, die Versammlung der Barden Großbritanniens, abgehalten. Neben anderen Begeisterten nahm auch William Owen Pughe an dieser Veranstaltung teil.

1819 war es Williams gelungen, die Veranstalter des großen Carmarthen Eisteddfod – mittlerweile wurden in Wales zahlreiche Eisteddfods abgehalten – zu überreden, sein Gorsedd als integralen Bestandteil in den Ablauf zu übernehmen; bei diesem Vorgehen ist es seither geblieben. Im Jahr 1858, als das Eisteddfod in Llangollen

---

* Die Institution der Barden, insbesondere die tägliche Versammlung der Barden vor dem Eisteddfod [A.d.Ü.].

stattfand, war es zu einer bedeutenden nationalen Veranstaltung geworden; deshalb wurde ein Komitee gegründet, damit künftig jedes Jahr landesweit ein Eisteddfod abgehalten werden konnte. Das Eisteddfod Genedlaethol Frehind Cymru wird nun jeden August veranstaltet, abwechselnd in Nord- und Süd-Wales.

Der Gorsedd kennt drei Rangordnungen. Die Druiden tragen zum Zeichen für ihre herausragenden Verdienste um Wales weiße Gewänder. Die Barden sind in Blau gehüllt, was zeigt, daß sie die abschließenden Gorsedd-Prüfungen bestanden haben, und die Novizen tragen Grün zum Zeichen, daß sie zwei Gorsedd-Prüfungen bestanden haben oder für ihre Verdienste um die walisische Kultur ausgezeichnet wurden. Ein Dreifuß symbolisiert die göttlichen Eigenschaften Liebe, Gerechtigkeit und Wahrheit. Ein sechs Fuß langes, großes Schwert – *y cleddyf mawr* – wird in den Gorsedd-Kreis der Barden getragen; dabei ist es halb aus der Scheide gezogen. Es darf niemals ganz herausgezogen werden. Der Erzdruide stellt den Versammelten rituell die Frage: *»A oes heddwch?«* (Herrscht Friede?) Der Kreis antwortet mit: *»Heddwch!«* (Es herrscht Friede!) Dieses Ritual wird noch zweimal wiederholt. Dann nimmt der Erzdruide die Früchte der Erde entgegen, die ihm symbolisch in Gestalt eines Horns mit Wein und einer *aberthget*, einer Korngarbe, überreicht werden. Dazu führen Mädchen mit blumengeschmücktem Haar barfuß einen Tanz auf.

Im Zuge des großen keltischen Revivals, das gegen Ende des neunzehnten Jahrhunderts die keltischen Länder erfaßte, wurde 1901 der Gorzez Gourenez Breiz Vihan (der bretonische Gorsedd) gegründet; er versammelte sich in Guingamp unter der Schirmherrschaft der Union Régionaliste Bretonne. Die wichtigsten Gründungsmitglieder waren Yann Fustec, Taldir Jaffrennou, L. Le Berre, F. Valleé, E. Le Moal und Loeiz Herrieu. Die Bretonen übernahmen für ihre Veranstaltungen das gleiche Ritual, das Iolo Morganwg entwickelt hatte. Allerdings gibt es bei ihnen im Gegensatz zu Wales keinen Erzdruiden; bei ihrem Gorsedd kommt die größte Bedeutung dem Groß-Druiden zu.

Auch in Cornwall, wo das Kornische gegen Ende des neunzehnten Jahrhunderts als Umgangssprache nicht mehr verbreitet war, kam es zu einem Wiedererstarken der Sprache und auch zu Bemühungen, einen Gorsedd zu begründen. 1899 hatten zwei Männer und eine Frau aus Cornwall beim walisischen Gorsedd Auszeichnungen erhalten. 1903 war Henry Jenner, der »Vater des

Revivals der kornischen Sprache«, vom bretonischen Gorsedd geehrt worden. Im Jahr darauf erhielten wiederum eine Frau und ein Mann aus Cornwall Ehrungen vom Gorsedd in Wales. Schließlich wurde im September 1928 der Gorseth Kernow (kornische Gorsedd) in Boscawen-Un ins Leben gerufen. Im Gegensatz zu den beiden anderen Organisationen gibt es in Cornwall nur einen Rang bei den Mitgliedern, nämlich die blaugewandeten Barden; den Vorsitz des Gorseth Kernow hat der Groß-Barde inne. Zum ersten Groß-Barden wurde Henry Jenner ernannt, der dieses Amt bis zu seinem Tod 1934 ausübte.

Rund vierzig Jahre später, im September 1971, erkannten die drei Gorsedds die Oberhoheit des Erzdruiden des »Gorsedd of Bards of the Isle of Britain« in allen Fragen zur Konstitution und Praxis des Gorsedd an, ohne daß jedoch die Autonomie der jeweiligen Regionen angetastet wurde.

Auf wissenschaftlicher Ebene kann man – wie Professor Piggott es getan hat – Iolo Morganwg zweifellos wegen seiner Neuschöpfungen angreifen. Andererseits können sie mittlerweile auf eine zweihundertjährige Tradition zurückblicken und bilden heute einen integralen Bestandteil im kulturellen Leben von Wales, Cornwall und der Bretagne. Auch wenn die Druiden aus einer völligen Phantasiewelt heraus erschaffen wurden, so haben der Gorsedd und seine Werte, insbesondere die Anerkennung kultureller Leistungen in den keltischen Gemeinschaften, doch ein ernstzunehmendes und angesehenes Eigenleben entwickelt. Dennoch wird das Ritual nicht allgemein befürwortet. So mußte etwa 1971 ein anglikanischer Geistlicher eine Strafe in Höhe von zwanzig Pfund bezahlen, weil er eine falsche Bombendrohung ausgesprochen und behauptet hatte, unter dem Pavillon des Eisteddfod liege eine Bombe. In einem Lokalblatt verkündete der hitzköpfige Geistliche, der Gorsedd sei »eine heidnische Einrichtung«.

Professor Gwyn Williams bemerkte, daß »die Erfindungen von Iolo Morganwg... dazu beitrugen, einen Schleier irreführender Altertümelei über das Thema zu breiten, den die Gelehrten nicht gänzlich aus der Welt schaffen können«. So hat sich das »Druidentum« des Gorsedd in die Bretagne und nach Cornwall ausgebreitet; und obwohl die goidelischen Kelten – also die Iren, Schotten und die Manx – den Gorsedd und das Druiden-Revival ihrer brythonischen Verwandten nicht übernehmen wollten, halten sie doch jedes Jahr selbst Musik-, Gesangs- und Dichterfeste ab, die dem Eisteddfod ähneln. In Schottland wird der *Mod nan Alba* veranstaltet, in Irland *An t-Oireachtas* und auf der Insel Man *Yn Chruinnaght*.

Professor Piggott schrieb in diesem Zusammenhang: »Der Einfluß Iolos beschränkte sich aber nicht auf die Erfindung des Gorsedd; seine Phantastereien über die Druiden vergifteten darüber hinaus die akademische Erforschung der frühkeltischen Literatur für viele nachfolgende Generationen.« Allerdings ist Iolo Morganwg nicht allein für die »gelehrte« druidische Mythologie verantwortlich zu machen; auch Evan Evans leistete seinen Beitrag dazu. Vielleicht ohne es zu wollen, schuf er die Voraussetzungen dafür, daß das mythologische Druidentum als neue »Naturreligion« betrachtet wurde. In seinen Sammlungen und Übersetzungen frühwalisischer Gedichte hatte er behauptet, daß die Verse, die Taliesin, dem Dichter aus dem sechsten Jahrhundert, zugeschrieben wurden, eine »Kabbala der Druiden« enthielten, eine geheime, traditionelle Lehre mit theologischen, metaphysischen und magischen Inhalten. Iolo griff diesen Gedanken auf und wiederholte in *Poems, Lyrical and Pastoral* (1794) die These, daß die Gedichte Taliesins »ein vollständiges System des Druidentums verkünden«. Zudem behauptete er – meines Erachtens mit einer gewissen Berechtigung –, daß das keltische Christentum viele Vorstellungen der Druiden übernommen habe.

Offenbar bildete Evans den Ausgangspunkt für Iolos Theorien. Allerdings ging dieser in einem Punkt weiter als sein Vorgänger; er behauptete nicht nur, daß es die »Kabbala der Druiden« gebe, sondern machte sie auch bekannt. Dazu erklärte er, er habe sie aus Informationen von einem Manuskript aus dem sechzehnten Jahrhundert zusammengestellt, in dem ein gewisser Noel Taillepied zwanzig »druidische Vermessungen« aufgeführt habe. Ein solches Manuskript hat es in Wahrheit natürlich nie gegeben; wie Professor Piggott bemerkte, handelt es sich bei Iolos »Kabbala der Druiden« um eine literarische Fälschung.

Auch Edward Davies griff begeistert den Gedanken auf, daß sich die Riten und Philosophien der Druiden in den Übersetzungen früher walisischer Gedichte wiederfinden lassen würden, und äußerte diese Theorie in seinen Büchern *Celtic Researches* (1804) und *The Mythology and Rites of the British Druids* (1809). Auf diesen Werken fußte die Publikation *Costume of the Original Inhabitants of the British Islands* (zu deutsch etwa: »Die Tracht der Ureinwohner der Britischen Inseln«) von Samuel Rush Meyrick und Charles Hamilton Smith, veröffentlicht 1815, die farbige Tuschzeichnungen von alten Druiden in angeblich authentischen Gewändern enthielt. Ein Erzdruide mit weißem Bart wurde in langen, weißen Gewändern abgebildet, mit Eichenlaub gekrönt und mit einem goldenen Brustschild geschmückt. Bei diesem Schild handelte es sich tatsächlich um die Darstellung eines authentischen goldenen Schmuckstückes der Bronzezeit aus Glenishsheen, County Clare; heute ist es im National Museum von Dublin zu sehen. In *The Patriarchal Religion of Britain* (1836) baute David James diese Vorstellungen noch weiter aus. Selbst angesehene Akademiker fühlten sich bemüßigt, seine Werke zu widerlegen, unter anderem Dr. Algernon Herbert, der Dekan des Merton College in Oxford, in seinem Werk *Neodruidic Heresy in Britannia* (1838).

Die romantische Verklärung der Druiden beschränkte sich allerdings nicht nur auf Großbritannien, Irland und Frankreich. Andernorts wurden die Druiden sogar zu Opernhelden. So schrieb der italienische Komponist Vincenzo Bellini (1801 bis 1835), der außerhalb Italiens großes Ansehen genoß und insbesondere Chopin beeinflußte, eine Oper mit dem Titel *Norma*, die am 26. Dezember 1831 an der Mailänder Scala uraufgeführt wurde. Ort der Handlung ist Stonehenge, und bei den Hauptcharakteren handelt es sich um Druiden; Norma ist die Tochter des Erzdruiden. Dieses eindrucksvolle Werk war ein wunderbares Vehikel für die virtuose *Belcanto*-Tradition des achtzehnten Jahrhunderts, und im Verlauf der nächsten zwei Jahrzehnte erlangte es auch in England große Beliebtheit. 1841 kam die Oper *Carattaco* von Angelo Catelani, einem Schüler Gaetano Donizettis, in Modena zur Aufführung; auch sie befaßte sich mit Druiden. Mit anderen Worten, die Druiden erfreuten sich immer größerer Popularität.

In England ging diese Vorliebe so weit, daß in der Architektur Druidentempel zum letzten Schrei wurden. Feldmarschall Henry Seymour Conway etwa, ein ehemaliger Gouverneur von Jersey, ließ 1788 einen Druidenkreis aufstellen. Dieses Bauwerk wurde in Temple Combe, Berkshire, errichtet und ging auf eine authentische Megalithanlage zurück: Als die Einwohner von Jersey dem Feldmarschall zu seiner Pensionierung einen echten Steinkreis schenkten, der bei St. Helier stand, ließ der Feldmarschall die Steine sofort ausgraben, zu seinem Gut in Berkshire bringen und dort wieder aufrichten. Heutige Archäologen und Denkmalpfleger können angesichts solcher Vorgehensweisen nur graue Haare bekommen!

George Henry Law, Bischof von Bath und Wells, beschloß um 1820, in seinem Garten in Banwell, Avon, aus Kieselstein einen halbkreisförmigen, überdachten Unterstand zu errichten, der fünf Spitzbögen und einen runden Holztisch hatte. In diesem Bau, den der Bischof als Druidentempel bezeichnete, steht folgendes Gedicht:

Wo einst, in alter Zeit, Druiden ihrer Wege gangen
Und Altäre mit Gedärmen ihrer Opfer umschlangen,
Hier verehrt der Christ, erlöst durch Himmelsmacht,
Nun einen Gott, der Gnad und Liebe hat gebracht.

Eine weitere polygonale Einsiedlerklause, die Druidentempel genannt wurde, entstand etwa zur gleichen Zeit in Halswell Park, Goathurst; mittlerweile ist sie verschwunden, doch damals war sie Teil einer ganzen Reihe exzentrischer Bauwerke.

Doch am eindrucksvollsten ist vermutlich der Druidentempel von Swinton Hall, Ilton, in North Yorkshire. Er geht auf William Danby (1752 bis 1833) zurück, einen egozentrischen Verfasser esoterischer Schriften, der dort Stonehenge rekonstruieren wollte. Daneben errichtete er auch eine Kopie des sogenannten Cheesewring bei St. Cleer in Cornwall; bei diesem »Monument« handelt es sich um eine natürliche Felssäule, bei der der obere Stein größer ist als die darunterliegenden. In seinem Werk *Antiquities of Cornwall* (1754) erklärte Dr. William Borlase diese Säule – wie auch praktisch alle anderen vorchristlichen Überreste in Cornwall – zu einem Andachtsort der Druiden. Die Stonehenge- und Cheesewring-Repliken wurden 1820 in Ilton errichtet und stehen noch heute.

Im Jahre 1781 beschlossen englische Druiden-Anhänger, einen Ancient Order of Druids zu gründen. Die Hauptantriebskraft dabei war ein Zimmermann namens Henry Hurle, dessen Werkstatt in Garlick Hill in der Londoner City lag. Hurle organisierte den Verein entsprechend den Grundsätzen der Freimaurer, um verarmten Mitgliedern unter die Arme zu greifen. Doch 1833 kam es zu einem Bruch zwischen denjenigen Mitgliedern, denen es vor allem um die pseudo-theosophische Grundlage des Vereins ging, und jenen, die die Organisation vorwiegend als geselligen Verein mit Freimaurer-Ritualen betrachteten. Diese Mitglieder spalteten sich ab und gründeten – in Unterscheidung zum esoterisch ausgerichteten Verein – den »United« Ancient Order of Druids; 1839 unterhielt diese Organisation bereits Logen in den Vereinigten Staaten und Australien und ab 1872 sogar in Deutschland. Zwischen 1841 und 1843 veröffentlichte der United Ancient Order of Druids auch eine eigene Zeitschrift, *The Druids' Journal and Monthly Gorsedd*. Der United Ancient Order of Druids existiert noch heute als internationale, weitverbreitete Wohltätigkeitsorganisation.

Die esoterisch ausgerichteten Mitglieder hielten an den ursprünglichen mystischen Theorien des Ordens fest. Seltsamerweise wurde Winston Churchill (1874 bis 1965), der soeben zum Handelsminister ernannt worden war, in diesen Orden aufgenommen. Er trat am 15. August 1908 der Albion Lodge des Ancient Order of Druids bei einer ihrer Versammlungen in Blenheim Palace bei. Der vorhergehende Sommer war für Churchill sehr anstrengend gewesen. Nachdem er Kabinettsmitglied geworden war, mußte er entsprechend den Vorschriften des Unterhauses seinen Wahlkreis in Manchester bei einer Nachwahl verteidigen. Er verlor. Die liberale Regierung unter Asquith teilte ihm sofort einen neuen, sicheren Wahlkreis in Dundee zu, und am 11. Mai gelang es ihm, wieder in das Parlament einzuziehen. Somit war der neue Kabinettsminister offensichtlich erleichtert, als er an der festlichen Veranstaltung der Druiden in Blenheim teilnahm. Einige der Teilnehmer trugen falsche Bärte und glichen eher Weihnachtsmännern auf Arbeitssuche als achtbaren Druiden.

Keine Bewegung, und mag sie auch noch so geheim sein, wäre ohne ihre eigene Zeitschrift denkbar, und so wurde 1830 von einem gewissen R. H. Hunt in London *The Druids' Magazine: a compendium of Druidical Proceedings* ins Leben gerufen. Sie erschien bis 1833 unter seiner Ägide und von 1834 bis 1839 unter der Leitung von C. Letts. Eine dritte, neue Ausgabe der Zeitschrift kam 1839 auf den Markt. 1889 wurde *An Ancient Order of Druids Introductory Book* von den Gebrüdern Coningham in London herausgegeben. Schließlich wurde als offizielles Organ des Ancient Order of Druids *The Druid* gegründet, das von März 1907 bis Februar 1912 erschien; die Zeitschrift *The Druid* wurde im April 1936 und erneut 1965 neu herausgegeben. Zwischen 1914 und 1938 wurde jährlich *The Order of Druids Directory* von J. W. Shaw zusammengestellt; von 1939 bis 1948 wurde diese Auflistung von H. Clayton erarbeitet und in Manchester veröffentlicht.

Mystische Druiden tauchten jedes Jahr in Stonehenge auf, doch ab 1900 fügten die vielen Besucher dem Denkmal allzu große Schäden zu. Aus diesem Grund begann der Besitzer Sir Edward Antrobus Eintrittsgeld zu verlangen. Als die in wallende Gewänder gehüllten Druiden bei der nächsten Sonnenwend-Zeremonie erschienen und sich weigerten, den Eintritt zu entrichten, wurden sie von der Polizei kurzerhand hinausgeworfen. 1915 ging der Steinkreis in den Besitz des Staates über. Zu Ende des Ersten Weltkriegs gab es fünf verschiedene Druidensekten, die ihre »heiligen Riten« dort vollziehen wollten. Bei diesen handelte es sich offenbar allesamt um Splittergruppen des ursprünglichen Ancient Order of Druids. Eine von ihnen nannte sich Ancient Order of Druid Hermetists und veröffentlichte 1938 eine Zeitschrift mit dem Namen *The Pendragon*; der Untertitel lautete »The official organ of Mount Nuada of the Ancient Order of Druid Hermetists«. 1949 existierten nur noch zwei der fünf Sekten, und ab 1955 gab es nur noch eine, die sich The Britisch Circle of the Universal Bond nannte und behauptete, der einzige Nachfahre von Hurles ursprünglichem Ancient Order of Druids zu sein. Des weiteren erklärte die Gruppe, sie ginge auf eine frühere, von John Toland gegründete Bewegung zurück. Als Begründung führte sie an, Toland selbst habe 1717 in Primrose Hill eine Versammlung von Druiden einberufen. Für diese Behauptung gibt es keinerlei Beweise. Überdies erhob die Sekte den Anspruch, daß zu ihren Obersten Druiden Stukeley, Lord Winchilsea und William Blake gehörten. Zwischen 1909 und 1946 leitete George Watson MacGregor Reid, ein Freund George Bernard Shaws, The British Circle of the Universal Bond. Reid hatte sowohl für das britische Parlament als auch für den US-amerikanischen Senat kandidiert, aber bei beiden Wahlen verloren. 1963 führte eine erneute interne Auseinandersetzung zur Gründung von The Order of Bards, Ovates and Druids; dieser Orden beschloß, seine Riten in Tower Hill oder der Hügelfestung Hunsbury in der Nähe von Northampton abzuhalten.

Aufgrund der irreführend als »keltische Renaissance« bezeichneten Bewegung gegen Ende des neunzehnten Jahrhunderts und der plötzlichen Flut von Übersetzungen und Märchen aus den diversen keltischen Mythologien wurden die Druiden zu einem für die Literatur ernstzunehmenden Thema. Die bislang einzige größere Studie über diese Materialfülle ist Aidan Lloyd Owens *The Famous Druids; a survey of three centuries of English literature on the Druids*

(1962). Doch seit 1962 sind in Großbritannien und den Vereinigten Staaten immer mehr Fantasy-Romane erschienen, in denen den Druiden die unterschiedlichsten Rollen zugeschrieben werden. Einer der neuesten Bestseller-Romane in dieser Sparte ist Morgan Llywelyns *Druids* (1990). Mit anderen Worten, die Druiden sind mittlerweile in mannigfaltiger Gestalt in unsere Literatur eingegangen. Allerdings wäre es im Rahmen dieses Werks unmöglich, eine auch nur annähernd vollständige Übersicht über die Druiden in der Literatur anzustellen.

Die Suche nach den »geheimen Lehren« der Druiden wurde für viele jedoch zur Leidenschaft.

Den vielleicht interessantesten Versuch, die wirkliche Philosophie der Druiden aufzuspüren und sie der heutigen Welt entsprechend aufzubereiten, unternahm der Bretone Neven Henaff, über dessen Arbeit am Coligny-Kalender wir bereits gesprochen haben. Henaff war ein Chemiker, der von 1932 bis 1945 Vorsitzender des militanten Flügels der bretonischen Unabhängigkeitsbewegung Gwenn ha Du (Schwarz und Weiß, nach den Farben der bretonischen Flagge) war. Leider führte sein unkompliziertes, militantes Herangehen an die Frage der bretonischen Unabhängigkeit – jeder, der sich gegen Frankreich stellte, war für ihn ein Freund der Bretonen – dazu, daß er gravierende politische Fehlentscheidungen traf. Er wurde von den französischen Gerichten in Abwesenheit zum Tode verurteilt und floh ins Exil. Neven Henaff, ein religiöser Mann und ein Philosoph, veröffentlichte seine Untersuchungen und Interpretationen zum Coligny-Kalender sowie dessen Verbindungen zur astronomischen Anlage von Stonehenge erstmals 1943 in der *Zeitschrift für Celtische Philologie*. In den Jahren zuvor hatte Henaff sich vom Christentum abgewandt, und im Verlauf der dreißiger Jahre versuchte er, eine Gemeinschaft zu organisieren, die nach gewissen, von ihm als »druidisch« bezeichneten Vorschriften lebte. Die letzten vierzig Jahre seines Lebens verbrachte er im Exil, vorwiegend in Irland, und unternahm weitere eingehende Untersuchungen keltischer Quellen im Versuch, die Philosophie der Druiden zu ergründen. Viele, die ihn kannten, nannten ihn *le Grand Druide*.

Henaffs Kreativität kam unter anderem bei seiner Entwicklung der *Giam-Sam*-Philosophie zum Tragen, die er nach den keltischen Wörtern für »Winter« und »Sommer« benannte. Diese beiden Bezeichnungen entnahm er dem Coligny-Kalender; aus dem gallischen *Giamon* und *Samon* wurde das altirische *Giam* und *Sam*. Henaff hatte einige Zeit in Japan verbracht, und die Idee zum Konzept von *Giam–Sam* beruhte auf dem chinesischen Gedanken von *Yin* und *Yang*, dem negativen und dem positiven Prinzip. Die chinesischen Wörter bedeuten auch »schattig« und »sonnig«, so daß der keltische Name dem chinesischen Vorbild recht nahekommt. *Yin* ist weiblich, passiv, kalt und negativ, *Yang* hingegen männlich, aktiv, heiß und positiv. *Yin* und *Yang* ergänzen einander und entstehen aus einander; das steht natürlich im absoluten Gegensatz zum europäischen Dualismus, wo das Licht gut und das Dunkel böse ist. Mit *Yin* und *Yang* geht die Vorstellung einher, daß fünf Elemente oder Prozesse (Holz, Metall, Feuer, Wasser und Erde) die menschlichen Dinge regeln, und daß diese Dinge sich verändern, wenn die Folge der Elemente sich ändert. Henaff verwendete das keltische Äquivalent von *Giam* und *Sam* ab etwa 1970. Auf den ersten Blick scheint dieser Gedanke lediglich eine Abwandlung der chinesischen Philosophie zu sein und kein indoeuropäisches Konzept zu verkörpern. Leider stellte Henaff zu seinen Lebzeiten nur sehr wenige seiner Schriften der Öffentlichkeit vor, aber er hinterließ seinem literarischen Verwalter Louis Feutren eine beträchtliche Menge unveröffentlichter Texte. Diesem zufolge »klassifiziert und quantifiziert er in all seinen Schriften, ob sie nun wissenschaftlicher, philosophischer, historischer oder anderer Natur sind... jede Aussage mit einer Klammer *(giam)* oder *(sam)*«. Doch »nirgendwo schreibt er darüber«. Offenbar gab Henaff keine Erklärung für seine Beweggründe, das Konzept von *Yin* und *Yang* in den keltischen Glauben zu übernehmen.

Während Henaff der einzige Denker war, der dem keltischen Heidentum auf radikale Art und Weise wieder zur Geltung verhelfen wollte, setzte sich der bretonische Künstler Raphael (Rafig) Tullou (1909 bis 1990) auch dafür ein, »die keltische Religion« unseren heutigen Bedürfnissen anzupassen. Tullou, der ebenfalls ein militanter Befürworter der bretonischen Unabhängigkeit war, beschäftigte sich anfangs mit dem keltischen Christentum, bevor er 1932 auf das vorchristliche Gedankengut umschwenkte. Er brachte die Zeitschriften *Kad* (Kampf) und *Nemeton* (Zufluchtsort) heraus und leitete Koun Breizh (Bretonisches Gedenken), einen Verein, den er 1934 gegründet hatte und der sich für das künstlerische Erbe der Bretagne einsetzte. Einige Kritiker, darunter auch

Henaff, hielten ihn in Fragen des heidnischen Glaubens lediglich für einen Wichtigtuer, weil er zu stark vom Christentum beeinflußt sei; seine Bewegung blieb stets auf die kleine Gruppe beschränkt, die seine Zeitschriften abonnierte.

Als in den sechziger Jahren die Hippies und die »alternativen Religionen« aufkamen, nahmen auch sie die Druiden für sich in Anspruch und priesen sie als frühe Vertreter zahlreicher Gedanken und Glaubenssätze des »New Age«. Es war wohl unvermeidlich, daß die Druiden und die vorchristlich-keltische Religion von dem neuen Interesse an »Hexenkunst« in Beschlag genommen wurden, das in dieser Zeit aufkam. Eine der populärsten Medien-»Hexen« war wohl Sybyl Leek, die ihre Bücher über »Zauberei« mit Hilfe von Interviews in Presse und Funk zu Bestsellern machte. In *The Complete Art of Witchcraft* (1975) behauptete sie, der Alten Religion »in sehr enger Anlehnung an die keltische Zauberkunst« zu folgen. Aus dem Mischmasch und dem Hokuspokus um die Druiden war plötzlich eine »keltische Zauberkunst« entstanden. So versicherte Sybyl Leek ihren Lesern und Leserinnen: »In Deutschland und Frankreich folgen viele Hexenkreise der keltischen Form der Zauberkunst.« Und 1978 erklärten Gavin und Yvonne Frost in *A Witch's Guide to Life*: »Wir nennen unsere Religion keltische Zauberkunst.« Bei näherer Betrachtung wird deutlich, daß ihre Gelehrsamkeit auf den Unsinn des sechzehnten und siebzehnten Jahrhunderts zurückgeht, wobei die historische Wirklichkeit auf hanebüchene Weise uminterpretiert wird; so heißt es zum Beispiel: »Um etwa 2000 v. Chr. kam eine großartige Rasse keltischer Reiter aus den Steppen Westchinas und ergoß sich über Nordeuropa, das sie eroberten und zivilisierten. Später wurden sie selbst von neuen Eroberern nach Norden gedrängt. Die Überreste dieser keltischen Reiter zogen sich in die Berge, Wälder und die Seedörfer des hohen Nordens zurück; ihre letzte große Bastion, nämlich Glastonbury, wurde 52 v. Chr. von den eindringenden Belgen überrollt.« Man fragt sich, für wen die Verfasser die Belgen hielten, wenn nicht für Kelten, und welches Beweismaterial sie für ihre Behauptung hatten, daß die Kelten in der Umgebung von Glastonbury 52 v. Chr. (warum ausgerechnet dieses Jahr?) einen letzten verzweifelten und gescheiterten Verteidigungsversuch unternahmen; warum soll Glastonbury als letzte Bastion der Kelten gelten, wenn keltische Staaten doch bis in unsere Zeit hinein überdauert haben?

Allerdings konnten die »Zauberkünstler« die Druiden nicht lange für sich allein beanspruchen. In »The Celtic Spirit in the New Age« forderte der in Toronto ansässige Astrologe Alexander Blair-Ewart als einer der ersten die Druiden als Vertreter des »New-Age-Christentums« ein. »Aufgrund ihrer druidischen Vergangenheit war die keltische Kultur von allen Zivilisationen des frühen Europa spirituell am weitesten entwickelt und somit innerlich am besten für die Begegnung mit dem Christentum gerüstet«, schrieb er.

Im zwanzigsten Jahrhundert, diesem finsteren, von Technologie und Materialismus beherrschten Zeitalter, ist das esoterische Christentum ebenso schwer faßbar wie in einem früheren finsteren Zeitalter der Barbarei und sterbender Kaiserreiche. Das esoterische Christentum ist das unsterbliche Licht der Welt, die höchste spirituelle Erleuchtung, das tiefste Geheimnis aller Zeiten. Der frühe keltische Mensch wandte sich ihm in völliger Freiheit zu, ausgehend von einer spirituellen Tradition, die, wenn auch auf andere Art, ebenso vielfältig und tiefgründig war wie das alte judaische Denken, durch welches das Christentum in die Welt Eingang fand. Das esoterische Christentum hatte nie etwas Zwingendes oder Verpflichtendes an sich. Es ist der freie Wille freier Individuen, und das ist mit der Grund, warum dieser Glaube eine Zukunft als spiritueller Weg der emanzipierten Menschheit hat. Eine keltische Menschheit kennt noch die Bedeutung von tätiger Liebe und Mitgefühl. In der keltischen Dichtung, Sprache und Musik erstrahlt ein höheres Licht, eine vollere mystische Dimension.

Auch andere Schriftsteller beanspruchten die Druiden für eine neue Form des Christentums, oder vielmehr für eine Wiedergeburt des alten keltischen Christentums. Mit *The Celtic Alternative: A Study of the Christianity we have Lost* (1987; zu deutsch etwa: Die keltische Alternative: Eine Studie über das Christentum, das uns verlorenging) und *The Celtic Year* (1993) holte Shirley Toulson die Druiden wieder ins christliche Lager zurück. »Von ihren druidischen Vorvätern erbten die keltischen Christen auch eine Liebe zum Land und ein Gefühl, daß die Schöpfung eins ist. In dieser Hinsicht hatte die aus der keltischen Kirche kommende Philosophie eine starke Ähnlichkeit mit dem Glauben der heutigen orthodoxen Kirche, die die Heiligkeit der Materie hervorhebt.« Laut Shirley Toulson ist die Spiritualität der Druiden – vermittelt durch ihre keltisch-christlichen Nachkommen – am engsten mit dem Buddhismus verwandt, und so bezeichnet sie den Buddhismus auch als Weg zum Verständnis des keltischen Gedankenguts. Dazu führt sie aus: »Vor allem werden wir uns dem keltischen Denken annähern, wenn wir angesichts der eindeutigen Bedrohung für das Überleben unseres Planeten lernen, uns ständig der Rolle eingedenk zu sein, die wir in der Göttlichkeit des Universums zu spielen haben.«

Eine Zeitlang schien es, als würde jedes auch nur andeutungsweise esoterische Thema sofort Aufmerksamkeit erregen, sobald es als »keltisch« bezeichnet wurde. Zauber- und Hexenkunst, esoterisches Christentum und sogar die Modeerscheinung der geheimnisvollen »Kornkreise«, die in den späten achtziger Jahren auftauchten, erhielten einen keltischen Anstrich. Erich von Däniken – der durch die in seinem Buch *Erinnerungen an die Zukunft* (1968) aufgestellte These berühmt wurde, die Erde sei von intelligenten außerirdischen Wesen besucht worden, und diese hätten einige der alten Megalithanlagen errichtet – hat zwar nicht behauptet, daß die Druiden in Raumschiffen angekommen seien, doch hat man den Eindruck, daß für überspanntere Anhänger der »keltischen Esoterik« selbst dieses Szenario durchaus akzeptabel wäre.

Aber auch weniger zynische Enthusiasten, die die Druiden und die keltische Kultur für die »New Age«-Philosophie einspannen, bringen nach wie vor die erstaunlichsten Werke auf den Markt. So behauptet Colin Murray in seinem Buch *The Celtic Tree oracle: A System of Divination* (1988, zu deutsch etwa: Das keltische Baumorakel: Eine Methode des Wahrsagens): »Außerdem kannten die Druiden ein geheimes, den Priestern vorbehaltenes Alphabet, eine besondere Methode der Kommunikation, die sie sich durch Frage-und-Antwort-Spiele ins Gedächtnis einprägten und die nur für bestimmte symbolische Zwecke benutzt wurde, die uns heute im großen und ganzen nicht mehr bekannt sind. Dieses frühe irische Alphabet wurde ab etwa 600 v. Chr. gebraucht, und es heißt Ogham- oder Beth Luis Nuin-Alphabet.« Zumindest war Murray in der keltischen Kultur besser bewandert als Gavin und Yvonne Frost. Spekulationen über die alte Kultur der Kelten kann man jedoch nur auf der Grundlage bekannter Fakten anstellen, nicht aber, indem man von Dingen ausgeht, die man gerne wissen möchte. Es gibt einfach keine Beweise dafür, daß das Ogham-Alphabeth vor dem dritten oder vierten nachchristlichen Jahrhundert verwendet wurde, so gerne man auch Ogham-Inschriften aus der Zeit vor 600 v. Chr. auffinden möchte.

Der augenblickliche *Guru* (oder sollte man ihn *múintíd* oder *athro* nennen, um die alten keltischen Bezeichnungen zu verwenden?) bei dieser »Neuauflage« der druidischen »Lehren«, der die Druiden gar als Zen-Meister der keltischen Welt beschreibt, ist John Matthews, dessen Bücher *The Celtic Shaman* (1991) und *Taliesin: Shamanism and the Bardic Mysteries in Britain and Ireland* (1991) allerdings ein umfassenderes Wissen um die keltischen Quellen an den Tag legen als die meisten anderen Veröffentlichungen zu diesem Thema. Matthews folgt offenbar der Tradition von Evan Evans und räumt ein, daß er seine Werke schreibt »in voller Kenntnis der Tatsache, daß ein Großteil des Materials spekulativ ist. Dennoch gehe ich mit relativ großer Gewißheit davon aus, daß eine eingehende Auseinandersetzung mit den noch existierenden keltischen Quellen sowie mit den Texten und späteren Kommentaren zweifelsfrei belegt, daß es einen keltischen Schamanismus gab und daß sich nach wie vor Elemente davon in den neueren Volkstraditionen finden lassen.«

Keltische und druidische »Wahrheiten« jeder Couleur – von »arkanem Wissen«, »karmischem Schicksal«, »dem Pfad der Wahrheit« bis hin zu »mystischer Bewußtheit« – werden in den kommerziell ausgerichteten New-Age-Philosophien zuhauf angepriesen. Schon im siebzehnten und achtzehnten Jahrhundert griff man auf die Druiden und Kelten zurück, um als Gegenstück zum »Zeitalter der Vernunft« und zur Industrialisierung den »Romantizismus« zu entwickeln. So gesehen überrascht es nicht, daß man sich der Kelten und Druiden auch heute wieder besinnt, denn angesichts des trostlosen Zustands unserer Welt suchen die Menschen erneut ein rasch wirkendes spirituelles Hilfsmittel. Die Menschen bevorzugen bei der Suche nach der Wahrheit und dem Sinn des Lebens – Fragen, die uns seit alters her beschäftigen – stets einfache Antworten. Es ist leichter, ansprechende Bilder von nicht existenten romantischen Kelten und Druiden zu akzeptieren, als sich unbequemen Wahrheiten zu stellen.

Ich habe viele Menschen kennengelernt, die sich als »New Age-Kelten« bezeichneten, auch wenn sie meist nicht aus einer keltischen Kultur stammten; sie befürworteten Harmonie mit der Natur und setzten sich für den Schutz gefährdeter Tiere und Pflanzen ein. Aber wenn man ihnen sagte, daß die keltischen Zivilisationen in der heutigen Welt selbst in einem verzweifelten Überlebenskampf begriffen sind, starrten sie einen verständnislos an. Nur zweieinhalb der sechzehn Millionen Einwohner, die die keltischen Religionen insgesamt zählen, sprechen noch eine keltische Sprache. Nun ist aber die Sprache die höchste Stufe des kulturellen Ausdrucks. Der Niedergang der keltischen Sprache ist das Ergebnis einer bewußten Politik brutaler Unterdrückung und Verfolgung. Der Untergang dieser Sprachen und Kulturen ist kein natürliches Phänomen, sondern eine Folge jahrhundertelangen, politisch motivierten Ethnozids. Und mit den keltischen Sprachen wird auch die keltische Kultur aufhören zu existieren – ein dreitausend Jahre währendes kulturelles Kontinuum wird ein Ende finden, und die Welt wird um eine weitere Kultur ärmer sein. Und was bedeutet es, ein »spirituelles Bewußtsein« für die alten Kelten zu entwickeln, wenn wir gleichzeitig tatenlos mit ansehen, wie ihre heutigen Nachkommen untergehen? Dies ist die unbequeme Wahrheit, mit der sich alle auseinandersetzen sollten, die die Druiden und die alten Kelten für ihre »spirituelle Erleuchtung« einspannen möchten und dabei die Not der heutigen Kelten ignorieren.

Zu Anfang dieses Buchs habe ich den Vorschlag gemacht, als Untertitel »Eine einführende Erörterung« zu verwenden. Im Verlauf dieser Auseinandersetzung mit dem Thema habe ich einige Fragen aufgeworfen. Dabei habe ich mich bemüht, die *richtigen* Fragen zu stellen, was den Worten Lévi-Strauss' zufolge wichtiger ist, als sich nur um deren Beantwortung zu bemühen. Wie er sagt, gibt es keine endgültige Wahrheit. Doch ich hoffe, auch einige richtige Antworten geliefert oder zumindest den Weg gewiesen zu haben, auf dem man möglicherweise einige Wahrheiten finden kann. Doch letztlich muß man sich, wie Lévi-Strauss, der Möglichkeit des Scheiterns bewußt sein, wenn man sich mit einem Thema befaßt, dessen Wurzeln in den Anfängen der Zivilisation liegen.

Thomas Mann (1875 bis 1955) begann seinen Roman *Die Geschichten Jaakobs*, den ersten Band seiner berühmten Tetralogie *Joseph und seine Brüder* (1933/43), mit den Zeilen: »Tief ist der Brunnen der Vergangenheit. Sollte man ihn nicht unergründlich nennen?... Da denn nun gerade geschieht es, daß, je tiefer man schürft, je weiter hinab in die Unterwelt des Vergangenen man dringt und tastet, die Anfangsgründe des Menschlichen, seiner Geschichte, seiner Gesittung, sich als gänzlich unerlotbar erweisen...«

Ausgewählte Literatur

Da sich dieses Buch nicht an Fachleute und Spezialisten wendet, habe ich wie schon in früheren Veröffentlichungen auf Fußnoten soweit wie möglich verzichtet. Wo Quellenangaben notwendig waren, wurden sie im Text gegeben.

Die folgende Bibliographie umfaßt nur Sekundärquellen. Primärquellen, also Texte und Übersetzungen »klassischer Werke« sowohl der griechischen und lateinischen als auch der inselkeltischen irischen und walisischen Literatur, sind hier nicht aufgelistet. Die Originalquellen werden im Buch genannt, doch überlasse ich es dem interessierten Leser, welchen Text beziehungsweise welche Übersetzung aus dem breitgefächerten Angebot er zur weiterführenden Lektüre bevorzugt.

Bücher

Allcroft, A. H., *The Circle and the Cross,* 2 Bde., London 1927.

Anderson, M. O., *Kings and Kingship in Early Scotland,* Edinburgh 1980.

Anwyl, Edward, *Celtic Religion in Pre-Christian Times,* London 1906.

d'Arbois de Jubainville, Henri, *Les Druides,* Paris 1906.

Bergin, O., *Irish Bardic Poetry,* Dublin 1970.

Bloomfield, M. W., und Dunn, C. W., *The Role of the Poet in Early Societies,* Cambridge 1989.

Bonwick, James, *Irish Druids and Old Irish Religions,* London 1894.

Botheroyd, Sylvia u. Paul F., *Lexikon der keltischen Mythologie,* München 1995.

Bowen, E. G., *The Settlement of Celtic Saints in Wales,* Cardiff 1956.

Bryant, Sophie, *Liberty, Order and Law Under Native Irish Rule,* London 1923.

Byrne, Francis John, *Irish Kings and High Kings,* London 1973.

Brunaux, Jean Louis, *The Celtic Gauls: Gods, Rites and Sanctuaries,* London 1988.

Campbell, Joseph, *Mythen der Menschheit,* München 1993.

Chadwick, H. M., *The Heroic Age,* Cambridge 1967.

Chadwick, H. M. und Nora K., *The Growth of Literature,* 3 Bde., Cambridge 1932–40.

Chadwick, Nora K., *The Druids,* Cardiff 1966.

Chadwick, Nora K., *The Celts,* London 1970.

Childe, Vere Gordon, *The Dawn of European Civilization,* London 1925.

Childe, Vere Gordon, *The Danube in Prehistory,* Oxford 1929.

Condren, Mary, *The Serpent and the Goddess: Women, Religion and Power in Celtic Ireland,* Edinburgh 1990.

Crampton, Patrick, *Stonehenge of the Kings,* London 1967.

Daniel, Sir John, *The Philosophy of Ancient Britain,* London 1927.

Davidson, H. (Hrsg.), *The Seer in Celtic and Other Traditions,* Edinburgh 1989.

Davidson, Hilda Ellis, *The Lost Beliefs of Northern Europe,* London 1993.
Davies, Edward, *The Mythology and Rites of the British Druids,* London 1809.
Dillon, Myles (Hrsg.), *Early Irish Society,* Cork 1963.
Dillon, Myles, und Nora Chadwick: *Die Kelten,* Zürich 1966.
Duval, P. M., *Gallien,* Stuttgart 1979.
Ellis, Peter Berresford, *Celtic Inheritance,* London 1985.
Ellis, Peter Berresford, *A Dictionary of Irish Mythology,* London 1987.
Ellis, Peter Berresford, *The Celtic Empire: The First Millenium of Celtic History 1000 BC–AD 51,* London 1990.
Ellis, Peter Berresford, *A Dictionary of Celtic Mythology,* London 1992.
Ellis, Peter Berresford, *Celt and Saxon: The Struggle for the Supremacy of Britain, AD 410–937,* London 1993.
Ellis, T. P., *Welsh Tribal Law and Custom,* Oxford 1926.
Evans, Estyn, *Prehistoric and Early Christian Ireland,* London 1966.
Ferguson, J., *Pelagius,* Cambridge 1956.
Filip, Jan, *Die keltische Zivilisation und ihr Erbe,* Prag 1961.
Frazer, Sir James, *Der goldene Zweig,* Frankfurt/M. 1977.
Frick, J. G., *Commentatio de Druidis,* Ulm 1744.
Gantz, Jeffrey, *The Mabinogion,* London 1976.
Gomme, George Laurence, *A Dictionary of British Folk Lore,* London 1894.
Graham, Hugh, *The Early Irish Monastic Schools,* Dublin 1923.
Green, Miranda, *The Wheel as a Cult Symbol in the Romano-Celtic World,* Brüssel 1984.
Green, Miranda, *The Gods of the Celts,* Gloucester 1986.
Green, Miranda, *Symbol & Image in Celtic religous Art,* London 1989.
Green, Miranda, *Animals in Celtic Life and Myth,* London 1992.
Green, Miranda, *Dictionary of Celtic Myth and Legend,* London 1992.
Green, Miranda, *Keltische Mythen,* Stuttgart 1994.
Hardinge, Leslie, *The Celtic Church in Britain,* London 1972.
Hawkins, Gerald, *Stonehenge Decoded,* London 1966.
Henderson, George, *Survivals in Belief among the Celts,* Glasgow 1911.
Herm, Gerhard, *Die Kelten,* Reinbek b. Hamburg 1984.
Higgins, G., *The Celtic Druids,* London 1829.
Howe, Dr. E. Graham, *The Mind of the Druid,* London 1989.
Hubert, Henri, *Les Celtes et la civilisation celtique,* Paris 1974.
Humphreys, Emyr, *The Taliesin Tradition,* Black Raven Press 1983.
Hutton, R., *The Pagan Religions of the Ancient British Isles: Their Nature and Legacy,* Oxford 1991.
Jackson, Kenneth H., *A Celtic Miscellany,* London 1951, 1971.
Jackson, Kenneth H., *The Oldest Tradition: A Window on the Iron Age,* Cambridge 1964.
Jenkins, Dafydd, und Owe, Morfydd E., *The Welsh Law of Women,* Cardiff 1980.
Joyce, P. W., *A Social History of Ancient Ireland,* London 1903.
Jullian, Camille, *Histoire de la Gaule,* Paris 1908.
Kendrick, Thomas Downing, *The Druids: A Study in Keltic Prehistory,* London 1927.
Kinsella, Thomas, *Der Rinderraub,* München 1976.
Laing, Lloyd, *Celtic Britain,* London 1979.
Le Roux, Françoise, *Les Druides,* Paris 1961.
Loomis, R. S., *The Grail from Celtic Myth to Christian Symbol,* Columbia University Press 1963.
Loomis, R. S., *Celtic Myth and Arthurian Romance,* Columbia University Press 1962.

Lot, Ferdinand, *La Gaule: les fondements ethniques, sociaux et politiques de la nation française*, Paris 1847.
MacCana, Proinsias, *Celtic Mythology*, London 1970.
MacCulloch, John Arnott, *The Religion of the Ancient Celts*, Edinburgh 1911.
MacCulloch, John Arnott, *Celtic Mythology*, Boston 1918.
MacCulloch, John Arnott, *The Celtic and Scandinavian Religions*, London 1948.
Mc Neill, F. M., *The Silver Bough*, Edinburgh 1989.
Mann, N. R., *The Celtic Power Symbols*, Glastonbury 1987.
Markale, Jean, *Die keltische Frau*, (2. Aufl.) München 1985.
Matthews, Catriona, *Mabon and the Mysteries of Britain*, Arkana 1989.
Matthews, John, *The Song of Taliesin*, London 1991.
Matthews, John, *Taliesin: Shamanism and the Bardic Mysteries in Britain and Ireland*, London 1991.
Matthews, John, *The Celtic Shaman*, Dorset 1991.
Morganwg, Iolo, *The Triads of Britain*, Wildwood House 1977.
Murray, Liz & Collin, *The Celtic Tree Oracle*, London 1988.
Nicholas, R., *The Book of Druidry*, London 1990.
Norris, John, *The Age of Arthur*, London 1973.
Norton-Taylor, Duncan, *Die Kelten*, Reinbek b. Hamburg 1978.
O'Boyle, S., *Ogam, the Poet's Secret*, Dublin 1980.
O'Curry, Eugene, *On the Manners and Customs of the Ancient Irish*, 3 Bde., Dublin u. London 1873.
O'Driscoll, Robert, *The Celtic Consciousness*, Toronto 1981.
Ó hÓgáin, Dáithí, *Myth, Legend and Romance: An Encyclopedia of the Irish Folk Tradition*, London 1990.
O'Rahilly, Thomas F., *Early Irish History and Mythology*, Dublin 1944.
Owen, Aidan Lloyd, *The Famous Druids; a survey of three centuries of English literature on the Druids*, Oxford 1962.
Patch, H. R., *The Otherworld*, Cambridge/Mass. 1950.
Piggott, Stuart, *The Druids*, London 1968.
Piggott, Stuart, *Ancient Britons and the Antiquarian Imagination*, London 1989.
Powell, T. G. E., *Die Kelten*, Köln 1959.
Raferty, Joseph (Hrsg.), *The Celts*, Cork 1964.
Rankin, H. D., *Celts and the Classical World*, London 1987.
Raoult, Michel, *Les Druides: Les societés initiatiques Celtiques Contemporaines*, Monaco 1988.
Rees, Alwyn und Brinley, *Celtic Heritage*, London 1961.
Reinach, Saloman, *Cultes, mythes et religions*, Paris 1905–12.
Rhys, John, *Lectures on the Origins and Growth of Religion, as Illustrated by Celtic Heathendom*, Dublin 1888.
Rhys, John, *Celtic Folk-lore*, 2 Bde., Oxford 1901.
Ross, Anne, *Pagan Celtic Britain*, London 1967.
Ross, Anne, *Der Tod des Druidenfürsten: Die Geschichte einer archäologischen Sensation*, Köln 1990.
Russell, Bertrand, *Philosophie des Abendlandes*, Wien 1988.
Rutherford, Ward, *The Druids and their Heritage*, London 1978.
Sébillot, Paul Yves, *Le Folklore de la France*, Paris 1904–07, Neuausgabe 1981–84.
Seymour, St John Drelincourt, *Irish Witchcraft and Demonology*, Dublin 1913.
Sharkey, John, *Celtic Mysteries*, London 1975.
Sjoestedt, Marie-Louise, *Dieux et Héros des Celtes*, Paris 1940 (engl. London 1949).

Spaan, D. B., *The Otherworld in Early Irish Literature,* Ann Arbor/USA 1969.
Spence, Lewis, *The History and Origins of Druidism,* London 1949.
Spence, Lewis, *The Magic Arts in Celtic Britain,* London 1945.
Squire, Charles, *Celtic Myth and Legends,* London 1912.
Stokes, Whitley, *The Tripartite Life of Patrick,* London 1887.
Tacitus, *Historien,* hrsg. v. Hans Färber, Max Falter, München 1959.
Tatlock, J. S. P., *The Legendary History of Britain,* Gordian Press 1979.
Thomas, Charles, *Celtic Britain,* London 1986.
Thomas, Charles, *Christianity in Roman Britain to AD 500,* London 1981.
Thurneysen, Rudolf, Nancy Power, Myles Dillon, Kathleen Mulchrone, D. Binchey, August Knoch, John Ryan, *Studies in Early Irish Law,* Dublin 1936.
Tolstoy, Nikolai, *Auf der Suche nach Merlin,* München 1988.
Toulson, Shirley, *The Celtic Year,* Dorset 1993.
Vendryes, Joseph, *La Religion des Celtes,* Paris 1948.
de Vries, Jan, *Keltische Religion,* Stuttgart 1981.
Waite, Arthur Edward, *The Hidden Church of the Holy Grail,* London 1909.
Warren, F. E., *The Liturgy and Ritual of the Celtic Church,* Oxford 1881.
Wentz, W. Y. Evans, *The Fairy in Celtic Countries,* Oxford 1911.
Wiese, Hugo, und H. Fricke, *Handbuch des Druidenordens,* München 1931.
Willis, Roy (Hrsg.), *World Mythology,* London 1993.
Wright, Dudley, *Druidism: the ancient faith of Britain,* London 1924.
Zimmer, Heinrich, *Altindisches Leben: Die Cultur der Vedischen Arier nach den Samhitach,* Berlin 1879.
Zimmer, Heinrich, *Pelagius in Irland,* Berlin 1901.
Zimmer, Heinrich, *The Celtic Church in Britain and Ireland,* London 1902.

Zeitschriften

Blair-Ewart, Alexander, »The Celtic Spirit in the New Age«, *The Celtic Consciousness,* hrsg. von Robert O'Driscoll, Toronto 1981.
Bober, J. J., »Cernunnos: origin and transformation of a Celtic divinity«, *American Journal of Archaeology,* Nr. 55.
Bouessel du Bourg, Yann, »Death of R. Tullou«, *Carn* Nr. 70, Sommer 1990.
Bourne, Harry, »A View of the Origins of Druidism«, *London Celt,* Winter 1993.
Campbell, Joseph, »Indian Reflections in the Castle of the Grail«, *The Celtic Consciousness,* hrsg. von Robert O'Driscoll, Toronto 1981.
De Witt, N. J., »The Druids and Romanization«, *Transactions and Proceedings of the American Philological Association,* LXIX, 1938, S. 319–321.
Feehan, Fanny, »Suggested Links Between Eastern and Celtic Music«, *The Celtic Consciousness,* hrsg. von Robert O'Driscoll, Toronto 1981.
Fustel de Coulanges, N. D., »Comment le Druidisme a disparu«, *Revue Celtique,* Bd. IV, S. 44.
Henaff, Neven, »Le calendrier Celtique«, *Zeitschrift für keltische Philologie«,* Bd. XXIII, Nr. 3 (1943).
Henaff, Neven, »The Stonehenge Druidic Calendar«, *Carn* Nr. 45, Frühjahr 1985, S. 18f.
Hennessy, W. M., »The ancient Irish goddess of war«, *Revue Celtique,* Nr. 1.
Last, H., »Rome and the Druids: A Note«, *Journal of Roman Studies,* XXXIX, 1949, S. 1–5.
Lehmann, R. P. M., »Death and Vengeance in the Ulster Cycle«, *Zeitschrift für Celtische Philologie,* Nr. 43.

MacNeill, E., »On the Notation and Chronology of the Calendar of Coligny«, *Ériu,* X 1926–28, S. 1–67.

Peate, I. C., »The Gorsedd of the Bards of Britain«, *Antiquities,* XXXVIII, 1964, S. 285–287.

Pokorny, Julius, »The Origins of Druidism«, *Celtic Review,* Bd. V., Nr. 17 (1908/09). Nachdruck in *Annual Report of the Smithsonian Institution,* 1910.

Ross, Anne, »The Human Head in Insular pagan Celtic Religion«, *Proceedings of the Society of Antiquarians of Scotland,* Nr. 91.

Tierney, James J., »The Celtic Ethnography of Poseidonius«, *Proceedings of the Royal Irish Academy,* Dublin 1960.

Traube, Ludwig, »Quellen und Untersuchungen zur lateinischen Philologie«, in *Sedulius Scotus,* Hellmann, München 1906.

Wagner, Heinrich, »Origins of pagan Irish religion«, *Zeitschrift für Celtische Philologie,* Nr. 38.

Wagner, Heinrich, »Near Eastern and African Connections with the Celtic World«, *The Celtic Consciousness,* hrsg. von Robert O'Driscoll, Toronto 1981.

Register